MacBook

pour MacBook, MacBook Air et MacBook Pro

pour les nuls

5e édition

MacBook

pour MacBook, MacBook Air et MacBook Pro

pour les nuls

5e édition

Mark L. Chambers

FIRST
Editions

MacBook pour les Nuls (5e édition)

Titre de l'édition originale : MacBook For Dummies 4th Edition

Pour les Nuls est une marque déposée de Wiley Publishing, Inc.
For Dummies est une marque déposée de Wiley Publishing, Inc.

Collection dirigée par Jean-Pierre Cano
Traduction : Philip Escartin
Mise en page : maged

Edition française publiée en accord avec Wiley Publishing, Inc.

Éditions First, un département d'Édi8
12 avenue d'Italie
75013 Paris
Tél. : 01 44 16 09 00
Fax : 01 44 16 09 01
E-mail : firstinfo@efirst.com
Web : www.editionsfirst.fr
ISBN : 978-2-4120-02099-9
Dépôt légal : 1er trimestre 2017

Imprimé en France par Pollina - L79585

Sommaire

Introduction

L'utilisateur d'un portable recherche des caractéristiques équivalentes à un ordinateur de bureau, c'est-à-dire fiabilité, évolutivité et facilité d'emploi, mais dans une machine ultra mince, ultra légère et dotée d'une autonomie de plusieurs heures afin d'en profiter au maximum partout où il se trouve.

Les nouveaux ordinateurs portables d'Apple offrent toutes ces qualités et bien plus. Si vous avez fait l'acquisition d'un tel bijou, ou si vous êtes sur le point de le faire, je vous félicite pour votre bon goût et votre bon sens. Les portables d'Apple regroupent tous les atouts : performances exceptionnelles, écran LED haut de gamme, fiabilité à toute épreuve et système d'exploitation irréprochable. Sachez que votre portable Apple équipé d'une puce Intel est même capable de tourner avec Windows 10. (En cas d'absolue nécessité, si vous étiez contraint de passer à Windows, ce serait possible avec votre MacBook.)

J'ai écrit ce livre pour moi-même et à l'attention des autres propriétaires de portables Mac qui veulent tout savoir sur le sujet. Vous trouverez ici un guide sur l'emploi de votre ordinateur portable et de macOS Sierra, la toute dernière version du merveilleux système d'exploitation d'Apple. Après une présentation des fonctions de base incontournables, vous découvrirez dans ce livre comment réaliser toutes sortes de projets multimédias et Internet. (Si vous connaissez mes autres manuels, vous savez que je ne lésine pas sur les techniques et conseils pointus qui vous épargnent du temps, des casse-tête… et des dépenses.)

Comme dans mes autres manuels de la collection *Pour les Nuls*, je m'exprime le plus sobrement possible, sans jargon technique ni acronymes ésotériques. De plus, je tente d'apporter une petite dose d'humour à mon discours, puisque l'emploi de votre MacBook doit être un plaisir, pas une épreuve.

Conditions requises

Si vous n'êtes *pas* ingénieur diplômé d'une prestigieuse école, rassurez-vous. Voici une liste relativement complète des conditions *non requises* pour exploiter ce manuel :

- Je pars de l'hypothèse que vous n'avez aucune connaissance ni expérience préalable en informatique, ce qui devrait être le prérequis de tout manuel pour débutant.
- Vous hésitez encore à investir dans un MacBook, MacBook Air ou MacBook Pro ? Pas de souci, il est inutile d'avoir un portable pour tirer profit de ce livre ! Si vous n'êtes pas encore convaincu d'avoir besoin d'un portable Mac, je vous aiderai à décider. Comme je vous présente le matériel et les outils logiciels des MacBook, vous serez bientôt en mesure de déterminer si le MacBook est l'ordinateur qu'il vous faut.
- Vous travaillez actuellement avec Windows ? Ce manuel contient des astuces et des pages entières consacrées au passage de Windows à Mac. Vous découvrirez les points communs et différences entre les deux systèmes d'exploitation, comment vous adapter rapidement au nouveau macOS Sierra et comment simuler l'environnement Windows sur votre nouveau portable en cas d'absolue nécessité.
- Si vos amis prétendent que vous allez vous ruiner en logiciels et qu'il n'existe presque rien d'intéressant pour Mac, ne les écoutez pas. Ces rumeurs sont infondées et vous allez épater vos proches en leur démontrant les capacités de votre MacBook. (Les portables Mac sont livrés avec beaucoup plus de logiciels que les PC et la suite d'applications multimédia et bureautique dépasse largement ce qu'on trouve sous Windows.) En résumé : vous pourrez exécuter la quasi-totalité des tâches présentées dans ce livre avec les logiciels intégrés à votre MacBook.

En bref, que faut-il pour lire ce livre ? Seulement un portable Mac relativement récent compatible avec la mise à jour vers macOS Sierra, et l'envie d'en tirer le meilleur parti, c'est-à-dire de produire le meilleur travail le plus rapidement possible avec un maximum de plaisir.

Je signale que ce manuel a été rédigé en me basant sur un MacBook Pro tournant sous Mac OS X 10.12.1 dit macOS Sierra (ou plus simplement Sierra pour les intimes), la toute dernière mouture du système d'exploitation d'Apple.

À propos de cet ouvrage

Chaque chapitre de ce manuel est consacré à un sujet précis concernant l'ordinateur ou les logiciels. Comme tous les chapitres sont indépendants, vous pouvez commencer où vous le souhaitez. Mais pour une meilleure assimilation, je vous conseille de lire du premier au dernier chapitre.

Conventions utilisées dans ce livre

Il serait impossible de fournir des instructions sans mentionner les touches spéciales et les commandes de menus à utiliser pour commander l'ordinateur. Nous aurons donc recours à ces quelques conventions.

Texte à taper

Lorsque je vous demande de taper une commande dans macOS, le texte apparaît en gras, comme ceci :

Tapez-moi.

Il faut généralement appuyer sur la touche Retour pour envoyer la commande.

Commandes de menus

Je présente les commandes de menus sous cette forme :

Édition/Copier

Cette instruction concise vous demande d'ouvrir le menu Édition et d'y choisir la commande Copier.

Adresses Web

Pour fournir des informations actualisées, les manuels d'informatique se doivent de proposer des références sur le Web. Les adresses de sites Web seront présentées dans cette graphie : `www.pourlesnuls.fr`.

(Sachez que cette adresse existe bel et bien ; vous y trouverez tous les titres de la collection *Pour les Nuls*.)

NOTE TECHNIQUE

Votre MacBook est un bel appareil sophistiqué, aussi facile d'emploi que peut l'être un ordinateur, mais vous aurez parfois envie d'en savoir plus sur les détails techniques relatifs au matériel et au logiciel. (Comme moi, vous avez sans doute démonté des réveils quand vous étiez enfant.) Les informations techniques de ce manuel sont présentées dans un encadré comme celui-ci et je vous invite à les lire si vous êtes poussé par la curiosité.

Structure du livre

Après mûre réflexion, j'ai choisi de diviser ce livre en sept parties, plus un index parce que c'est très utile. Vous trouverez de nombreux renvois partout dans ce livre pour un complément d'information.

Les sept parties sont les suivantes :

Première partie : Liberté, égalité... mobilité

La première partie fournit une présentation générale du MacBook, expliquant notamment où se connectent tous les câbles, et vous aide à configurer votre système. Elle présente également *macOS Sierra*, le système d'exploitation préinstallé sur les nouveaux MacBook, MacBook Air et MacBook Pro.

Deuxième partie : Prise en main de macOS Sierra

Il est temps de vous familiariser avec Sierra. Dans cette partie, vous verrez comment exécuter les tâches les plus basiques (comme déplacer vos fichiers) et personnaliser le système pour l'adapter à vos habitudes de travail. Les utilisateurs de PC sauront tout sur les particularités de Sierra, ce qui n'est pas difficile. En effet, au départ les Mac étaient plus simples d'emploi que les PC, et rien n'a changé depuis lors.

Troisième partie : Se connecter pour mieux communiquer

Dans la troisième partie, vous découvrirez enfin l'application que vous utiliserez tous les jours : Safari, votre navigateur Web. Il sera également question du service iCloud d'Apple pour le stockage en ligne et la synchronisation de vos données. Vous apprécierez les possibilités de connexion de votre MacBook pour le partage d'imprimantes et de données avec votre tablette numérique ou votre téléphone portable, sans oublier la fonction de visiophonie.

Quatrième partie : Place aux loisirs multimédias

Enfin, nous arrivons à la partie la plus intéressante de l'informatique puisqu'elle décrit les applications multimédias d'Apple que les utilisateurs de PC nous envient : iTunes, Photos et iMovie. Vous verrez ici comment exploiter votre fantastique portable pour écouter, regarder ou produire du son et de l'image.

Cinquième partie : Les outils de bureautique

La cinquième partie est consacrée aux outils de bureautique fournis avec les nouveaux MacBook ou disponibles sur l'App Store. Vous apprendrez à produire des documents professionnels : feuilles de calcul, présentations et documents texte capables de transmettre votre message avec conviction.

Sixième partie : Les corvées : dépannage, mise à niveau et entretien

Cette partie vous indique ce qu'il faut savoir pour faire évoluer votre MacBook en y ajoutant de la mémoire ou des périphériques. Si vous rencontrez un problème avec l'ordinateur ou les logiciels, consultez mon guide de dépannage pour trouver une solution. Enfin, je fournis ici de bons conseils pour vous permettre de conserver votre portable aussi performant qu'au premier jour.

Septième partie : Les dix commandements

Les deux chapitres de la dernière partie, les célèbres dix commandements communs à tous les guides *Pour les Nuls*, proposent des conseils sur un sujet propre au portable ou à macOS Sierra. Chaque chapitre contient dix conseils ou mises en garde que je vous engage à retenir.

Icônes utilisées dans ce livre

Des icônes apparaissent en marge pour attirer votre attention sur plusieurs sortes d'informations importantes.

C'est l'icône que vous verrez le plus souvent dans ce livre. Elle indique les suggestions que j'émets pour vous épargner du temps et des efforts et parfois même des dépenses.

Il s'agit de mes recommandations préférées. Suivez mes maximes, et vous éviterez les écueils que j'ai rencontrés ces vingt dernières années avec tous mes ordinateurs Mac.

Vous n'êtes pas obligé de connaître tout ça, mais certains apprécient les détails plus techniques, ne serait-ce que pour enrichir leur bagage cognitif.

Accordez une attention particulière à cette icône et lisez toujours la note qu'elle introduit. Elle vous met en garde contre les risques liés à certaines manipulations qui risqueraient d'endommager votre machine.

Cette icône signale une information importante. Elle désigne un passage qui mérite d'être mémorisé.

Cette icône signale une nouveauté de Sierra ou d'une application d'Apple.

Et maintenant

Quels sont mes conseils pour bien aborder la lecture de ce guide ? J'en ai trois :

- Si vous songez à acheter un nouveau portable Apple, si vous venez d'investir et que l'ordinateur est encore dans son carton ou si vous avez envie d'un peu d'aide pour démarrer, commencez la lecture par la première partie.
- Si vous utilisez déjà votre MacBook et souhaitez en savoir plus pour exploiter macOS Sierra, surtout si vous étiez sur Windows auparavant, commencez par la deuxième partie.
- Pour tous les autres cas de figure, servez-vous de l'index ou de la table des matières pour trouver le passage qui répondra à votre question précise.

Un dernier mot

Je vous remercie d'avoir choisi ce livre et j'espère que vous trouverez mon *MacBook Pour les Nuls* très précieux. Armé de ce guide, vous devriez bientôt adorer votre Mac avec autant de passion que moi pour le mien. (Je l'avoue, ce bijou déchaîne les passions.)

C'est l'occasion de la première maxime de Mark :

Prenez votre temps : après tout, découvrir l'emploi d'un ordinateur n'est pas une course contre la montre. Et ne vous inquiétez pas si vous n'êtes ni graphiste ni photographe ni vidéaste professionnel, car avec votre MacBook et ses applications, vous n'avez pas besoin d'une formation pointue, tout viendra naturellement.

Liberté, égalité… mobilité

DANS CETTE PARTIE...

Votre voyage initiatique dans l'univers du Mac débute par une description de votre ordinateur portable avec tous les conseils nécessaires pour sortir l'engin de son carton et lui faire place dans votre foyer. Vous trouverez également une introduction à macOS Sierra, la dernière version du fameux système d'exploitation d'Apple, toujours plus performant.

Nous passons en revue les caractéristiques qui différencient les modèles actuels de MacBook : le puissant MacBook Pro qui vient de connaître une évolution technique significative, l'époustouflant MacBook et l'incroyable MacBook Air.

Chapitre 1

Des MacBook à votre service

DANS CE CHAPITRE :

- **Autopsie de votre MacBook.**
- **Comparer les différents modèles de MacBook.**
- **Trouver le bon emplacement pour votre ordinateur.**
- **Déballer l'ordinateur et raccorder les câbles.**
- **Découvrir les logiciels fournis.**
- **Acheter les applications dont vous aurez besoin.**

Les films d'action débutent souvent sur une scène de préparatifs, dans laquelle les héros s'arment en vue d'une bataille. On voit ce genre de scène dans *Gladiator* comme dans *Terminator* et dans presque tous les films où Arnold Schwarzenegger joue les gros bras. Ces préparatifs durent une bonne minute et consistent à réviser ou aiguiser les armes, boucler des ceintures pleines de cartouches, glisser des poignards dans leur étui, le tout sur une musique martiale dynamique.

Pour les utilisateurs de MacBook, les préparatifs avant de prendre la route s'effectuent en deux secondes et un seul geste : fermer le capot. C'est normal puisque le MacBook est une machine entièrement autonome qui contient d'origine presque tous les outils équipant les iMac, Mac mini et Mac Pro. Nous sommes dans l'ère de l'ordinateur portable. Il s'harmonise très bien avec votre smartphone et la connexion sans fil de votre café préféré. En investissant dans un modèle de la gamme des MacBook, vous tournerez radicalement le dos à la sédentarité des ordinateurs de bureau.

Contrairement aux autres produits Apple, comme le Mac mini ou l'iMac, votre MacBook ressemble extérieurement aux portables PC qui tournent sous Windows. (Je précise au passage que les portables Mac étant équipés d'une puce Intel, ils sont capables d'exécuter l'environnement Windows si cela s'avère nécessaire.) En revanche, votre portable recèle quelques bonnes surprises que n'ont pas les portables Windows. Dans le cas des MacBook et MacBook Air, la bonne surprise est un impressionnant gain de poids et d'encombrement, sans oublier leur pavé tactile tellement plus intuitif. Dans ce chapitre, je vous présente l'aspect matériel du MacBook en décrivant ses principaux composants. Vous verrez même comment sortir l'ordinateur de son carton et le brancher. Et, cerise sur le gâteau, vous aurez un aperçu des applications qui font la fierté d'Apple et des accessoires que vous devriez acquérir dès maintenant.

Le monde du portable Mac vous ouvre ses bras ! Etreignez-le !

Présentation de votre portable Mac

Malgré leur extrême minceur, moins de deux centimètres d'épaisseur, les nouveaux MacBook Pro sortis en novembre 2016 sont équipés d'un écran Retina d'une qualité exceptionnelle, et offrent les performances les plus exigeantes et les mêmes composants qu'un ordinateur de bureau. Dans les sections suivantes, je décris ces composants essentiels, ceux qui sont visibles et ceux cachés à l'intérieur, et je vous ferai découvrir la grande innovation des MacBook Pro appelée Touch Bar qui risque de faire des petits dans l'univers PC d'ici quelques temps. Désormais Apple propose deux modèles de MacBook Pro, c'est-à-dire avec et sans Touch Bar.

Les composants évidents

Tous les ordinateurs portables possèdent les mêmes composants, illustrés Figure 1.1. Sans surprise, l'ordinateur se compose d'un boîtier qui renferme ses entrailles et son cerveau, d'un écran, d'un clavier, d'un pavé tactile et d'au moins un port pour l'alimentation et le raccordement à d'autres appareils.

Un magnifique écran

Quelle qualité d'image ! Les modèles MacBook et MacBook Pro sont équipés d'un écran Retina de 13 ou 15 pouces pour le Pro et de 12 pour le « pas pro ». L'écran Retina atténue les reflets sans dénaturer les couleurs, permettant ainsi d'obtenir

FIGURE 1.1 Élégance et sobriété des MacBook.

CRAINTE DE DÉSUÉTUDE ? JAMAIS ! (ET POURTANT)

Utilisez-vous un ancien modèle de MacBook ? On dirait que la gamme de produits d'Apple se renouvelle tous les mois. De plus, chaque nouvelle génération de portables apporte des fonctions inédites tout simplement renversantes. Il est parfois possible d'intégrer ces nouveautés à un ancien ordinateur, avec l'ajout d'une caméra externe par exemple, mais certains composants ne peuvent pas évoluer, c'est le cas de la carte mère, hélas.

Voici mon opinion sur le sujet : si votre vieux portable remplit tous vos besoins à une vitesse raisonnable, il n'est pas nécessaire d'en changer.

Pourquoi changer ? Et bien peut-être que Sierra va vous y contraindre. En effet, tous les ordinateurs Apple tournant sous Yosemite, El Capitan, voire une version antérieure, ne pourront pas évoluer vers Sierra. Lesquels ? En voici la liste :

- MacBook 2008 ;
- MacBook Pro 2007, 2008 et 2009 ;
- MacBook Air 2008 et 2009 ;

Donc, si vous possédez un de ces ordinateurs et que vous souhaitez travailler avec macOS Sierra, vous n'avez plus qu'à acheter un nouveau MacBook.

Ce livre a été rédigé à l'attention des utilisateurs de portables MacBook capables de faire fonctionner macOS Sierra.

une qualité d'affichage impeccable. Son contraste élevé rend les noirs plus noirs, et les blancs plus blancs. Toutes les tonalités intermédiaires sont également plus riches et éclatantes. La technologie IPS offre une vision élargie à 178 degrés de tout ce qui est à l'écran, pour que la différence saute aux yeux sous presque tous les angles. Cela fait d'un écran Retina le moniteur idéal de la retouche photographique.

De leur côté, les MacBook Air sont équipé d'un écran panoramique brillant rétroéclairé par LED de 13,3 pouces.

Les écrans LED consomment moins d'électricité que leurs ancêtres, les écrans cathodiques, et ils n'émettent presque aucune radiation.

Les portables Apple ont des écrans panoramiques, dont les proportions raviront les cinéphiles. (Mon éditeur aime bien que j'utilise des termes élégants, comme *ravir*, qui signifie enchanter et charmer.)

Au passage, je vous invite à brûler votre dictionnaire papier, car vous n'en avez plus besoin grâce à l'application Dictionnaire de Sierra, mais aussi avec l'implémentation de Siri, un assistant vocal qui aura réponse à tout (ou presque). Vous en saurez plus sur les applications et widgets au Chapitre 5, et sur Siri au Chapitre 7.

Le clavier et le pavé tactile

La particularité des ordinateurs portables, contrairement aux ordinateurs de bureau, est d'avoir un clavier intégré et un pavé tactile (qui remplit le même rôle que la souris). J'adore mon clavier pour les raisons suivantes :

- Il permet de régler ou couper le volume sonore.
- Ses touches illuminées sont très pratiques pour travailler dans l'obscurité ou la nuit dans l'avion.

Depuis quelques années, les ordinateurs Mac sont dépourvus de lecteur/graveur de CD/DVD interne. Par conséquent, si vous souhaitez lire des disques optiques contenant des données, des CD audio, ou des DVD vidéo, vous serez obligé d'investir 89 euros dans un SuperDrive Apple externe, illustré à la Figure 1.2. Dans ce cas, force est de constater que la qualité nomade de votre MacBook va perdre de sa superbe puisqu'un périphérique externe y sera connecté.

La face imprimée du CD ou DVD doit *toujours* se trouver *vers le haut* lorsque vous insérez un disque dans le lecteur.

FIGURE 1.2 Pas de disque optique sur un MacBook sans SuperDrive externe.

Audio

Une machine aussi séduisante se doit d'offrir un son de qualité, et vous ne serez pas déçu à ce niveau-là. Vous avez deux solutions pour écouter de la musique avec votre MacBook :

- » Tous les portables Mac disposent de haut-parleurs intégrés (et d'un microphone intégré).
- » Servez-vous du port de sortie audio pour raccorder l'ordinateur à un casque audio, à une paire d'enceintes ou à une chaîne hi-fi. Autrement, équipez-vous d'enceintes sans fil.

La qualité et le nombre de micros internes de votre portable Apple dépendra du modèle choisi, donc de votre budget. Vous déduirez aisément que plus le portable coûtera cher, plus il sera équipé de composants performants.

Le cordon d'alimentation

Désolé, il n'est pas possible de recharger la batterie sans relier l'ordinateur au secteur, du moins pas encore (les ingénieurs d'Apple cherchent actuellement une solution). Le cordon d'alimentation à connexion magnétique des MacBook, nommé MagSafe 2, réduit le risque de chute de votre précieux portable au cas où quelqu'un se prendrait les pieds dans le cordon, car il se détache au-delà d'une certaine tension. Voilà une innovation astucieuse !

Lorsque vous raccordez le câble d'alimentation, un voyant orange s'allume sur le connecteur pour indiquer que la batterie est en charge ; le voyant devient vert quand la batterie est entièrement chargée.

On me demande souvent s'il est préférable ou non de débrancher le câble d'alimentation une fois la batterie chargée. Sachez déjà qu'il est possible d'utiliser l'ordinateur tout en chargeant sa batterie. Personnellement, je garde mon portable sur secteur quand je travaille, car cela ne risque pas d'endommager la batterie et j'ai ainsi la garantie qu'elle est toujours pleine lorsque j'ai besoin de partir en vadrouille avec mon MacBook.

Le bouton d'alimentation

Vous avez un bouton d'alimentation dans l'angle supérieur droit du boîtier, identifié par le logo d'un cercle avec une barrette verticale.

Les MacBook Pro nouvelle génération, c'est-à-dire sortis en novembre 2016 sont dépourvus de bouton Marche/Arrêt. Diantre ! Mais comment démarrent-ils ? Tout simplement en ouvrant le capot du portable. Voici les circonstances dans lesquelles le démarrage opérera :

- Ouvrez le couvercle de votre Mac, même s'il n'est pas branché à l'alimentation.
- Connectez-le à un adaptateur secteur lorsque son couvercle est ouvert. L'ordinateur démarre et un son est émis après quelques secondes.
- Connectez-le à un adaptateur secteur lorsque son couvercle est fermé et qu'il est connecté à un écran externe.

La caméra FaceTime HD

Vérifiez cette minuscule lentille au-dessus de l'écran, c'est l'objectif de la caméra intégrée qui vous permet de communiquer par vidéophonie avec les applications Messages et FaceTime de macOS. Ce même objectif vous permet aussi de prendre des photos avec l'application Photo Booth. Autrement, vous pouvez installer une webcam si vous avez besoin d'une caméra orientable ou de résolution plus élevée.

La qualité de la caméra FaceTime dépend du portable acheté. Ainsi, Les MacBook sont équipés d'une webcam 480p, les MacBook Air et les MacBook Pro d'une 720p. Plus le nombre est élevé meilleure est la définition de l'image. Il ne s'agit pas d'une résolution dite Full HD qui est de 1080p, mais c'est déjà très bien pour une caméra embarquée sur un ordinateur portable.

La batterie

La batterie des MacBook récents est inamovible et ne peut être remplacée que par un technicien Apple. Rassurez-vous, vous devriez pouvoir utiliser votre MacBook plusieurs années avant d'avoir à changer sa batterie.

Vous pouvez vérifier le niveau d'énergie de la batterie dans l'interface de macOS ainsi qu'à l'extérieur du boîtier. En effet, une série de petits voyants s'allument sur la tranche gauche du boîtier pour représenter la réserve d'énergie disponible lorsque vous enfoncez le bouton de charge.

La charge de la batterie est facilement contrôlable sur le petit écran de la Touch Bar selon une configuration personnalisée.

Les ports de connexion

Voyons maintenant ces petites ouvertures sur les tranches latérales du boîtier. Ce sont des ports, ou connecteurs, destinés à recevoir différents types de câbles pour vous permettre d'ajouter toutes sortes de fonctionnalités à votre ordinateur.

Chacun des ports est identifié par une icône pour vous aider à les reconnaître. Voici la liste des ports disponibles sur les nouveaux modèles et une brève description de leur rôle. Le modèle MacBook est si fin qu'il ne possède qu'un seul port. Au besoin, vous aurez recours à des adaptateurs.

Cette première série de ports sert à raccorder des périphériques ou à connecter l'ordinateur à un réseau.

» **Port Thunderbolt 2 ou 3 :** il assure un transfert de données ultrarapide et permet le raccordement de toutes sortes de périphériques : disque externe, deuxième écran, connexion Ethernet, *etc.* (Le terme *périphérique* désigne tout simplement un appareil que l'on raccorde à l'ordinateur.)

  Les MacBook ne possèdent pas de port Thunderbolt mais un port USB-C sur lequel des adaptateurs peuvent être branchés pour, par exemple, connecter le MacBook à une prise HDMI de votre téléviseur HD.

  Les écrans compatibles Thunderbolt sont un peu plus chers que les autres. Mais vous pouvez acheter un adaptateur pour ce port, ce qui vous permet d'envoyer le signal vidéo de l'ordinateur vers un écran externe VGA ou DVI.

Les nouveaux portables Apple, même les modèles MacBook Pro, n'ont plus de ports Ethernet pour la connexion réseau par câble. Il faut utiliser un adaptateur Thunderbolt/Ethernet vendu séparément pour 29 €. Autrement, il vous reste la possibilité d'établir une connexion réseau sans fil, comme vous le verrez au Chapitre 12.

- **Port(s) USB :** initiales de *Universal Serial Bus*, la connexion USB est le mode de raccordement le plus répandu pour les périphériques. La plupart des appareils que vous voudrez brancher sur l'ordinateur (tels que disque externe, scanner, appareil photo numérique et même iPod) utilisent un port USB. Tous les nouveaux modèles de MacBook présentent au moins un port USB 3. Les connexions USB 3 sont beaucoup plus rapides que l'ancienne norme USB 2, mais elles acceptent les appareils USB 2 et USB 1 plus lents. Le MacBook, comme nous l'avons déjà évoqué ne propose qu'un port USB-C.

L'USB-C est un type de port USB très avancé. Il permet de transférer toutes sortes d'informations, y compris le courant électrique nécessaire à la recharge des ordinateurs. L'USB-C devrait à terme remplacer les ports USB traditionnels que nous connaissons encore aujourd'hui. Enfin, l'USB-C est un câble qui n'a pas de sens de connexion. On ne compte plus le nombre de fois où nous tentons d'insérer dans le mauvais sens un câble, une clef, un disque externe USB, nous obligeant à pester une fois de plus contre les ingénieurs qui ont eu cette idée saugrenue d'inventer un port à sens d'insertion unique.

Vous en saurez plus sur les ports Thunderbolt et USB en lisant le Chapitre 21.

- **Fente pour carte SDXC :** Le MacBook Air possède un lecteur de carte SDXC (*Secure Digital Extended Capacity*), qui vous permet d'accéder directement à la carte mémoire d'un appareil photo numérique, d'un smartphone ou d'un autre appareil portable.

Les ports suivants servent aux entrées ou sorties vidéo et audio.

- **Port HDMI :** il n'existe plus en l'état sur le châssis des portables Mac. Pour bénéficier d'une sortie HDMI sur les MacBook Pro et les MacBook Air, vous devez utiliser un adaptateur Thunderbolt vers HDMI. Avec un MacBook, il vous faudra un Adaptateur multiport AV numérique USB C.
- **Sortie audio :** la prise de sortie vous permet d'envoyer du son haute qualité de l'ordinateur vers un casque audio ou une chaîne hi-fi.

Les composants invisibles

Lors de l'achat de votre joli portable à la pomme, vous avez sans doute noté quelques différences subtiles entre le MacBook Air le moins cher et les autres modèles plus haut de gamme. Ces différences sont dues à ce que j'appelle les *composants invisibles cruciaux* (ou CIC si vous aimez les abréviations) et ils ont tout autant d'importance que les composants et les ports visibles à l'extérieur du boîtier.

Les composants internes sont les suivants :

- **Processeur :** les nouveaux portables Mac sont équipés des dernières puces Intel Core i5 et i7 et de la puce Intel Core m3 ou m5 pour le modèle MacBook. Comme vous vous en doutez, il est toujours préférable d'avoir un processeur le plus rapide possible.
- **Disque de stockage :** les MacBook récents sont équipés d'un disque SSD (stockage flash) d'une capacité de 128 Mo à 512 Mo. Toutefois, vous pouvez configurer de nombreux aspects de votre Mac, et notamment la capacité de stockage, au moment de passer commande. Ceci risque d'alourdir considérablement la note.

  Le stockage flash présente certains avantages par rapport au disque dur classique : absence de parties mécaniques mobiles et meilleures performances. Le disque SSD (pour *solid state drive*) s'apparente à une grosse clé USB qui stocke les données dans une mémoire flash au lieu de plateaux magnétiques.
- **Lecteur optique :** la nouvelle gamme de MacBook est dépourvue de lecteur optique. Vous pouvez raccorder un SuperDrive externe ou accéder au lecteur CD/DVD d'un ordinateur du réseau (par câble ou sans fil, mais la connexion par câble est plus fiable et plus rapide).

  Et si vous désirez graver des disques Blu-ray, il vous faudra raccorder un graveur Blu-ray externe *via* un port USB ou Thunderbolt.

Pour les communications sans fil, vous disposez des composants suivants :

- **Connexion sans fil :** comme je l'ai déjà mentionné, vous pouvez connecter votre portable à un réseau Wi-Fi existant. Tous les MacBook sont équipés d'une carte Airport Extreme. Grâce au Wi-Fi, vous pouvez partager des documents avec un ordinateur situé dans une autre pièce, utiliser une connexion Internet haut débit partagée par plusieurs ordinateurs et même lancer une impression sans câble. Trop cool !

  Pour monter un réseau domestique sans fil, Apple recommande l'emploi de sa borne d'accès Wi-Fi Airport Extreme ou de son module Time Capsule, mais vous pouvez utiliser votre Mac sur tout réseau respectant la norme Wi-Fi 802.11. Sachez aussi que les PC et les Mac peuvent communiquer sans souci sur un même réseau sans fil. (Étonnant, non ?)

- **Bluetooth :** derrière ce nom bizarre (dent bleue) se cache une autre technologie de connectivité sans fil, mise au point pour les accessoires comme clavier, souris, assistant numérique et téléphone mobile.

Et pour l'affichage, vous avez une carte graphique :

- **Carte vidéo :** si vos applications exploitent largement l'image 3D rapide, vous serez enchanté de savoir que le MacBook Pro Touch Bar 15 pouces est équipé de la carte vidéo Iris Pro Graphics 550 alliée à une carte Radeon Pro 455 équipée de 2 Go de mémoire vidéo GDDR5. Elle convient parfaitement à la modélisation en 3D, au montage vidéo HD, ainsi qu'aux jeux où les méchants se font exploser à la chaîne.

Les modèles de MacBook

Nous avons vu ensemble les composants communs aux modèles actuels de MacBook ; tentons maintenant de comparer les modèles MacBook, MacBook Air et MacBook Pro pour vous aider à choisir celui qui vous conviendra.

Voyons déjà le modèle le plus récent, le plus high-tech, le plus fin et le plus léger, en un mot le plus désirable : le MacBook Pro Touch Bar dernière génération (voir Figure 1.3).

La gamme des Mac a été considérablement revisitée ces dernières années. Ainsi, il est un peu plus facile de distinguer les MacBook de MacBook Air et des MacBook Pro. En revanche, lorsque le capot est fermé, il est moins aisé de voir la différence entre un Air et un Pro.

Comparaison des MacBook

Vous rappelez-vous la sortie du premier iMac ? Il partageait certes les mêmes composants de base que tout autre ordinateur (moniteur, clavier, ports, haut-parleurs et câbles), mais l'iMac était révolutionnaire parce que c'était un ordinateur monobloc, qui plus est avec une coque colorée ! De plus, il n'avait pas de lecteur de disquette. Avec l'iMac, Apple a remodelé les ordinateurs en axant la conception sur l'*esthétique* et la *facilité d'emploi* et a éliminé le lecteur de disquette (à juste titre puisque les disquettes ne servaient quasiment plus à démarrer le système).

FIGURE 1.3
Admirez l'irrésistible élégance du nouveau MacBook Pro Touch Bar.

Selon moi, les MacBook les plus légers sont de dignes héritiers de la révolution iMac. Cette fois, Apple a mis l'accent sur les dimensions et le poids et a supprimé tout ce qui n'est pas nécessaire dans une salle de conférence, une salle de cours ou un parc. Sachez quand même que le joli MacBook ultraléger n'est pas un jouet ni un netbook de luxe. Tous les composants ont été repensés pour tenir dans un format concentré tout en offrant les performances d'un portable haut de gamme.

Points communs des MacBook

Les différents MacBook ont ceci de commun :

» **Écran panoramique :** tous les modèles présentent un écran large rétroéclairé par LED. L'écran est de 12 pouces du MacBook et 13 pouces n'est pas de type Retina. Ce n'est évidemment pas le cas du MacBook Pro qui en 13 ou 15 pouces, Touch Bar ou pas est équipé d'un écran Retina.

Un écran Retina sera utile aux photographes exigeants, aux monteurs et étalonneurs vidéo, c'est-à-dire à des utilisateurs qui ont besoin d'un MacBook très performant. Le MacBook Pro avec ou sans Touch Bar dispose de telles caractéristiques.

- **Processeur Intel Core i5 ou i7 :** les modèles Air et Pro peuvent être commandés auprès d'Apple avec une puce Core i5 ou i7. Le MacBook est équipé d'un processeur Core m3 ou m5 bicœur.
- **Clavier et pavé tactile :** le MacBook Air possède un clavier rétroéclairé et un pavé tactile Multi-touch. Les modèles MacBook et MacBook Pro offrent un pavé Force Touch pour davantage de commandes tactiles (Vous découvrirez les avantages du Multi-touch et du Force Touch au Chapitre 4.)

  Un des nouveaux modèles de MacBook Pro est équipé d'un « écran » supplémentaire situé dans la partie supérieure du clavier, qu'Apple a nommé Touch Bar. Ce dispositif propose également un capteur Touch ID qui permettra de valider des opérations de paiement en ligne grâce à votre empreinte digitale. La Touch Bar quant à elle est une sorte de dispositif contextuel dont les icônes et les fonctionnalités s'adaptent à l'activité en cours. Nous aurons l'occasion d'en reparler plus en détail.

- **macOS Sierra :** tous les nouveaux MacBook tournent en souplesse avec la dernière version de macOS.
- **Applications :** tous les MacBook récents sont livrés avec une panoplie de logiciels autrefois payants : Photos, iMovie, Pages, Numbers et Keynote.

  La grande nouveauté des applications Sierra est l'implémentation de l'assistant vocal Siri que nous étudions au Chapitre 7.

- **FaceTime HD :** tous les MacBook sont compatibles avec la visioconférence, grâce à leur caméra FaceTime HD 720p (ou FaceTime 480p sur le modèle MacBook). Votre voix sera enregistrée par le microphone intégré. (Voyez le Chapitre 13 à propos de FaceTime et de la visiophonie.)
- **Boîtier hermétique :** vous ne pouvez pas ajouter ni remplacer vous-même les modules de mémoire dans votre MacBook (sauf sur les anciens MacBook Pro). Aussi, si vous ne l'avez pas encore commandé, je vous conseille de le configurer dès le départ avec le maximum de RAM.
- **Batterie inamovible :** vous ne pourrez pas changer vous-même la batterie de votre MacBook, car tous les modèles de la gamme ont une batterie intégrée (comme l'iPod).
- **Sans fil :** tous les MacBook possèdent en interne une carte AirPort Extreme (pour Wi-Fi 802.11ac). Vous en saurez plus sur AirPort Extreme au Chapitre 12.

Avec un tel équipement, tout le monde s'accorde pour reconnaître qu'il n'y a pas de canard boiteux dans la gamme des MacBook.

Différences entre les MacBook

Bien, et comment les MacBook se différencient-ils les uns des autres ? La réponse se trouve dans la liste suivante :

» **Dimensions physiques :** le modèle Air tient son nom du fait qu'il est très léger, le plus léger de la gamme à sa sortie en 2008. Mais il a été détrôné par le nouveau MacBook, encore plus compact et plus léger. Ce petit bijou a une épaisseur maximale de 1,3 centimètre lorsqu'il est fermé et mesure 28 cm sur 19,6 cm. Son poids ? Tenez-vous bien, ce poids plume ne pèse que 920 grammes ! (Soit un bon kilo de moins que les portables PC, un kilo que vous n'aurez pas sur l'épaule ou au bout du bras pendant vos déplacements. Les femmes en particulier apprécieront une telle légèreté.) En comparaison, le MacBook Pro 15 pouces pèse 1,83 kg.

» **Prix :** fin 2016, le MacBook Air n'est plus proposé qu'avec un écran 13 pouces. Il se décline en deux modèles de base au prix initial de 1099 € et 1349 €. La différence de prix se justifiant par la capacité de stockage respectivement de 128 et 256 Go. En comparaison, le prix du MacBook Pro s'étale de 1699 € à 3199 € et ceci en 3 modèles 13 pouces et trois modèles 15 pouces . Belle somme ! Enfin les MacBook qui se déclinent en deux catégories identifiées par des couleurs de châssis différentes coûte 1449 € ou 1799 € avec davantage de stockage et un processeur plus puissant.

La note peut être beaucoup plus élevée car chaque modèle est personnalisable avec un certain nombre d'options proposées par Apple.

» **Ports :** le joli petit MacBook n'a qu'un seul port USB-C qui remplira différentes fonctions avec des adaptateurs. Le modèle Air possède deux ports USB 3, une prise casque et un port Thunderbolt 2 pour connecter un écran externe ou un périphérique hautes performances. Le MacBook Pro est équipé de deux à quatre ports Thunderbolt 3 selon le modèle. Pour connecter le portable à la prise HDMI d'une TV ou d'un autre moniteur, vous devez investir dans un adaptateur disponible sur le site Apple. . Aucun des modèles n'a pas de port Ethernet, ce qui vous oblige là encore à acheter auprès d'Apple l'adaptateur Thunderbolt/Ethernet. Comme le port FireWire a aussi disparu, vous serez obligé d'acheter un adaptateur Thunderbolt/FireWire pour pour utiliser les périphériques répondant à cette norme.

Vous constatez que ces différences comptent énormément pour faire le choix entre un MacBook, MacBook Air ou MacBook Pro. En résumé :

- Les modèles MacBook et Air sont conçus pour les travailleurs nomades qui privilégient un portable moins encombrant et plus léger. Comme un bolide de course, c'est un appareil agile et allégé, sans superflu.
- Le MacBook et le MacBook Pro se distinguent par leur splendide écran Retina. Le modèle Pro séduit surtout les graphistes et les monteurs vidéo qui apprécient son écran haute résolution. Le modèle avec Touch Bar améliore la productivité en mettant à portée de doigts des fonctionnalités contextuelles, c'est-à-dire propres à l'activité en cours.
- Si vous voulez un bel appareil Apple à moindre frais, le modèle Air avec 128 Go de mémoire de stockage flash vous est proposé au prix de 1099 €.

Avantages du disque SSD

Vous connaissez certainement la forme la plus commune de mémoire flash, la clé USB. Ce minigadget est capable de stocker de 4 à 256 Go et de se connecter sur un port USB 2 ou 3 pour vous permettre d'emporter vos données partout. Ne serait-ce pas merveilleux s'il existait des disques durs internes reposant sur le même principe ?

Sachez que les disques SSD (*solid state drive*) existent depuis plusieurs années (exploités dans les iPod shuffle et nano). Hélas, la mémoire flash des disques SSD n'est pas bon marché et son prix est proportionnel à la capacité de stockage. C'est d'ailleurs le coût prohibitif qui a longtemps limité l'expansion du stockage flash sur disque SSD, qui présente pourtant de nombreux avantages par rapport au disque dur magnétique :

- **Absence de parties mécaniques mobiles :** contrairement au disque dur classique, il n'y a pas de tête de lecture ni de plateau magnétique, mais juste une puce de silicone. Dans la pratique, le disque SSD fonctionne sur les mêmes principes que la mémoire vive du MacBook. Mais contrairement à la mémoire RAM, le disque SSD ne perd pas les données qu'il contient lorsque vous éteignez l'ordinateur. Et bien sûr, l'absence de parties mobiles est un gros avantage pour un ordinateur portable :
  - Le disque SSD ne s'use pas et n'a jamais besoin d'être remplacé.
  - En cas de choc brutal, il y a moins de risques que vous perdiez vos précieuses données.
- **Rapidité :** une vélocité impressionnante ! Votre portable démarre, redémarre et sort de veille en un clin d'œil. Et la rapidité du disque dur se répercute dans toutes vos actions sur le portable. Le disque SSD est capable de lire les données beaucoup plus vite qu'un disque dur classique.

- **Consommation :** comme il n'y a pas de parties mobiles à activer, le disque SSD consomme beaucoup moins d'énergie qu'un disque dur magnétique, ce qui prolonge en conséquence l'autonomie de la batterie.
- **Silence :** le disque SSD est parfaitement silencieux (terminés les gargouillements du disque magnétique en action).

Tous les MacBook récents sont équipés d'un disque SSD. Le disque dur magnétique, c'est de l'histoire ancienne dans cette gamme d'appareils. En standard, ils offrent une capacité de stockage de 128 à 512 Go, extensible jusqu'à 1 To pour le MacBook Pro.

Comment contourner l'absence de lecteur optique ?

À l'heure du multimédia, un ordinateur peut-il survivre sans lecteur DVD ? Il y a quelques années, ma réponse aurait été *non*. Aujourd'hui la donne est différente. En effet, l'utilisateur a totalement modifié sa manière de consommer de l'image et du son. Ainsi, les films sont de plus en plus téléchargés depuis le web, ou bien directement lus en streaming sur le net. Rares sont les personnes qui insèrent un DVD vidéo dans le lecteur de DVD de leur portable.

La réponse est identique pour la musique. Le CD audio est en perte de vitesse au profit des albums téléchargeables au format MP3 (entre autres), et par l'utilisation de plus en plus répandue de plateformes musicales comme Deezer et Spotify.

Enfin, comment la plupart d'entre nous se procurent-ils des jeux ou des programmes ? En les téléchargeant. Idem pour les pilotes de périphériques comme les imprimantes.

Face à ces bouleversements technologiques, le lecteur/graveur de CD/DVD reste utile à certains professionnels qui ont besoin de stocker ou de partager des informations via un support optique. Mais dans ce domaine spécifique, les accès internet de plus en plus rapides changent radicalement la donne.

Si vous avez vraiment besoin d'un lecteur/graveur pour votre Mac, investissez 89 € dans le périphérique externe SuperDrive USB d'Apple.

Autrement, vous pouvez acheter un lecteur/graveur DVD d'une autre marque, à condition qu'il soit compatible avec les portables Apple et le système Sierra.

Le bon emplacement

Si vous choisissez le mauvais emplacement pour poser votre nouveau portable, je vous garantis que vous allez le regretter. Votre maison ou votre local professionnel n'offrent pas forcément le choix : vous avez un seul bureau et pas toujours la possibilité de le déplacer. Si vous avez le choix pour décider de l'emplacement de votre MacBook, je vous engage à suivre mes recommandations :

- **Au frais :** votre MacBook est silencieux, mais sa puce super rapide Intel génère de la chaleur. Vous éviterez de travailler trop près d'une source de chaleur ou de laisser l'appareil en plein soleil. Je vous conseille l'emploi d'un support ventilé qui surélève le portable pour laisser l'air circuler sous le boîtier.
- **Près des prises :** votre portable a besoin d'une prise d'alimentation secteur au minimum ou de deux prises au maximum :
  - une prise secteur (avec l'adaptateur adéquat si vous vous déplacez à l'étranger) ;
  - une prise réseau pour accéder à un réseau filaire (avec un adaptateur USB/Ethernet ou Thunderbolt/Ethernet).

  Votre MacBook est équipé pour l'échange de données sur un réseau sans fil. Vous saurez tout en lisant le Chapitre 12.
- **Éclairage :** comme votre maman vous le dirait elle-même : « Ne travaille pas dans l'obscurité, tu vas t'abîmer les yeux ! ». Et elle aurait raison. Il vous faut au moins une lampe de bureau ou un lampadaire si vous avez souvent besoin de consulter des livres ou des documents papier pendant votre travail.
- **Espace :** sur votre bureau, prévoyez environ trente centimètres d'espace libre de chaque côté du portable. Ainsi, vous aurez la place de poser des périphériques, éventuellement des haut-parleurs plus puissants, un clavier externe et une souris si vous le souhaitez.

  Pour utiliser le portable avec un clavier externe, prévoyez un socle élévateur. Ce support en métal ou Plexiglas surélève l'ordinateur, de sorte que l'écran se trouve à une position plus ergonomique tout en laissant de l'espace en dessous pour une souris et un clavier externe.

Déballer et raccorder le MacBook

La notoire convivialité des ordinateurs Apple n'est pas une légende. Vous allez constater vous-même à quel point il est facile de mettre en route un nouveau Mac.

Déballer l'engin

Suivez ces conseils lorsque vous déballez votre portable :

- **Vérifiez l'état du carton.** Je n'ai jamais eu de souci avec les colis venant de chez Apple, mais j'ai entendu des histoires de cartons tragiquement défoncés à la livraison.

  Vérifiez tous les côtés du colis avant de l'ouvrir. S'il paraît endommagé, prenez le dégât en photo (au cas où).

- **Fouillez tout le carton.** Quand vous sortez les bouts de polystyrène du colis, regardez si un petit élément n'a pas été inséré dans l'un d'eux pour être protégé pendant le transport.

- **Ne jetez pas le carton d'emballage.** Conservez le carton et tous les éléments d'emballage pendant au moins un an ou jusqu'à expiration de la garantie. En effet, si vous deviez retourner le produit pour échange ou réparation, il faudrait l'emballer soigneusement avant de l'envoyer par la poste.

  Il est judicieux de conserver l'emballage de l'ordinateur au-delà de la période de garantie. Si vous le revendez ou déménagez, vous serez content d'avoir ce carton sous la main. Faites-moi confiance.

- **Rangez soigneusement la facture.** La facture de l'ordinateur est un document précieux.

  Conservez l'original de la facture dans une pochette plastique avec les manuels de l'ordinateur et les disques de vos logiciels. Rangez le tout dans un endroit sûr où vous saurez le retrouver, et vous aurez l'esprit libre.

- **Lisez le manuel du Mac.** Pourquoi lire le manuel d'Apple en plus de ce livre ? Pour la bonne raison qu'il pourrait contenir des informations plus récentes que les miennes. De plus, ce n'est pas un document très volumineux, alors faites l'effort.

  La toute dernière version des manuels d'Apple est toujours disponible sur son site Web. (Le format PDF d'Adobe est lisible sur tous les ordinateurs et Sierra peut ouvrir les documents PDF avec l'application Aperçu ou la fonction

Coup d'œil.) Par mesure de précaution, j'ai toujours un exemplaire du manuel en PDF sur le disque de mon MacBook.

Connecter les câbles

Votre portable vous simplifie la tâche en toute chose, mais il dépend de vous que les câbles et cordons se trouvent connectés au bon endroit.

Le branchement indispensable

Une fois votre nouveau Mac sagement posé au bon endroit (de préférence sur un bureau), vous n'aurez qu'un seul cordon à brancher obligatoirement : celui de l'adaptateur secteur. Insérez l'embout dans le port d'alimentation MagSafe 2 du portable (ou le port USB-C sur le MacBook), puis insérez l'adaptateur dans la prise secteur. Après chargement complet de la batterie, vous pouvez débrancher le cordon d'alimentation à tout moment.

Préparatifs pour la connexion Internet

Si vous disposez d'un accès Internet ou d'un réseau local, vous devez établir au moins l'une des connexions décrites ici.

Si vous accédez à Internet au moyen d'un modem externe qui compose un numéro de téléphone, il y a un câble de plus à brancher :

1. **Insérez l'une des extrémités du câble téléphonique dans le modem externe.**
2. **Insérez l'autre extrémité du câble téléphonique dans la prise téléphonique murale.**

Munissez-vous des informations de connexion délivrées par votre fournisseur d'accès Internet (FAI), puis lisez le Chapitre 12 pour apprendre à configurer le modem et les paramètres Internet pour ce type de connexion.

Si vous disposez d'un accès Internet haut débit ou d'un réseau local dans une école ou un bureau, la connexion doit pouvoir se faire *via* un adaptateur Thunderbolt/Ethernet ou USB/Ethernet (avec Thunderbolt/Ethernet le débit est plus rapide). Effectuez le branchement suivant :

1. **Insérez l'adaptateur Thunderbolt/Ethernet ou USB/Ethernet dans le port Thunderbolt ou USB du MacBook.**
2. **Raccordez l'une des extrémités du câble Ethernet à l'adaptateur.**
3. **Insérez l'autre extrémité du câble dans le port Ethernet de votre réseau.**

   Le port Ethernet du réseau peut se présenter sous la forme d'une prise Ethernet murale, d'un commutateur ou routeur réseau ou d'une box ADSL.

Toutes les informations concernant la configuration de Sierra pour l'accès à un réseau Wi-Fi se trouvent dans le Chapitre 12.

Conseils élémentaires

Il importe que vous manipuliez votre ordinateur avec soin, cela va de soi. Prenez donc le temps de lire mes recommandations et, surtout, pensez à les appliquer.

Gardez ces quelques règles à l'esprit chaque fois que vous ouvrez ou déplacez votre portable :

- **Le capot est fragile.** Ouvrez le capot doucement, sans heurt et sans le cogner ni le tordre.
- **Rabattez le capot avant de déplacer le portable.** En fermant le capot, vous mettez automatiquement en veille le système d'exploitation et le disque dur (dans le cas du disque dur magnétique d'un ancien modèle), ce qui réduit les risques d'endommager le disque dur. L'ordinateur reste allumé et se réactive dès que vous rouvrez le capot.
- **Ne posez rien sur votre portable.** D'aucuns n'hésitent pas à entasser des piles de livres ou d'autres trucs lourds sur leur portable. Rappelez-vous que le capot protège un écran LED en verre. C'est fragile et précieux, alors faites attention !
- **Ménagez votre clavier.** N'appuyez pas trop fort sur les touches. Inutile d'appliquer plus de pression que sur un clavier ordinaire.
- **Évitez de manger et de boire à proximité de votre MacBook.** Rien de tel pour ruiner un portable que de renverser un soda sur le clavier ou d'y laisser entrer des miettes de biscuit.

- **Gardez l'ordinateur bien à plat.** Si vous travaillez sur l'ordinateur alors qu'il est trop incliné, vers l'avant ou vers l'arrière, vous risquez d'endommager son disque dur magnétique. (Ce risque n'existe pas avec les disques SSD.)

Les fonctions de base du MacBook

Les paragraphes qui suivent répondent à la question récurrente chez les novices en informatique : « À quoi va me servir cette machine ? » Pour en savoir plus à propos des logiciels gratuits, de ceux que vous pourriez acheter et des tâches qu'ils permettent d'accomplir, vous vous documenterez sur Internet.

Les logiciels fournis

À l'heure actuelle, les portables Apple sont livrés avec les logiciels suivants, déjà installés et prêts à l'emploi :

- **macOS Sierra :** votre MacBook est bien évidemment livré avec la dernière version de macOS et toutes ses petites applications, y compris Plans, iBooks et toutes les nouvelles fonctionnalités comme Siri, et les multiples possibilités de communiquer avec des périphériques fonctionnant sous iOS 8 ou ultérieur.
- **applications multimédias :** grâce à elles, votre MacBook va devenir une plaque tournante pour presque tous les appareils high-tech : caméra vidéo, appareil photo numérique, lecteur MP3 et même téléphone mobile. Les chapitres 14 à 16 sont consacrés aux applications multimédias qui séduiront tous les utilisateurs de Mac : iTunes, Photos et iMovie.
- **Pages, Numbers et Keynote :** ces applications de bureautique vous serviront à réaliser des feuilles de calcul, des diaporamas et des documents texte avec une mise en page sophistiquée. Nous verrons leur emploi aux Chapitres 17 à 19.
- **Photo Booth et FaceTime :** j'aurais l'occasion de reparler de ces deux applications plus loin dans le livre. Pour l'instant, sachez que Photo Booth et FaceTime exploitent la caméra du portable pour prendre des photos ou communiquer avec des iPad, iPhone et iPod touch.

La liste d'applications fournies sur les MacBook est susceptible de changer à mesure que sortent de nouveaux logiciels.

Internet au quotidien

Comment pourrait-on parler d'ordinateur moderne sans accès à Internet ? Apple vous fournit d'excellents outils pour profiter pleinement de toutes les richesses d'Internet :

- **Navigation sur le Web :** j'utilise tous les jours le navigateur Safari de Sierra dont les fonctionnalités ont été largement améliorées. Plus rapide et mieux conçu que le navigateur Internet Explorer, Safari permet l'ouverture des pages Web dans des onglets et facilite le partage de diverses manières y compris sur les réseaux sociaux.

  Vous découvrirez l'emploi de Safari au Chapitre 9, qui lui est entièrement consacré.

- **Recherche sur le Web :** les widgets du Dashboard sont capables d'exploiter le Web pour afficher des cotations boursières, le programme d'une salle de cinéma, des horaires de vols et des dictionnaires. Je vous décris le Dashboard au Chapitre 5.

  Vous constaterez également qu'avec Siri, vos recherches Web seront à la fois plus conviviales, rapides et ludiques. Pour en savoir davantage sur l'assistant vocal Siri, consultez le Chapitre 7.

  Spotlight est aussi capable d'étendre les recherches sur Internet pour répondre aux termes de votre requête.

- **Messagerie instantanée :** l'application Messages vous permet de discuter en direct avec des correspondants du monde entier par le biais de texte, de la voix ou de vidéo couleur. Cette fonction est très impressionnante et très facile d'emploi, comme dans un film de science-fiction.

  Soignez votre apparence, habillez-vous correctement quand vous communiquez par vidéo.

- **Messagerie électronique :** l'application Mail ne vous laissera pas désarmé face au torrent de messages publicitaires indésirables qui risquent d'inonder votre boîte aux lettres. Grâce au courrier électronique, vous pourrez envoyer des photos et des documents à vos amis partout dans le monde.

Les applications plébiscitées

macOS fournit des dizaines de petites applications, que nous verrons dans d'autres chapitres. Pour l'instant, voici trois exemples alléchants pour vous mettre en appétit :

- **Lecteur DVD :** profitez de votre magnifique écran panoramique pour regarder des films avec le Lecteur DVD.

  N'oubliez pas que votre portable Mac est dépourvu de lecteur de DVD. Si vous regardez des films téléchargés sur Internet, vous recourrez principalement à l'application QuickTime.

- **iBooks :** transformez votre MacBook en liseuse.
- **Contacts :** oubliez votre vieux carnet d'adresses aux pages écornées. Servez-vous de l'application Contacts pour mémoriser et retrouver les coordonnées de tous vos amis.

  D'autres applications de Sierra, comme Mail et Messages, sont capables d'exploiter les coordonnées enregistrées dans Contacts.

- **Échecs :** rien à voir avec l'échiquier d'antan. Vous jouerez ici contre un adversaire de poids (et configurable) sur un bel échiquier 3D. L'ordinateur prend même la peine de décrire la partie en annonçant chaque déplacement oralement.

Boot Camp pour les nuls

Sierra comprend une fonction qui pourrait plaire grandement aux habitués de Windows. Avec l'utilitaire Boot Camp et un disque d'installation de Windows 7, 8 ou 10, vous pouvez installer et faire tourner Windows sur votre portable Mac muni d'une puce Intel !

Boot Camp crée une *partition* (ou section) réservée à Windows sur votre disque dur afin d'y placer tous les fichiers Windows. Vous verrez à l'usage que Boot Camp est fiable et simple d'emploi, sans que vous ayez à retenir des raccourcis clavier bizarres. Je vous recommande toutefois de faire une sauvegarde régulière de vos données, parce qu'en ajoutant Windows à votre Mac, vous ouvrez la porte aux virus.

L'Assistant Boot Camp vous guidera dans la configuration du portable pour Windows. Pour lancer cet utilitaire, cliquez sur l'icône Launchpad dans le Dock, cliquez sur l'icône de dossier Utilitaires puis sur l'icône d'application Assistant Boot Camp. Pour un complément d'information, rendez-vous sur la page d'assistance d'Apple (`www.apple.com/fr/support/macbook/`) et cliquez sur le lien Aide à l'utilisation de Windows et de Boot Camp comme sur la Figure 1.4.

FIGURE 1.4 Cliquez ici pour en savoir plus sur Windows et BootCamp.

Accessoires relativement utiles

Les accessoires que je vous suggère d'acquérir serviront à protéger votre nouveau portable ou à vous rendre la vie plus plaisante.

- **Étui :** vous n'êtes pas obligé d'acheter un sac d'ordinateur classique pour transporter votre MacBook, cela vous fera un sac de moins à porter pendant vos déplacements. Mais si vous glissez le MacBook dans une valise, un cartable ou un sac de voyage, il vous faut une housse ou une coque pour le protéger contre les chocs. Vous trouverez sur l'Apple Store un large assortiment de housses et sacoches à tous les prix.
- **Caméra externe :** vous avez déjà une caméra de bonne qualité intégrée à votre portable, mais certains préfèrent utiliser une caméra externe qu'ils peuvent orienter et déplacer en fonction des besoins.
- **Parasurtenseur :** même un appareil alimenté par un adaptateur ou une batterie, comme votre MacBook, est susceptible d'être endommagé par une surtension. Je vous conseille donc l'emploi de l'un de ces accessoires :
  - Une *prise parafoudre* avec fusible protégera votre ordinateur contre les surtensions.

- Une *ASI* (*alimentation sans interruption*) est un équipement plus coûteux, mais plus efficace pour fournir une alimentation électrique avec une tension régulière sans micro-coupure. On parle aussi d'onduleur.

La batterie du portable prend aussitôt le relais en cas de coupure de courant, c'est pourquoi l'emploi d'une ASI n'est pas crucial. Les spécialistes vous diront pourtant qu'il est préférable de fournir au portable une tension régulière et qu'un système ASI servirait à alimenter les autres appareils qui, eux, n'ont pas de batterie.

» **Lingettes :** pour garder votre écran immaculé, investissez dans un paquet de lingettes spéciales. L'écran du portable attire les poussières, traces de doigts et postillons.

Utilisez uniquement des lingettes spéciales pour portables ou écrans LED ou LCD.

» **CD et DVD vierges :** si vous avez un lecteur optique, externe ou partagé, vous aurez besoin de disques vierges adaptés aux types de fichiers que vous voulez copier (documents, musique ou films). Dans le commerce, on trouve les types de disques suivants :

- CD-R (s'enregistre une seule fois) et CD-RW (s'enregistre plusieurs fois).
- DVD-R (s'enregistre une seule fois) et DVD-RW (s'enregistre plusieurs fois).

Les DVD existent en simple ou double couche. La double couche multiplie par deux la capacité de stockage en la portant à 8,5 Go.

» **Adaptateurs :** selon vos besoins, équipez-vous d'adaptateurs, tels que USB/Ethernet, Thunderbolt/Ethernet ou USB-C/multiport, voire HDMI.

» **Câbles :** selon les périphériques et le type de réseau que vous utilisez, équipez-vous :

- d'un câble réseau (Ethernet) standard pour les réseaux filaires ou les box ADSL ;
- de câbles Thunderbolt ou USB pour les périphériques déjà en votre possession.

» **Repose-poignets :** munissez-vous d'un repose-poignets et pensez à le glisser dans votre sac d'ordinateur pour éviter le syndrome du canal carpien.

Chapitre 2

Démarrer au quart de tour

DANS CE CHAPITRE :

- **Allumer votre ordinateur portable.**
- **Vérifier le bon fonctionnement de votre Mac.**
- **Surveiller la réserve de batterie et la chaleur dégagée.**
- **Configurer Sierra.**
- **Enregistrer votre ordinateur.**
- **Utiliser l'Assistant de migration.**
- **Copier vos données depuis un PC Windows.**

Au Chapitre 1, vous vous êtes contenté de déballer votre MacBook et d'y raccorder quelques câbles. Il est temps d'allumer votre précieux portable pour expérimenter vous aussi la joie, l'extase de posséder une telle machine. Une fois la bête lancée, je vous montrerai comment vérifier dès le départ que tout fonctionne correctement. Je ne manquerai pas de vous expliquer comment prendre soin de la batterie du portable afin de prolonger sa durée de vie.

Nous verrons ensemble les tâches à accomplir sur un nouvel ordinateur, y compris l'emploi de l'Assistant de configuration et le transfert de données et paramètres de votre ancien ordinateur vers votre nouveau portable.

Dans ce chapitre, je pars du principe que Sierra est préinstallé sur votre Mac ou que vous avez déjà fait vous-même la mise à niveau de votre ancien OS.

L'indispensable bouton d'alimentation (ou presque)

Le bouton de marche/arrêt de votre MacBook se trouve dans l'angle supérieur droit du boîtier. Appuyez dessus pour allumer le portable, et vous devriez entendre le léger et plaisant vrombissement de démarrage, typique des ordinateurs Apple. Ne vous inquiétez pas si l'écran reste noir, car il faut attendre quelques secondes avant de voir surgir le premier logo Apple.

J'ai pu constater qu'appuyer brièvement sur le bouton d'alimentation de certains portables Apple ne suffit pas toujours à démarrer le système. Si c'est le cas chez vous, appuyez sur le bouton d'alimentation pendant deux bonnes secondes pour allumer l'ordinateur. Ce bouton joue un autre rôle : si le système venait à se figer (vous empêchant de quitter une application comme je l'explique au Chapitre 4), maintenez ce bouton enfoncé pendant cinq secondes pour éteindre le Mac.

Ce principe du bouton situé dans l'angle supérieur droit souffre d'une exception : le MacBook Pro. Sur les modèles équipés de la Touch Bar, le bouton d'alimentation est intégré au capteur Touch ID. Appuyez dessus pour allumer votre Mac.

Sous le logo de la pomme apparaît une barre de progression. Cette animation indique que l'ordinateur est en train de charger le système d'exploitation et de vérifier l'état des composants matériels internes. L'animation dure plus ou moins longtemps. Tant que la barre progresse, il y a de l'action en coulisses : l'ordinateur est occupé à charger des composants pour le partage, les réseaux, l'impression, *etc.* Vous verrez, le chargement est assez rapide.

Au bout de quelques secondes, et vous obtenez ensuite l'Assistant de configuration de Sierra.

Vérifier la bonne santé de votre MacBook

Avant de vous amuser, n'oubliez pas une étape importante : vérifier rapidement que votre nouveau portable Mac a survécu au transport sans aucun dommage.

Si chacune des questions reçoit une réponse affirmative, c'est bon signe.

1. **Le boîtier semble-t-il intact ?**

   Il est facile de repérer une rayure ou une partie enfoncée sur le boîtier fin d'un MacBook.

2. **L'écran LED fonctionne-t-il sans défaut ?**

   Le capot s'ouvre-t-il avec souplesse, sans anomalie ? Voyez-vous des points (*pixels*) de l'écran LED qui marchent mal ? Les pixels défectueux restent noirs ou s'affichent dans une couleur anormale. (On parle alors de *pixels morts*). L'écran 12 pouces d'un MacBook se compose de plus d'un million de pixels, et il arrive que certains écrans LED comprennent un ou deux pixels morts.

3. **Le clavier et le pavé tactile fonctionnent-ils ?**

   Vérifiez le bon fonctionnement du pavé tactile en glissant un doigt à la surface ; le pointeur devrait se déplacer à l'écran. Pour vérifier le clavier, appuyez sur la touche de verrouillage des majuscules : un voyant vert devrait s'allumer.

Si vous remarquez un défaut (et si vous êtes capable d'accéder au Web avec Safari), contactez le service d'assistance d'Apple sur `www.apple.com/fr/`. Si vous ne parvenez pas à démarrer votre portable et n'avez pas de moyen d'aller sur le Web, cherchez dans l'annuaire un centre de services agréé Apple près de chez vous ou appelez le numéro vert 0805 540 003 pour la France. Le Chapitre 20 fournit d'autres informations de dépannage.

Du bon entretien de la batterie

Je ne vais pas vous faire un cours moralisateur sur l'entretien de la batterie. Je me rattraperai quand nous parlerons des sauvegardes (qui sont indispensables selon moi). Je me contente ici de fournir des conseils concernant la réserve d'énergie et la fréquence de recharge.

- **Rechargez la batterie lorsque l'ordinateur est éteint ou en veille.** La batterie se recharge plus vite quand le portable ne fonctionne pas. (Je reviens plus en détail sur le mode veille au Chapitre 6.)
- **Gardez le portable branché sur secteur (ou sur un chargeur de voiture alimenté par l'allume-cigare) lorsque cela est possible.** Je saisis chaque occasion de recharger la batterie, et je vous conseille d'en faire autant.

Si le temps de recharge est limité, disons une demi-heure, avant que vous ne soyez privé d'alimentation secteur, laissez l'ordinateur se recharger sans l'utiliser.

- **Économisez la réserve d'énergie.** Voici les solutions possibles pour éviter de gaspiller l'énergie restante :
  - *Éteignez le portable ou mettez-le en mode veille.*
  - *Éteignez les périphériques non indispensables.* Pour préserver la réserve d'énergie le plus longtemps possible, déconnectez les périphériques USB ou Thunderbolt et désactivez les fonctions Wi-Fi et Bluetooth si vous n'êtes pas sur réseau. (Les réseaux Wi-Fi sont étudiés au Chapitre 11.)
  - *Réduisez la luminosité de l'écran à l'aide de la touche F1 du clavier.*
- **Surveillez la jauge de batterie dans la barre de menus.** J'adore le système de jauge d'énergie de Sierra. On peut voir la réserve d'énergie en haut de l'écran sous plusieurs formes : temps restant et pourcentage (100 % indiquant une batterie entièrement chargée). Pour surveiller votre réserve d'énergie, cliquez sur l'icône de batterie dans la barre de menus et choisissez Afficher le pourcentage.

  Le menu de la jauge de batterie signale les applications ouvertes qui consomment de l'énergie inutilement.

  L'estimation de temps restant indiquée par la jauge d'énergie est calculée sur la base de vos paramètres de Préférences Système et de l'usage actuel du portable. De ce fait, si vous changez les réglages Économiseur d'énergie ou déconnectez un appareil USB alimenté par le portable, vous verrez l'estimation de temps restant changer en conséquence des nouvelles conditions. La Figure 2.1 présente la jauge d'énergie avec l'indication de pourcentage.
- **Calibrer la batterie.** Vous pouvez entraîner votre batterie à engranger la charge maximale en la calibrant. C'est une procédure très simple qu'Apple recommande d'effectuer tous les mois :

  a. *Chargez la batterie jusqu'à ce que la jauge indique une charge de 100 %.*

  b. *Conservez le portable alimenté sur secteur pendant encore deux heures pour garantir une charge maximale.*

  c. *Débranchez l'ordinateur de la prise secteur et utilisez-le sur batterie jusqu'à ce qu'elle se décharge entièrement au point d'activer automatiquement le mode veille.*

  Pour éviter de perdre le travail en cours, assurez-vous de fermer toutes les applications quand vous voyez le message d'alerte de batterie faible.

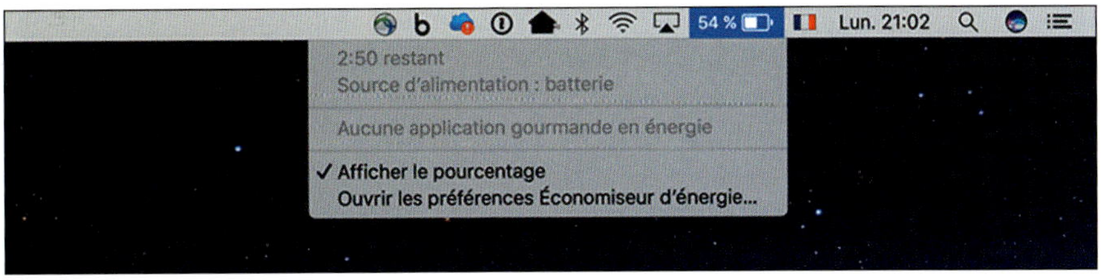

FIGURE 2.1 Affichez le pourcentage d'énergie restante.

d. *Éteignez le portable (ou laissez-le en veille) pendant au moins cinq heures.*

e. *Rebranchez l'ordinateur sur secteur pour recharger complètement la batterie.*

» **Investissez dans une batterie externe.** S'il vous arrive souvent de tomber en panne de batterie sans alimentation secteur disponible pendant vos déplacements, songez à faire l'achat d'une batterie externe. Cet accessoire vous permettra de recharger votre MacBook et vos autres appareils USB lorsqu'aucune autre source d'alimentation n'est disponible. J'utilise la batterie externe HyperJuice de Sanho (`www.hyperjuice-by-trax.com`). Elle est conçue pour recharger les portables Mac, les iPhone et autres appareils USB. Elle fournit automatiquement le voltage nécessaire pour chaque modèle de MacBook et affiche l'énergie restante *via* sa jauge intégrée. Selon sa puissance, cet accessoire coûte de 199 € à 479 €.

CALIENTE, ÇA CHAUFFE ENTRE VOUS ET LE MACBOOK

Les portables génèrent de la chaleur. Les nouveaux processeurs multicœurs ultrarapides et ultrapuissants chauffent beaucoup quand ils sont en pleine action, et cette chaleur se dégage sous le boîtier malgré la présence d'un ventilateur dans tous les modèles actuels de MacBook.

Vous sous-estimez peut-être le degré de chaleur dégagé par votre MacBook. Il n'y a bien sûr pas de danger à poser le portable sur les cuisses, mais le contact risque de vous paraître un rien trop chaud si l'ordinateur tourne depuis plusieurs heures.

Pour éviter ce désagrément, achetez un support ventilé pour utiliser le portable sur votre bureau. Ainsi surélevé, l'ordinateur chauffe moins puisque l'air peut circuler sous le boîtier. De plus, ce support a pour avantage d'élever l'écran à une hauteur plus confortable. (Du coup, le clavier risque de se trouver un peu trop haut, c'est pourquoi je préconise aussi l'emploi d'un clavier externe pour les portables qui se déplacent peu. L'autre avantage de cette solution est que vous ménagez le clavier du portable tout en disposant d'un clavier étendu avec pavé numérique.)

Si votre batterie ne tient plus la charge, c'est-à-dire qu'une fois chargée à 100 %, elle n'offre plus que quelques minutes d'autonomie, il est temps de la remplacer. Avec les anciens modèles de MacBook, vous pouviez simplement acheter une nouvelle batterie et l'insérer vous-même dans le boîtier. Mais avec les modèles récents, vous êtes obligé d'apporter le portable dans un centre de services Apple agréé parce que la batterie est scellée dans le boîtier.

Configurer et enregistrer votre portable

Après avoir allumé votre nouveau MacBook et vérifié qu'il est arrivé en bon état, votre tâche du moment est de le configurer. Je ne vais pas détailler cette procédure, parce qu'Apple modifie régulièrement les questions posées durant la configuration et il est facile d'y répondre. Toutes les étapes sont expliquées à l'écran et il suffit de cliquer sur un lien pour obtenir davantage d'informations dans le centre d'aide de macOS.

J'aimerais quand même que vous sachiez à quoi vous attendre et quels renseignements vous devrez fournir. Je tiens également à vous informer à propos des services disponibles, comme le service iCloud d'Apple. Aussi, en lisant ce qui suit vous serez mieux préparé à configurer votre ordinateur correctement dès le départ.

Configurer macOS Sierra

Au tout premier démarrage de votre ordinateur, ou juste après sa mise à niveau depuis une version antérieure d'OS X, la fenêtre de configuration s'affiche automatiquement. (Avec certaines options d'installation personnalisée, il se peut que la configuration ne démarre pas automatiquement.) La procédure de configuration exécute les tâches suivantes :

» **Fournir à macOS vos informations personnelles :** j'indiquais au Chapitre 1 que le MacBook est livré avec un assortiment d'applications dont certaines exploitent vos coordonnées personnelles (comme adresse e-mail et numéro de téléphone) pour renseigner automatiquement vos documents.

Si vous craignez le vol d'identité avec toutes ces données personnelles enregistrées, je vous félicite. Vous faites preuve de bon sens, vous devriez toujours réfléchir avant de fournir des informations personnelles. Dans ce cas précis, Apple protège soigneusement ces données, et les applications qui exploitent vos coordonnées ne les divulguent pas non plus. Quant à Safari, le navigateur Web d'Apple, il remplit les formulaires automatiquement *uniquement* si vous l'autorisez à le faire.

- **Définir votre compte d'utilisateur :** il vous est demandé de fournir un nom d'utilisateur et un mot de passe pour créer un compte administrateur.
- **Définir la langue et la méthode d'entrée du clavier :** Sierra étant un système d'exploitation international, tout est prévu pour vous permettre de configurer votre portable pour l'emploi d'une langue et d'une disposition de clavier particulières.
- **Configurer votre compte de messagerie électronique dans l'application Mail :** si vous possédez déjà un compte de messagerie électronique auprès d'un fournisseur d'accès Internet (FAI), gardez à portée de main le courrier qui contient vos informations de connexion.

  Ce courrier devrait indiquer votre adresse e-mail, votre nom d'utilisateur (*login*) et votre mot de passe. Sierra est capable de configurer un compte de messagerie à votre place (y compris pour les services de messagerie Web comme Google Mail, Yahoo Mail et Hotmail) si vous lui fournissez vos identifiant et mot de passe.
- **Ouvrir un compte iCloud :** le service iCloud d'Apple est tout simplement génial, surtout pour son espace de stockage gratuit. Alors, n'hésitez pas à en profiter et acceptez la proposition de créer un identifiant Apple durant la configuration. Le service iCloud est gratuit pour les prestations de base et, si vous l'appréciez, vous pourrez obtenir davantage d'espace de stockage en échange d'un abonnement. Nous verrons les prestations d'iCloud au Chapitre 10, pour l'instant contentez-vous de créer un identifiant Apple (ou de fournir celui que vous possédez déjà).

  Vous pouvez stocker en toute sécurité plusieurs types de fichiers dans votre espace iCloud Drive. Les documents enregistrés sur iCloud Drive sont maintenus à jour sur tous vos appareils, et accessibles depuis votre iPhone, iPad, iPod touch, Mac ou PC. Ils sont également accessibles depuis le Finder comme si iCloud Drive était un disque dur installé sur votre Mac. Bien entendu, iCloud Drive n'est accessible que si vous êtes connecté à Internet.

  Lorsque que iCloud est activé dans les préférences de Sierra, vous constaterez que certaines applications Apple vous proposent cet emplacement de stockage par défaut pour y enregistrer vos fichiers, sans vous donner la possibilité de sauvegarder ces données sur le disque dur de votre Mac. Nous verrons, en temps utile dans ce livre, comment contourner ce problème.
- **Envoyer vos coordonnées à Apple :** si vous venez d'acheter un ordinateur neuf, vous avez droit à une garantie d'un an et de 90 jours d'assistance téléphonique gratuite. Pour en bénéficier, il vous suffit de vous enregistrer

auprès d'Apple durant la procédure de configuration. N'ayez crainte, vos coordonnées restent confidentielles.

» **Lancer l'Assistant de migration :** cet assistant vous aide à transférer (on dit *migrer* en jargon informatique) sur le nouveau MacBook le contenu de votre compte d'utilisateur de votre ancien Mac ou PC. Si votre MacBook est votre tout premier ordinateur, vous n'avez évidemment rien à transférer. Autrement, consultez la section « Importer vos données d'un autre Mac », plus loin dans ce chapitre.

UTILITÉ DE L'IDENTIFIANT APPLE

Vous avez vu pendant la configuration initiale de Sierra qu'il vous était proposé de créer un identifiant Apple. (Si vous en aviez déjà un, défini pour une ancienne version d'OS X ou pour votre iPad ou iPhone, j'imagine que vous l'avez communiqué sans hésitation.) Si vous êtes méfiant vis-à-vis d'Internet et préférez ne jamais fournir d'informations personnelles, vous avez dû rater l'occasion de définir un identifiant Apple pendant la configuration de Sierra, pensant prendre la décision plus tard.

Si ce n'est pas déjà fait, vous allez vite vous rendre compte que l'identifiant Apple est exploité par de nombreuses fonctions et applications macOS : votre compte iCloud, l'App Store, Messages, l'iTunes Store et FaceTime entre autres. Conclusion : si vous n'avez pas encore défini d'identifiant Apple, faites-le maintenant. C'est facile et vous verrez que cet identifiant ouvre des portes.

Lorsque l'une des applications de Sierra vous invite à fournir un identifiant Apple, cliquez sur le bouton Créer un identifiant Apple pour lancer la procédure d'inscription et laissez-vous guider. Vous pouvez aussi créer un identifiant Apple depuis l'App Store ou l'iTunes Store : cliquez sur le lien de connexion à votre compte dans la fenêtre de l'un ou l'autre magasin en ligne, et vous serez invité à créer un identifiant Apple.

Enregistrer votre MacBook

Soyons francs, rares sont ceux qui prennent la peine de faire enregistrer tous les appareils électroniques qu'ils achètent. Pour ma part, je n'ai jamais enregistré l'adaptateur Bluetooth acheté pour mon ancien iBook parce qu'il valait à peine 30 € et que je ne pensais pas avoir besoin de le faire réparer sous garantie ou d'appeler le service d'assistance du fabricant.

Dans le cas d'un MacBook, en revanche, les conditions sont différentes et je vous recommande *vivement* d'enregistrer votre achat auprès d'Apple durant la procédure de configuration. Vous avez dépensé une somme importante pour cet ordinateur dont certains composants sont très coûteux.

Qui pourrait contredire cette maxime essentielle ?

Si vous n'enregistrez pas votre nouvel ordinateur, vous n'aurez pas droit à la garantie et à l'assistance technique.

Et rassurez-vous, Apple ne fait pas partie de ces sociétés qui nous inondent de messages publicitaires à la limite du spam. J'ai fait enregistrer tous mes ordinateurs Apple, et je n'ai jamais été sollicité par des courriers commerciaux.

Importer vos données d'un autre Mac

Si vous utilisiez auparavant un ancien Mac équipé d'OS X, j'ai une bonne nouvelle : Apple a prévu un utilitaire, l'*Assistant migration*, pour vous aider à transférer toutes sortes de données de l'ancien Mac vers votre nouveau Mac. L'opération s'effectue *via* une connexion réseau (avec ou sans fil), un câble Thunderbolt, ou une sauvegarde Time Machine enregistrée sur un disque externe.

Pour transférer vos données avec l'Assistant migration et une connexion FireWire ou Thunderbolt, il vous faut le câble adéquat pour relier les deux ordinateurs. Si vous n'en avez pas, vous trouverez ce câble dans un magasin d'informatique. (Vous aurez certainement d'autres occasions de l'utiliser.)

Inutile de chercher le port FireWire sur votre nouvelle machine : il n'y en a pas. Pour la migration, vous utiliserez donc le port Thunderbolt ou USB avec un adaptateur. Vous pourriez aussi passer par une connexion Ethernet ou Wi-Fi, à condition que le MacBook et l'ancien Mac puissent communiquer sur votre réseau domestique ou d'entreprise. Il est même possible de transférer *via* le réseau certaines données d'un vieux PC Windows vers le MacBook.

L'assistant de configuration lance automatiquement l'utilitaire de migration si vous choisissez cette option. Autrement, vous lancerez l'Assistant migration vous-même à tout moment. Ouvrez le Finder, cliquez sur le dossier Utilitaires puis sur l'icône Assistant migration.

Le transfert s'applique aux éléments suivants :

- **Comptes d'utilisateurs :** si vous avez défini plusieurs comptes d'utilisateurs (de sorte que plusieurs personnes puissent partager l'ordinateur), l'utilitaire les transfère tous sur le nouveau Mac.

- **Paramètres réseau :** voilà une fonction utile pour ceux dont la connexion réseau est définie par des paramètres manuels fournis par un FAI ou un administrateur réseau. L'Assistant migration recrée sur le nouveau Mac tout l'environnement réseau de l'ancien Mac.
- **Paramètres des Préférences Système :** si vous êtes un adepte de la personnalisation et avez passé du temps à fignoler les réglages de votre ancien Mac, réjouissez-vous. L'Assistant migration va recopier tous vos paramètres de personnalisation sur le nouveau Mac. Merci Apple !
- **Dossier de départ :** les fichiers de votre dossier personnel sont transférés sur le nouveau Mac. Le dossier de départ porte votre nom d'utilisateur.
- **Applications :** l'Assistant migration s'efforce de transférer les logiciels tiers que vous avez installés dans le dossier Applications de l'ancien Mac. Je dis bien « s'efforce », parce que vous pourriez avoir besoin de réinstaller certaines applications. Les éditeurs développent des logiciels qui éparpillent des fichiers partout sur le disque dur, et l'Assistant migration ne parvient pas toujours à tous les localiser. Les autres applications se transfèrent sans soucis, mais il peut être nécessaire d'entrer à nouveau leur numéro de licence.

La connexion réseau constitue la méthode incontestablement la plus simple de transférer des données avec l'Assistant migration. (Le transfert sera plus rapide avec une connexion par câble.) C'est donc la méthode que je choisis de décrire ici. Suivez ces instructions pour transférer vos données vers votre nouveau MacBook :

1. **Si l'Assistant migration n'est pas déjà à l'écran, ouvrez le Finder, cliquez sur le dossier Application, puis double-cliquez sur Utilitaires et enfin sur l'icône Assistant migration.**

   Nous verrons plus loin dans ce livre, et notamment au Chapitre 7, comment demander à Sierra d'ouvrir des applications en lui donnant cet ordre vocalement via la nouvelle application Siri du système.

2. **Cliquez sur Continuer.**

   Au bout de quelques secondes, si l'assistant vous demande de saisir le nom d'utilisateur et le mot de passe, tapez ceux que vous avez définis lors de la configuration initiale du MacBook. Sinon passez directement à l'étape 4.

3. **Choisissez entre À partir d'un Mac, d'une sauvegarde TimeMachine ou d'un disque de démarrage ou À partir d'un PC Windows, puis cliquez sur Continuer.**

   Vous avez aussi la possibilité de transférer vos données vers un autre Mac.

4. **Lancez l'Assistant migration sur l'autre ordinateur.**

Le MacBook recherche d'autres ordinateurs sur le réseau. La connexion entre les deux machines se fera *via* une connexion Wi-Fi ou filaire avec un adaptateur Thunderbolt/Ethernet ou USB/Ethernet. Pour transférer vos données depuis un PC, il faut télécharger et installer sur le PC l'assistant Migration Windows (`www.apple.com/migrate-to-mac`).

5. **Sélectionnez dans la liste l'ordinateur contenant les données et cliquez sur Continuer.**
6. **Cochez la case devant les comptes d'utilisateurs que vous voulez transférer depuis l'ancien ordinateur.**

   L'assistant Migration affiche la quantité d'espace nécessaire sur le disque du nouveau MacBook pour contenir les données des comptes sélectionnés.

7. **Cochez la case devant les applications et fichiers que vous voulez transférer.**
8. **Cochez la case devant les paramètres que vous voulez transférer.**

   Normalement, c'est l'ensemble des paramètres que l'on fait migrer d'un ordinateur à l'autre.

9. **Cliquez sur Continuer.**

   Selon le volume de données à recopier, la procédure de transfert va durer d'une heure (avec une connexion par câble) à plusieurs heures (avec une connexion Wi-Fi).

Importer vos données d'un PC

Si vous venez de passer de l'univers Windows à celui du Mac, vous avez fait le bon choix. Vous pourriez choisir de démarrer votre nouvelle vie informatique sur terrain vierge, mais vous avez sûrement sur le vieux PC des documents et fichiers que vous voulez importer sur le nouveau MacBook.

Pour rappel, l'assistant Migration Windows est capable de transférer l'essentiel de vos données depuis Windows. Si vous constatez que certains fichiers n'ont pas migré, vous pourrez les recopier manuellement. Il suffit de copier les fichiers sur une clé USB ou *via* le réseau. Pour faciliter le transfert manuel, le Tableau 2.1 indique le nom et l'emplacement des principaux dossiers personnels dans Windows et dans Sierra.

TABLEAU 2.1 **Correspondance des dossiers personnels.**

Type de fichiers	Emplacement dans Windows	Emplacement dans Mac	Application Mac
Fichiers audi	Dossier Musique	Dossier Musique	iTunes
Fichiers vidé	Dossier Vidéos	Dossier Vidéos	QuickTime, Lecteur DVD, iTunes
Photos numériques	Dossier Images	Images	Photos
Documents de bureau-tique	Dossier Documents	Documents	Mac Office, OpenOffice, Pages, Numbers et Keynote

Le centre d'aide de Sierra décrit très bien le passage de Windows à Mac et fournit notamment des conseils pour connecter un Mac à un réseau Windows et pour connecter directement deux ordinateurs.

Il est généralement impossible de déplacer manuellement les applications Windows (comme Paint) vers un autre ordinateur, même avec *Boot Camp*, la fonction de double démarrage (*dual boot*) qui permet d'exécuter à la fois macOS et Windows sur un Mac. La plupart des programmes pour Windows installent des fichiers dans plusieurs dossiers éparpillés sur le disque, si bien que la copie manuelle ne permet pas de remettre ces fichiers au bon endroit. La procédure correcte consiste à installer Windows sur le Mac (à l'aide de Boot Camp) puis à réinstaller les applications Windows.

D'UN PC WINDOWS À UN PC APPLE

La fonction Boot Camp de macOS permet de simuler un environnement Windows 7, 8 ou 10 sur un ordinateur Mac équipé d'une puce Intel. Ainsi, Windows et OS X Sierra coexistent sans problème *sur le même ordinateur*. Le seul bémol est qu'il faut redémarrer la machine pour passer au système Windows.

Dans ces conditions, les transfuges du PC au Mac peuvent transférer les fichiers de leur vieux PC (tournant sous Windows) vers la partition Windows (tournant sur leur MacBook) au lieu de la partition macOS. Si vous choisissez de simuler le système Windows sur le MacBook avec Boot Camp, les fichiers et dossiers de l'ancien PC pourront être copiés directement avec l'assistant Transfert de fichiers et de paramètres de Windows. En fait, l'opération revient à copier les données et paramètres entre deux PC, l'ancien PC et le faux PC simulé sur le MacBook. (Je me contente de vous informer, en aucun cas je ne conseille cette solution, absurde aux yeux des puristes.)

Chapitre 3
Introduction à macOS Sierra

DANS CE CHAPITRE :

- **Introduction au système Sierra.**
- **Découvrez le cœur Unix sur lequel repose Sierra.**
- **Identifiez les points communs entre Windows et macOS.**
- **Servez-vous du centre d'aide pour apprivoiser Sierra.**

Dans mes autres livres consacrés à aux systèmes d'exploitation Apple, j'emploie divers euphémismes pour décrire mon système d'exploitation préféré : *système d'une élégante fiabilité, d'une puissance délirante et fabuleusement convivial.*

Qu'est-ce qui différencie tellement macOS des autres systèmes ? Plus précisément pourquoi les créatifs et génies de l'informatique du monde entier préfèrent-ils le système d'exploitation d'Apple ? Pourquoi le système Sierra devance-t-il autant Windows 10 par ses fonctionnalités et performances ? Que de bonnes questions !

J'y réponds dans ce chapitre et m'efforce de satisfaire votre curiosité vis-à-vis de votre nouvel environnement de travail. Je présente les principaux éléments du bureau macOS et vous initie au robuste cœur Unix qui bat sous la gracieuse interface de Sierra. Je signale les principaux points communs entre macOS et Windows et vous dirige vers les bonnes références pour continuer à vous documenter sur l'utilisation avancée de votre Mac.

Je promets de m'exprimer le plus simplement possible dans mes explications, sans recours au jargon ni aux acronymes dont les informaticiens sont si friands. (En échange, je vous demande de faire du prosélytisme autour de vous en faveur de Sierra.)

Votre système d'exploitation personnel

Sierra est un type de logiciel particulier qu'on appelle système d'exploitation (ou OS pour *operating system*). Son rôle est d'offrir une interface qui vous permet de commander votre MacBook et d'exécuter des applications comme iTunes ou Photoshop. Le système d'exploitation est le logiciel le plus important de tout ordinateur. En effet, sans système un ordinateur ne servirait absolument à rien.

Imaginez une pyramide avec Sierra à la base et les autres applications empilées au-dessus.

Vous exploitez directement le système d'exploitation lorsque vous n'utilisez pas une application spécifique, mais effectuez une tâche comme celles-ci :

- copier des fichiers d'une clé USB vers le disque dur ;
- parcourir les fichiers et dossiers du disque dur ;
- choisir un autre économiseur d'écran.

Il arrive que Sierra s'immisce dans une application en cours d'exécution. Les éléments suivants sont aussi gérés par macOS Sierra à travers une application :

- les zones de dialogue Ouvrir, Enregistrer et Enregistrer sous qui apparaissent dans Photoshop ;
- la zone de dialogue Imprimer qui s'affiche lorsque vous imprimez un document depuis Word ou Pages.

Dans les sections qui suivent, nous allons découvrir ensemble les points essentiels de Sierra en nous attardant sur les éléments d'interface qui vous serviront à commander votre portable.

Le bureau de Sierra

Bien qu'immatériel, le bureau de Sierra remplit la même fonction qu'un vrai bureau en bois : fournir un espace où poser des choses, ranger des documents dans des dossiers et effectuer du vrai travail, tel qu'écrire et dessiner (à l'aide d'outils appelés *applications*).

Observez la Figure 3.1 et suivez ma présentation avec votre bureau sous les yeux.

FIGURE 3.1 Tout commence ici, sur le bureau de Sierra.

Le Dock, un outil polyvalent

Le Dock remplit plusieurs fonctions : organisation, lancement d'applications et surveillance du système. Depuis le Dock, en bas de l'écran, vous pouvez démarrer une application, voir ce qui est en cours d'exécution et activer ou masquer les fenêtres des applications ouvertes.

Les icônes du Dock représentent les éléments suivants (voir Figure 3.1) :

- » application que vous pouvez lancer (ou déjà ouverte) ;
- » fenêtre d'application réduite ;

- lien vers une page Web ;
- document ou dossier présent sur l'ordinateur ;
- serveur d'un réseau, document ou dossier partagé ;
- corbeille du système.

Au Chapitre 5, je reviens plus en détail sur le Dock.

Le Dock peut se personnaliser ainsi :

- s'afficher sur le bord droit ou gauche de l'écran ;
- rester masqué jusqu'à ce que vous approchiez le pointeur du bord pour le faire surgir ;
- changer de dimensions.

Les icônes du bureau

Par défaut, Sierra présente un bureau vide, c'est-à-dire une image d'arrière-plan ne contenant quasiment aucun élément, sinon peut-être l'icône de votre disque dur Macintosh HD. Si ce n'est pas le cas, vous pouvez placer cette icône du disque interne de l'ordinateur sur le bureau. Pour ouvrir le disque afin de voir ou d'utiliser son contenu, double-cliquez sur l'icône, nommée par défaut Macintosh HD, ou cliquez sur son nom dans la barre latérale du Finder. Le bureau peut contenir d'autres icônes :

- CD et DVD ; (plus rare dans la mesure où la gamme des MacBook est dépourvu de lecteur optique nécessitant alors l'achat d'un SuperDrive Apple.)
- disques durs externes ou clés USB ;
- applications, dossiers et documents ;
- serveurs réseau auxquels vous accédez.

Rendez-vous au Chapitre 4 pour en savoir plus sur les icônes.

La barre de menus

La barre de menus, en haut du bureau, sert à commander l'application active. Vous verrez une barre de menus pour la quasi-totalité des applications que vous utiliserez sur votre MacBook. Quand vous êtes en plein écran, vous ferez apparaître la barre de menus en plaçant le pointeur de la souris sur le bord supérieur de l'écran.

Pour lancer une commande de menu, procédez ainsi :

1. **Cliquez sur le nom du menu (tel que Fichier ou Présentation).**
2. **Choisissez une commande dans la liste qui apparaît (voir Figure 3.2).**

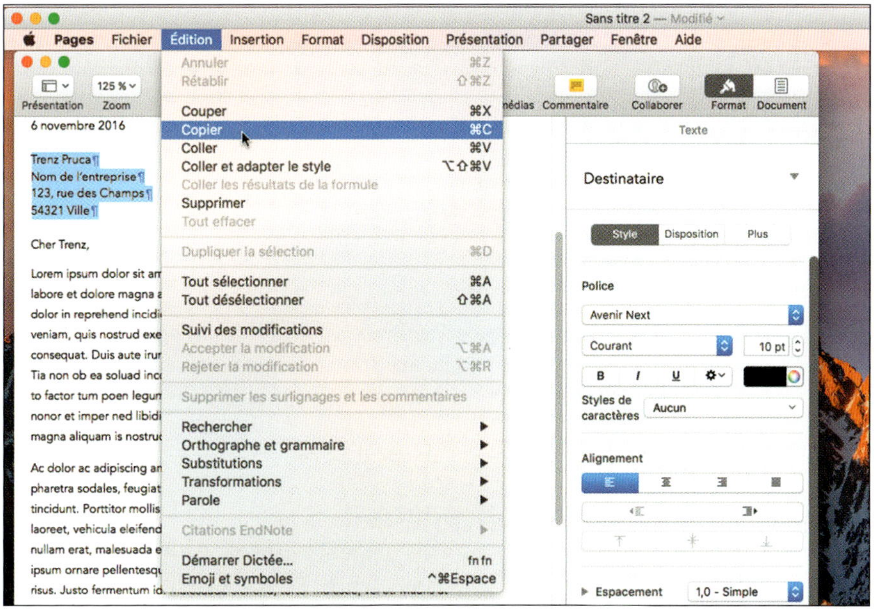

FIGURE 3.2 Cliquer sur un menu fait apparaître une liste de commandes apparentées.

Presque toutes les applications Mac présentent une barre de menus avec des menus comme Fichier, Édition et Fenêtre. Vous verrez souvent les mêmes commandes dans ces menus. De plus, deux menus sont communs à toutes les applications macOS Sierra :

- le *menu Pomme* (identifié par le célèbre logo d'une pomme entamée, ⌘) ;
- le *menu de l'application* (qui porte toujours le nom de l'application active). Par exemple, si vous voyez un menu appelé Aperçu, c'est que vous utilisez l'application éponyme. Sur la Figure 3.2, l'application Pages affiche son menu Pages à droite de l'icône de la pomme.

Nous verrons ces deux menus plus en détail aux Chapitres 4 et 5.

Vous pouvez aussi afficher un menu contextuel (aussi appelé menu du clic droit) en cliquant avec le bouton droit de la souris sur le bureau, une application, un dossier ou l'icône d'un fichier. L'intérêt des menus contextuels est expliqué au

UNIX, UN ALLIÉ DE POIDS

Unix est le système d'exploitation qu'utilisent la plupart des serveurs hautement performants qui hébergent les sites Web. En plus d'être bien conçu et d'une grande efficacité, ce système est intrinsèquement compatible avec presque tous les composants matériels (y compris ceux de votre merveilleux MacBook).

Malheureusement, l'interface d'Unix n'est pas plus accueillante que celle du DOS, avec une affreuse ligne de commande qui réussit à nous rebuter. Pour notre plus grand bonheur, les ingénieurs d'Apple ont compris depuis longtemps qu'Unix avait juste besoin d'une belle interface adaptée aux néophytes. Ils ont donc mis au point OS X avec un cœur Unix. C'est pourquoi il partage la fiabilité et les performances du système Unix. La grande différence est esthétique, puisqu'il fallait une interface agréable et conviviale.

Chapitre 4. Sur votre MacBook, vous effectuerez un clic droit, ou clic secondaire, en touchant le pavé tactile avec deux doigts ou en enfonçant l'angle inférieur droit du pavé tactile, selon la configuration définie dans le volet Trackpad des Préférences Système.

Des fenêtres partout

Vous connaissez probablement le concept de fenêtres en informatique. Sierra et les applications que vous exécutez utilisent des fenêtres pour afficher ceci :

- les documents que vous créez ;
- le contenu de votre disque dur.

La fenêtre de la Figure 3.1, par exemple, est une fenêtre du Finder par laquelle Sierra vous donne accès aux applications, documents et dossiers présents sur votre système.

La présentation des fenêtres est personnalisable, comme nous le verrons longuement au Chapitre 4.

Quelle est la particularité de Sierra ?

Le mode de fonctionnement interne d'un système d'exploitation a beaucoup plus d'importance que son interface, la partie visible, qui diffère peu entre Windows 10, Windows 7, Vista et macOS Sierra (et même Linux).

L'interface élégante de Sierra est certes très agréable à utiliser, mais ce qui fait la supériorité de ce système c'est le cœur Unix sur lequel le système repose.

Quels critères devons-nous rechercher dans un système d'exploitation ? Les spécialistes évaluent les logiciels selon trois critères, que l'on retrouve tous dans macOS Sierra :

- **Fiabilité :** le système d'exploitation doit être capable de tourner sans accroc aussi longtemps que nécessaire, sous-entendu sans se figer ni générer des messages d'erreur. Si une application cesse de répondre, il ne doit pas y avoir de conséquences sur les autres applications ouvertes et vous devriez pouvoir fermer le logiciel fautif.
- **Performance :** si l'ordinateur possède des composants de pointe, le système doit être capable de les exploiter pleinement pour fournir un traitement aussi rapide que possible. Le système doit être configurable avec précision et mis à jour régulièrement pour s'adapter aux progrès des composants matériels.

  Qu'entend-on par composants de pointe ? Si vous vous y connaissez un peu, vous reconnaîtrez les termes suivants :

  - traitement 64 bits ;
  - processeurs multiples (comme la puce multicœur de votre MacBook) ;
  - RAM de grande capacité (de 4 à 16 Go dans les MacBook récents) ;
  - prise en charge d'une matrice RAID externe.

  Si tous ces termes sont du chinois pour vous, oubliez-les et lisez vite la suite.
- **Convivialité :** vous n'aurez que faire de la rapidité et de la fiabilité d'un système d'exploitation s'il est trop difficile à utiliser.

Comme Windows mais en mieux

Vous avez dû entendre parler des transfuges qui abandonnent Windows pour passer au Mac. C'est une espèce en pleine croissance (et Apple se plaît à commenter ce phénomène sur son site Web). Les ordinateurs Mac récents sont nettement plus simples d'emploi que les PC équivalents et ils offrent un tel assortiment de logiciels inclus qu'il est logique que le système Mac attire toujours plus d'adeptes.

Les transfuges ne débarquent pas dans un environnement totalement inconnu, puisque Windows a de gros points communs avec macOS Sierra. Aussi, vous trouverez vite vos repères dans l'interface de Sierra.

Voici les similitudes les plus évidentes entre les deux systèmes d'exploitation :

- **Bureau :** le bureau de Sierra s'apparente intelligemment à un vrai bureau et Windows exploite le même concept :
  - Vous pouvez placer des fichiers, dossiers et applications sur votre bureau pour les garder à portée de main.
  - Les fenêtres des applications s'affichent au-dessus du bureau.
- **Disques durs, fichiers et dossiers :** les données s'enregistrent dans des fichiers sur le disque dur et ces fichiers sont rangés dans des dossiers. Sierra et Windows utilisent le même concept de fichiers et dossiers.
- **Dossiers attribués :** Windows et Sierra fournissent à l'utilisateur une série de dossiers destinés à recevoir des types particuliers de fichiers. Le dossier Vidéos de Windows, par exemple, correspond au dossier Vidéos de Sierra.
- **Lancement des programmes :** les programmes (ou applications) se lancent de la même manière sous Windows et macOS Sierra :
  - un double-clic sur l'icône d'une application commande son lancement ;
  - un double-clic sur l'icône d'un document ouvre ce dernier dans l'application adéquate.
- **Manipulation des fenêtres :** les deux systèmes utilisent des fenêtres, qui peuvent être redimensionnées, masquées (ou réduites) et fermées de la même manière.
- **Glisser-déposer :** l'une des fonctionnalités propres aux interfaces graphiques comme Windows et macOS est la possibilité de faire glisser des fichiers et dossiers pour les déplacer, supprimer, copier ou ouvrir. Le glisser-déposer constitue l'un des atouts majeurs de ces systèmes d'exploitation, parce que copier un fichier en le faisant glisser d'une fenêtre vers une autre est une opération suffisamment intuitive pour être effectuée par un enfant.
- **Copier-coller :** Windows et Sierra offrent tous deux les fonctions de copier-coller et couper-coller que vous connaissez certainement.

Complément d'information

Vous ferez appel aux ressources mentionnées ici lorsque vous aurez besoin d'un complément d'information pour apprivoiser votre système d'exploitation.

Certaines sources d'information se trouvant sur le Web, le navigateur Safari, mais aussi la nouvelle fonctionnalité Siri, vous serviront à chercher les réponses à vos questions.

Le centre d'aide de Sierra

Parfois, l'aide recherchée se trouve tout simplement dans le menu Aide de la barre de menus. Vous pouvez obtenir de l'aide dans les deux cas suivants :

- **Question pour une application particulière :** l'application étant active, cliquez sur Aide, puis tapez dans le champ Recherche les termes définissant votre requête (comme « raccourcis clavier »). Vous obtenez une liste de rubriques d'aide dans le menu. Cliquez sur une rubrique pour afficher son contenu.
- **Question d'ordre général :** cliquez sur une fenêtre du Finder puis sur Aide dans la barre de menus. Là aussi, vous obtenez un champ Recherche pour y taper les termes d'une requête à lancer dans le centre d'aide de Sierra. Pour ouvrir la page d'accueil du centre d'aide, cliquez sur Aide Mac dans le menu Aide.

Service d'assistance en ligne d'Apple

Le site Web d'Apple contient des pages d'assistance pour tous les produits et logiciels que la société commercialise. Rendez-vous sur `www.apple.com/fr/` et cliquez sur l'onglet Assistance en haut de la page.

Le champ de recherche s'emploie comme celui du centre d'aide de Sierra, mais la base de documentation en ligne d'Apple comprend *beaucoup* plus de réponses.

Magazines

Nombre de magazines papier et en ligne fournissent des dossiers et astuces concernant l'emploi du système Mac OS.

Mon préféré est MacGeneration (`www.macgeneration.com`).

Forums d'entraide

Il existe plusieurs forums d'entraide destinés aux utilisateurs de Mac. Selon la fréquentation du forum, en y posant une question, vous pourriez obtenir une réponse le jour même.

Pour trouver un forum traitant de votre question précise, lancez une recherche dans Google en ajoutant « forum Mac » aux termes de votre requête.

Groupes d'entraide

Et si vous préférez les contacts en chair et en os, vous pouvez rejoindre un groupe local d'utilisateurs Mac pour assister à des réunions ou formations et participer aux forums en ligne.

II

Prise en main de macOS Sierra

DANS CETTE PARTIE...

Il est temps de nous plonger dans le fonctionnement de Sierra. Cette nouvelle partie vous enseignera l'accomplissement de tâches courantes, la personnalisation de votre système et modification des réglages dans les Préférences Système. Vous apprendrez à localiser vos fichiers personnels et à utiliser la puissance de recherche de Spotlight mais surtout celle de Siri pour retrouver quasiment *tout* ce que vous avez enregistré sur votre MacBook, et pour améliorer considérablement votre expérience du multitâche.

Chapitre 4
Finder and Co

DANS CE CHAPITRE :

» **Découvrir les points forts du Finder.**

» **Copier avec le pavé tactile.**

» **Lancer et quitter des applications.**

» **Identifier et sélectionner des icônes et des dossiers.**

» **Accélérer les opérations avec des raccourcis clavier.**

» **Manipuler les fenêtres dans Sierra.**

Ah, le fameux Finder ! Belle bête aux pouvoirs immenses et aux humeurs changeantes.

J'avoue, le Finder n'est qu'une boîte à outils, mais vous en aurez besoin au quotidien pour piloter votre MacBook. Le Finder comprend les éléments et fonctions de base du système : boutons de contrôle de la fenêtre, commandes de menus usuelles, opérations sur les icônes (du lancement d'applications à la copie de fichiers), connexions réseau, raccourcis clavier et vidage de la corbeille. Si vous maîtrisez le Finder et parvenez à l'exploiter avec efficacité, vous gagnerez en productivité et parviendrez au statut d'utilisateur expérimenté.

Voilà l'objet de ce chapitre : vous donner les clés du Finder en vous montrant tout ce qu'il recèle.

Exploiter le tout puissant Finder

Notre présentation du Finder commence par une illustration, si vous voulez bien vous donner la peine d'étudier la Figure 4.1, où je vous montre les principaux éléments de sa fenêtre. (Dans la dernière section de ce chapitre, intitulée « Manipuler les fenêtres », vous en saurez plus sur les boutons de contrôle de la fenêtre.)

FIGURE 4.1 Votre fidèle compagnon : le Finder avec sa fenêtre et sa barre de menus.

Les principaux éléments du Finder sont :

» **Le menu Pomme :** c'est un menu spécial qui apparaît dans la barre de menus du Finder et de toutes les applications actives. Que vous soyez dans iTunes, Photoshop ou Word, vous aurez toujours un menu Pomme si la barre de menus est visible. Ce menu contient des commandes propres au système, telles que Redémarrer, Éteindre ou Préférences Système.

» **La barre de menus du Finder :** lorsque le Finder est l'application *active* (au détriment des autres applications ouvertes, en attente), c'est la barre de menus du Finder qui apparaît en haut de l'écran. Vous avez confirmation que le Finder est actif et prêt à répondre à vos commandes quand vous voyez le mot Finder dans la partie gauche de la barre de menus.

Pour les novices en informatique, un *menu* est une liste de commandes. À titre d'exemple, vous cliquez sur le menu Fichier et choisissez la commande Enregistrer pour enregistrer un document. Quand vous cliquez sur un menu, il se déroule pour présenter les commandes qu'il contient. Tant que le menu reste ouvert, vous pouvez y exécuter une commande disponible (en cliquant sur son nom) pour lancer l'action correspondante. Les commandes disponibles apparaissent en noir, tandis que les commandes non disponibles s'affichent en gris ; et il ne se passe rien si vous cliquez sur les commandes en gris (on dit aussi grisées).

Les instructions présentées ici sous la forme Fichier/Enregistrer vous demandent simplement de cliquer sur le menu Fichier et de choisir Enregistrer dans le menu déroulant qui apparaît.

- **Le bureau :** le bureau de Sierra remplit la même fonction qu'un vrai meuble de bureau : on peut y poser des choses (fichiers, icônes d'alias, *etc.*) et c'est une surface stable permettant de travailler confortablement. Les fenêtres des applications apparaissent sur le bureau, comme Aide-mémoire et QuickTime. Il suffit de double-cliquer sur l'icône d'une application pour la lancer depuis le dossier Applications affiché dans le Finder.

  Il est facile de personnaliser le bureau de mille et une manières. Vous pouvez le décorer avec une photo personnelle, l'arranger pour y entreposer de nouveaux dossiers et documents, disposer les icônes à votre convenance ou déplacer le Dock sur un autre bord de l'écran. N'ayez crainte, je décris toutes ces tâches plus loin dans ce livre ; pour l'instant retenez que vous n'êtes pas tenu de conserver le bureau dans sa configuration par défaut.

- **Toutes sortes d'icônes :** ceci est un ordinateur Macintosh, après tout, rempli d'outils destinés à vous faciliter la vie. Regardez les icônes disponibles sur le bureau et dans la fenêtre du Finder. Chaque icône est un raccourci vers un fichier, un dossier, une connexion réseau ou un périphérique raccordé. Avec certaines icônes, il suffit d'un clic pour déclencher une action (c'est le cas des icônes du Dock et du Launchpad), mais le plus souvent il faut double-cliquer sur une icône pour accomplir une action.

- **Le Dock :** cet espace vous sert à garder à portée de main vos outils préférés : applications, documents, dossiers, connexions réseau et sites Web. Vous l'utiliserez aussi pour voir quelles sont les applications ouvertes. Ici, il suffit de cliquer sur une icône pour ouvrir l'élément correspondant. Par exemple, l'icône de timbre-poste représente l'application Mail et l'icône de boussole lance le navigateur Safari.

- **La fenêtre du Finder :** la fenêtre illustrée par la Figure 4.1 affiche le contenu du dossier Applications. Le Finder sert à lancer des applications, à gérer les fichiers (copie, déplacement, *etc.*) et à parcourir le contenu du disque dur.

LES RACCOURCIS DE LA BARRE LATÉRALE

Avez-vous remarqué le volet qui apparaît dans la partie gauche de la fenêtre du Finder ? C'est la barre latérale : elle présente une liste de liens directs vers des emplacements usuels. Par exemple, un clic sur le lien Applications sous l'intitulé Favoris ouvre directement le dossier Applications dans la partie droite de la fenêtre du Finder.

Voici un exemple d'emploi astucieux de cette barre latérale. Je place toujours dans la barre latérale du Finder un lien vers le dossier du projet en cours, ce qui me permet d'y accéder facilement sans avoir à parcourir mes dossiers. Pour ce faire, il suffit de glisser-déposer le dossier sous la mention Favoris de la barre latérale, et voilà !.

Un pavé tactile sans bouton

Tous les éléments visibles qui apparaissent sur le bureau sont conçus pour être manipulés au moyen du *pavé tactile*, l'outil de pointage de votre MacBook. Vous déplacez un doigt à la surface du pavé, et le pointeur suit le mouvement à l'écran. La vitesse de déplacement du pointeur est proportionnelle à la vitesse du doigt sur le pavé. Vous cliquez sur un élément, et il s'ouvre : rien de plus intuitif.

Quand l'écran est encombré est que vous peinez à repérer le pointeur, tournez le doigt en cercle sur le pavé, et la flèche du pointeur grossit pendant une petite seconde.

N'utilisez jamais autre chose que votre doigt sur le pavé tactile ! Jamais de crayons (ni même la gomme de vos crayons papier), de stylos, de cure-dents ni de baguettes chinoises. Tous ces instruments risquent d'endommager irrémédiablement le pavé tactile de votre MacBook.

Si vous avez utilisé des portables PC, vous avez vu des pavés tactiles équipés de deux boutons. Alors pourquoi votre pavé tactile n'a-t-il pas de bouton ?

Le pavé du MacBook n'a pas besoin de bouton parce que toute sa surface remplace les fonctions des deux boutons. Pour personnaliser le mode de fonctionnement du pavé tactile, cliquez sur l'icône Préférences Système dans le Dock, puis cliquez sur l'icône Trackpad. Dans le volet Pointer et cliquer vous pouvez

» **Cocher l'option Recherche et détection de données :** touchez le pavé avec trois doigts pour obtenir la définition du mot sélectionné à l'écran.

» **Cocher l'option Clic secondaire :** cela vous permet de simuler un clic du bouton droit, dit clic droit, en touchant le pavé avec deux doigts (nous y revenons dans un instant).

» **Cocher l'option Toucher pour cliquer :** ainsi, lorsque vous touchez le pavé et relevez le doigt aussitôt, ce geste est interprété comme un clic. De même, touchez deux fois le pavé rapidement, et le geste se traduit par un double-clic.

» **Régler la vitesse de déplacement :** déplacez le curseur pour définir la vitesse du pointeur par rapport à vos gestes sur le pavé.

Le volet droit des Préférences Système pour Trackpad présente une vidéo qui illustre très clairement chaque geste et son effet dans Sierra.

Pour ma part, à la maison j'utilise un trackball optique de Logitech. Cet accessoire bien pratique possède deux boutons et une molette. L'ajout d'un trackball évite d'user le pavé de mon portable et m'offre un contrôle plus précis dans mes applications. On trouve sur le marché de plus en plus de petites souris USB conçues pour les portables. Même de tout petit format, ces accessoires de pointage comportent deux boutons et une molette de défilement.

Dans ce livre, je fais toujours référence au pointeur (sous-entendu pointeur de la souris), qu'il soit actionné par une souris ou par le pavé tactile. J'en profite pour vous glisser une petite maxime au passage.

Je vous suggère d'acheter une souris ou un trackball USB ou sans fil pour votre portable. Grâce à quoi, vous gagnerez en confort et ménagerez le pavé tactile du portable.

Quand vous activez le clic secondaire, Sierra réagit comme le fait Windows par défaut face à un clic du bouton droit. En clair, un clic droit sur la plupart des éléments (icônes, documents ou bureau) ouvre un menu de raccourcis spécifique à l'élément concerné (d'où le nom de *menu contextuel*).

La Figure 4.2 présente l'exemple d'un menu contextuel dans la fenêtre du Finder. J'apprécie vraiment les menus contextuels, car ils mettent à ma disposition des commandes très utiles dans toutes les applications qui exploitent le clic secondaire.

LA MAGIE DU MULTI-TOUCH ET DU FORCE TOUCH

Les MacBook possèdent le pavé tactile le plus intelligent de la planète ! En effet, les pavés d'Apple et sa souris Magic Mouse offrent une fonction nommée Multi-Touch qui permet de contrôler l'affichage d'un document par des gestes particuliers à la surface du pavé ou de la souris. Voici les commandes actuellement associées au Multi-Touch :

- **Zoom avec deux doigts :** écartez le pouce et l'index sur le pavé pour grossir l'affichage du document ou de l'image. Le mouvement inverse – rapprochement du pouce et de l'index – réduit l'affichage.
- **Zoom intelligent avec deux doigts :** tapez rapidement deux fois avec deux doigts pour grossir l'affichage (zoom avant) et recommencer pour réduire l'affichage (zoom arrière).
- **Pivoter avec deux doigts :** tournez le pouce et l'index dans un mouvement circulaire pour faire pivoter le document ou l'image dans la même direction.
- **Défiler entre les pages avec deux doigts :** glissez l'index et le majeur vers la droite ou la gauche pour afficher la page précédente ou suivante.
- **Défiler entre les applications avec trois doigts :** glissez trois doigts latéralement sur le pavé pour défiler entre les applications ouvertes en plein écran.
- **Afficher les notifications avec deux doigts :** glissez deux doigts vers la gauche depuis le bord droit du pavé pour ouvrir le volet de notifications. Pour masquer le volet, glissez depuis le bord gauche avec deux doigts.
- **Afficher Mission Control, le Launchpad ou le bureau :** différents mouvements permettent d'afficher ces trois éléments de Sierra.

Certains gestes multi-touch ne fonctionnent pas sur le pavé tactile des anciens MacBook et certaines applications ne reconnaissent pas les commandes multi-touch, mais les développeurs s'efforcent d'inclure cette reconnaissance à leurs nouveaux logiciels.

Les nouveaux MacBook et MacBook Pro possèdent un pavé plus élaboré, doté de la fonction Force Touch. Celle-ci autorise un geste supplémentaire, appelé clic forcé. Vous effectuez un clic forcé lorsque vous appuyez le doigt sur le pavé et maintenez la pression jusqu'à déclencher une commande. À l'instar des menus contextuels, la commande lancée par un clic forcé dépend de l'élément cliqué. Essayez ce geste un peu partout dans l'interface pour voir ce qu'il produit.

Glissez deux doigts sur le pavé tactile, et le contenu de la fenêtre défile dans la direction de votre geste. (Le défilement par glissement peut servir à se déplacer entre les pages d'un document ou à faire défiler une longue page Web.) Dans ces conditions, plus besoin des barres de défilement !

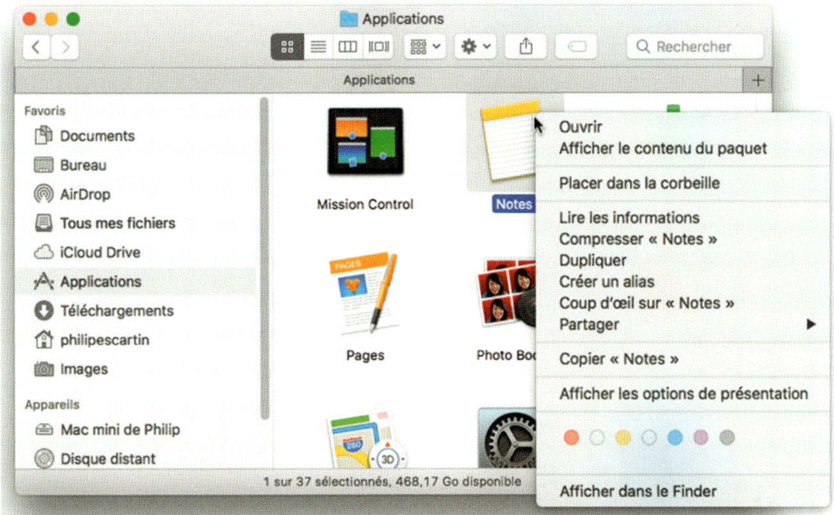

FIGURE 4.2 N'oubliez pas les menus contextuels.

LA TOUCH BAR DU MACBOOK PRO

Apple a remplacé les touches de fonction (les fameuses F1 à F12) par une « barre » tactile dont le contenu varie en fonction de votre activité sur le MacBook Pro. Par exemple, elle permettra de régler le volume ou la luminosité de l'écran, elle mettra à votre disposition des outils pour parcourir des documents et leur apporter des modifications. Vous pourrez également l'utiliser pour accélérer vos saisies. Ainsi, pour insérer un emoji dans un message, vous ferez glisser cette Touch Bar du bout des doigts pour faire défiler ces émoticônes. Bien entendu vous personnaliserez la Touch Bar en lui ajoutant des icônes. Cette personnalisation est très impressionnante car vous glissez-déposez les icônes depuis l'écran vers cette barre de fonctions. Et elles y apparaissent alors comme par enchantement. La Touch Bar est en réalité un mini écran interactif, sorte de prolongement de l'écran principal de votre MacBook Pro. Lorsque vous travaillez et que vous recevez un appel téléphonique, la Touch Bar affiche les boutons nécessaires pour y répondre. Touchez alors l'icône verte du combiné téléphonique. Enfin, cette barre tactile intègre la reconnaissance des empreintes digitales (Touch ID). Si vous avez créé un compte Apple Pay vous pourrez régler vos achats en ligne par simple apposition de votre doigt sur le bord droit de la Touch Bar. La Touch Bar d'un MacBook Pro est illustrée à la Figure 4.3.

La Touch Bar est un moyen pratique d'accéder rapidement à des fonctions enfouies dans des menus et des sous-menus. Elle ressemble alors à un ensemble de raccourcis clavier visuels. En revanche, avec des applications professionnelles cette barre à tout faire mettra à portée de vos doigts des outils et des options adaptés.

Voici quelques exemples de l'interaction créée par la Touch Bar en fonction des applications utilisées :

Lorsque vous saisissez du texte, les différentes fonctions pour mettre en gras, en italique, souligné sont proposées.

Dans Photos, vous ferez rapidement défiler les images et vous accéderez à des fonctions de retouche rapides.

Dans GarageBand, certaines options peuvent être contrôlées directement depuis la Touch Bar.

Pour iMovie et Final Cut Pro, l'utilisateur peut naviguer sur la timeline afin de parcourir les plans de son montage.

Pour activer les touches Echap, F1, F2, etc, il suffit d'appuyer sur la touche Fn du clavier

La Touch Bar est personnalisable

FIGURE 4.3 Touch Bar du MacBook Pro.

Lancer et quitter des applications

Passons à un exercice pratique. Voyons comment exploiter le pavé tactile pour opérer dans Sierra. Placez le pointeur sur l'icône iTunes dans le Dock. (C'est un cercle orné d'une note de musique.) Puis, touchez le pavé du bout du doigt (reportez-vous à la section précédente pour apprendre à configurer le pavé tactile). Fantastique ! macOS Sierra *lance* (ou démarre) l'application iTunes, et vous obtenez une fenêtre comme celle de la Figure 4.4.

Si l'icône d'une application est déjà sélectionnée dans le Finder, il suffit d'appuyer sur les touches ⌘ + O pour la lancer. Le même raccourci permet aussi d'ouvrir un document.

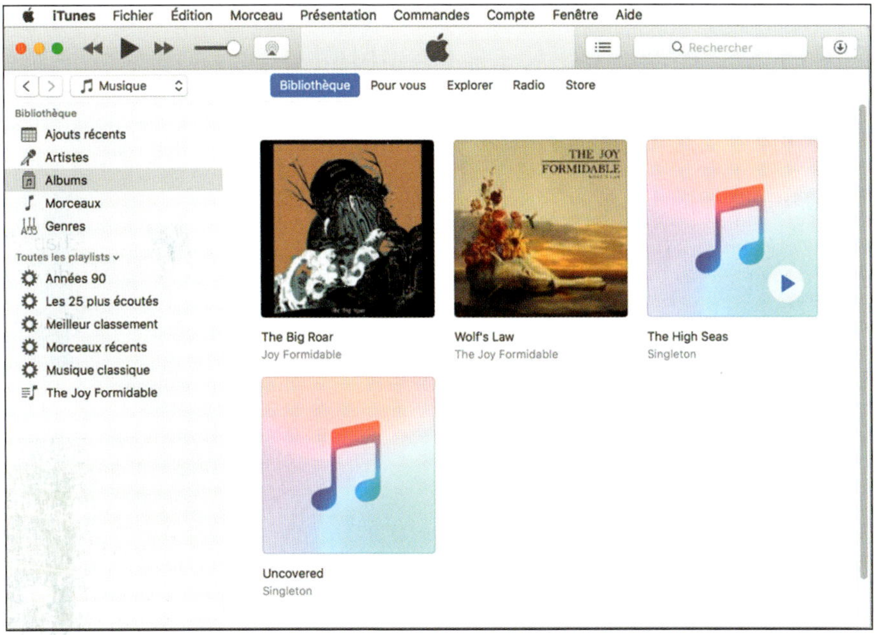

FIGURE 4.4 Cliquez sur une icône du Dock pour ouvrir l'application correspondante.

En plus du Dock, vous disposez d'autres méthodes pour lancer une application ou ouvrir un document dans Sierra :

» **Depuis le Launchpad :** cet espace affiche en plein écran les icônes de toutes vos applications. (Dans le Dock, l'icône du Launchpad apparaît à gauche, un rond gris orné d'une fusée.) Si toutes vos icônes ne tiennent pas sur un seul écran, vous défilerez entre les écrans (ou *pages*) du Launchpad à l'aide des touches fléchées du clavier ou en glissant deux doigts latéralement sur le pavé tactile. Pour lancer une application, il suffit de cliquer sur son icône. (Si vous possédez un appareil iOS, vous constatez que le Launchpad ressemble beaucoup à l'écran d'accueil de votre appareil.)

» **Depuis le bureau :** si vous avez placé sur le bureau l'icône d'un document ou d'une application, vous pouvez l'ouvrir depuis le bureau d'un *double-clic* (en touchant le pavé deux fois de suite lorsque le pointeur survole l'icône).

Un double-clic sur l'icône d'un appareil ou d'une connexion réseau sur le bureau a pour effet d'en ouvrir le contenu dans une fenêtre du Finder. Cette méthode fonctionne aussi avec un disque externe, une clé USB ou un disque amovible (CD ou DVD). Les applications et les documents s'ouvrent depuis un CD, DVD ou disque externe comme ils le font depuis le disque interne du portable (nommé Macintosh HD par défaut) ; vous n'êtes donc pas obligé de les copier au préalable sur l'ordinateur pour les utiliser. Sachez, toutefois,

PERSONNALISER LE LAUNCHPAD

Il est facile de personnaliser la présentation du Launchpad en faisant glisser les icônes pour les mettre dans l'ordre qui vous convient. (Chez moi, j'ai regroupé dans la première page toutes les applications que j'utilise le plus souvent.) Faites glisser une icône jusqu'au bord gauche ou droit de l'écran pour la placer sur une autre page.

Comme le Finder, le Launchpad vous permet de créer des dossiers pour y ranger des icônes. Pour ajouter un dossier dans le Launchpad, faites glisser une icône sur une autre, et elles se regroupent toutes deux dans un nouveau dossier. Vous y ajouterez d'autres icônes en les faisant glisser sur le dossier (ou les sortirez en les faisant glisser hors du dossier). Pour lancer une application dans un dossier, cliquez d'abord sur l'icône du dossier pour l'ouvrir et voir son contenu, puis cliquez sur l'icône de l'application à lancer.

Sachez que vous pouvez très bien changer le nom des dossiers définis par le Launchpad. Pour ce faire, cliquez sur un dossier pour l'ouvrir, cliquez sur son nom pour le rendre modifiable, tapez un autre nom, puis appuyez sur Retour.

Si vous voulez supprimer une application du Launchpad – ce qui a aussi pour effet de la faire disparaître entièrement de votre MacBook – cliquez sur son icône en gardant la pression sur le pavé jusqu'à voir s'agiter toutes les autres icônes. (Elles se dandinent comme sur iPhone et iPad). Cliquez alors sur la petite croix qui est apparue au bord de l'icône que vous voulez supprimer, et l'application correspondante disparaît avec son icône. Appuyez sur Esc pour mettre fin au gigotement des icônes. (Seules les applications que vous avez installées vous-même peuvent être supprimées ainsi, pas celles fournies avec Sierra.)

que les applications exécutées depuis un support externe tournent beaucoup plus lentement. (Et n'oubliez pas qu'il est impossible de changer le contenu de la plupart des CD et DVD, car ils sont en lecture seule et vous ne pouvez rien modifier.)

- **Depuis la liste Éléments récents :** lorsque vous cliquez sur le menu Pomme (⌘) et survolez la commande Éléments récents, vous obtenez la liste de tous les documents et applications que vous avez ouverts récemment. Cliquez sur l'un des éléments de la liste pour l'ouvrir.
- **Par lancement automatique à l'ouverture de session :** vous pouvez définir une liste d'applications ou de documents que Sierra lance automatiquement chaque fois que vous ouvrez une session dans votre compte d'utilisateur (voir Chapitre 11).
- **Depuis le Finder :** vous pouvez bien sûr double-cliquer sur une icône dans une fenêtre du Finder pour ouvrir un document, lancer une application ou voir le contenu d'un dossier.

La fonction Coup d'œil de Sierra est capable d'afficher le contenu de presque tous les documents, sans avoir à les ouvrir dans l'application associée. C'est super pratique. Pour exploiter cette fonction dans une fenêtre du Finder, cliquez sur un fichier pour le sélectionner et appuyez sur la barre d'espace ou effectuez un clic forcé sur le pavé Force Touch.

- **Siri :** Nous verrons au Chapitre 7 comment ouvrir des programmes par un ordre vocal donné à votre ordinateur via Siri.

Lorsque vous avez fini d'utiliser une application, vous la quitterez pour fermer sa fenêtre et retourner sur le bureau. Voici plusieurs méthodes pour quitter une application.

- **Appuyez sur ⌘ + Q.** Ce raccourci clavier sert à quitter toute application pour Mac. Avant tout, vérifiez que l'application à fermer est bien l'application active.
- **Choisissez la commande Quitter dans le menu de l'application.** Pour voir la commande Quitter, cliquez sur le nom de l'application (son menu) dans la barre de menus. Ce menu se trouve toujours juste à droite du menu Pomme (⌘). À titre d'exemple, Safari présente un menu Safari et cet emplacement dans la barre de menus est occupé par le menu Calendrier lorsque le Calendrier est actif. Sur la Figure 4.4, cherchez le menu iTunes, à droite du menu ⌘.
- **Choisissez Quitter dans le Dock.** Cliquez droit dans le Dock sur l'icône d'une application ouverte et choisissez Quitter dans le menu contextuel qui apparaît.

  Un point noir apparaît dans le Dock sous l'icône des applications ouvertes.
- **Cliquez sur le bouton de fermeture de la fenêtre d'application (bouton rouge dans la Figure 4.4).** Certaines applications se ferment réellement à partir du bouton de fermeture de leur fenêtre. C'est le cas des applications Préférences Système et Lecteur DVD. D'autres applications continuent de tourner même sans fenêtre ouverte, comme Safari et iTunes. Pour les fermer complètement, vous aurez recours à une autre méthode de cette liste.
- **Choisissez Forcer à quitter dans le menu ⌘.** *Mesure à n'utiliser qu'en dernier recours !* Vous lancerez cette commande uniquement si l'application cesse de répondre et ne réagit pas aux autres méthodes de fermeture. Lorsqu'une application est forcée à quitter, elle n'enregistre pas les modifications apportées dans les documents ouverts.

Manipuler les dossiers et les icônes

Les fenêtres du Finder ne servent pas seulement à lancer des applications et à ouvrir des documents. Elles vous serviront aussi à sélectionner des icônes avant de les copier ou de les déplacer ailleurs sur votre système.

Iconologie pour les nuls

Voyons les différents types d'icônes que vous allez rencontrer au gré de votre exploration de Sierra.

» **Matériels :** ces icônes représentent les supports de stockage (CD ou DVD) et les périphériques reliés au portable (appareil photo ou caméra).

» **Applications :** ces icônes représentent les logiciels que vous pouvez lancer. La plupart des applications possèdent une icône particulière où figure le logo de l'application ou de son éditeur pour en faciliter l'identification (voir Figure 4.5). Un double-clic sur l'icône d'une application a généralement pour effet de lancer l'application avec un document vierge ou une zone de dialogue Ouvrir dans laquelle vous sélectionnez un modèle ou un fichier à ouvrir.

FIGURE 4.5 Aperçu des icônes de mes applications préférées.

» **Documents :** un certain nombre de fichiers sur votre disque dur sont des documents que vous pouvez ouvrir dans l'application correspondante. Leur icône ressemble généralement à celle de l'application. Un double-clic sur une icône de document lance automatiquement l'application correspondante (à condition que Sierra reconnaisse le type de fichier).

» **Fichiers :** la plupart des fichiers sur votre système contiennent des données qui ne vous intéressent pas forcément (fichiers de paramètres et préférences, journaux d'événements et autres données système). Ils sont pourtant identifiés par une icône qui indique plus ou moins la fonction du fichier. Vous verrez aussi des icônes de fichiers génériques qui ressemblent à une feuille vierge (utilisées lorsque Sierra ne reconnaît pas le format du fichier).

» **Alias :** un alias est un lien vers un autre élément placé ailleurs sur le système. Par exemple, pour lancer Acrobat Reader, vous pouvez cliquer sur un alias que vous avez créé sur le bureau au lieu d'aller cliquer sur l'icône de l'application dans le Finder. L'alias réagit comme l'icône originale, mais il occupe moins d'espace (seulement quelques octets) que l'icône de lancement de l'application. L'avantage des alias est qu'ils vous évitent d'aller fouiller dans le Finder pour trouver une application, un dossier ou un document. (Dans Windows, on parle de raccourcis, le principe est le même, mais l'idée vient d'Apple.) Les alias sont reconnaissables à la flèche courbée dans l'angle inférieur gauche de l'icône et au terme « alias » qui s'ajoute parfois à la fin du nom.

Il existe deux manières de créer un alias ; voici la première :

a. *Cliquez sur l'élément pour le sélectionner.*

b. *Choisissez Fichier/Créer un alias ou appuyez sur ⌘ + L.*

La Figure 4.6 montre les alias de deux applications macOS Sierra, placés à côté du fichier original.

La seconde méthode est aussi simple :

a. *Maintenez enfoncé ⌘ + Option.*

b. *Faites glisser l'icône originale jusqu'à l'endroit où vous voulez placer l'alias.*

Retenez que cette méthode n'ajoute pas le terme « alias » à la fin du nom de l'icône, sauf si l'alias reste dans le même dossier que l'icône originale.

Une troisième technique consiste à :

a. *Cliquer droit sur l'icône de l'application.*

b. *Exécuter la commande Créer un alias du menu contextuel.*

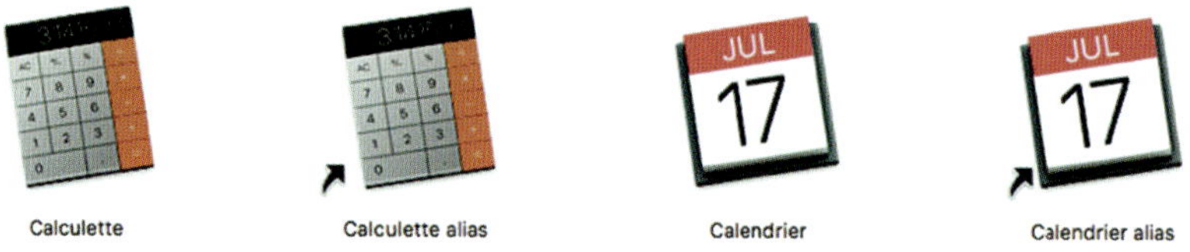

FIGURE 4.6 Deux alias se sont glissés dans cette image, les reconnaissez-vous ?

Pourquoi s'embêter à utiliser des alias ? Voici deux bonnes raisons :

- **Lancer une application ou ouvrir un document depuis tout emplacement sur le disque dur.** Par exemple, si vous avez parfois besoin d'une autre application pendant que vous travaillez sur un projet dans Word, vous pouvez ajouter un alias pour lancer l'autre application directement depuis le dossier où vous rangez les fichiers du projet en cours. Rapidité, organisation et efficacité !
- **Envoyer un alias à la corbeille est sans conséquence sur l'élément original.** Une fois le projet terminé, vous pouvez supprimer tout le dossier sans aucune incidence sur l'application pour laquelle vous aviez ajouté un alias. Autrement, si vous ajoutez un alias sur le bureau pour le dossier d'un projet en cours, vous pourrez à la fin supprimer l'alias et conserver le dossier à son emplacement.

Si vous déplacez ou renommez le fichier original, Sierra est capable d'actualiser l'alias en conséquence. Quelle prouesse ! En revanche, si le fichier original est supprimé (ou déplacé sur un disque externe), son alias ne fonctionne plus.

Sélectionner des éléments

Les actions que vous commandez à partir d'un menu ou du clavier ont généralement besoin d'être ciblées sur quelque chose. C'est le cas lorsque vous déplacez un élément vers la corbeille, affichez des informations à propos d'un élément ou créez un alias pour un élément. Pour indiquer au Finder la cible de l'action à effectuer, vous devez sélectionner un ou plusieurs éléments sur le bureau ou dans une fenêtre du Finder. Suivez-moi pour connaître les diverses méthodes de sélection.

Sélectionner un élément

Voici deux façons de sélectionner un seul élément avant de lancer une commande :

» **Placez le pointeur sur l'élément et cliquez.** Un cadre coloré apparaît autour de l'icône pour signaler sa sélection, et son nom apparait en vidéo inverse (ou surbrillance si vous préférez).

» **S'il y a déjà une sélection sur le bureau ou dans la fenêtre, déplacez la sélection sur une autre icône à l'aide des touches fléchées.** Appuyez sur Tab pour avancer dans l'ordre croissant ou sur Maj + Tab pour déplacer la sélection dans l'ordre inverse.

Le fait de sélectionner des éléments dans le Finder ne déclenche rien tant que vous ne lancez pas une commande.

Sélectionner plusieurs éléments

Vous disposez des méthodes suivantes pour sélectionner ensemble plusieurs éléments :

» **Éléments adjacents :**

- *Entourez-les d'un cadre.* Cliquez en haut à gauche du premier élément, gardez le doigt sur le pavé tactile et glissez-le vers la droite en diagonale. (Vous tracez un cadre par glissement.) Un cadre gris ou coloré, comme celui de la Figure 4.7, apparaît, signalant ce qui est sélectionné. Toutes les icônes qui se trouvent à l'intérieur ou au bord du cadre se trouvent sélectionnées lorsque vous soulevez le doigt du pavé.
- *Cliquez sur le premier élément pour le sélectionner et maintenez enfoncée la touche Maj pendant que vous cliquez sur le dernier élément.* Sierra sélectionne les deux éléments et tout ce qu'il y a entre les deux. (Cette technique ne s'applique pas au mode Icônes.)

» **Éléments non adjacents :** maintenez enfoncée la touche ⌘ pendant que vous cliquez sur chaque élément à inclure à la sélection.

Surveillez la barre d'état qui s'affiche en bas de la fenêtre du Finder. Elle indique l'espace disponible sur le disque en cours et le nombre d'éléments affichés dans la fenêtre. Lorsqu'il y a une sélection dans la fenêtre, la barre d'état indique le nombre d'éléments sélectionnés. (Si vous ne voyez pas la barre d'état, choisissez Présentation/Afficher la barre d'état.)

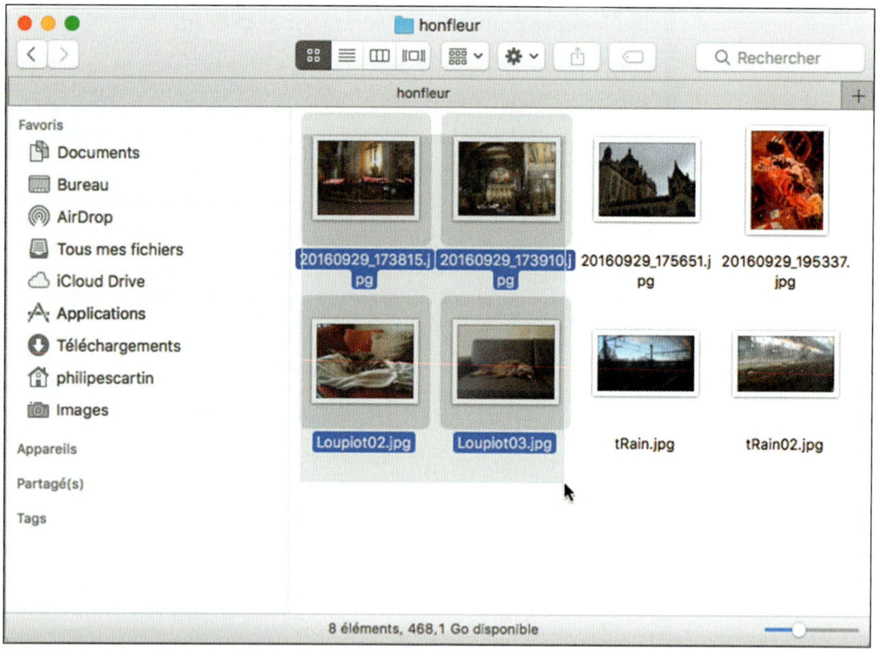

FIGURE 4.7 Tracez un cadre autour des éléments à sélectionner.

Copier des éléments

Voulez-vous copier des fichiers d'un dossier vers un autre ou d'un emplacement externe (tel qu'une clé USB) vers votre disque dur ? Pas de souci, choisissez l'une des méthodes suivantes :

» **Vers un autre dossier :** ouvrez deux fenêtres ou deux onglets du Finder et faites glisser l'élément sur le dossier de destination en appuyant sur la touche Option. Pour copier plusieurs éléments, commencez par sélectionner tous les éléments concernés (voir la section précédente), maintenez enfoncée la touche Option et faites glisser l'un des éléments sélectionnés jusqu'à l'emplacement choisi. Tous les éléments sélectionnés suivent le mouvement.

Pour ouvrir une deuxième fenêtre du Finder, cliquez droit sur l'icône Finder dans le Dock et choisissez Nouvelle fenêtre Finder. Pour ajouter un onglet au Finder, voyez la section suivante.

Pour vous signaler l'emplacement de destination, Sierra le met en évidence par un cadre coloré (qu'il s'agisse d'un dossier ou d'un lecteur). Lorsque la cible est une fenêtre, Sierra encadre toute la fenêtre.

» **Vers un autre disque :** pour copier un ou plusieurs éléments, suivez la même méthode en ouvrant deux fenêtres mais sans appuyer sur Option. Vous pouvez aussi faire glisser l'icône ou la sélection pour la déposer sur l'icône du disque sur le bureau. Dans ce cas, les éléments sont copiés à la *racine* du disque cible.

Lorsque vous tentez de copier quelque chose dans un emplacement où il existe déjà un élément du même nom, vous recevez un message vous demandant s'il faut remplacer le fichier ou renoncer à la procédure de copie/déplacement afin de laisser intact le fichier existant. Il est même possible de conserver les deux : Sierra effectue la copie ou le déplacement en ajoutant le suffixe *copie* à l'élément copié. C'est une bonne solution pour éviter les risques.

Déplacer des éléments

Il est très simple de déplacer des fichiers ou dossiers d'un emplacement à un autre sur le même disque. Il suffit de faire glisser l'élément (ou la sélection) vers le nouvel emplacement. Il disparaît alors de l'emplacement d'origine et réapparaît au nouvel emplacement.

Dupliquer à volonté

Lorsque vous avez besoin de plusieurs exemplaires du même fichier dans un dossier, servez-vous de la commande Dupliquer de Sierra. J'y ai recours lorsque je veux modifier un document en m'assurant que l'original restera intact. Il me suffit de créer un duplicata et de travailler sur ce fichier sans ouvrir l'original.

La duplication se commande ainsi :

» Cliquez sur un élément pour le sélectionner et choisissez Fichier/Dupliquer.

» Cliquez droit sur l'élément et choisissez Dupliquer dans le menu contextuel.

» Maintenez enfoncée la touche Option pendant que vous faites glisser l'élément ailleurs dans la même fenêtre. Lorsque vous déposez l'élément, le duplicata apparaît comme par magie.

Le chiffre 2 s'ajoute au nom du premier duplicata, le chiffre 3 au nom du suivant, et ainsi de suite.

La duplication d'un dossier a pour effet de dupliquer tout son contenu, l'opération peut être longue si le dossier est très volumineux ou contient des fichiers très lourds. Le duplicata du dossier porte le même nom, avec le suffixe 2, mais le nom de ses éléments reste inchangé.

Renommer

Les dossiers et les documents que vous créez ont parfois besoin d'être renommés. Pour ce faire, cliquez sur le nom du fichier ou dossier pour le sélectionner. Cliquez de nouveau, ou appuyez sur la touche Retour, pour rendre le nom modifiable. (La surbrillance change de couleur, de bleu foncé à bleu clair dans la configuration par défaut.) Ensuite, tapez un nouveau nom et validez-le en appuyant sur Retour ou en cliquant en dehors du nom.

Vous pouvez aussi changer un nom dans la zone de dialogue Infos. Sélectionnez le fichier et appuyez sur ⌘ + I pour afficher sa zone de dialogue Infos. Vous changerez le nom affiché dans le champ Nom et extension. Remarquez que la zone de dialogue Infos vous permet d'ajouter des commentaires sur le fichier. Ceux-ci peuvent vous aider à trouver le fichier avec Spotlight ou Siri.

Ne renommez absolument rien dans le dossier Système et ne changez pas le nom des dossiers de catégories qui se trouvent dans le dossier Départ (nom d'utilisateur). En effet, un changement de leur nom rendrait très difficile la localisation de vos documents et pourrait même endommager l'installation de macOS Sierra.

Sachez qu'il existe une fonction spéciale si vous avez besoin de renommer ensemble tout un lot de fichiers. Sélectionnez les fichiers à renommer, faites un clic droit sur la sélection et choisissez Renommer x éléments dans le menu contextuel. La zone de dialogue Renommer les éléments du Finder vous permet de remplacer ou ajouter du texte dans le nom existant ou de définir un nouveau format de nom avec une numérotation séquentielle.

Onglets du Finder

Comme Safari, la fenêtre du Finder peut contenir des onglets, ce qui permet de garder à portée de main plusieurs dossiers ouverts regroupés dans une même fenêtre.

Vous disposez des méthodes suivantes pour ajouter un onglet dans la fenêtre du Finder :

- Choisissez Fichier/Nouvel onglet.
- Exécutez le raccourci ⌘ + T.
- Double-cliquez sur un emplacement de la barre latérale en appuyant sur ⌘.
- Si au moins deux fenêtres du Finder sont ouvertes, choisissez Fenêtre/Fusionner toutes les fenêtres.
- Cliquez sur le signe plus à droite du dernier onglet.

Vous pouvez réordonner les onglets en les faisant glisser latéralement, les séparer en les faisant glisser hors de la fenêtre et les fermer d'un clic sur la croix. Lorsque vous faites glisser un onglet hors de la fenêtre, cela crée (ou ouvre) une nouvelle fenêtre du Finder.

Pour copier ou déplacer un fichier vers un dossier ouvert dans un onglet, faites-le glisser vers l'onglet et relâchez quand le contenu de l'onglet apparaît.

Nous verrons que le système des onglets fait également son apparition dans les applications Apple.

Touches et raccourcis clavier

Le clavier de votre MacBook vous semble sans doute moins high-tech que son pavé tactile et que la Touch Bar de certains MacBook Pro. Cependant, les utilisateurs aguerris vous diront tous que les raccourcis clavier offrent souvent la méthode la plus rapide d'effectuer certaines actions dans le Finder et les applications, comme enregistrer ou fermer un document. Je vous conseille de mémoriser ces raccourcis clavier et de les mettre en pratique pour les assimiler le plus vite possible.

Les touches spéciales du clavier

Le clavier de votre MacBook présente plusieurs touches spéciales que vous ne reconnaissez peut-être pas, surtout si vous venez de l'univers PC. Le Tableau 4.1 présente les touches ornées d'un symbole étrange et décrit leur fonction.

TABLEAU 4.1 Les touches de fonction du MacBook

Action	Symbole	Fonction
Muet		Coupe ou restaure le son émis par le MacBook.
Illumination		Augmente, réduit ou éteint le rétroéclairage du clavier.
Volume +		Augmente le volume sonore.
Volume –		Réduit le volume sonore.
Commande	⌘	Principale touche des raccourcis clavier.

N'oubliez pas que sur le MacBook Pro Touch Bar, les touches de fonctions sont remplacées par un « écran » tactile qui adapte son contenu au contexte d'utilisation de la machine. Les touches traditionnelles F1à F12 apparaissent sur la Touch Bar lorsque vous appuyez sur la touche fn du clavier.

Les raccourcis clavier du Finder et des applications

Le Finder regorge de raccourcis clavier pour les tâches courantes. Le Tableau 4.2 présente les plus utiles.

Ce n'est pas tout ! La plupart des applications fournissent aussi leur propre jeu de raccourcis clavier. Lorsque vous travaillez dans une nouvelle application, cherchez sa liste de raccourcis clavier dans son centre d'aide et imprimez-la pour la garder sous les yeux.

Si vous avez travaillé sur PC, vous devez être habitué aux raccourcis à trois touches, y compris au fameux Ctrl + Alt + Suppr qui affiche un menu de gestion des sessions sur les PC fonctionnant sous Windows 10. Il y a aussi des raccourcis à trois touches dans Sierra (mais aucun pour redémarrer). Si vous débutez en informatique, retenez qu'il faut enfoncer les deux premières touches simultanément puis appuyer sur la troisième.

Vous n'êtes pas limité aux raccourcis clavier listés ici. Dans les Préférences Système, ouvrez le volet Clavier puis l'onglet Raccourcis clavier pour activer ou modifier des raccourcis prédéfinis.

TABLEAU 4.2 **Les meilleurs raccourcis clavier de Sierra**

Combinaison de touches	Emplacement	Fonction
⌘ + A	Menu Édition	Sélectionne tout (dans la fenêtre active).
⌘ + C	Menu Édition	Copie la sélection dans le Presse-papiers.
⌘ + H	Menu de l'application	Masque l'application.
⌘ + M	Menu Fenêtre	Réduit dans le Dock la fenêtre active (s'applique aussi au Finder).
⌘ +	Menu Fichier	Ouvre un document (dans le Finder, ouvre le fichier ou dossier sélectionné).
⌘ + P	Menu Fichier	Imprime le document actif.
⌘ + Q	Menu de l'application	Quitte l'application.
⌘ + V	Menu Édition	Colle le contenu du Presse-papiers à l'emplacement du curseur.
⌘ + X	Menu Édition	Coupe la sélection et l'envoie dans le Presse-papiers.
⌘ + Z	Menu Édition	Annule l'effet de la dernière commande.
⌘ + ?	Menu Aide	Ouvre le centre d'aide de l'application active (ou de macOS quand le Finder est actif).
⌘ + Tab	Système	Bascule entre les applications ouvertes.
⌘ + Option + M	Système	Réduit toutes les fenêtres du Finder.
⌘ + Option + W	Système	Ferme toutes les fenêtres du Finder.

Manipuler les fenêtres

Ma présentation de macOS Sierra ne serait pas complète si j'omettais de vous montrer les techniques de manipulation des fenêtres dans Sierra : comment déplacer, fermer, agrandir, réduire et réactiver les fenêtres.

Afficher en plein écran

La plupart des fenêtres d'application de Sierra disposent d'un petit bouton vert dans l'angle supérieur gauche (voir Figure 4.8). Il suffit de cliquer dessus pour l'afficher en plein écran et faire disparaître la barre de menus. Ensuite, pour revenir au

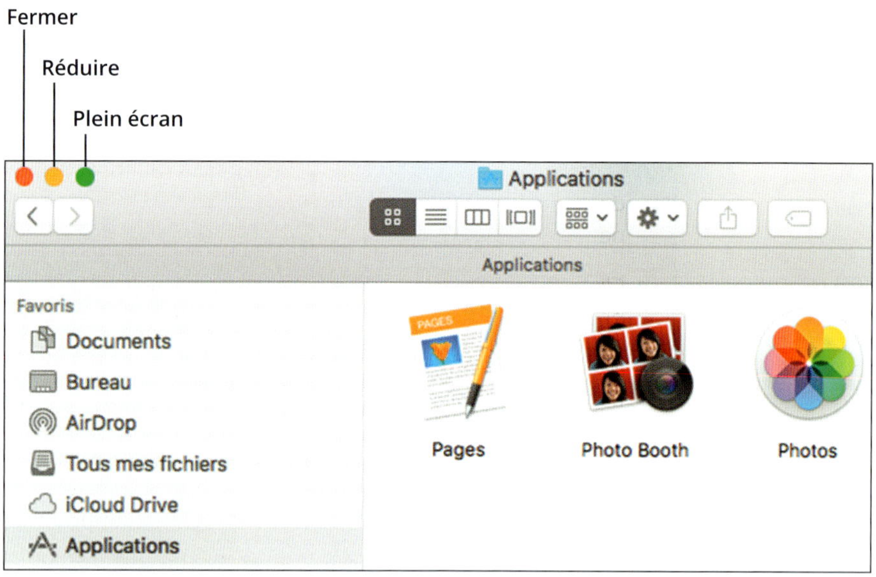

FIGURE 4.8 Cliquez sur le bouton vert pour afficher une fenêtre en plein écran.

mode habituel, pointez le bord supérieur de l'écran de manière à faire apparaître la barre de menus et cliquez de nouveau sur l'icône verte.

Dans certaines applications, vous pouvez appuyer sur la touche Esc du clavier pour quitter le mode Plein écran.

Sierra vous permet de juxtaposer deux applications en plein écran. Cliquez et maintenez la pression sur le bouton vert de la première application à afficher en plein écran. Relâchez la pression lorsqu'un voile bleu apparaît sur la moitié gauche de l'écran. La fenêtre vient alors remplir l'espace signalé par le voile bleu, tandis que l'autre moitié de l'écran présente des miniatures des fenêtres actuellement ouvertes sur le bureau. Cliquez sur la fenêtre que vous voulez voir dans la deuxième moitié de l'écran. Ensuite, pour revenir au bureau, vous placerez le pointeur sur le bord supérieur de l'écran de manière à faire réapparaître les barres de titres des applications.

Redimensionner et faire défiler les fenêtres

La vie serait drôlement limitée si nous devions nous contenter de ce qui tient dans une fenêtre. Il y aurait alors beaucoup moins de dossiers sur le disque dur de votre MacBook.

Heureusement, Sierra ajoute des *barres de défilement* que vous ferez glisser pour vous déplacer dans le contenu de la fenêtre. (Par défaut, les barres de défilement sont masquées et apparaissent lorsque vous approchez le pointeur et posez deux doigts sur le pavé tactile.) Les barres de défilement s'utilisent ainsi :

» Faites glisser le curseur de défilement. En clair, cliquez sur la portion sombre de la barre de défilement et maintenez le doigt en contact avec le pavé tactile pendant que vous glissez le doigt dans la direction voulue.

» Cliquez n'importe où au-dessus ou en dessous du curseur de défilement pour atteindre la page précédente ou suivante.

» Maintenez enfoncée la touche Option et cliquez au-dessus ou en dessous du pavé de défilement pour atteindre une position relative dans le document.

Il est bien sûr possible de glisser deux doigts sur le pavé tactile pour faire défiler le contenu de la fenêtre horizontalement ou verticalement. Pour configurer le fonctionnement du pavé tactile, ouvrez les Préférences Système et cliquez sur Trackpad. J'ai déjà décrit les options du pavé tactile au début de ce chapitre, dans la section « Un pavé tactile sans bouton ».

Sur un clavier étendu, les touches Page précédente et Page suivante font défiler le document page par page. Sur le MacBook, appuyez simultanément sur la touche fn et la touche flèche haut ou bas pour défiler de la hauteur de l'écran. Autrement, servez-vous des touches fléchées pour déplacer le curseur d'un caractère ou d'une ligne dans la direction de la flèche.

UNE SEULE FENÊTRE ACTIVE À LA FOIS.

Ce concept est tellement important qu'il mérite une petite maxime :

Il ne peut y avoir qu'une seule fenêtre active à la fois.

Les signes suivants vous aident à identifier la fenêtre active :

» La fenêtre active se trouve devant les autres.

» les boutons Fermer, Réduire et Plein écran de la fenêtre active apparaissent en couleur, signalant qu'ils sont disponibles.

» La saisie au clavier ou les gestes sur le pavé tactile se répercutent dans la fenêtre active.

» La barre de titre des autres fenêtres, non réduites, apparaît grisée derrière la fenêtre active.

Vous pouvez redimensionner les fenêtres du Finder et de la plupart des applications en changeant les dimensions du cadre de la fenêtre. Placez le pointeur sur un angle ou un bord de la fenêtre et faites glisser dans la direction voulue jusqu'à ce que la fenêtre atteigne la taille qui vous convient.

Réduire et restaurer les fenêtres

Il n'est pas toujours nécessaire de redimensionner une fenêtre, parfois vous voulez seulement l'écarter momentanément. Dans ce cas, vous aurez recours au bouton Réduire, illustré Figure 4.8. La fenêtre *réduite* disparaît du bureau sans être fermée. Elle se retrouve en miniature dans le Dock. Voyez comme il est facile de réduire une fenêtre : placez le pointeur sur le bouton jaune dans l'angle supérieur gauche de la fenêtre – un signe moins apparaît – et cliquez. Une autre technique consiste à double-cliquer sur la *barre de titre* de la fenêtre. (La barre de titre est la portion supérieure de la fenêtre, qui comprend généralement le nom de l'application ou du document.)

Si vous maintenez enfoncée la touche Maj pendant que vous réduisez une fenêtre, vous allez voir l'opération se dérouler au ralenti.

Pour retrouver la fenêtre à sa taille et sa position d'origine sur le bureau, cliquez sur la miniature de la fenêtre réduite dans le Dock.

Déplacer et agrandir les fenêtres

Vous aurez parfois besoin de déplacer une fenêtre sur le bureau pour voir simultanément le contenu de plusieurs fenêtres. Auquel cas, cliquez sur la barre de titre de la fenêtre et, sans relâcher le bouton de la souris, faites-la glisser à un autre emplacement sur le bureau. Puis, relâchez la pression pour déposer la fenêtre. (Dans le cas d'une fenêtre du Finder, ne cliquez pas sur l'icône au milieu de la barre de titre, car vous déplaceriez les données représentées par l'icône et non pas la fenêtre.)

Certaines applications proposent des commandes pour arranger automatiquement leurs fenêtres ouvertes. Choisissez Fenêtre/Réorganiser (ou Fenêtre/Mosaïque).

AFFICHER ET MASQUER LES BARRES D'OUTILS

Voyons un élément courant que l'on trouve à l'intérieur des fenêtres. Une barre d'outils est une bande d'icônes qui s'affiche en général sous la barre de titre (mais elle peut apparaître ailleurs dans la fenêtre). Ces icônes symbolisent les commandes les plus courantes de l'application. Vous obtenez le même résultat en cliquant sur l'une de ces icônes, en choisissant une commande de menu ou en tapant un raccourci clavier. Presque toutes les fenêtres affichent des barres d'outils, dans le Finder comme dans vos applications.

Il est généralement possible de masquer la barre d'outils afin de libérer de l'espace à l'écran pour le contenu de la fenêtre. Il suffit de cliquer sur Affichage (ou Présentation)/Masquer la barre d'outils. Pour retrouver la barre d'outils, vous choisirez Affichage (ou Présentation)/Afficher la barre d'outils. Note : lorsque vous masquez la barre d'outils du Finder, sa barre latérale disparaît aussi.

Fermer les fenêtres

Quand vous avez fini de travailler avec une application ou n'avez plus besoin de garder une fenêtre ouverte, placez le pointeur sur le bouton Fermer dans l'angle supérieur gauche de la fenêtre. Lorsqu'une croix (X) apparaît dans le bouton rouge, cliquez dessus (référez-vous une fois de plus à la Figure 4.8).

Si vous avez plusieurs fenêtres ouvertes de la même application et voulez les fermer toutes d'un seul coup, maintenez enfoncée la touche Option pendant que vous cliquez sur le bouton Fermer de l'une des fenêtres.

Lorsque vous tentez de fermer une fenêtre qui contient un document que vous avez modifié sans l'enregistrer, l'application vous propose de sauvegarder ces modifications. Il vous suffit alors de cliquer sur le bouton Enregistrer du message qui apparait. Si au contraire vous cliquez sur le bouton intitulé Supprimer ou Ne pas enregistrer, vous perdez les modifications apportées depuis le dernier enregistrement. Le bouton Annuler vous permet de revenir dans le document sans fermer ni enregistrer.

Chapitre 5

Ordre et efficacité

DANS CE CHAPITRE :

- » **Tirer le meilleur parti de votre dossier de départ.**
- » **Marquer les documents avec des étiquettes.**
- » **Ranger votre bureau.**
- » **Gagner du temps avec le Dock.**
- » **Éliminer et récupérer dans la corbeille.**
- » **Changer d'univers avec le Dashboard et Mission Control.**
- » **Imprimer des documents.**

Si vous êtes familiarisé avec les commandes de base du Finder, poursuivez votre apprentissage en portant votre attention sur des sujets plus pointus.

Ce chapitre va enrichir votre connaissance de macOS Sierra. Il regroupe plusieurs sujets, à première vue disparates, mais dont l'objectif commun est de vous éviter des soucis et de vous faire gagner du temps. En gros, nous verrons ici différentes manières de personnaliser votre environnement pour vous faciliter la vie.

Le dossier de départ

Chaque compte d'utilisateur créé dans Sierra représente un espace à part entière. Chaque utilisateur possède sa propre série de dossiers et ses propres réglages du système, accessibles uniquement dans son compte. (Nous verrons au Chapitre 11 comment plusieurs personnes peuvent partager le même ordinateur dans la paix et l'harmonie.)

Dans chaque compte d'utilisateur, le dossier principal porte le même nom que le compte. Chez Apple, on l'appelle dossier de départ. Vous ne trouverez aucun dossier nommé Départ dans votre système, mais un dossier portant le nom de votre compte et identifié par l'icône d'une maison.

Le dossier de départ de chaque compte d'utilisateur comprend les dossiers suivants :

- Bureau ;
- Vidéos ;
- Musique ;
- Images ;
- Documents (pour les autres types de fichiers que vous créez) ;
- Téléchargements (pour les fichiers que vous téléchargez avec Safari et les pièces jointes reçues avec Mail ou AirDrop) ;
- Public (pour les fichiers que vous mettez en partage sur l'ordinateur ou le réseau) ;
- iCloud Drive (archive) n'est présent que pour les utilisateurs qui utilisaient iCloud Drive dans une ancienne version de Mac OS X. Vous y trouverez des dossiers et des fichiers stockés sur iCloud.

Vous pourriez bien sûr mettre vos fichiers directement à la racine du disque dur de votre MacBook, mais vous auriez vite du mal à vous y retrouver dans cet amas de dossiers, fichiers et alias.

Votre dossier de départ doit être votre point de départ pour ranger et retrouver vos fichiers. Cette règle élémentaire vous simplifiera grandement la vie.

Pour mettre au point un système de classement logique, créez des sous-dossiers à l'intérieur de votre dossier Documents et n'hésitez pas à hiérarchiser vos sous-dossiers sur plusieurs niveaux en fonction de vos besoins. Pour ma part, je crée toujours un sous-dossier dans mon dossier Documents pour chaque livre que j'écris, ce qui me permet de regrouper et retrouver facilement tous les documents d'un projet.

Au Chapitre 12, nous reparlerons du dossier de départ, de ce qui doit y être stocké et des questions de sécurité. Dans l'immédiat, la Figure 5.1 montre à quel point il est facile d'accéder au dossier de départ, puisqu'il apparaît dans la barre latérale des fenêtres du Finder.

Si vous ne voyez pas votre dossier principal dans la barre latérale, choisissez Finder/Préférences, ouvrez le volet Barre latérale et cochez la case permettant d'afficher votre dossier de départ.

FIGURE 5.1 Votre dossier de départ regroupe tous vos dossiers et fichiers personnels sur le MacBook.

En plus de la barre latérale, vous disposez des méthodes suivantes pour atteindre votre dossier de départ :

- **Depuis le menu Aller :** dans une fenêtre du Finder choisissez Aller/Départ pour afficher votre dossier principal. Autrement, appuyez sur ⌘ + Maj + H.
- **Depuis la zone de dialogue Ouvrir :** la zone de dialogue Ouvrir que Sierra affiche pour toutes les applications comprend aussi des icônes pour le dossier de départ (et ses sous-dossiers).
- **Dans toutes les nouvelles fenêtres du Finder :** vous pouvez configurer le Finder pour que toutes ses fenêtres s'ouvrent par défaut sur votre dossier principal :

a. *Choisissez Finder/Préférences et ouvrez le volet Général pour voir les options de la Figure 5.2.*

b. *Ouvrez le menu déroulant Les nouvelles fenêtres de Finder affichent.*

Cette action déroule un menu (d'où son nom).

c. *Cliquez sur le nom de votre dossier de départ dans le menu local qui apparait.*

d. *Cliquez sur le bouton Fermer dans l'angle supérieur gauche de la zone de dialogue.*

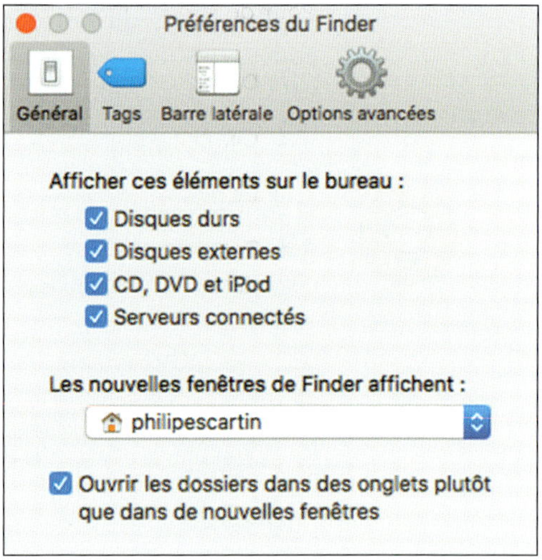

FIGURE 5.2
Configurez Sierra pour que les fenêtres de Finder s'ouvrent sur votre dossier principal.

C'est réglé. Désormais, toutes les fenêtres de Finder vont s'ouvrir en affichant le contenu de votre dossier de départ.

Si vous n'êtes pas encore convaincu, voici une autre bonne raison de regrouper vos fichiers dans votre dossier de départ : c'est l'*emplacement par défaut*. C'est là que macOS Sierra va chercher vos données lorsque vous les transférez d'un ancien Mac vers un nouveau.

Étiquettes

Sierra propose un système d'étiquettes de couleur pour marquer des fichiers ou dossiers. Les étiquettes, ou tags, facilitent le repérage des éléments marqués et permettent des recherches rapides. Vous pouvez attribuer des étiquettes dans le Finder ou au moment de l'enregistrement d'un nouveau fichier.

Étiqueter vos fichiers

Vous disposez au départ de sept étiquettes de couleur pour marquer vos documents selon une logique personnelle. Vous pouvez en plus définir des mots-clés qui viendront s'ajouter à la liste de tags.

Pour définir une étiquette :

1. **Dans le Finder, sélectionnez le fichier ou groupe de fichiers à marquer.**
2. **Cliquez sur le bouton Tags dans la barre d'outils du Finder.**

   Ce bouton est représenté par l'icône d'une étiquette.
3. **Tapez un terme dans le champ de saisie ou sélectionnez une étiquette dans la liste (voir Figure 5.3).**

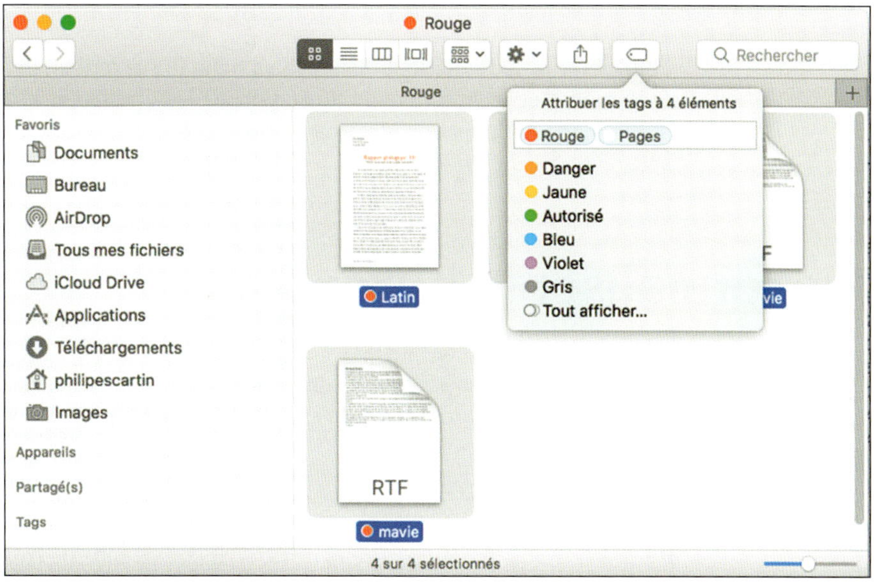

FIGURE 5.3 Étiquetez vos documents pour faciliter les recherches.

Une autre méthode consiste à faire glisser un ou plusieurs éléments sur une étiquette de la liste Tags dans la barre latérale du Finder.

Une pastille de couleur s'ajoute au nom des fichiers ou dossiers quand vous les marquez d'une étiquette de couleur. En revanche, les mots-clés n'apparaissent que dans la fenêtre Infos de l'élément concerné (appuyez sur ⌘ + I pour afficher ces informations). Vous pouvez aussi définir un nouveau mot-clé en le tapant directement dans le premier champ de saisie de la fenêtre Infos. Vous constaterez qu'il est possible de combiner plusieurs étiquettes sur un même fichier.

Pour supprimer un tag attribué à un fichier, sélectionnez le fichier, cliquez sur le bouton Tags, sélectionnez l'étiquette inutile et appuyez sur la touche Suppr. Vous pouvez également cliquer à droite de l'étiquette à éliminer, puis pressez la touche Suppr de votre clavier. L'étiquette située à gauche du point d'insertion disparait.

Filtrer d'après une étiquette

Si vous avez attribué des étiquettes de couleur ou de mot-clé à certains fichiers, vous les retrouverez facilement dans le Finder. Cliquez sur une étiquette sous la liste Tags dans la barre latérale du Finder, et tous les fichiers associés à cette étiquette apparaissent à droite. Le filtrage s'effectue sur une seule étiquette à la fois.

Pour gérer la liste d'étiquettes visibles dans la barre latérale, choisissez Finder/Préférences et ouvrez l'onglet Tags. Cochez les étiquettes à afficher et faites-les glisser dans la liste pour redéfinir l'ordre de leur présentation par défaut dans la barre latérale du Finder.

Personnaliser le bureau

Certaines personnes entassent tous leurs documents, images et vidéos sur le bureau de leur Mac, comme ça elles savent où les trouver. C'est bien d'avoir tout sous les yeux, mais s'il y en a trop ?

De mon côté, j'ai une nette préférence pour les bureaux dégagés, sans amas d'icônes. D'ailleurs, mon bureau n'héberge jamais plus de trois ou quatre icônes, bien que je l'utilise tous les jours pendant plusieurs heures. L'ordre règne dans mon MacBook. Et c'est indispensable puisque je jongle chaque jour avec des dizaines d'applications et de documents. Bientôt, vous aussi en aurez autant à gérer. Si vous entassez vos icônes en vrac sur le bureau, vous serez obligé de scruter votre collection d'icônes pour retrouver celle que vous cherchez, et cette opération risque de vous prendre plus de temps que de passer par votre dossier Documents. Et n'oubliez pas que les fenêtres ouvertes recouvrent le bureau, si bien qu'il vous faut d'abord dégager le bureau pour y chercher un truc.

Sans compter qu'au bout d'un certain temps, vous allez encombrer le bureau avec de vieilles icônes moisies que vous n'avez pas utilisées depuis des mois ou des années. Allons, ce n'est pas raisonnable !

Je vous conseille de garder votre bureau relativement dégagé et d'y placer seulement une poignée d'icônes pour les applications et documents que vous utilisez le plus souvent. Il y aura ainsi plus d'espace libre pour voir la photo de chaton trop mignon que vous aurez mise en fond d'écran.

En plus de garder un bureau épuré, je vous conseille d'appliquer les techniques suivantes pour rendre votre bureau aussi utile qu'agréable :

» **Choisissez la manière d'arranger les icônes.**

a. *Dans la barre de menus du Finder, choisissez Présentation/Afficher les options de présentation.*

b. *Ouvrez le menu local Trier par.*

c. *Choisissez-y le critère d'organisation des icônes : par nom, par type, par date de dernière ouverture, par date d'ajout, par date de modification, par date de création, par taille, ou par tag.*

Personnellement, je préfère voir mes icônes par ordre alphabétique, mais certaines personnes préfèrent organiser leurs icônes par date, avec les fichiers les plus récents au début de la liste par exemple.

» **Choisissez un fond d'écran à votre goût.**

a. *Cliquez droit sur un espace vierge du bureau.*

b. *Dans le menu contextuel qui apparaît, choisissez Modifier le fond d'écran.*

Les préférences Bureau et économiseur d'écran apparaissent, comme le montre la Figure 5.4. Ouvrez les différents dossiers pour voir les fonds d'écran fournis par Apple ou choisissez une photo de votre dossier Images ou de votre catalogue Photos. Bien entendu, vous pourrez y ajouter le dossier de votre choix, y compris depuis iCloud Drive.

» **Affichez tous les périphériques et connexions réseau de votre système.**

a. *Choisissez Finder/Préférences.*

b. *Cochez les quatre premières cases du volet Général (Disques durs ; Disques externes ; CD, DVD et iPod ; et Serveurs connectés).*

Ainsi, lorsque vous êtes connecté à un réseau externe, un disque dur externe ou une clé USB, ces supports de stockage externes apparaissent sur votre bureau. Il vous suffit alors de double-cliquer sur leur icône pour voir les données que contiennent ces appareils.

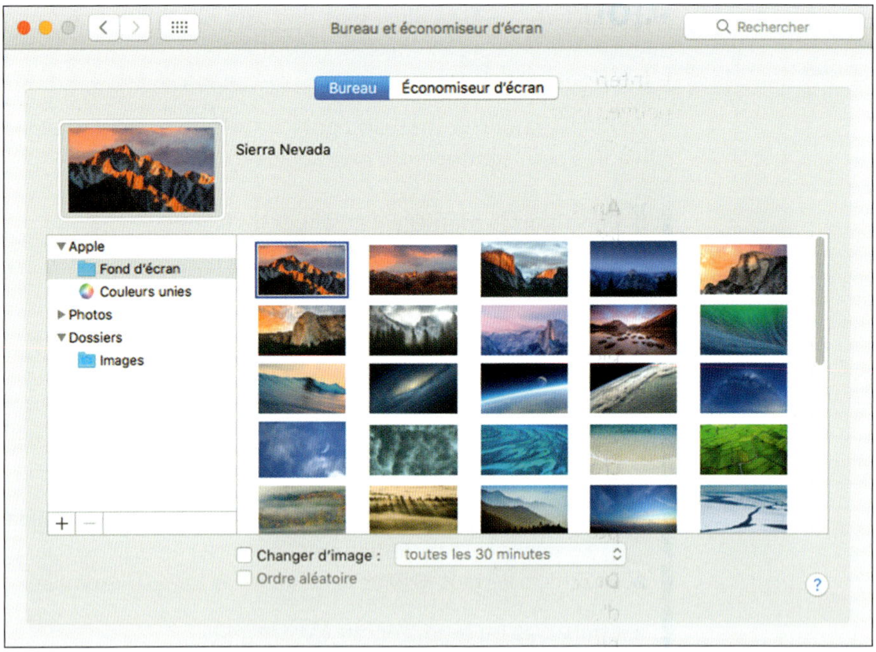

FIGURE 5.4 Choisissez un joli fond d'écran en accord avec votre personnalité.

Personnaliser le Dock

Le Dock est une sorte de centre de contrôle. Depuis le Dock – la barre d'icônes dynamiques au bas du bureau de Sierra – vous pouvez lancer une application, vérifier ce qui tourne et même exploiter des commandes contextuelles pour contrôler le lancement des applications.

Par défaut, le Dock s'affiche au bas de l'écran, mais vous pouvez le placer ailleurs, changer la taille de ses icônes et le masquer pour qu'il n'apparaisse qu'en cas de besoin. (Vous en saurez davantage sur la personnalisation du Dock en lisant le Chapitre 6.)

Quand vous lancez une application (d'un clic dans le Dock ou le Launchpad ou d'un double-clic dans le Finder ou sur le Bureau), son icône fait de petits bonds dans le Dock pour signaler que l'application est en train de se charger. Une fois l'application ouverte, son icône apparaît dans le Dock avec un petit point noir affiché juste à sa base. Il est ainsi facile de voir d'un coup d'œil sur le Dock quelles sont les applications ouvertes.

Ajouter des icônes au Dock

L'intérêt du Dock est qu'il ne se limite pas à la série d'icônes par défaut. Vous pouvez y placer les icônes de vos outils préférés, pour en faciliter l'accès sans encombrer le bureau. Voyez ce qu'il est possible d'ajouter au Dock :

- **Applications :** vous ajouterez une application au Dock en faisant glisser son icône à gauche de la *ligne de séparation* (barrette qui sépare les applications à gauche des dossiers à droite).

  Les icônes se décalent pour laisser la place à la nouvelle venue, que vous placerez à la position de votre choix.

  N'essayez pas d'ajouter une icône d'application à droite de la ligne de séparation. Cet espace n'est pas prévu pour cela et macOS Sierra risquerait de croire que vous voulez mettre l'application à la corbeille ! (En revanche, vous pouvez y mettre une pile composée d'applications ; j'évoque les piles dans le point suivant.)

- **Dossiers :** vous les mettrez dans la partie droite du Dock. Dans Sierra, l'icône d'un dossier ou d'un lecteur que vous placez dans le Dock s'appelle une *pile* et vous pouvez en voir le contenu d'un seul clic. (Le contenu du dossier s'aligne sur un arc de cercle ou une grille selon le nombre d'éléments.) Pour ouvrir un élément, vous cliquerez dessus dans la pile déployée.

  Au départ, le Dock présente une seule pile, celle de votre dossier Téléchargements.

- **Adresses Web :** vous pouvez même ajouter vos sites Web préférés dans le Dock. Faites glisser une adresse depuis le champ d'adresse de Safari vers la partie droite du Dock, c'est-à-dire derrière le séparateur vertical. Ensuite, lorsque vous cliquez sur l'icône d'une page Web, celle-ci s'ouvre dans Safari.

Supprimer des icônes du Dock

Vous pouvez supprimer du Dock les icônes des applications qui ne sont pas en cours d'exécution. Je conseille toujours aux débutants de retirer du Dock les icônes par défaut qu'ils n'utilisent jamais afin de laisser la place à des icônes plus utiles. Les seules icônes que vous ne pouvez pas supprimer sont le Finder et la corbeille.

Pour éliminer une icône du Dock, il suffit de la faire glisser hors du Dock. Dès que vous éloignez l'icône du Dock, la commande Supprimer apparaît en incrustation au-dessus de l'icône, comme à la Figure 5.5. Il ne vous reste plus qu'à relâcher le bouton de la souris.

En supprimant une icône du Dock, vous supprimez uniquement l'icône. L'application, le dossier ou le lecteur qu'elle représente reste intact.

FIGURE 5.5 Supprimer une icône du Dock.

Exploiter les menus du Dock

Le menu des icônes du Dock permet d'ouvrir des documents, d'ouvrir l'emplacement de l'icône dans le Finder, de commander l'ouverture automatique d'une application au démarrage et de choisir d'autres fonctions selon la nature de l'icône.

Pour afficher le menu contextuel des icônes du Dock :

1. **Placez le pointeur sur l'icône.**
2. **Cliquez du bouton droit.**

En cliquant droit sur la barrette de séparation du Dock, vous avez accès à des commandes de personnalisation du Dock, pour le masquer ou changer sa position entre autres. Ces options sont aussi disponibles dans les Préférences Système comme nous le verrons au Chapitre 6.

La corbeille

On reconnaît les personnes ordonnées à l'état d'encombrement de leur corbeille. Il est très facile de se débarrasser pour toujours des éléments jetés à la corbeille et tout aussi facile de récupérer ceux qui y ont atterri par erreur.

La corbeille de Sierra se trouve à l'extrémité droite du Dock. Elle fonctionne comme elle l'a toujours fait dans OS X : vous faites glisser vers l'icône de corbeille les éléments que vous voulez supprimer.

Notez une exception capitale : lorsque vous faites glisser sur la corbeille l'icône d'un support externe (DVD, clé USB ou disque externe), l'icône de corbeille se transforme en icône d'éjection, et le support est alors éjecté ou éteint, mais pas effacé. Je répète : cette action *ne supprime pas* le contenu du support externe (c'est pourquoi la corbeille change d'icône pour symboliser l'éjection du support).

Voici d'autres méthodes pour supprimer des éléments depuis le Finder ou le bureau :

- » Choisissez Fichier/Placer dans la corbeille.
- » Cliquez sur le bouton Action, symbolisé par une route dentée, dans la barre d'outils du Finder et choisissez Placer dans la corbeille.

APERÇU DES IMAGES ET DOCUMENTS

J'adore la fonction Coup d'œil de Sierra. Il suffit de sélectionner un fichier et d'appuyer sur la barre d'espace ou d'effectuer un clic forcé sur un pavé Force Touch, et le contenu du fichier apparaît *sans qu'il soit nécessaire d'ouvrir l'application*.

N'oubliez pas, toutefois, qu'OS X fournit depuis longtemps une application polyvalente pour l'affichage des images et documents ; il s'agit d'Aperçu. L'application Aperçu est capable d'afficher les images numériques des formats courants comme TIFF, GIF, PICT, PNG, JPG et Bitmap, ainsi que les documents PDF.

Puisque j'ai parlé d'application polyvalente, il doit y avoir d'autres fonctions en réserve, n'est-ce pas ? En effet, voici de quoi Aperçu est capable (entre autres) :

- » Vous ajouterez un signet dans le document PDF à la page en cours en choisissant Outils/Ajouter un signet.
- » Vous remplirez des formulaires en PDF en choisissant Outils/Sélection de texte.

  Cliquez dans un champ de saisie, et vous pourrez y taper du texte. Après avoir complété le formulaire, vous pourrez l'imprimer ou le faxer.
- » Vous annoterez les documents et images grâce aux outils du sous-menu Outils/Annoter.
- » Vous ferez des captures d'écran (images de l'écran du MacBook) en choisissant Fichier/Effectuer une capture d'écran/À partir de l'écran entier.

  Aperçu affiche un minuteur puis prend l'image de l'écran dix secondes plus tard (ce qui vous laisse le temps de préparer la scène avant la capture).
- » Vous convertirez une image dans un autre format ou en fichier PDF en choisissant Fichier/Enregistrer.

  Dans les documents PDF modifiables, vous pouvez supprimer et insérer des pages à volonté.
- » Les commandes de la barre d'outils vous serviront à redimensionner ou faire pivoter une image.

Sierra lance automatiquement Aperçu lorsque vous double-cliquez sur un fichier PDF ou une image d'un format reconnu. Aperçu fournit aussi des aperçus avant impression dans d'autres applications, comme je l'explique plus loin dans ce chapitre. Si vous avez besoin de lancer Aperçu, vous trouverez son icône dans le Dock, dans le Launchpad ou dans le dossier Applications, ou bien vous pourrez demander vocalement à Sierra de l'exécuter pour vous (voir le Chapitre 7), en posant la question suivante : « Peux-tu démarrer Aperçu ? »

- Appuyez sur ⌘ + Suppr.
- Cliquez droit sur l'élément à supprimer et choisissez Placer dans la corbeille dans le menu contextuel.

Quand la corbeille contient au moins un élément, son icône semble remplie de papier froissé. Pour voir son contenu, il suffit d'un clic sur l'icône de corbeille dans le Dock. Pour récupérer un élément supprimé, faites-le glisser hors du dossier Corbeille vers le bureau ou une autre fenêtre du Finder. Et c'est tout !

Lorsque vous êtes sûr et certain de vouloir éliminer définitivement le contenu de la corbeille, videz-la par l'une des techniques suivantes :

- Choisissez Finder/Vider la corbeille.
- Appuyez sur ⌘ + Maj + Suppr.
- Cliquez droit sur la corbeille dans le Dock et choisissez Vider la corbeille.

Changer d'espace avec Mission Control et le Dashboard

Pour faire baver de jalousie mes amis qui utilisent Windows, je leur montre les particularités de Sierra. Je ne manque jamais de vanter les prodigieux avantages de Mission Control et du Dashboard.

Multitâche avec Mission Control

Les utilisateurs de MacBook se contentent souvent d'utiliser le raccourci ⌘ + Tab pour basculer entre les applications ouvertes. Si vous venez de l'univers PC, vous pensez sans doute que ce raccourci constitue le seul moyen de passer d'une application à une autre. Mais dans l'univers de Sierra, il y a mieux.

Malgré son nom intimidant, Mission Control est une fonction simple, très pratique, qui vous fait gagner beaucoup de temps quand vous avez un grand nombre de fenêtres ouvertes. Cette fonction s'exploite de trois manières :

- **Appuyez sur Ctrl + ↑ (ou F3) pour afficher une miniature de toutes les fenêtres ouvertes, puis cliquez sur la fenêtre à activer.** Placez le pointeur sur une fenêtre – la fenêtre ciblée s'entoure d'un cadre bleu – et cliquez une fois pour basculer vers cette fenêtre. Vous choisirez les touches à associer à cette fonction dans le volet Mission Control des Préférences Système.

» **Appuyez sur Ctrl + ↓ (ou F10) pour afficher une miniature de toutes les fenêtres de l'application active.** Cette fonction est pratique pour choisir parmi toutes les images ouvertes dans Photoshop ou parmi toutes les fenêtres de Word ou Safari qui s'entassent sur votre bureau.

» **Appuyez sur F11 (ou ⌘ + F3) pour afficher le bureau instantanément.** Vous avez maintenant libre accès aux icônes du bureau. Quand vous voudrez retrouver toutes vos fenêtres, retapez le raccourci clavier.

Qu'en est-il si vous désirez basculer vers un autre groupe d'applications ? Disons que vous passez vos journées à faire de la retouche photo et de la mise en page avec Photoshop, Illustrator et InDesign, que vous activez tour à tour avec les techniques que je viens de décrire. Mais, soudain, vous pensez à organiser une réunion au bureau à l'aide de Calendrier et à vérifier votre messagerie électronique avec Mail. Comment faire ?

Vous pourriez évidemment ouvrir le Launchpad pour lancer ces deux applications en plus de vos outils de graphisme puis les réduire ou les fermer. Mais grâce aux espaces de Mission Control, vous disposez d'un raccourci (Ctrl + ← ou Ctrl + →) pour basculer vers un bureau dédié à la communication avec les fenêtres de Calendrier et de Mail déjà ouvertes à l'emplacement de votre choix.

Ensuite, lorsque vous avez fini de gérer vos rendez-vous et votre courrier, vous appuyez de nouveau sur Ctrl + ← ou Ctrl + → pour revenir au bureau d'activités graphiques, que vous retrouvez exactement comme vous l'avez laissé. Sachez que la fonction d'espaces fonctionne même avec les applications plein écran. Et chaque application ouverte en plein écran apparaît comme un espace à part, représentée par une vignette en haut de l'écran de Mission Control (voir Figure 5.6).

Dans l'écran de Mission Control, si vous faites glisser la miniature d'une fenêtre sur celle d'une application ouverte en plein écran, vous obtenez les deux applications en plein écran.

Pour composer un nouvel espace, affichez l'écran de Mission Control, placez le pointeur dans l'angle supérieur droit de l'écran et cliquez sur le signe plus. (Si le Dock se trouve le long du bord droit de l'écran, pointez dans l'angle supérieur gauche.) Mission Control affiche une miniature de bureau vide, nommée Bureau 2. Basculez vers ce nouveau bureau d'un clic sur sa vignette en haut de l'écran, puis ouvrez les applications que vous voulez y utiliser. (Vous pourriez aussi faire glisser

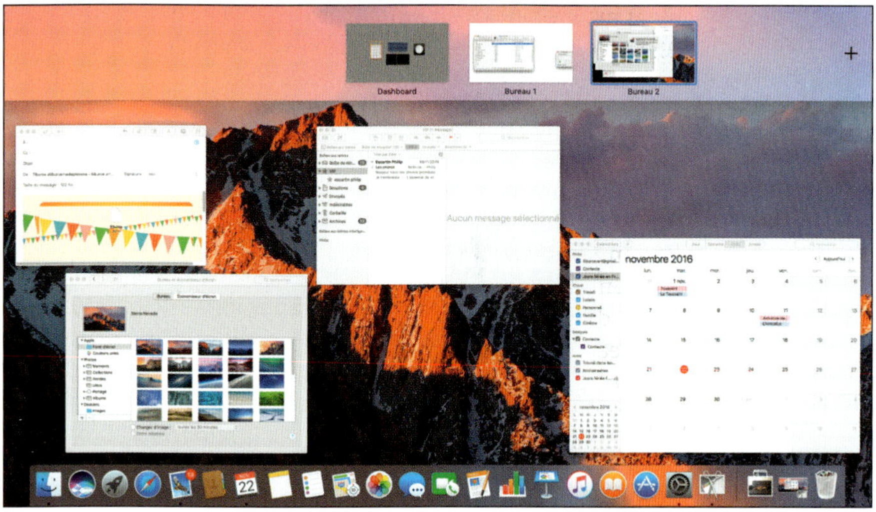

FIGURE 5.6 Mission Control facilite la gestion des fenêtres ouvertes.

des applications depuis Mission Control vers la vignette d'un bureau.) Vous voyez, c'est simple.

Pour transférer une application d'un espace à un autre, faites glisser sa fenêtre vers le bord du bureau et laissez-la ici. La fonction d'espaces va automatiquement déplacer la fenêtre vers le bureau suivant. (Les applications peuvent aussi être déplacées entre bureaux depuis l'écran de Mission Control.) Il est facile de supprimer un bureau de l'écran de Mission Control : survolez sa vignette avec le pointeur, puis cliquez sur le bouton de fermeture (X) qui apparaît.

Vous pouvez atteindre directement l'un de vos espaces en cliquant sur sa vignette dans Mission Control, en appuyant simultanément sur la touche Ctrl et le chiffre correspondant au bureau ou avec le raccourci Ctrl + ← ou Ctrl + → pour vous déplacer entre les espaces et les applications plein écran.

Vous pouvez attribuer un fond d'écran différent à chacun de vos espaces pour les distinguer plus facilement.

Découverte du Dashboard

Le Dashboard vous permet d'afficher et d'utiliser des widgets d'un simple clic. Les widgets sont de petites applications, parfois appelées applets, qui remplissent une seule fonction. À titre d'exemple, le Dashboard est livré avec une calculatrice, un dictionnaire, une horloge, des prévisions météo et une éphéméride. Vous afficherez et masquerez le Dashboard en appuyant sur la touche Dashboard (F4 ou F12) ou sur la touche que vous aurez définie dans le volet Mission Control des Préférences Système. Autre solution, glissez quatre doigts vers la droite sur le pavé tactile.

La Figure 5.7 présente le Dashboard en action. Appuyez sur la touche Dashboard, et les widgets apparaissent, prêts à l'emploi. Vous ajouterez des widgets en cliquant sur le bouton Ajouter (identifié par un signe plus) dans l'angle inférieur gauche de l'écran Dashboard. L'écran affiche alors la série de widgets disponibles ; cliquez sur l'un d'eux pour l'ajouter à votre Dashboard. Il est facile d'arranger la présentation du Dashboard en déplaçant les widgets par glissement. Pour retourner sur le bureau, appuyez de nouveau sur la touche Dashboard, cliquez sur la flèche dans l'angle inférieur droit du Dashboard ou glissez quatre doigts vers la gauche sur le pavé tactile.

FIGURE 5.7 Une sélection de widgets dans le Dashboard.

Certains widgets, comme la calculette et la météo sont aussi disponibles dans l'onglet Aujourd'hui du volet de notifications.

Il est possible d'ajouter plusieurs exemplaires du même widget. Vous pourriez avoir plusieurs widgets météo pour connaître les conditions météo de plusieurs villes.

Certains widgets ont une icône information (petit *i*) en bas à droite qui vous permet de configurer leur fonctionnement. Cliquez sur cette icône pour accéder aux options du widget.

Pour supprimer un widget du Dashboard, cliquez sur le bouton Supprimer (signe moins en bas à gauche), et l'icône d'une croix apparaît dans l'angle de chaque widget. Cliquez sur le bouton X du widget que vous voulez retirer, et il disparaît de l'écran. Sachez que le widget n'est pas supprimé de l'ordinateur ; vous pouvez le remettre à tout moment en cliquant sur le bouton Ajouter (signe plus en bas à gauche).

Dans l'écran d'ajout de widgets, le bouton Plus de widgets vous conduit vers une page Web d'Apple dédiée au téléchargement de widgets.

Si l'une de vos applications exploite déjà la touche F4, vous pouvez définir une combinaison de touches, un bouton de souris ou un geste sur le pavé tactile pour activer le Dashboard. Rendez-vous dans le volet Mission Control des Préférences Système. Au besoin, combinez la touche Maj, Ctrl, Option ou ⌘ avec une touche de fonction.

Imprimer dans Sierra

L'impression de documents est toujours simple dans Sierra. Comme les imprimantes pour Mac se branchent presque toutes sur un port USB, la configuration de l'imprimante est un jeu d'enfant. Il vous suffit d'allumer l'imprimante, de raccorder le câble USB entre l'imprimante et le MacBook, et Sierra se charge du reste. Cependant, pour conserver la mobilité de votre MacBook, vous privilégierez sans doute une imprimante sans fil (Wi-Fi).

Les imprimantes sont souvent fournies avec un disque d'installation susceptible d'ajouter des utilitaires et des polices. Même si Sierra reconnaît votre imprimante USB, je vous conseille d'insérer son disque d'installation pour Mac. Mon imprimante Epson, par exemple, est livrée avec de nouvelles polices et une application spéciale pour les étiquettes de CD/DVD, que je n'aurais pas sur mon MacBook si je n'avais pas installé l'utilitaire Epson.

Oui mais voilà, votre MacBook est dépourvu de lecteur de CD/DVD ! Eh bien il suffit de vous connecter au site Web du constructeur de votre imprimante pour y télécharger les pilotes et applications adéquats.

Une fois votre imprimante raccordée (USB ou Wi-Fi) et installée, vous suivrez la même procédure pour lancer l'impression depuis toutes les applications Mac. Pour imprimer avec les réglages par défaut (format A4 et orientation portrait à l'échelle 100 %), procédez ainsi :

1. **Dans l'application active, choisissez Fichier/Imprimer ou appuyez sur ⌘ + P.**

   Sierra affiche la boîte de dialogue Imprimer (voir Figure 5.8). Selon l'application, vous aurez ou non un aperçu du document à imprimer.

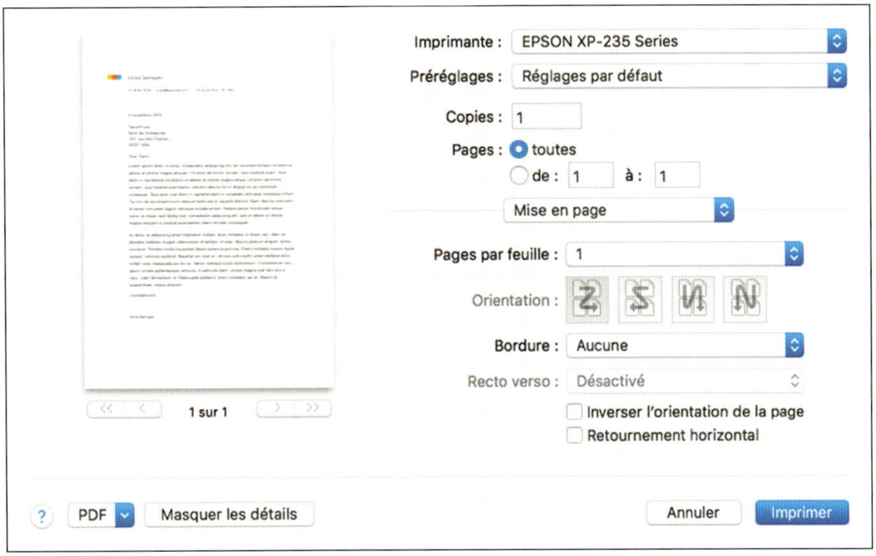

FIGURE 5.8 Préparation à l'impression.

2. **Cliquez sur le menu local Imprimante pour choisir l'imprimante à utiliser.**

   Apparaissent ici toutes les imprimantes auxquelles vous avez accès. L'impression peut se faire sur une imprimante raccordée à votre MacBook ou sur une imprimante mise en partage sur le réseau par un autre ordinateur.

3. **Si vous jugez nécessaire de modifier le document ou les paramètres d'impression par défaut, cliquez sur Annuler pour retourner dans le document.**

   (Il faudra répéter l'Étape 1 pour retrouver la zone de dialogue Imprimer.)

4. **Quand tout vous convient, y compris dans les options d'impression (nombre d'exemplaires ou choix des pages à imprimer), cliquez sur Imprimer – et c'est tout.**

5. **(Facultatif) Pour imprimer plusieurs exemplaires, cliquez dans le champ Copies et tapez le nombre d'exemplaires désiré.**

   Vous disposez de l'option Assemblées qui imprime chaque exemplaire l'un après l'autre.

6. **(Facultatif) Pour limiter l'impression à une suite de pages, sélectionnez le bouton radio De ou l'option Intervalle dans le menu Pages et entrez le numéro de la première et de la dernière page à imprimer.**

   Pour imprimer le document entier, conservez le réglage par défaut de l'option Pages sur Toutes.

7. **(Facultatif) Si l'application propose des options supplémentaires, telles que l'impression en noir et blanc, effectuez les réglages nécessaires.**

   Pour afficher les options supplémentaires, cliquez sur le bouton Afficher les détails, ouvrez le menu central (marqué Mise en page dans la Figure 5.8) et choisissez la série d'options à régler. (Ne changez rien si les réglages par défaut vous conviennent.)

8. **Lorsque tout vous convient, cliquez sur Imprimer.**

La boîte de dialogue Imprimer vous permet aussi d'enregistrer le document au format PDF en procédant ainsi :

1. **Cliquez sur le bouton PDF situé dans l'angle inférieur gauche pour ouvrir le menu de destination.**

2. **Cliquez sur Enregistrer au format PDF.**

   Vous obtenez une zone de dialogue Enregistrer sous où vous taperez un nom pour le document PDF et indiquerez un emplacement pour le fichier PDF.

Le menu du bouton PDF vous propose même d'envoyer le document en pièce jointe avec Mail ou Messages.

Chapitre 6
Examen des Préférences Système

DANS CE CHAPITRE :

» **Parcourir les Préférences Système.**

» **Rechercher des options particulières.**

» **Personnaliser Sierra avec les Préférences Système.**

Je consacrerai l'intégralité de ce chapitre à la fenêtre Préférences Système et détaillerai les paramètres les plus courants. C'est normal, puisqu'il s'agit du centre névralgique de votre système d'exploitation. Quand vous voulez modifier le comportement de Sierra et personnaliser certaines de ses fonctions, vous vous tournerez vers les Préférences Système.

Introduction aux Préférences Système

La fenêtre Préférences Système, illustrée Figure 6.1, regroupe tous les paramètres du système d'exploitation. On y accède de plusieurs manières :

» Cliquez sur le menu Pomme et choisissez Préférences Système dans le menu qui apparait.

FIGURE 6.1 Le centre de contrôle général des paramètres et options du système d'exploitation les Préférences Système.

- » Cliquez sur l'icône Préférences Système dans le Dock (représentée par un jeu de roues dentées).
- » Cliquez sur l'horloge dans la barre de menus et choisissez Ouvrir les préférences Date et heure.

  Sur le même principe, vous pouvez cliquer sur toutes les icônes de statut de la barre de menus – Bluetooth, Wi-Fi ou batterie – et choisir la commande Ouvrir les préférences économie d'énergie.

Une fois la fenêtre Préférences Système à l'écran, vous cliquerez sur l'une des icônes pour afficher le *volet* du groupe d'options correspondant. Le volet Son (voir Figure 6.2), par exemple, permet de choisir le son des alertes sonores du MacBook, de configurer son microphone intégré, de régler la balance et le volume de la sortie audio, *etc.*

Certains volets se décomposent en onglets, accessibles par une série de boutons en haut : Effets sonores, Sortie et Entrée, dans le cas du volet Son. Cliquez sur le bouton d'un onglet pour voir ses options. Ce système d'onglets et de volets permet de regrouper des centaines de paramètres dans une même fenêtre (sans trop de confusion).

Pour retourner au volet d'accueil de la fenêtre Préférences Système depuis un autre volet, cliquez sur le bouton représentant une matrice 12 petits points, ou appuyez sur ⌘ + L. Vous disposez aussi des boutons fléchés Précédent et Suivant

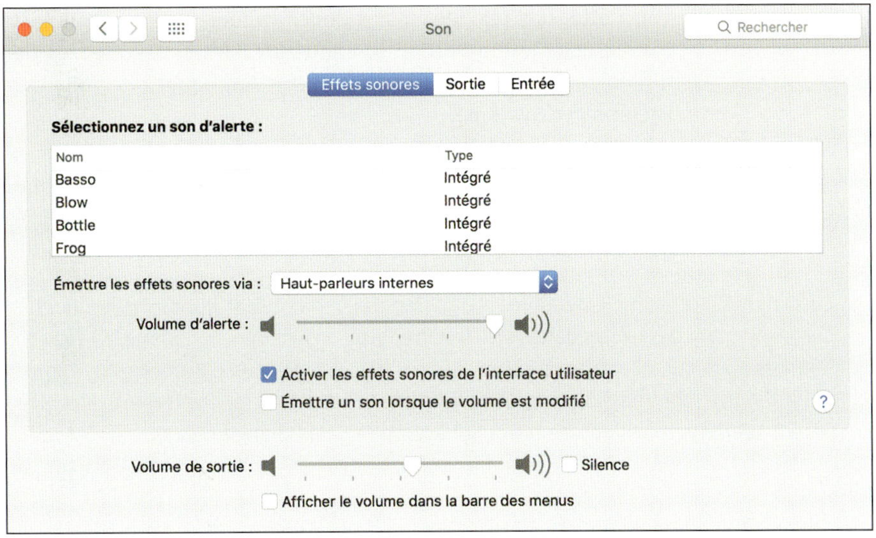

FIGURE 6.2 Le volet Son présente ici son onglet Effets sonores.

pour défiler entre les volets récemment ouverts (comme vous le faites entre les pages Web ouvertes dans Safari).

Au départ, les icônes du volet d'accueil sont regroupées par catégorie, mais vous pouvez les voir par ordre alphabétique si cela vous aide à trouver un groupe d'options. Pour ce faire, choisissez Présentation/Classer par ordre alphabétique. Remarquez que le menu Présentation vous permet d'accéder directement à un volet de préférences. En choisissant Présentation/Personnaliser, vous pouvez masquer certaines icônes de la fenêtre Préférences Système. Il suffit de retirer la coche des icônes à masquer et de cliquer sur OK. Les icônes masquées ne disparaissent pas, elles restent accessibles par le menu Présentation des Préférences Système.

Un clic droit sur l'icône Préférences Système dans le Dock ouvre un menu dans lequel vous sélectionnerez le volet de paramètres à atteindre. Voilà un vrai raccourci !

Vous ne trouverez aucun bouton OK sur lequel cliquer pour valider les réglages définis dans les volets des Préférences Système, car les ingénieurs d'Apple privilégient la simplicité. Les changements sont automatiquement pris en compte lorsque vous quittez un volet et fermez la fenêtre Préférences Système.

Quand il y a un bouton Appliquer dans un volet de préférences, il sert à appliquer immédiatement les changements sans quitter le volet. L'intérêt pour vous est de voir l'effet des réglages avant de les valider, comme dans le volet Réseau. Si vous n'avez aucune inquiétude et connaissez les conséquences de vos réglages, vous n'êtes pas obligé d'utiliser le bouton Appliquer ; fermez simplement la fenêtre Préférences Système.

ICÔNES SUPPLÉMENTAIRES

Certains modules complémentaires et applications tierces ajoutent des icônes dans votre fenêtre Préférences Système. Elles apparaissent tout en bas de la fenêtre, comme l'icône Flash Player. Je ne peux évidemment pas décrire les options supplémentaires qui s'installeront chez vous, mais elles fonctionnent comme les autres. Cliquez sur l'icône, réglez les paramètres à votre convenance et fermez la fenêtre Préférences Système pour valider les changements.

Trouver un paramètre particulier

Ne serait-ce pas génial s'il était possible de chercher parmi les différents volets des Préférences Système depuis un unique point de départ ? Surtout quand on ignore où chercher un paramètre précis parmi les centaines de cases à cocher, boutons radio et curseurs des préférences.

La Figure 6.3 illustre une telle recherche. Cliquez dans le champ de recherche de la fenêtre Préférences Système (dans l'angle supérieur droit, avec l'icône de loupe) et tapez le nom d'un paramètre ou d'une fonction. Si vous ne connaissez qu'une partie du nom du paramètre à modifier, tapez cette partie et voyez ce que propose la liste. Et Sierra met en évidence les volets susceptibles de contenir le paramètre recherché. De plus, si vous venez de l'univers Windows, vous pouvez même taper les noms de paramètres tels que vous les connaissez dans Windows !

Le volet d'accueil des Préférences Système s'assombrit pour laisser en lumière les icônes qui correspondent plus ou moins à votre requête. Parfait !

Le menu et la fenêtre Spotlight, mais aussi et surtout Siri,permettent aussi de rechercher des paramètres, comme vous le verrez au Chapitre 7.

Pour annuler la recherche avant d'en lancer une autre, cliquez sur la croix dans le champ de recherche.

FIGURE 6.3 Il est facile de chercher un paramètre particulier.

Description des principaux volets de préférences

Finie la théorie, il est temps de mettre les mains dans le cambouis. Vous allez ouvrir les volets les plus utiles des Préférences Système pour voir ce qu'ils vous réservent. Je ne vais pas décrire ici tous les volets, parce que nous en verrons certains dans d'autres chapitres. (D'ailleurs, certains ne vous serviront jamais, comme Langue et texte, par exemple.) Ce chapitre présente tous les paramètres dont vous pourriez avoir besoin en situation normale.

Le volet Moniteurs

Si vous êtes un gros joueur ou travaillez avec des applications comme Photoshop ou Keynote, il se peut que vous changiez souvent les réglages de votre écran. Pour basculer facilement entre deux réglages, ouvrez le volet Écran intégré, illustré Figure 6.4, qui contient deux onglets :

» **Moniteur :** pour laisser Sierra choisir la meilleure résolution d'écran, sélectionnez l'option Réglage par défaut pour l'écran. Pour définir une résolution vous-même, sélectionnez À l'échelle, puis choisissez l'une des résolutions proposées. (En général, vous choisirez la résolution la plus élevée.) Déplacez le curseur Luminosité pour régler la luminosité de l'écran de votre MacBook.

Si votre MacBook Pro est équipé d'un détecteur de lumière ambiante, activez l'option Régler la luminosité automatiquement (Figure 6.4). L'écran ajustera sa luminosité en fonction de l'éclairage de la pièce où vous l'utiliserez.

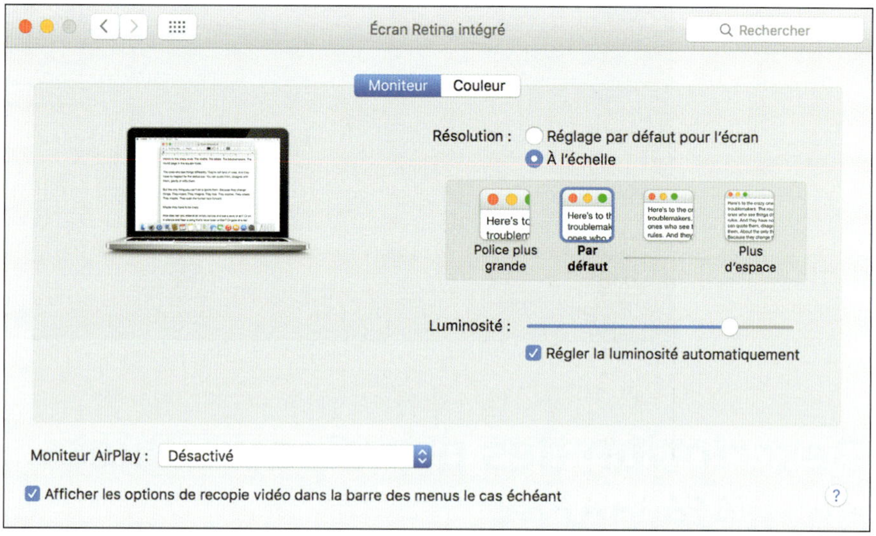

FIGURE 6.4 Passez par cet onglet lorsque vous avez besoin de choisir une autre résolution d'écran.

Si vous utilisez un écran externe ou un projecteur avec votre MacBook, cochez l'option Afficher les options de recopie vidéo dans la barre des menus le cas échéant.

Savez-vous que votre MacBook est capable de communiquer sans câble avec votre téléviseur ? Pour ce faire, vous utiliserez la fonction de recopie vidéo AirPlay de Sierra pour envoyer des données vers un téléviseur HD. Pour exploiter cette fonction, il vous faut un module Apple TV compatible AirPlay. Sur le même principe, vous pouvez envoyer du son du MacBook vers des enceintes ou une chaîne hi-fi compatibles AirPlay.

» **Couleur :** sélectionnez un profil d'affichage pour contrôler le rendu des couleurs sur votre écran. Pour charger un profil, cliquez sur le bouton Ouvrir le profil. Pour créer un profil ColorSync personnalisé et étalonner le rendu des couleurs sur votre écran, cliquez sur Étalonner afin de lancer l'assistant d'étalonnage. Il vous guidera dans la procédure de création d'un profil ColorSync adapté aux valeurs gamma et de point blanc de votre écran.

Le volet Bureau et économiseur d'écran

Le fond d'écran par défaut de Sierra n'est pas vilain, mais il est légitime que vous ayez envie de le remplacer. Que diriez-vous d'installer le nouvel économiseur d'écran que vous venez de télécharger du Web ? Vous pourrez agir sur ces deux fonctions depuis le volet Bureau et économiseur d'écran.

L'onglet Bureau, illustré Figure 6.5, présente les options suivantes :

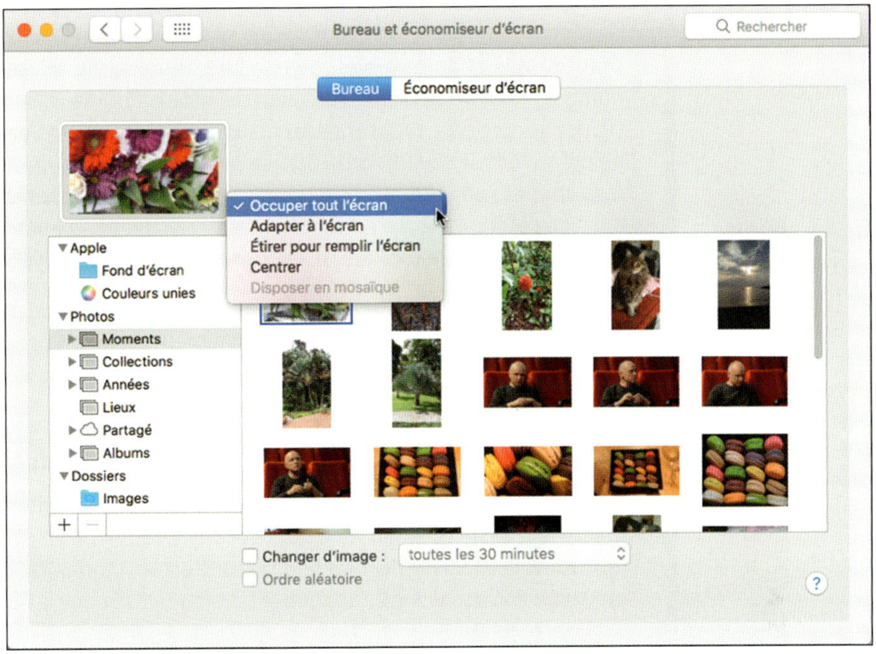

FIGURE 6.5 Personnalisez le MacBook avec l'une de vos photos préférées.

- **Image actuelle :** cliquez sur une image dans la liste de vignettes à droite pour la définir comme arrière-plan du bureau. Le bureau s'actualise aussitôt, et l'image choisie apparaît dans l'aperçu. Pour voir une autre série d'images dans l'un de vos dossiers, cliquez sur le bouton Ajouter (signe plus) dans l'angle inférieur gauche du volet, parcourez vos dossiers, puis cliquez sur Choisir pour ajouter le dossier sélectionné et afficher son contenu. Vous avez aussi accès au catalogue de l'application Photos.
- **Disposition :** vous pouvez centrer l'image, la répéter en mosaïque, l'étirer pour remplir l'écran ou l'agrandir en conservant ses proportions. (Vous constaterez que l'option Adapter à l'écran déforme l'image.) Les options de

disposition n'apparaissent que pour vos images personnelles, car les fonds d'écran d'Apple ont tous les bonnes dimensions pour l'écran du MacBook.

- **Changer d'image :** affichez une autre image à l'intervalle choisi, à chaque ouverture de session ou à la reprise d'activité après la mise en veille.
- **Ordre aléatoire :** cochez cette case pour afficher les images dans un ordre aléatoire au lieu de suivre l'ordre dans lequel les vignettes apparaissent dans la liste. (Cette option n'est accessible que si vous cochez la fonction Changer d'image.)

Dans l'onglet Économiseur d'écran, vous disposez des options suivantes :

- **Diaporamas et animations :** dans la liste de vignettes, sélectionnez un économiseur d'écran pour voir son aperçu à droite. Pour le voir en plein écran, cliquez sur l'aperçu. (Vous mettrez fin à l'aperçu plein écran en déplaçant le pointeur.) Cliquez sur le menu Source pour choisir les images des diaporamas animés ; pour les autres types d'animations, cliquez sur le bouton Options de l'économiseur d'écran. Choisissez la vignette Aléatoire pour changer d'animation chaque fois que l'économiseur d'écran est activé.
- **Démarrer après :** indiquez la période d'inactivité qui déclenche l'économiseur d'écran. Pour désactiver le déclenchement automatique, choisissez Jamais, en haut de la liste.
- **Superposer l'heure :** pour afficher l'heure avec l'économiseur d'écran sélectionné, cochez cette option.
- **Coins actifs :** ouvrez l'un des quatre menus déroulants représentant les quatre angles de l'écran pour définir cet angle comme coin d'activation (qui active immédiatement l'économiseur d'écran) ou de désactivation (qui empêche son activation). Tant que le pointeur reste dans le coin de désactivation, l'économiseur d'écran ne se déclenche jamais, même après une longue période d'inactivité du MacBook. Remarquez que vous pouvez définir les coins d'activation de la mise en veille, de Mission Control, du Launchpad, du Centre de notifications et du Dashboard à partir d'ici. (Vous en saurez plus dans un instant, à la section « Les préférences de Mission Control ».)

Pour renforcer la sécurité, ouvrez l'onglet Général du volet Sécurité et confidentialité des Préférences Système où se trouve l'option Exiger le mot de passe après la suspension d'activité ou au lancement de l'économiseur d'écran. Avec cette option cochée, Sierra demande la saisie de votre mot de passe pour quitter l'économiseur d'écran (ce qui est utile en déplacement, lorsque vous êtes entouré d'inconnus).

Les préférences de Mission Control

La Figure 6.6 présente les options à configurer dans ce volet pour Mission Control, le Dashboard et les espaces. L'écran Mission Control vous sert avant tout à voir simultanément toutes les fenêtres ouvertes pour choisir celle à activer. Le Dashboard, quant à lui, est un écran où s'affiche une série de mini-applications, appelées *widgets*. Il est facile d'afficher et masquer le Dashboard par une touche de fonction ou un raccourci personnalisé.

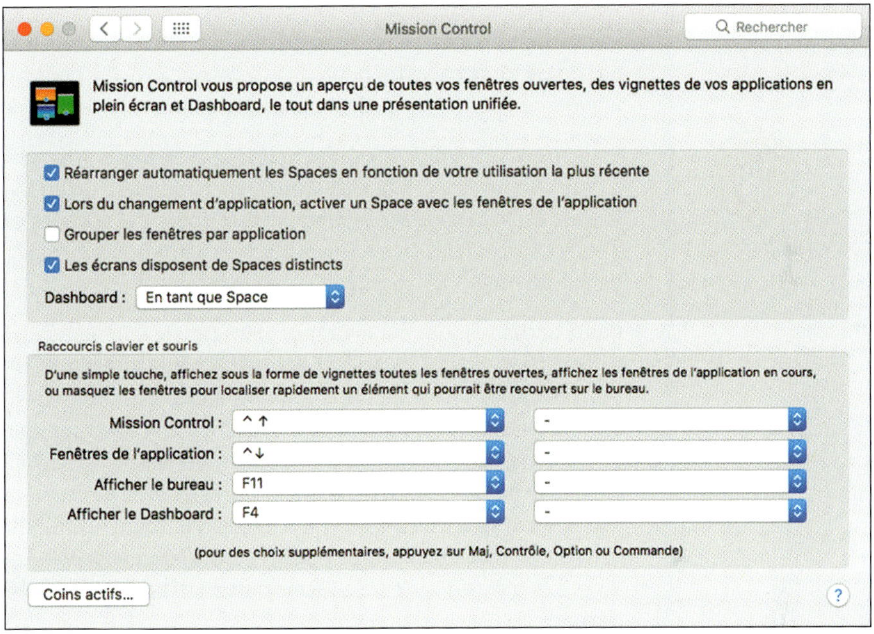

FIGURE 6.6 Les préférences de Mission Control se définissent ici.

Le volet Mission Control propose ceci :

- **Dashboard en tant que Space :** pour voir dans Mission Control une vignette représentant le Dashboard (comme un bureau virtuel), choisissez cette option. Avec l'option Désactivé, le Dashboard n'est pas accessible depuis Mission Control et avec En tant que superposition, le bureau reste visible en transparence derrière les widgets.
- **Réarranger automatiquement les Spaces en fonction de votre utilisation la plus récente :** le dernier espace que vous avez utilisé apparaît toujours en premier dans la liste de vignettes si l'option est cochée.

- **Lors du changement d'application, activer un Space avec les fenêtres de l'application :** les icônes du Dock et le raccourci ⌘ + Tab vous permettent de basculer vers une application ouverte dans un autre espace.
- **Grouper les fenêtres par application :** les miniatures des fenêtres d'une même application sont regroupées dans Mission Control.
- **Les écrans disposent de Spaces distincts :** l'écran externe peut afficher une autre application plein écran ou présenter sa propre barre de menus, c'est le mode multi-écran. Quand l'option est désactivée, vous retrouvez le fonctionnement en mode bureau étendu, comme dans les anciennes versions d'OS X.
- **Raccourcis clavier et souris :** sélectionnez dans chaque menu la combinaison de touches (et un bouton de souris) qui va afficher Mission Control, uniquement les fenêtres de l'application active, le bureau ou le Dashboard.

  Vous n'êtes pas limité aux raccourcis clavier et souris énoncés dans les menus. Appuyez sur Maj, Ctrl, Option ou ⌘ pendant qu'un menu est ouvert, et vous voyez la touche se combiner aux options proposées pour former d'autres raccourcis clavier. (Vous pouvez même combiner les touches pour définir ⌘ + Maj + F9 au lieu de F9, par exemple.)

- **Coins actifs :** cliquez sur le bouton dans l'angle inférieur gauche pour définir la fonction de vos coins actifs. Les quatre menus présentés sont les mêmes que ceux accessibles depuis le volet Bureau et économiseur d'écran. Cliquez sur l'un des menus pour définir la valeur Fenêtres de l'application afin de n'afficher dans Mission Control que les fenêtres de l'application active lorsque le pointeur repose dans l'angle représenté par le menu. Autrement, choisissez d'associer l'angle à l'affichage du bureau nu, du Dashboard ou du Centre de notifications. Vous pourriez associer un angle au Launchpad et un autre à la mise en veille ou à l'activation ou désactivation de l'économiseur d'écran.

Le volet Général

Le volet Général, illustré Figure 6.7, détermine l'apparence et le fonctionnement des éléments d'interface. Il paraît complexe à première vue, mais je détaille ici chacune de ses options.

Vous disposez des options suivantes :

- **Apparence :** choisissez la couleur des boutons, menus et fenêtres.
- **Couleur de contraste :** choisissez la couleur de mise en évidence du texte et des éléments sélectionnés.

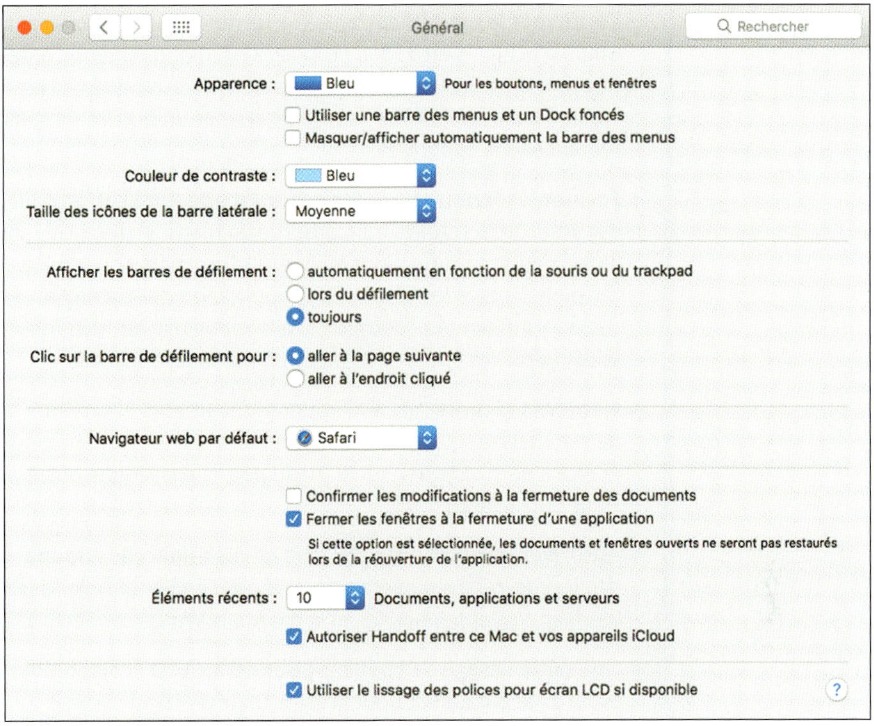

FIGURE 6.7 Les couleurs d'interface se définissent ici.

- **Taille des icônes de la barre latérale :** définissez la taille des icônes dans le volet gauche des fenêtres du Finder, qui représentent vos appareils et emplacements favoris sur le système. Si vous avez ajouté beaucoup d'éléments dans la barre latérale, réduire la taille des icônes vous permet de voir la liste entière sans défiler.
- **Afficher les barres de défilement :** choisissez dans quelles circonstances Sierra doit afficher les barres de défilement. Par défaut, elles apparaissent automatiquement lorsque nécessaire, mais vous pourriez choisir de les voir toujours ou seulement pendant que vous défilez dans un document.
- **Clic sur la barre de défilement pour :** par défaut, macOS Sierra vous conduit directement à la page suivante ou précédente lorsque vous cliquez dans la barre de défilement. Activez l'option Aller à l'endroit cliqué pour atteindre une position relative à la hauteur du clic dans la barre de défilement.
- **Navigateur Web par défaut :** si plusieurs navigateurs sont installés sur votre MacBook, choisissez dans ce menu local celui qui sera systématiquement utilisé lorsque vous cliquerez sur un lien présent dans un e-mail, ou tout autre type de document contenant l'URL d'une page Web.

- **Confirmer les modifications à la fermeture des documents :** avec cette option cochée, Sierra vous propose systématiquement d'enregistrer les documents nouvellement modifiés quand vous tentez de les fermer. Avec l'option désactivée, vous risquez de fermer un document sans enregistrer les modifications apportées.
- **Fermer les fenêtres à la fermeture d'une application :** quand l'option est désactivée, l'ordinateur conserve en mémoire l'état de l'application à sa fermeture et le restaure tel quel à la prochaine ouverture. En clair, vous retrouvez toutes les fenêtres de l'application qui étaient ouvertes au moment de sa fermeture. Au contraire, avec l'option activée, vous devez recharger vous-même les fenêtres fermées en quittant l'application.
- **Éléments récents :** les applications, documents et serveurs proposés par défaut dans le sous-menu Éléments récents du menu Pomme () sont au nombre de 10. Cliquez sur le menu pour y choisir une autre valeur, jusqu'à 50 (je conseille 20 ou 30).
- **Autoriser Handoff entre ce Mac et vos appareils iCloud :** Handoff permet d'utiliser le Presse-papiers universel pour copier et coller des données entre vos Mac, vos appareils iOS, et votre Apple Watch connecté à iCloud.
- **Utiliser le lissage des polices pour écran LCD si disponible :** cette option est activée par défaut pour lisser le texte à l'écran comme sur papier. La désactivation du lissage accélère un peu l'affichage du texte.

Le volet Économiseur d'énergie

L'intérêt de l'économiseur d'énergie est de préserver la réserve d'énergie et de fermer et réactiver le système à votre convenance. Sur les MacBook, ce volet se compose de deux onglets :

- **Batterie :** ses options s'appliquent lorsque le portable fonctionne sur batterie.
- **Adaptateur secteur :** ses options définissent le fonctionnement sur secteur.

Avec sa mémoire compressée, Sierra fournit une incroyable autonomie qui va jusqu'à douze heures. Même les anciens modèles de MacBook bénéficient d'une plus longue autonomie avec Sierra.

Déplacez le curseur Eteindre l'écran après pour définir la période d'inactivité qui déclenche la mise en veille (voir Figure 6.8). Le curseur sur la position Jamais désactive la mise en veille automatique. Pour choisir une durée différente pour l'ex-

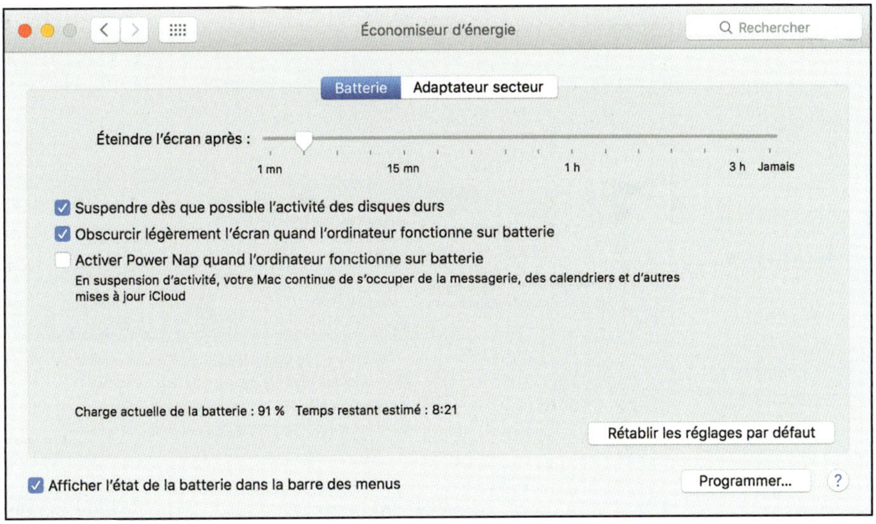

FIGURE 6.8 Réduisez la consommation inutile d'énergie de votre MacBook à l'aide des options du volet Économiseur d'énergie.

tinction de l'écran, déplacez le curseur. Vous pouvez également désactiver le disque dur pour économiser l'énergie.

Si vous désirez démarrer ou éteindre l'ordinateur à heure régulière, cliquez sur le bouton Programmer. Cochez l'action à effectuer (la case Démarrer ou réactiver ou la case Suspendre/Redémarrer/Éteindre), puis définissez l'heure de déclenchement de cette action. Cliquez sur OK pour retourner au volet Économiseur d'énergie.

Dans l'onglet Adaptateur secteur, vous choisirez si les tentatives d'accès depuis le réseau font sortir le MacBook du mode veille (Réactiver lors des accès réseau). Vous pouvez aussi commander le redémarrage après une interruption d'alimentation, ce qui est judicieux si vous partagez de la musique ou des fichiers avec d'autres ordinateurs. Vous choisirez bien sûr d'afficher la jauge de batterie dans la barre de menus en cochant l'option correspondante au bas du volet.

Votre MacBook bascule automatiquement vers la configuration qui convient dès que vous le branchez ou le débranchez de l'alimentation secteur.

Le volet Dock

Le Dock est une merveilleuse invention. Réglez les options de la Figure 6.9 pour adapter le fonctionnement du Dock à vos attentes.

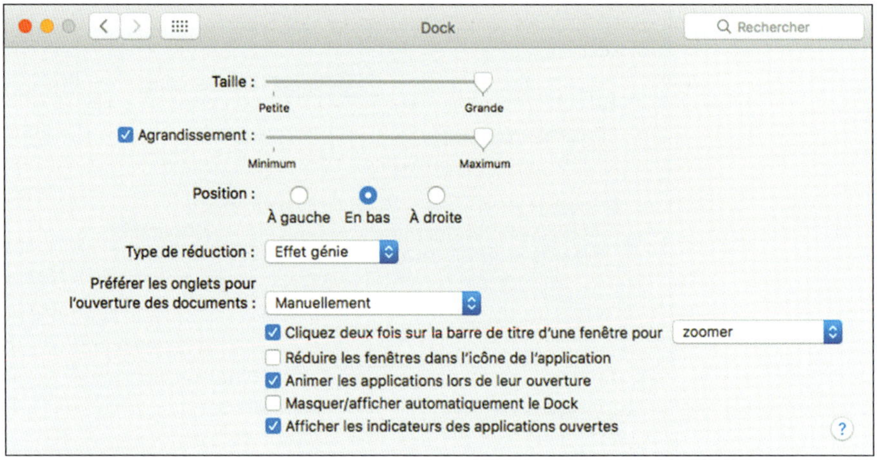

FIGURE 6.9 Personnalisez le Dock avec ces options.

- **Taille :** sans surprise, déplacez le curseur pour changer la taille du Dock.
- **Agrandissement :** quand cette option est cochée, l'icône survolée par le pointeur grossit immédiatement. (Le curseur détermine la taille des icônes grossies.) J'aime bien cette fonction qui me permet de réduire le Dock pour y mettre le maximum de petites icônes qui grossissent à volonté.
- **Position :** sélectionnez la position du Dock, à gauche, en bas ou à droite.
- **Type de réduction :** Sierra propose deux effets pour animer la réduction des fenêtres dans le Dock (et leur restauration). Avec l'effet génie, la fenêtre semble sortir de la lampe merveilleuse d'Aladin ; avec l'effet d'échelle, la fenêtre change de taille sans déformation.
- **Cliquez deux fois sur la barre de titre d'une fenêtre pour :** choisissez de placer la fenêtre réduite dans le Dock ou de l'agrandir à la hauteur de l'écran (option zoomer).
- **Réduire les fenêtres dans l'icône de l'application :** par défaut, Sierra ajoute une vignette dans la partie droite du Dock pour représenter une fenêtre réduite. Si vous cochez cette option, la fenêtre réduite est accessible d'un clic sur l'icône de son application si celle-ci n'a qu'une fenêtre ouverte. Si vous avez réduit plusieurs fenêtres de la même application, cliquez droit sur son icône et sélectionnez la fenêtre à restaurer.
- **Animer les applications lors de leur ouverture :** cochée par défaut, cette option anime l'icône des applications en cours de chargement : elle fait des petits bonds sur place.
- **Masquer/afficher automatiquement le Dock :** cochez cette option pour masquer le Dock et gagner ainsi de l'espace pour vos fenêtres. Vous le ferez

réapparaître lorsque nécessaire en approchant le pointeur du bord de l'écran.

» **Afficher les indicateurs des applications ouvertes :** Sierra signale les applications ouvertes en ajoutant un petit point noir sous leur icône. Retirez la coche pour désactiver cette option.

Le volet Partage

Si vous êtes d'humeur partageuse, prêt à mettre vos ressources en commun sur un réseau, il faut visiter ce volet. Sierra vous protège par défaut contre les agressions extérieures, c'est pourquoi vous devez définir des autorisations pour permettre certains accès à votre système. Tout cela se gère dans le volet Partage des Préférences Système, illustré Figure 6.10.

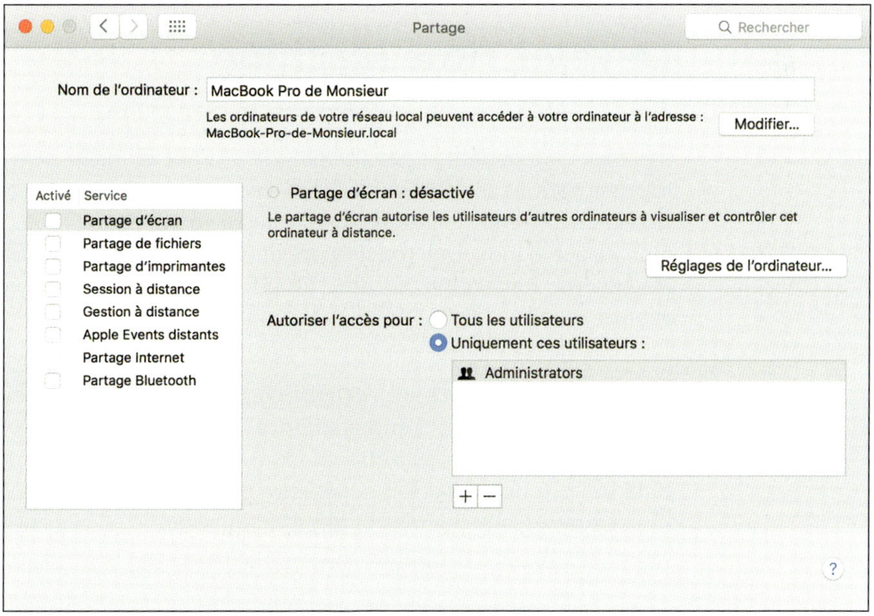

FIGURE 6.10 Servez-vous des options du volet Partage pour autoriser le partage de vos ressources.

Cliquez sur le bouton Modifier pour changer le nom attribué par défaut durant la configuration pour identifier votre MacBook sur le réseau. Le nom actuel apparaît dans le champ Nom de l'ordinateur.

La liste de gauche présente les services liés au partage : partage d'écran, partage de fichiers (avec d'autres Mac ou des PC Windows), partage d'imprimantes, session à distance, gestion à distance (avec Apple Remote Desktop), Apple Events distants, partage Internet et partage Bluetooth. Pour activer l'un de ces services, cochez la case correspondante. Pour désactiver un service, cliquez sur sa case pour en retirer la coche.

Par mesure de sécurité, je vous recommande vivement d'activer uniquement les services que vous utilisez. Chaque service activé dégage une ouverture dans le coupe-feu de Sierra, ce qui fragilise le système. Et comme le coupe-feu agit comme un mur d'enceinte :

Percer trop d'ouvertures dans votre coupe-feu n'est *jamais* une bonne chose.

Quand vous sélectionnez l'un des services de la liste, la partie droite du volet Partage présente les options relatives à ce service.

Le volet Time Machine

Time Machine, la fonction de sauvegarde automatique intégrée à Sierra, remplit très bien sa fonction. Je peux témoigner qu'elle m'a déjà sauvé la mise plusieurs fois. Ses options se définissent dans le volet de la Figure 6.11 et son emploi est décrit au Chapitre 22. Pour l'exploiter dans de bonnes conditions, vous aurez besoin d'un disque dur externe (ou d'un module Time Capsule sans fil). Sachez que Time Machine ne fonctionne pas avec un graveur de CD/DVD ; il vous faut un disque externe.

Pour activer Time Machine, cochez l'option Sauvegarder automatiquement. Sélectionnez un disque pour l'enregistrement des sauvegardes, puis cliquez sur Utiliser le disque pour confirmer votre choix. (Le disque de sauvegarde devrait avoir une capacité au moins deux fois supérieure à celle du disque dur interne pour garantir l'espace nécessaire pour les fichiers de sauvegarde.) Si vous disposez d'un module Time Capsule sans fil, cliquez sur Configurer.

Par défaut, Time Machine sauvegarde tous les disques de votre système, mais certains dossiers de votre MacBook n'ont pas forcément besoin d'être sauvegardés. Pour gagner du temps et de l'espace sur le disque de sauvegarde, vous configurerez Time Machine de manière à exclure certains dossiers de la procédure de sauvegarde. Cliquez sur Options puis sur le bouton Ajouter (signe plus) pour sélectionner les disques ou dossiers à exclure, et ils apparaissent dans la liste Exclure ces éléments des sauvegardes.

FIGURE 6.11 Activez la sauvegarde automatique de Time Machine, et vos données seront toujours protégées.

Pour retirer une exclusion, sélectionnez l'élément dans la liste et cliquez sur le bouton Supprimer (signe moins). En conséquence, le chiffre indiqué pour la Taille estimée de la sauvegarde augmente, signe que l'élément retiré de la liste d'exclusion fera partie de la prochaine sauvegarde de Time Machine.

Si vous cochez l'option Afficher Time Machine dans la barre des menus, vous pourrez lancer la sauvegarde à volonté en cliquant sur l'icône Time Machine dans la barre de menus et en choisissant Sauvegarder maintenant.

Par défaut, la fonction vous avertit quand d'anciens fichiers de sauvegarde vont être remplacés, mais vous pouvez désactiver ces avertissements.

Préférences iCloud

Le volet iCloud des préférences de Sierra vous permet de choisir le type de données accessibles sur votre MacBook et vos appareils iOS. Si vous n'avez pas encore de compte iCloud, ou si vous êtes déconnecté de votre compte, les Préférences Système vous invitent à saisir vos identifiant Apple et mot de passe. Cliquez sur Ouvrir une session pour voir le volet iCloud de la Figure 6.12.

Vous disposez de cases à cocher pour activer ou désactiver les catégories de données suivantes :

FIGURE 6.12 Gérez le contenu de votre compte iCloud au moyen de ces options.

- **iCloud Drive :** permet de connecter la fonction iCloud à un compte iCloud Drive qui fonctionne comme des systèmes tels que DropBox ou OneDrive de Microsoft. iCloud Drive permet de disposer d'iCloud sous la forme d'un lecteur distant accessible depuis le Finder, mais aussi des applications afin d'y enregistrer directement vos fichiers. Ils seront alors disponibles où que vous soyez dans le monde dès lors que vous disposez d'une connexion à Internet.
- **Photos :** transférez automatiquement vers vos appareils iOS les photos et vidéos ajoutées à votre bibliothèque Photos et recevez automatiquement dans Photos les photos et vidéos prises par vos appareils iOS.
- **Mail :** synchronisez les paramètres de vos comptes de messagerie électronique entre appareils.
- **Contacts :** partagez les coordonnées de vos contacts entre appareils.
- **Calendriers :** accédez à vos calendriers sur tous vos appareils.
- **Rappels :** recevez des rappels sur tous vos appareils.
- **Safari :** synchronisez entre appareils vos signets, la liste de lecture et les onglets ouverts dans Safari.
- **Notes :** synchronisez vos notes entre appareils.
- **Trousseau :** mémorisez et synchronisez vos noms d'utilisateurs et mots de passe pour l'accès aux sites Web que vous visitez avec le MacBook et vos appareils iOS.

» **Accès à mon Mac :** contrôlez le partage de fichiers et d'écran pour tous les Mac qui utilisent ce compte iCloud. L'option Accès à mon Mac doit être activée sur tous les ordinateurs qui exploitent cette fonction.

» **Localiser mon Mac :** depuis le navigateur Web d'un autre ordinateur ou d'un appareil iOS, repérez où se trouve votre MacBook égaré et choisissez de le verrouiller ou d'*effacer complètement son disque dur* pour empêcher le vol de données confidentielles.

Le fait de verrouiller ou d'effacer votre MacBook à distance vous empêchera de continuer à le localiser. Il s'agit donc d'une décision capitale.

Pour voir l'espace iCloud actuellement occupé par vos applications et sauvegardes, cliquez sur le bouton Gérer dans l'angle inférieur droit du volet. Apple fournit 5 Go d'espace de stockage en ligne pour chaque compte iCloud, mais vous pouvez acheter davantage d'espace en vous abonnant à un forfait annuel. Pour ce faire, cliquez sur Acheter du stockage supplémentaire.

Préférences des notifications

Les préférences des notifications sont illustrées Figure 6.13. La liste présente toutes les applications capables d'émettre des notifications.

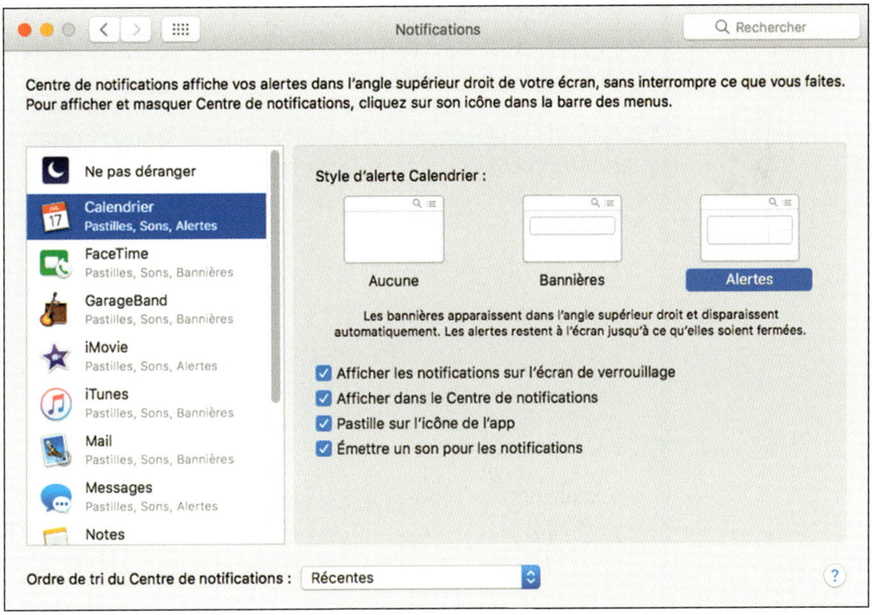

FIGURE 6.13 Configurez individuellement chacune des applications qui émettent des notifications.

La fonction Ne pas déranger vous permet de définir une plage horaire durant laquelle aucune notification ne viendra vous interrompre.

Pour définir les alertes d'une application, cliquez sur son nom dans la liste et réglez les paramètres qui apparaissent à droite :

- **Style d'alerte :** ces trois boutons déterminent la manière dont les alertes doivent se manifester. Vous n'êtes pas obligé d'afficher le volet de notifications pour voir les alertes, car elles apparaissent sur le bureau. Choisissez l'option Aucune pour désactiver les notifications de l'application concernée. Choisissez Bannières pour afficher des alertes qui disparaissent automatiquement après un certain délai. Choisissez Alertes pour afficher des messages qui restent à l'écran tant que vous n'avez pas cliqué sur le bouton de confirmation.
- **Afficher les notifications sur l'écran de verrouillage :** permet de recevoir les alertes, même lorsque le MacBook est verrouillé.
- **Afficher dans le Centre de notifications :** autorise l'application à afficher des messages dans le volet de notifications et définit combien d'alertes récentes de cette application restent affichées.
- **Pastille sur l'icône de l'app :** affiche sur l'icône de l'application dans le Dock le nombre d'alertes ou d'éléments en attente. (L'icône Mail, par exemple, affiche le nombre de messages non lus.)
- **Émettre un son pour les notifications :** l'émission de notifications s'accompagne d'une alerte sonore.

Une nouvelle préférence est disponible dans la dernière rangée des icônes. Il s'agit de Siri. Au prochain chapitre, vous apprendrez à configurer et à utiliser ce nouvel assistant vocal de macOS Sierra déjà connu des utilisateurs d'un iPhone.

Chapitre 7
Recherches en tous genres

DANS CE CHAPITRE :

- » **Comprendre le fonctionnement de Spotlight.**
- » **Rechercher du contenu, des fichiers et des informations avec Spotlight.**
- » **Exploiter les résultats d'une recherche Spotlight.**
- » **Lancer des recherches depuis le champ de recherche de la barre de menus ou des fenêtres du Finder.**
- » **Chercher des informations sur Internet avec des widgets du Dashboard.**
- » **Siri, l'assistant vocal qui sait tout faire (ou presque)**

Que diriez-vous si je vous annonçais qu'il est possible de fouiller l'intégralité de votre système à la recherche de données relatives à une personne, et ce dans l'espace de temps nécessaire pour taper le nom de cette personne ? Et je ne parle pas que des fichiers et dossiers où figure son nom. La recherche inclut également *tous* les messages électroniques de Mail et tous les événements du Calendrier qui font référence à cette personne, sans oublier sa fiche dans Contacts. Et si j'ajoutais que votre requête va même jusqu'à rechercher les occurrences du nom sur Internet ! Et si j'ajoutais que ces recherches peuvent être menées vocalement ? Vous me diriez qu'on nage en pleine science-fiction.

Ne soyez pas si catégorique. Une telle recherche est déjà possible avec OS X. Les recherches combinées sur le MacBook et sur Internet sont effectuées par la fonction *Spotlight* mais aussi et surtout par Siri. Je vous montre dans ce chapitre comment exploiter ces outils d'une incroyable puissance.

Petite introduction à Spotlight

La fonction Spotlight effectue des recherches sur un champ plus large que le seul contenu de l'ordinateur : elle fouille aussi Internet et accepte les recherches en langage naturel.

Faire appel aux prouesses de Spotlight ne demande aucun effort. Pour lancer Spotlight, cliquez sur l'icône de loupe dans l'angle supérieur droit de l'écran, et un champ de saisie apparaît.

Spotlight repose sur un système d'indexation – Sierra recherche des mots-clés dans vos données et les compile en un index. (Un mot-clé est un terme représentatif du contenu d'un document, qu'il soit employé dans le titre ou dans le corps du document.)

Dans la pratique, macOS indexe la quasi-totalité de vos données personnelles sur le disque dur, ce qui génère un index gigantesque, continuellement actualisé chaque fois que vous créez de nouveaux fichiers ou modifiez les anciens. Sierra est capable de fouiller cet index en un clin d'œil dès que vous entrez vos critères de recherche. L'index contient toutes sortes de données, provenant principalement de vos documents, ce qui explique comment Spotlight est capable de répondre à vos requêtes d'après le contenu de vos fichiers et des données enregistrées par les applications.

Lors du tout premier démarrage de votre MacBook, le système prend un certain temps, de quelques minutes à une heure, à composer le fichier d'index initial de Spotlight. Durant cette opération, un point bleu apparaît dans l'icône de loupe. La création complète de cet index ne se produit qu'une seule fois, ce n'est donc pas gênant, même si l'opération est longue.

Entrez n'importe quelle chaîne de caractères dans Spotlight, et vous serez surpris de voir ce que cette fonction est capable de fouiller. En effet, Spotlight lance la recherche dans les fiches de Contacts, dans les messages de Mail et les événements du Calendrier, dans Notes et Rappels, dans le cache des pages Web temporairement en mémoire, dans les Préférences Système, et désormais sur Internet. Je confirme, Spotlight peut vous aider à trouver un paramètre particulier dans l'ensemble des volets d'options des Préférences Système, comme *partage d'imprimantes* ou *Dashboard*. Bien entendu, Spotlight retourne aussi en réponse les fichiers et dossiers qui correspondent à la requête, comme le font les autres systèmes d'exploitation, mais tellement plus vite.

Spotlight trouve les éléments qui contiennent tous les termes de la recherche. Aussi, si vous lancez une recherche sur un seul terme, comme *cheval*, vous aurez beaucoup plus de réponses qu'en ciblant avec des termes comme *viande cheval* ou *dressage cheval*.

Utiliser la fenêtre Spotlight

Pour rechercher des fichiers et des dossiers, utilisez le menu Spotlight. Il est accessible depuis l'icône de loupe dans le coin supérieur droit du Bureau. Cliquez sur la loupe pour afficher le champ de saisie. Ensuite, commencez à taper les termes à rechercher (Figure 7.1).

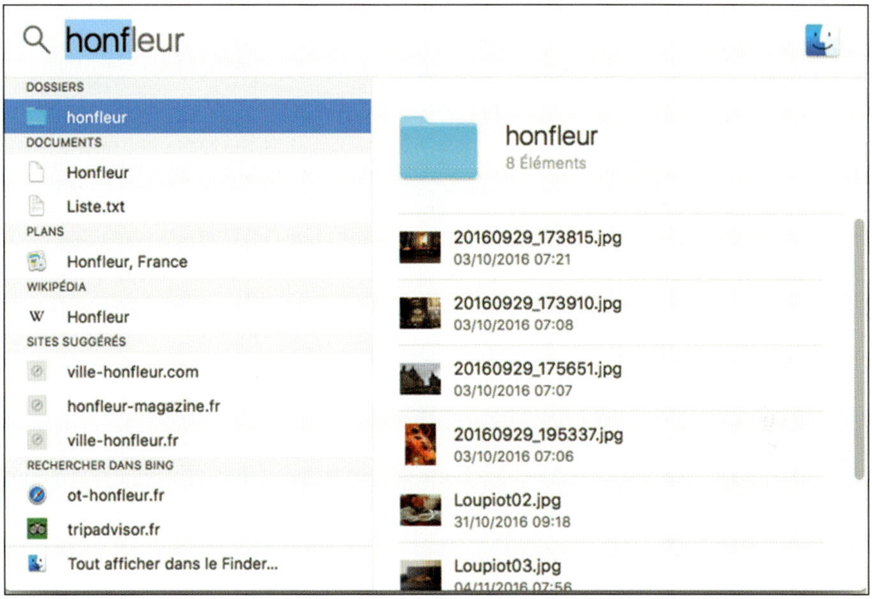

FIGURE 7.1 Cliquez sur la loupe pour afficher le champ de recherche de Spotlight ; tapez des caractères dans ce champ et les résultats de la recherche apparaissent instantanément.

Mémorisez et utilisez le super raccourci clavier pour ouvrir le champ de saisie de Spotlight : ⌘ + Barre d'espacement. Si ce raccourci ne vous convient pas, choisissez une autre combinaison de touches dans les Préférences Système (voir plus loin dans ce chapitre).

Quand vous sélectionnez un élément de la liste des résultats affichés par Spotlight, un aperçu de son contenu s'affiche dans la partie droite de la fenêtre.

Plus fort encore, Spotlight peut effectuer des recherches sur le Web. Il suffit de taper l'objet de votre recherche, comme *Pour les Nuls*, pour qu'il affiche des liens vers cette collection et son éditeur, comme le montre la Figure 7.2. Ainsi, Spotlight cherche directement des articles sur Wikipédia. Vous pouvez même trouver des horaires de cinéma, des articles de presse, des commerces, des documents et bien d'autres choses encore. Spotlight permet également de trouver des définitions de mots, d'effectuer des calculs et même des conversions.

FIGURE 7.2 Spotlight est aussi capable d'effectuer des recherches partout sur le Web.

Spotlight organise les résultats de la manière suivante :

- » Si la recherche porte sur un élément de Sierra, il affiche d'abord les résultats répondant le mieux à vos critères de recherche.
- » Si la recherche porte sur une application, il affiche d'abord celle qui semble s'en rapprocher le plus, puis l'ensemble des applications contenant les caractères saisis.
- » En fonction du type de recherche, Spotlight affiche des rubriques telles que Définition, Préférences Système, Dossiers, Contacts, Mail, *etc.*, c'est-à-dire des rubriques qui correspondent à tous les types d'éléments gérés par Sierra.

Pour accéder aux différentes rubriques, faites défiler vers le bas la liste des résultats.

Enfin, tout en bas de la liste des résultats, la commande Afficher dans le Finder permet d'afficher les résultats de la recherche dans une fenêtre du Finder.

Exploiter les résultats de vos recherches

Spotlight exploite votre position actuelle pour proposer en résultat des lieux à proximité. Voici comment trouver un lieu précis avec l'ensemble de ses coordonnées :

1. **Cliquez sur l'icône de la loupe située dans l'angle supérieur droit du Bureau.**
2. **Dans le champ de recherche, saisissez le nom d'un établissement public ou d'un commerce à localiser.**

   Par exemple, pour trouver un cordonnier, tapez simplement cordonnier.

   Et très vite, Spotlight affiche toutes les cordonneries à proximité, comme le montre la Figure 7.3.

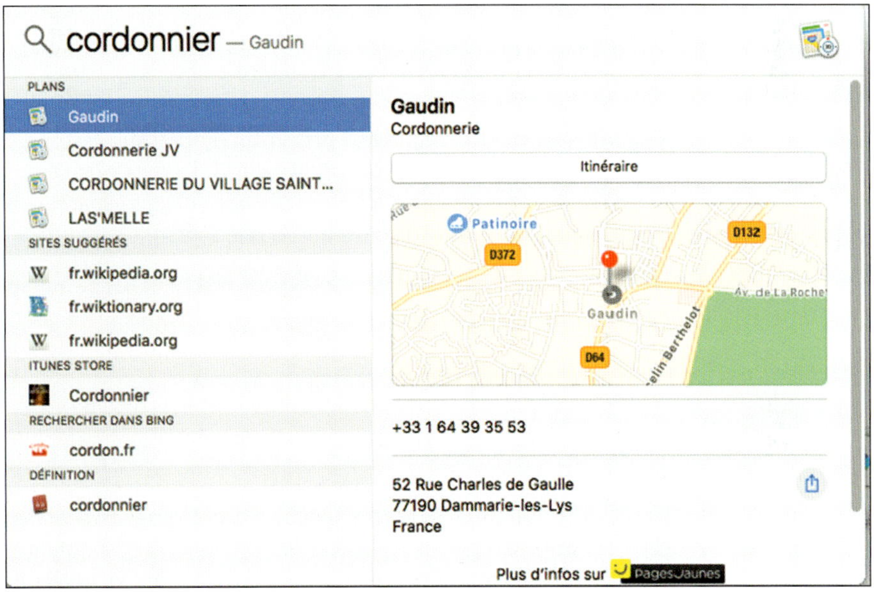

FIGURE 7.3 Spotlight devient votre fidèle assistant.

3. **Placez le pointeur de la souris à droite du numéro de téléphone. Une icône apparaît. Il suffit de cliquer dessus pour effectuer l'appel.**

   Faites de même avec l'adresse Internet pour afficher le site dans Safari ou cliquez sur Itinéraire pour voir le lieu et une proposition d'itinéraire dans l'application Plans.

4. **Faites défiler verticalement le contenu de la fenêtre Spotlight pour obtenir des informations sur les horaires, les prix, et éventuellement afficher des photos et lire des avis.**

Vous pourrez également rédiger vos avis personnels, voire signaler un problème.

Préférences de Spotlight

Les Préférences Système comprennent un volet Spotlight qui vous servira à choisir les types de données à fouiller et la présentation des résultats. Pour régler ces paramètres, cliquez sur l'icône Préférences Système dans le Dock puis sur l'icône Spotlight.

Personnaliser la présentation des résultats de recherche

La Figure 7.4 présente l'onglet Résultats de la recherche du volet de préférences Spotlight. Il permet les réglages suivants :

- » **Choisissez les catégories à présenter.** Pour éliminer une catégorie des recherches (parce que vous n'utilisez pas ce type de fichiers), ne cochez pas la case correspondante, ce qui laisse davantage d'espace dans le menu de résultats pour les catégories qui vous intéressent.
- » **Définissez les raccourcis clavier qui affichent le champ de recherche et ouvrent les résultats dans une fenêtre.** Cliquez sur le bouton Raccourcis clavier pour ouvrir l'onglet Raccourcis du volet Clavier. Vous pouvez y personnaliser les deux raccourcis associés à Spotlight.

Écarter des recherches certains emplacements

L'onglet Confidentialité sert à spécifier des disques et dossiers qui ne doivent jamais apparaître dans les résultats de Spotlight, même quand leur contenu répond aux critères de recherche. Cette mesure de sécurité se révèle utile pour des entreprises et organismes tenus de conserver confidentielles les coordonnées de leurs clients.

Pour ajouter un emplacement à exclure des recherches, cliquez sur le bouton Ajouter (signe plus) situé dans la partie inférieure gauche de l'interface, et parcourez le système jusqu'à l'emplacement concerné. Sélectionnez cet emplacement d'un clic, puis cliquez sur Choisir.

FIGURE 7.4 Choisissez ici les catégories de données à présenter dans Spotlight.

Si l'emplacement à exclure se trouve déjà ouvert dans une fenêtre du Finder, vous pouvez faire glisser des disques ou des dossiers directement depuis la fenêtre pour les déposer dans la liste du volet Spotlight.

Les outils de la fenêtre Recherche

La barre d'outils des fenêtres du Finder contient un champ de recherche depuis plusieurs années, mais tous les outils de recherche de macOS ont évolué pour tirer parti de la technologie Spotlight. Désormais, vous pouvez définir des périodes de temps relatives (comme *hier* et *cette semaine*) dans le champ de recherche des fenêtres Finder et dans la barre de filtre des fenêtres Recherche.

Ma méthode personnelle est d'utiliser le champ de recherche d'une fenêtre Finder lorsque je cherche un fichier ou un dossier par son nom (ou quand je veux retrouver un groupe d'éléments à copier ou déplacer). La recherche se définit comme dans le champ de recherche Spotlight. Il suffit de commencer à taper. Pour vider le champ avant de commencer une autre recherche, cliquez sur le bouton X dans le champ de recherche. Pour choisir l'emplacement dans lequel fouiller – tout le disque dur, le dossier actuellement ouvert ou les dossiers réseau auxquels vous avez accès – cliquez sur le bouton correspondant en haut de la fenêtre Recherche. Les résultats trouvés s'actualisent automatiquement.

Pour afficher les outils de recherche dans la fenêtre Finder, choisissez Fichier/Rechercher ou appuyez sur ⌘ + F. Dans la barre de filtre, cliquez sur les menus pour cibler la recherche sur un type du fichier, des termes qu'il contient, sa taille ou la date de la dernière ouverture. De même, ici, vous cliquerez sur les boutons en haut de la fenêtre pour choisir où lancer la recherche.

Cliquez sur Autre au bas du premier menu local de filtrage (Type par défaut), et vous verrez une très impressionnante liste de critères. Vous constaterez qu'il est possible de chercher toutes les photos prises à une certaine vitesse d'obturation ou tous les fichiers en lecture seule. J'utilise parfois cette fonction pour trouver les documents qui exploitent une police particulière.

Le bouton Ajouter (signe plus), à droite des menus de filtres, permet d'ajouter un autre critère pour cibler la recherche plus précisément en ajoutant une condition supplémentaire à remplir. Vous cliquerez sur le bouton Supprimer (signe moins) d'un critère pour le supprimer. La Figure 7.5 présente un exemple de recherche sur trois critères.

Vous obtenez une liste de résultats qui s'exploite ainsi : cliquez sur un élément pour voir son emplacement au bas de la fenêtre ou double-cliquez dessus pour l'ouvrir. La fenêtre des résultats de recherche vous permet de déplacer ou de copier des éléments comme vous le faites d'habitude par glissement et glissement + Option. Vous retournerez à votre fenêtre Finder en cliquant sur le bouton Précédent dans la barre d'outils, ce qui a pour effet d'effacer le contenu du champ de recherche.

À partir de la fenêtre Recherche, vous pouvez créer un *dossier intelligent*, un dossier dont le contenu est en permanence actualisé par Sierra en fonction des critères définis pour la recherche.

Cliquez sur le bouton Enregistrer dans la fenêtre Recherche qui affiche les résultats de votre recherche. Vous choisirez le nom et l'emplacement du nouveau dossier intelligent et éventuellement de le faire apparaître dans la barre latérale des fenêtres Finder.

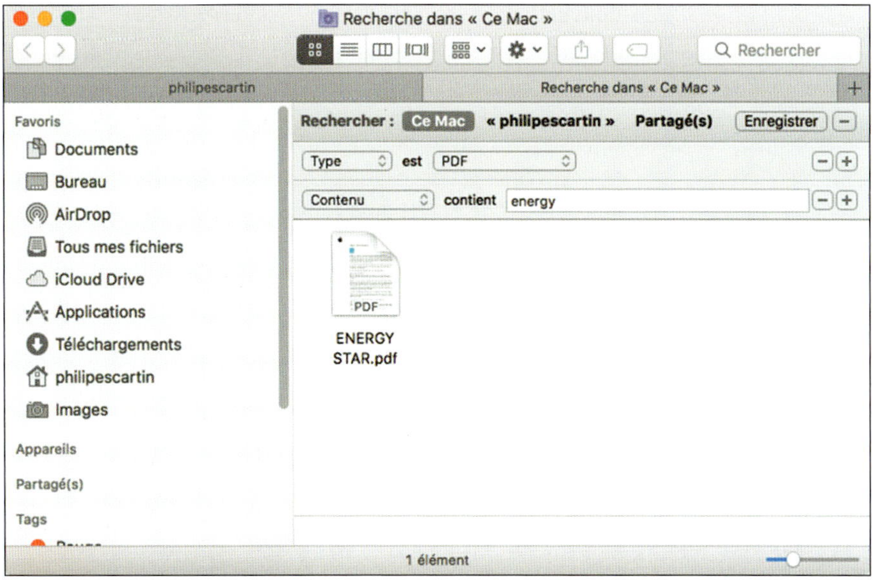

FIGURE 7.5 Ajoutez des critères pour définir la recherche avec précision.

Après la création d'un dossier intelligent, Sierra actualise son contenu avec les éléments qui répondent aux critères de la recherche enregistrée. Ainsi, vous n'avez plus jamais besoin de redéfinir la même recherche puisque ses résultats se trouvent automatiquement dans le dossier intelligent. À l'instar des alias, les icônes dans un dossier intelligent sont des liens vers des fichiers ou dossiers ; il n'y a donc aucun élément déplacé, ni gaspillage d'espace, avec plusieurs exemplaires des mêmes éléments. Autrement dit, vous utiliserez les fichiers et dossiers à l'intérieur d'un dossier intelligent comme si vous manipuliez les éléments eux-mêmes.

Recherche sur Internet avec les widgets

Mon chapitre consacré aux fonctions de recherche de macOS Sierra ne serait pas complet si je n'évoquais pas les ressources Internet disponibles par le biais du Dashboard de Sierra. (Le Dashboard et les widgets sont décrits au Chapitre 5.) Voici quelques widgets qui vous seront utiles au quotidien :

- **Dictionnaire :** fournit la définition du terme saisi, trouvée dans le Multidictionnaire de la langue française ou dans le dictionnaire Apple.
- **Traduction :** fournit la traduction d'un mot ou d'une phrase d'une langue à une autre, avec une surprenante efficacité *parfois*.

- **Convertisseur :** effectue la conversion entre deux unités de mesure de poids, de volume, de vitesse, *etc.*
- **Météo :** fournit les prévisions à six jours pour une ville, et ce dans le monde entier.

  Pour spécifier la ville, cliquez sur l'icône *i* dans l'angle inférieur droit du widget. Cette icône donne accès aux éventuelles options de tous les widgets.

  Est-il nécessaire de préciser que la plupart des widgets ont besoin d'une connexion Internet pour aller chercher les informations demandées.

Vous trouverez une multitude d'autres widgets à télécharger depuis le site Web d'Apple. Cliquez simplement sur le bouton Plus de widgets dans l'écran d'ajout de widgets (voir Chapitre 5).

Siri, la bonne à tout faire

Siri est la grande nouveauté de macOS Sierra. Il n'a pas été facile de lui trouver une place dans ce livre en ce sens que Siri peut avoir sa place partout dans l'utilisation quotidienne de votre MacBook.

Siri est un assistant personnel qui prend la forme d'un système de communication vocale avec votre ordinateur. Il va être capable d'effectuer des tâches indépendantes de celles que vous êtes en train de réaliser. Par exemple, lorsque vous travaillez sur un document, vous pouvez demander à Siri d'envoyer un mail à votre collaborateur afin de l'avertir que votre travail est bientôt terminé.

De l'utilité de Siri

Siri est capable de vous apporter les aides suivantes :

- Pousser encore plus loin l'expérience du multitâche. En effet, Siri est capable d'exécuter des tâches sans que vous quittiez le programme dans lequel vous travaillez.
- Retrouver vos fichiers vocalement en demandant par exemple de localiser les documents créés la semaine dernière, ou bien ceux contenant un mot spécifique.

- Conserver à portée de mains les résultats de vos recherches, comme une liste de fichiers liés à vos projets, des résultats Twitter, des documents essentiels et bien d'autres choses encore.
- Localiser des images et des informations que vous placerez ensuite dans vos documents.
- Demander tout ce qu'il vous passe par la tête (ou presque) comme des horaires, des orthographes de mots, l'heure d'une ville dans le monde, la météo et j'en passe.
- Conserver vos informations les plus importantes comme des articles de journaux, des fils Twitter, des fichiers que vous retrouverez dans le Centre de notifications.

La Figure 7.6 montre des exemples donnés par Siri.

Dans la suite de ce livre, nous vous rappellerons de temps en temps l'utilisation de Siri dans telle ou telle circonstance de travail.

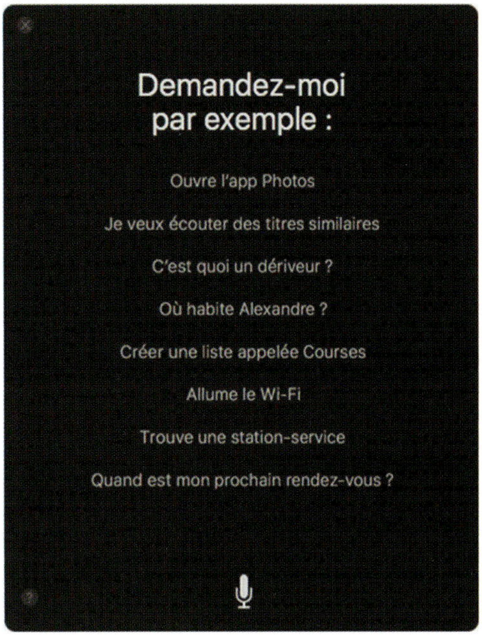

FIGURE 7.6
Des exemple d'utilisation de Siri.

Paramétrer Siri

Siri répondant à la voix de son maître, vous devez disposer d'un micro pour poser vos questions. Il peut s'agir de celui d'une webcam, d'un micro-casque, ou d'un micro tout court.

Ensuite, vous devez configurer Siri pour l'asservir à vos habitudes de travail :

1. **Ouvrez les Préférences Système par un clic sur leur icône du Dock, ou via le menu Pomme du Finder.**
2. **Dans la partie inférieure de la fenêtre Préférences Système, cliquez sur l'icône Siri (Figure 7.7).**

   Cette action ouvre les paramètres de Siri.

FIGURE 7.7
Pour configurer Siri.

3. **Pour configurer Siri, veillez à cocher la case Activer, comme sur la Figure 7.8.**

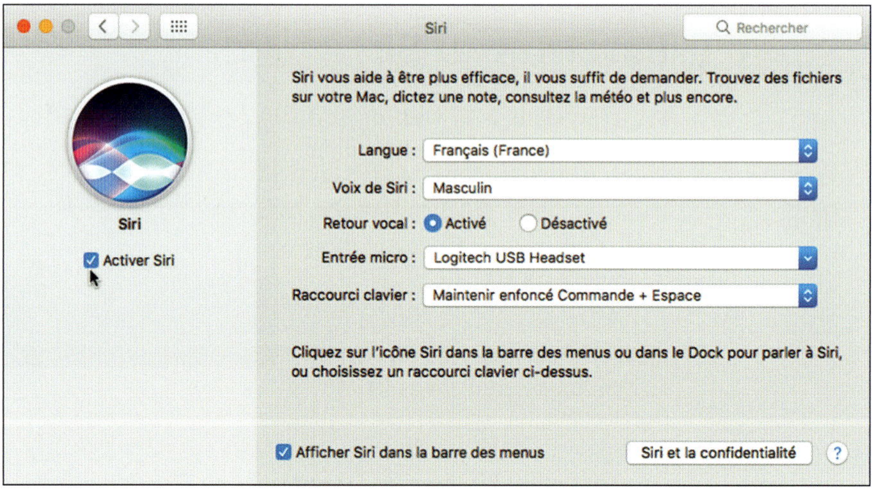

FIGURE 7.8
Pour configurer Siri.

4. **Ensuite, cliquez sur le bouton Activer Siri du message demandant confirmation de votre action.**

   Vous accédez alors à tous les paramètres de Siri.

5. **Voici les réglages proposés par Siri :**

- **Langue :** Dans ce menu local choisissez la langue avec laquelle vous souhaitez communiquer avec Siri. Par défaut, Siri utilise la langue que vous avez choisie lors de l'installation de Sierra, probablement le français.
- **Voix de Siri :** Ce menu local permet de choisir entre une voix masculine (par défaut) et une voix féminine.
- **Retour vocal :** Si vous désactivez le retour vocal, Siri n'affiche que le texte de la réponse. En d'autres termes aucune voix ne donne la réponse à la question.
- **Entrée micro :** Si plusieurs périphériques d'enregistrement de votre voix sont connectés à votre Mac, sélectionnez dans ce menu local celui que vous utilisez pour converser avec Siri.
- **Raccourci clavier :** Un des réglages les plus importants. En effet, bien que Siri soit là en permanence, vous devez l'activer pour le questionner. Pour cela, vous devez cliquer sur son icône de la barre de menus, ou exécuter un raccourci clavier. Cette dernière option semble la meilleure lorsque vous travaillez, et que vous ne souhaitez pas interrompre votre tâche. Il suffit d'exécuter le raccourci pour que Siri entre en action. Utilisez le raccourci clavier par défaut, ou bien définissez le vôtre via ce menu local. Par défaut, il suffit de maintenir enfoncées Cmd + Espace pour que Siri soit prêt à vous entendre.

  Si vous utilisez le raccourci Cmd + Espace, vous devez maintenir ces touches enfoncées jusqu'à ce que Siri affiche sa boîte de dialogue. Sinon, vous exécuterez Spotlight. Une autre solution consiste à modifier le raccourci exécutant Spotlight.

- **Afficher Siri dans la barre des menus :** Décochez cette case si vous ne voulez pas que l'icône Siri soit présente en haut à droite de Sierra.

6. **Une fois vos réglages effectués, quittez les préférences Système.**

Siri en action

Siri est très facile à utiliser. Si vous l'employez déjà avec un iPhone, Siri sur Mac présente les mêmes caractéristiques. Donc, voici la procédure générique d'utilisation de Siri :

1. **Activez Siri en exécutant le raccourci clavier Cmd + Espace ou en cliquant sur son icône située en haut à droite.**

   Siri ouvre une fenêtre et une animation indique que la fonction est prête à l'emploi, comme sur la Figure 7.9.

FIGURE 7.9
Siri attend votre question.

2. **Demandez ce que vous voulez en posant une question simple comme « Quel temps fait-il à Bordeaux ? »**

   Vous obtenez une réponse comme celle de la Figure 7.10.

   Comme nous l'avons rapidement expliqué plus haut dans ce chapitre, Siri pourra répondre à la majorité de vos questions.

FIGURE 7.10
Voici un exemple d'information communiquée par Siri suite à une question.

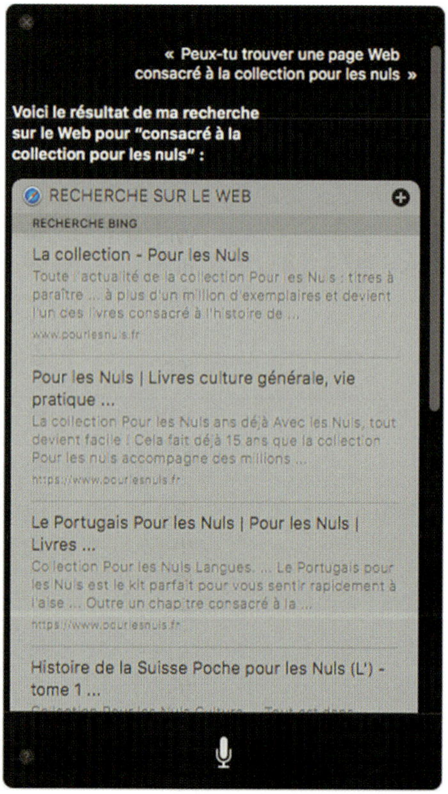

FIGURE 7.11
Testez les performances incroyables de Siri.

3. **Pour exécuter un programme sans quitter votre travaille en cours, comme démarrer Safari pour trouver des informations sur un sujet que vous tapez dans Pages, dites simplement « Peux-tu démarrer Safari ? ».**

   Le programme s'exécute sans autre forme de procès.

   Mieux encore, vous pouvez directement poser ce genre de question : « Peux-tu trouver une page web concernant la collection pour les nuls ? ». Et Siri de répondre « Voilà le résultat de ma recherche sur le Web consacré à la collection pour les nuls » comme le montre la Figure 7.11. Dans ce cas, vous n'avez plus qu'à cliquer

   A partir de cette fenêtre, vous pourriez dire : « Ouvre la page Wikipédia La collection pour les nuls. » et Siri l'affichera dans sa fenêtre. Bien entendu vous pouvez cliquer sur un des liens de cette fenêtre pour l'ouvrir dans Safari.

4. **Enfin, testez ce genre de question : « Où sont les derniers fichiers texte que j'ai sauvegardés ? » Siri répondra « voici ce que j'ai trouvé » et en affichera la liste.**

FIGURE 7.12
Une recherche Siri affichée dans le Centre de notifications.

5. **Pour conserver un résultat, cliquez sur le signe + affiché en haut à droite de son titre afin de le stocker dans le Centre de notifications (Figure 7.12).**

Siri empile les résultats les uns au-dessus des autres. Pour disposer d'une fenêtre vide, cliquez sur le bouton de fermeture (X) situé en haut à gauche de la boîte de dialogue de Siri.

Voilà ! Siri est assez étonnant. Entraînez-vous à lui demander des tas de choses. Très vite vous identifierez comment formuler les meilleures questions. Vous disposez désormais d'un allié très puissant.

Chapitre 8

Utilitaires du quotidien

DANS CE CHAPITRE :

- **Définir des rappels.**
- **Composer des notes.**
- **Exploiter le volet de notifications.**
- **S'orienter avec Plans.**
- **Lire avec iBooks.**

Comme je le dis souvent, « si ça fonctionne bien ici, il n'y a pas de raison que ça ne fonctionne pas ailleurs ». Dans le cas qui nous intéresse, cinq précieuses applications sont passées des appareils iOS – iPhone, iPad et iPod touch – au bureau de macOS. Il s'agit de Rappels, Notes, Plans, iBooks et du Centre de notifications.

Et ce n'est pas tout : ces cinq applications Mac fonctionnent naturellement avec un compte iCloud : en effet, si vous utilisez un appareil iOS (avec le même identifiant Apple), les notes que vous rédigez, les rappels et itinéraires que vous définissez et les livres que vous avez achetés sont automatiquement synchronisés entre tous vos ordinateurs et appareils Apple ! (Si vous n'avez pas créé d'identifiant Apple lors de l'installation de Sierra, reportez-vous aux instructions du Chapitre 2.)

Ces cinq applications ayant pour objectif commun de faciliter vos tâches quotidiennes, j'ai décidé de les traiter dans un même chapitre. Ce chapitre sera donc votre guide pour prendre des notes, définir des rappels, gérer vos notifications, repérer une adresse et lire sur écran comme le font les mobinautes.

Recevoir des rappels

L'application Rappels est facile à trouver sur votre MacBook. Il vous suffit de cliquer sur l'icône Rappels dans le Dock pour afficher la fenêtre de la Figure 8.1.

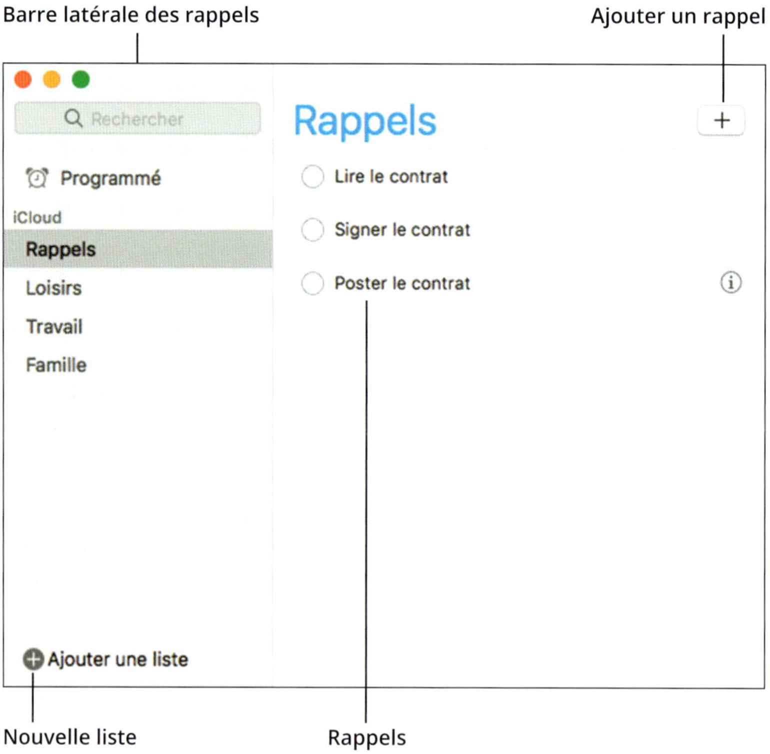

FIGURE 8.1 La fenêtre Rappels en action.

Les principaux outils de la fenêtre Rappels sont :

- **Champ Rechercher :** situé dans l'angle supérieur gauche. Cliquez dedans, puis saisissez un terme à trouver dans vos rappels.
- **Barre latérale des rappels :** vous pouvez créer autant de listes de rappels que nécessaire (une pour le travail et une autre pour vos activités de loisir). Un clic dans la barre latérale vous permet de basculer entre les différentes listes.
  - **Calendrier :** choisissez Présentation/Afficher le calendrier pour ajouter un petit calendrier mensuel dans la barre latérale. Les dates auxquelles vous

avez associé des rappels y sont signalées par un point. La date du jour est indiquée en rouge. Il permet également d'atteindre directement une date en cliquant dessus. Pour défiler entre les mois, cliquez sur les chevrons qui encadrent le nom du mois. (Sachez que ce calendrier ne communique pas avec l'application Calendrier de votre MacBook ; il n'y a pas d'échange de rappels entre les deux applications.)

- **Bouton Ajouter une liste :** cliquez sur ce bouton ou appuyez sur ⌘ + L pour ajouter une liste de rappels dans la barre latérale. Le nom de la liste apparaît sélectionné dans un champ de saisie ; pour le changer, il vous suffit de taper un autre nom et d'appuyer sur Retour.
- **Rappels :** les rappels que vous avez définis s'affichent ici. Un bouton circulaire apparaît devant chaque rappel pour vous permettre de cocher la tâche effectuée, ce qui retire le rappel de la liste.
- **Bouton Ajouter un rappel :** cliquez sur ce bouton pour ajouter un rappel à la liste en cours. Il s'agit du bouton + situé dans l'angle supérieur droit de l'interface. Une autre technique consiste à exécuter le raccourci clavier ⌘ + N ou à cliquer directement sur la ligne suivante dans la liste. Dans sa forme la plus simple, un rappel se compose d'une courte phrase qui désigne une tâche à accomplir. Appuyez sur Retour pour enregistrer le rappel dans la liste.

Pour définir un rappel pour une date précise, cliquez sur une date dans le calendrier, puis cliquez sur le bouton Ajouter un rappel (signe +). Tapez quelques mots et appuyez sur la touche Retour. Quand vous survolez le rappel dans la liste, une icône *i* apparaît à droite du texte. Cliquez sur cette icône pour afficher les options de la Figure 8.2.

Vous disposez des options suivantes pour modifier un rappel :

- **Texte du rappel :** cliquez sur le texte pour le modifier.
- **Un jour :** cochez cette case pour recevoir une alerte à la date définie. Par défaut, la date est celle choisie lors de la création du rappel. Vous pouvez cliquer sur la date ou l'heure dans les options pour les modifier.

  Lorsqu'une alerte vous prévient d'un rappel, vous pouvez le suspendre ou le relancer à volonté.
- **À un emplacement :** cochez cette case et vous pourrez sélectionner une fiche de vos contacts qui contient une adresse (ou taper directement une adresse dans le champ). Après quoi, l'application Rappels va surveiller votre position GPS sur votre appareil iOS 3G/4G et vous avertir lorsque vous arriverez à cette adresse ou la quitterez (éventuellement à la date et à l'heure

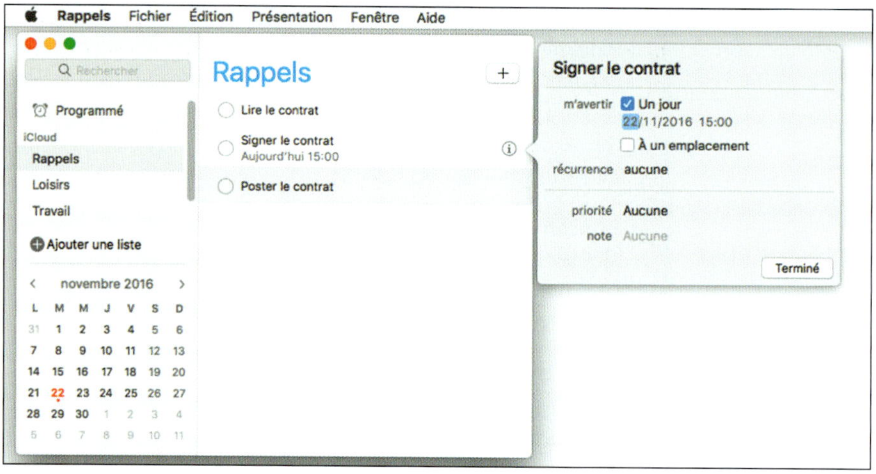

FIGURE 8.2
Modification d'un rappel.

spécifiées par l'option Un jour). Par exemple, vous pourriez définir un rappel qui vous avertirait sur votre iPhone lorsque vous arriveriez au centre commercial le 28 novembre pour récupérer les vêtements déposés au pressing. Impeccable !

» **Récurrence :** choisissez une fréquence pour recevoir le même rappel tous les jours, toutes les semaines, toutes les deux semaines, tous les mois ou tous les ans à la même date.

» **Priorité :** vous pouvez attribuer au rappel l'un des quatre niveaux de priorité : Aucune, Basse, Moyenne ou Élevée. L'attribution d'une priorité ajoute un à trois points d'exclamation devant le texte du rappel, ce qui le distingue des autres dans la liste.

» **Note :** cliquez à droite de l'intitulé Note pour saisir des commentaires ou ajouter des précisions au rappel.

Cliquez sur Terminé dans les options du rappel lorsque vous avez fini de le modifier. Vous pouvez modifier vos rappels à volonté. Il m'arrive souvent, par exemple, de changer la date de mes rappels en fonction de mes changements de programme.

Il est possible de partager une liste de rappels avec d'autres utilisateurs. Placez le pointeur sur le nom d'une liste et cliquez sur l'icône qui apparaît à droite. Dans le panneau qui apparaît, tapez le nom d'un contact ou son adresse e-mail. Cette personne va recevoir une invitation à partager la liste et pourra valider ou ajouter des tâches *via* le site Web icloud.com, même depuis un PC.

Si l'option Rappels est cochée dans le volet iCloud des Préférences Système, vous devriez retrouver vos rappels sur tous vos appareils macOS et iOS. Vous pouvez aussi enregistrer une liste de rappels sur iCloud Drive pour la retrouver partout. Pour cela, cliquez sur Fichier/Exporter. Dans la boite de dialogue qui apparaît, donnez un nom à votre liste dans le champ Enregistrer sous, ajoutez éventuellement une balise dans le menu Tags, et sélectionnez iCloud Drive dans le menu Emplacement, comme à la Figure 8.3. Enfin, cliquez sur le bouton Enregistrer. Le rappel sera alors accessible depuis iCloud Drive de votre Mac, ou depuis le site iCloud depuis un autre Mac ou un PC.

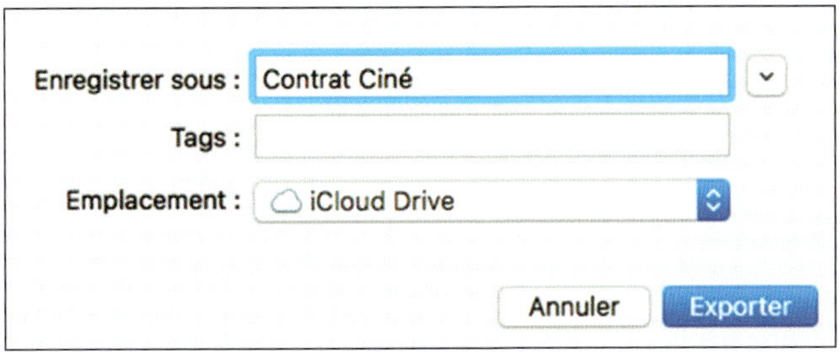

FIGURE 8.3 Exporter vos rappels vers iCloud Drive.

Prendre des notes

Imaginez un carnet illustré composé d'un nombre illimité de pages, très simple d'emploi et toujours disponible lorsque vous avez votre MacBook, iPhone, iPod touch ou iPad à portée de main : tel est le rôle de l'application Notes. Pour l'ouvrir, cliquez sur l'icône Notes dans le Dock. Vous obtenez la fenêtre de la Figure 8.4.

Vous trouverez les outils suivants dans la fenêtre Notes :

- **Champ de recherche :** pour trouver une note particulière, cliquez dans le champ et tapez un nom ou des termes contenus dans la note.
- **Liste de dossiers :** vous pouvez ajouter des dossiers pour regrouper les notes par catégories. Pour ajouter un dossier, cliquez sur Nouveau dossier dans l'angle inférieur gauche de la fenêtre. Si cette commande n'apparaît pas, cliquez sur le premier bouton dans la barre d'outils, intitulé Afficher les dossiers.
- **Liste de notes :** chaque note que vous composez apparaît dans cette liste. Cliquez sur le titre d'une note pour la voir en entier.

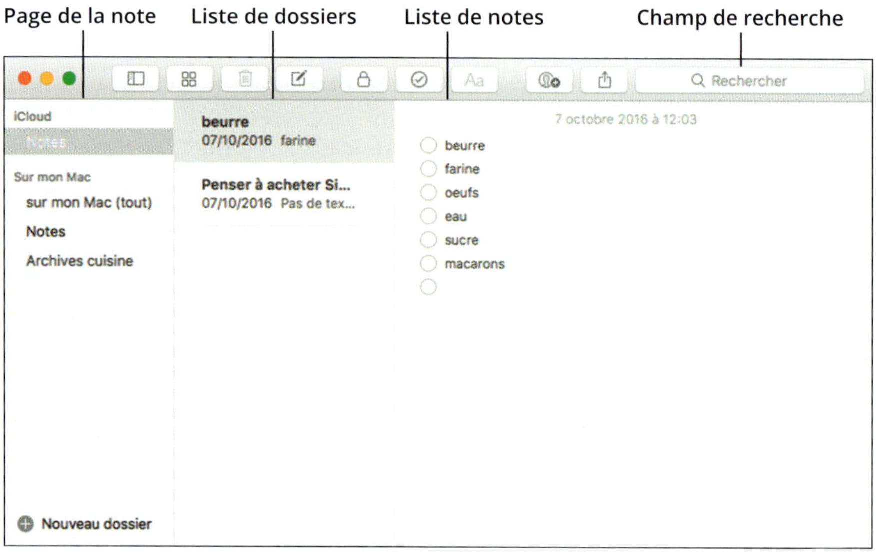

FIGURE 8.4
Prenez des notes en toute simplicité avec Notes.

» **Icône Créer une note :** sélectionnez un dossier, puis cliquez sur cette icône pour taper une nouvelle note. Vous pourriez aussi taper le raccourci ⌘ + N. La première ligne de la note est utilisée comme titre qui l'identifie dans la liste de notes.

» **Page de la note :** c'est dans ce volet que vous tapez le texte des notes. La commande Format/Liste de pointage vous permet de taper une liste, comme celle de la Figure 8.4, où vous pourrez cocher des éléments. Vous pouvez illustrer la note d'une image, une vidéo, un plan ou un lien Web et même y associer un document. Pour ce faire, faites glisser vers la note un fichier depuis une fenêtre du Finder ou choisissez Édition/Joindre un fichier.

Pour créer une note illustrée, depuis une application comme Safari, Plans ou Photos, cliquez sur le bouton Partager et choisissez Notes.

» **Icône Pièces jointes :** ce bouton permet de voir par catégories tous les éléments joints à vos notes. C'est pratique pour retrouver des photos, des plans ou des liens Web.

» **Icône Ajouter des personnes à cette note :** Cette icône permet de collaborer avec d'autres intervenants sur la note. Lorsque vous cliquez sur cette icône, une boîte de dialogue vous propose diverses méthodes d'envoi de la note aux personnes de votre choix, comme Mail, Messages, Copier le lien, FaceBook, AirDrop, et Linkedin. Une fois la méthode choisie, saisissez l'information (mail, téléphone, etc.) dans le champ Ajouter qui apparaît. Dès que toutes les personnes ont été spécifiées, cliquez sur Partager.

» **Icône Partager la note :** à l'instar de l'icône Partager que vous trouvez dans la fenêtre Finder, celle-ci permet de partager le contenu de la note par courrier électronique, dans un message instantané ou sur un réseau social.

Pour modifier une note, il vous suffit de la sélectionner dans la liste de notes, puis d'apporter des changements dans la page de la note. Servez-vous du menu Format pour mettre en forme le texte de la note : police, couleur, liste numérotée ou à puces, *etc.*

Il est même possible d'enregistrer une note dans un fichier avec la commande Fichier/Exporter au format PDF.

Enfin, pour supprimer une note, cliquez droit sur son nom et choisissez Supprimer dans le menu contextuel.

Rester informé avec le Centre de notifications

Le Centre de notifications se distingue des autres applications importées d'iOS du fait que vous n'avez pas à le lancer : il tourne en permanence.

L'icône du volet de notifications se trouve à l'extrémité droite de la barre de menus. Cliquez sur cette icône (ou glissez deux ou trois doigts vers la gauche depuis le bord droit du pavé tactile) pour afficher les notifications, comme dans la Figure 8.5. Ces notifications sont émises par plusieurs applications de Sierra : Calendrier, Mail, FaceTime, Rappels, Messages, Safari, l'App Store et même iTunes. Pour masquer le volet, il suffit de cliquer sur le bureau à gauche du volet, de cliquer sur l'icône du volet de notifications dans la barre de menus ou de glisser les doigts de gauche à droite sur le pavé tactile.

N'oubliez pas que Siri peut enregistrer vos recherches dans le Centre de notifications comme cela est expliqué au Chapitre 7.

Dans le volet, les notifications sont groupées sous l'application qui les émet. La plupart peuvent être supprimées du volet d'un clic sur le bouton (X) de suppression qui apparaît à hauteur du nom de l'application. Certaines notifications,

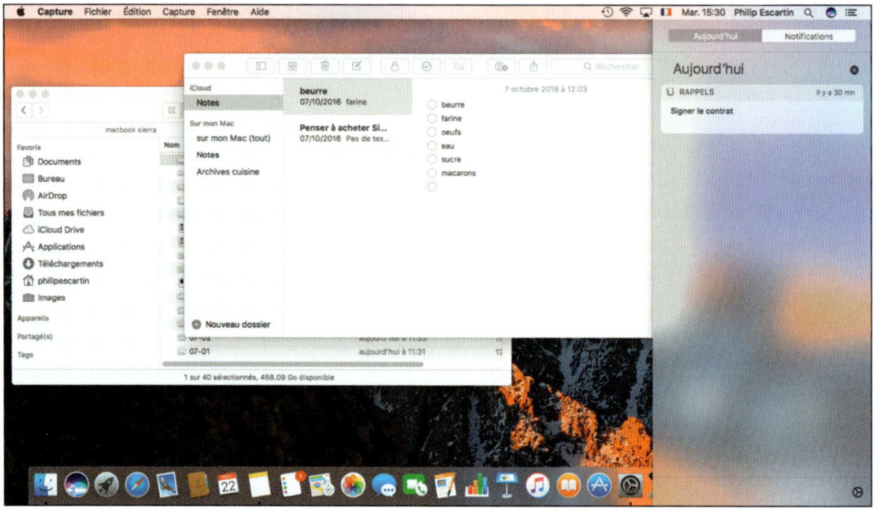

FIGURE 8.5 L'onglet Notifications du volet de notifications.

comme les alertes du Calendrier, restent dans le volet de notifications pendant une durée déterminée.

Attendez, les notifications ne se limitent pas à ce volet. Selon vos réglages, elles peuvent aussi se manifester sous forme de *bannières* (qui disparaissent après quelques secondes) ou d'alertes (qui attendent un clic pour disparaître). La Figure 8.6 présente un exemple d'alerte.

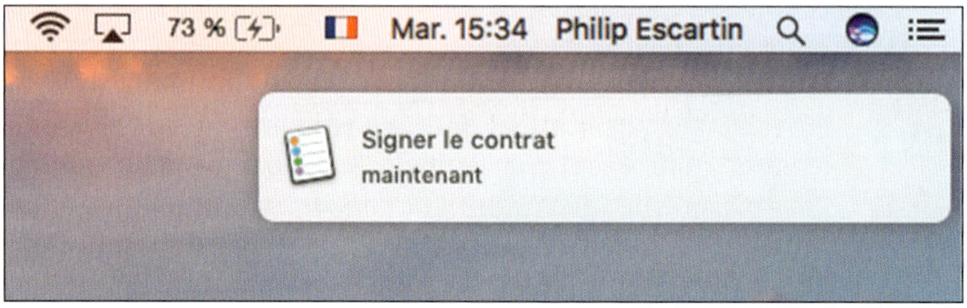

FIGURE 8.6 L'alerte d'une notification s'affiche sur le bureau.

Certains sites Web proposent d'envoyer des brèves qui apparaissent dans le volet de notifications si vous acceptez ces envois lors de votre première visite sur le site. Si ces brèves vous semblent trop envahissantes, vous les désactiverez dans l'onglet Notifications des préférences de Safari.

Les notifications de toutes les applications se configurent dans le volet Notifications des Préférences Système, qui s'ouvre directement d'un clic sur l'icône de roues dentées dans l'angle inférieur droit du volet de notifications. Les options à régler sont décrites au Chapitre 6.

Le volet de notifications contient un deuxième onglet, nommé Aujourd'hui, qui présente votre agenda de la journée et une série de widgets pour la météo et les cours de la bourse.

C'est dans l'onglet Aujourd'hui que Siri stockera les informations que vous lui aurez demandé d'enregistrer comme expliqué au Chapitre 7.

Cliquez sur le bouton Modifier situé tout en bas du volet des notifications pour personnaliser le contenu de cet onglet.

S'orienter avec Plans

L'application Plans du système iOS est intégrée à Sierra pour présenter des plans dans Contacts, Mail, Calendrier et dans les résultats de recherche Spotlight et Siri afin de vous aider à trouver des itinéraires qui seront disponibles aussi sur votre iPad ou iPhone.

Plans fournit en gros les mêmes services que Google Maps, mais son avantage est d'être pilotable par des gestes sur votre pavé Multi-touch ou Force Touch. La Figure 8.7 présente les commandes de Plans.

Pour voir votre position actuelle sur le plan, cliquez sur le bouton à gauche du champ de recherche. Pour trouver un lieu, tapez son adresse dans le champ de recherche. L'application pose des épingles rouges pour signaler les adresses trouvées.

Vous changerez l'échelle à l'aide des boutons de zoom ou en écartant ou rapprochant deux doigts sur le pavé tactile. Autrement, double-cliquez dans le plan pour grossir ou double-cliquez en appuyant sur Option pour réduire le zoom. Pour voir un plan de ville ou une vue satellite, cliquez sur le bouton correspondant. Pour décaler la vue du plan, déplacez deux doigts sur le pavé ou servez-vous des touches fléchées du clavier. Vous pouvez aussi faire pivoter le plan en tournant deux doigts écartés sur le pavé. Pour retrouver l'orientation normale, le nord vers le haut, cliquez sur la boussole. L'échelle n'apparaît pas par défaut, pour l'afficher, il faut choisir Présentation/Afficher l'échelle.

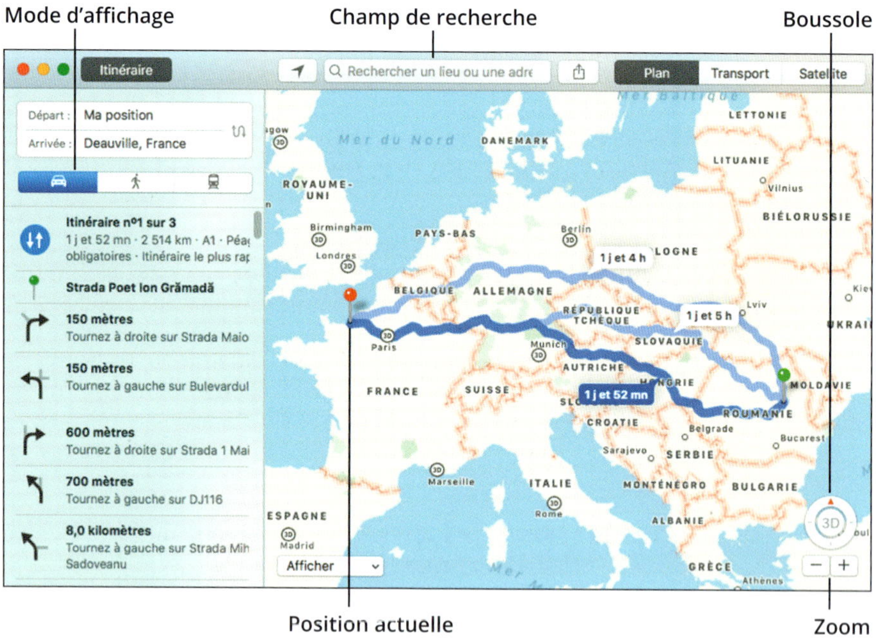

FIGURE 8.7 Une interface intuitive pour Plans.

Pour voir un plan détaillé de deux endroits distincts, ouvrez une deuxième fenêtre de Plans en exécutant le raccourci ⌘ + N.

Il est facile d'envoyer le plan à un ami ou de le conserver dans vos notes. Cliquez sur le bouton Partager, à droite du champ de recherche, et choisissez Notes, Mail, Messages, AirDrop ou une autre méthode de partage.

Si vous appréciez le tourisme virtuel, activez la vue 3D, en cliquant au centre de la boussole, pour visiter des villes à distance comme si vous les survoliez en hélicoptère. Plans couvre la planète entière, mais les vues 3D sont limitées aux grandes villes.

En plus des épingles rouges posées en réponse à une recherche, vous pouvez placer un repère dans le plan, qui sera représenté par une épingle violette. Il est possible de convertir en signets les lieux marqués d'une épingle afin de les conserver en mémoire. Quand vous sélectionnez une épingle, son adresse précise apparaît dans une étiquette et un clic sur l'étiquette ouvre un menu qui propose de partager l'adresse ou l'ajouter à Contacts, supprimer le repère, ajouter un signet ou afficher l'itinéraire.

Pour trouver un itinéraire, cliquez sur le bouton Itinéraire. Celui-ci sera établi à partir de votre position actuelle ou du repère que vous avez placé dans le plan. Pour choisir un autre point de départ, commencez à taper dans le champ Départ et sélectionnez l'un des lieux proposés dans la liste de suggestions qui apparaît. Faites de même pour définir le point d'arrivée. L'itinéraire est établi pour un trajet en voiture, à pied ou *via* les transports en commun.

Pour obtenir les instructions du trajet de retour, il suffit de cliquer sur le bouton d'inversion entre les champs Départ et Arrivée.

Servez-vous de la commande Fichier/Exporter au format PDF pour obtenir un document PDF qui regroupe le plan avec la présentation de votre choix et les instructions d'un itinéraire. Si nécessaire, vous imprimerez le plan exporté en PDF pour le garder à portée de main.

Comme Plans et Calendrier collaborent en bonne intelligence, dès que vous tapez l'adresse d'un rendez-vous dans Calendrier, vous obtenez dans les options de l'événement un plan du lieu désigné. Et un clic sur ce plan ouvre l'application Plans pour la recherche d'un itinéraire.

Lire avec iBooks

Même si l'ordinateur n'est pas le support le plus pratique pour lire à l'écran, par rapport aux tablettes et smartphones, l'application iBooks est intégrée à Sierra.

Grâce à iCloud, iBooks synchronise votre bibliothèque numérique entre le MacBook et vos appareils iOS. Vous avez non seulement accès à la même bibliothèque numérique sur tous vos appareils, mais vous retrouvez vos livres ouverts à la même page avec toutes vos annotations.

À chaque démarrage d'iBooks, vous devez vous connecter avec votre identifiant Apple pour récupérer les livres associés à votre compte iTunes. L'emploi d'iBooks est tellement intuitif que mes explications risquent de vous paraître inutiles.

La fenêtre principale d'iBooks affiche la bibliothèque entière, que vous pouvez présenter par catégories, auteurs ou en liste détaillée. Pour ouvrir un livre, il suffit de double-cliquer sur sa vignette son icône ou son titre. Chaque livre s'ouvre dans une nouvelle fenêtre, ce qui permet de garder plusieurs ouvrages ouverts simultanément. Pour faire défiler les pages, glissez deux doigts vers la gauche sur le pavé tactile.

Pour trouver un nouveau livre, cliquez sur le bouton iBooks Store dans l'angle supérieur gauche. Dans cette librairie virtuelle illustrée à la Figure 8.8, utilisez les boutons Sélection, Classements, Catégories et Auteurs pour trouver les livres qui vous intéressent.

FIGURE 8.8 iBooks Store, la gigantesque librairie virtuelle accessible depuis iBooks.

Pour trouver un livre ou un auteur particulier, tapez son nom dans le champ Rechercher, et appuyez sur la touche Retour du clavier.

Pour consulter un livre, cliquez sur son titre ou sa couverture. Le bouton Obtenir un extrait, puis Lire un extrait permet d'accéder à quelques pages de l'ouvrage. Parcourez l'extrait à l'aide des touches flèche gauche et flèche droite du clavier.

Pour afficher la table des matières du livre dont vous consultez un extrait, cliquez sur le deuxième bouton dans la barre d'outils.

Lorsque vous sélectionnez une portion de texte par glissement du pointeur, une palette d'options apparaît pour le choix de la couleur de surlignage et la saisie d'une note, comme l'illustre la Figure 8.9. Le menu Plus, au bas de cette palette, autorise des recherches complémentaires dans le livre, sur le Web et sur Wikipédia.

Un double-clic sur un mot affiche sa définition fournie par le dictionnaire de macOS ou par Wikipédia.

Enfin, cliquez sur le premier bouton à gauche (icône de livre) pour revenir à votre bibliothèque où les extraits consultés sur iBooks Store s'ajoutent aux livres achetés ou téléchargés gratuitement.

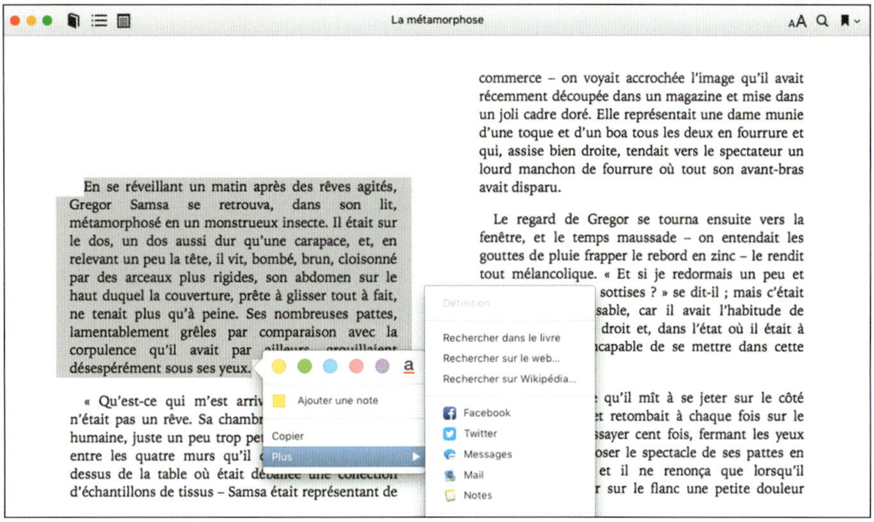

FIGURE 8.9
Il est facile d'ajouter des notes et de surligner des passages dans iBooks.

III

Se connecter pour mieux communiquer

DANS CETTE PARTIE...

Vous voulez aller faire plein de trucs sur Internet ? Je vous montre ici l'emploi du navigateur Web Safari, avec moult explications. Vous saurez tout sur le service iCloud qui sert à synchroniser toutes vos données personnelles entre votre MacBook et vos appareils iOS (iPhone, iPad et iPod touch).

Vous comptez partager votre MacBook avec tous les membres de la famille ? Si vous prévoyez de monter un réseau domestique (avec ou sans fil), vous êtes au bon endroit. Cette partie vous apprend à autoriser l'accès à vos documents et données, avec certaines mesures de protection évidemment, mais sans souci.

Enfin, cette partie vous montre comment raccorder une imprimante partagée et exploiter la webcam HD intégrée du MacBook avec des applications comme FaceTime, Messages et Photo Booth.

Chapitre 9

Partons en Safari

DANS CE CHAPITRE :

- » **Découvrir la fenêtre et les outils de Safari.**
- » **Visiter des sites Web avec Safari et définir votre page d'accueil.**
- » **Se déplacer de site en site.**
- » **Définir et utiliser des signets.**
- » **Créer une liste de lecture.**
- » **Télécharger des fichiers avec Safari.**
- » **Consulter plusieurs pages dans des onglets.**
- » **Enregistrer le contenu d'une page Web.**
- » **Protéger votre confidentialité sur le Web.**
- » **Bloquer les messages publicitaires.**

Je suis fier de vagabonder sur le Web avec un navigateur aussi performant que rapide et élégant. Je parle de Safari, bien sûr, le navigateur qui continue de s'améliorer avec chaque nouvelle version d'OS X.

Ce chapitre est destiné à tous ceux qui ont besoin d'un mode d'emploi pour utiliser Safari. Vous pouvez bien sûr commencer à naviguer sans préambule, mais n'auriez-vous pas intérêt à vous documenter d'abord pour découvrir toutes les astuces ?

Initiation à la navigation

La Figure 9.1 présente la fenêtre de Safari. Le navigateur se lance depuis le Dock ou le Launchpad. Sa fenêtre se compose des éléments suivants :

- **La barre d'outils :** les commandes les plus courantes sont regroupées sur cette barre d'outils pour naviguer, lancer une recherche, partager des pages ou les ajouter à votre liste de lecture. C'est ici que vous pouvez taper ou coller l'adresse des sites que vous voulez consulter.
- **La palette des favoris :** les favoris sont des raccourcis qui vous conduisent vers vos sites préférés en deux clics seulement. Nous verrons à la section « Ajouter et utiliser des signets » comment personnaliser cette palette et définir d'autres signets. Pour l'instant, retenez que vous pouvez afficher cette palette d'un clic dans le champ d'adresse.
- **Le volet de contenu :** c'est ici que s'affiche le contenu de la page active. Pour faire défiler la page, glissez deux doigts sur le pavé du MacBook. Lorsque la fenêtre de Safari est réduite, elle est représentée dans le Dock par une miniature du contenu actuel de la page affichée ici.

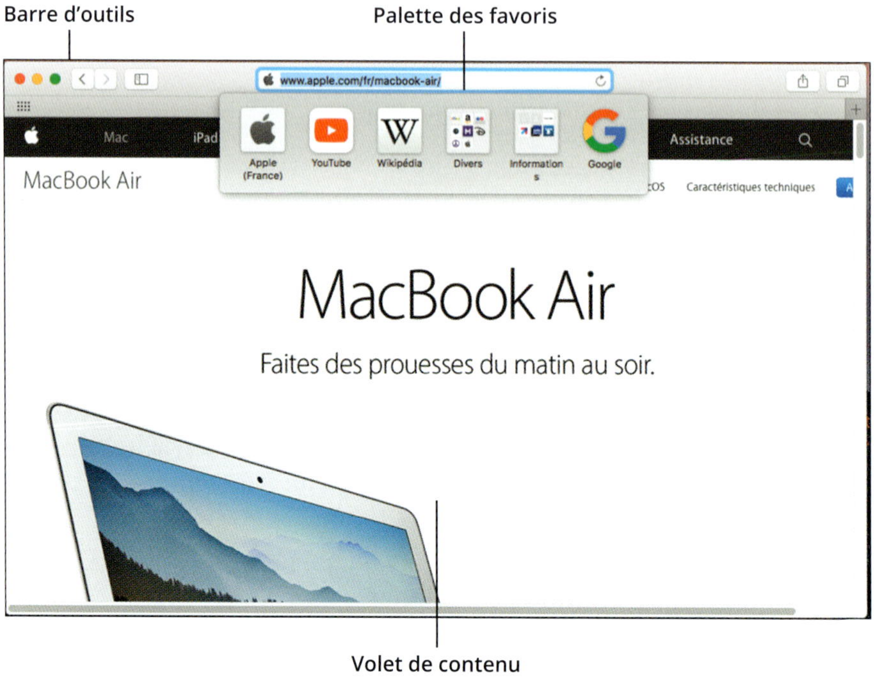

FIGURE 9.1 Safari, votre navigateur tout-terrain.

Visiter des sites Web

Certes, tout le monde est capable d'aller sur le Web, même les enfants de cinq ans, mais vous ne connaissez peut-être pas toutes les manières d'accéder à un site Web. Sachez que vous pouvez ouvrir une page Web par l'une des techniques suivantes :

- **Tapez (ou collez) une adresse dans le champ d'adresse de la barre d'outils et appuyez sur Retour.**

  Quand vous commencez à taper l'adresse d'un site déjà visité avec Safari, le navigateur la reconnaît et la complète automatiquement. Appuyez alors sur Retour pour accepter cette proposition ; autrement continuez à taper l'adresse pour aller ailleurs.

  Le champ d'adresse de Safari est un *champ dynamique* qui propose une liste de sites dont l'adresse correspond aux caractères que vous avez saisis. Safari compose cette liste à partir de vos signets et de votre historique de navigation et y ajoute les adresses fournies par Google, Yahoo et Bing. Si le site à visiter figure dans la liste, cliquez sur l'adresse proposée pour l'atteindre immédiatement.

- **Cliquez sur une icône dans la palette de favoris.**
- **Cliquez sur le bouton Afficher tous les onglets à l'extrémité droite de la barre d'outils.**

  Vous obtenez la liste des onglets que vous avez ouverts dans Safari sur tous les Mac et appareils iOS qui utilisent le même identifiant Apple. Cliquez sur le nom d'un site pour charger la page. (Pour partager les onglets par iCloud, tous les Mac doivent utiliser Safari 6 ou ultérieur avec Mountain Lion, Mavericks, Yosemite, El Capitan, ou Sierra et les appareils iOS doivent tourner sur iOS 6 ou ultérieur.) Nous verrons plus loin dans ce chapitre le concept d'onglets.

- **Si votre barre d'outils présente un bouton Page d'accueil, cliquez sur ce bouton pour revenir à la page d'accueil que vous avez spécifiée.**

  Vous en saurez plus à ce sujet à la section « Définir votre page d'accueil », plus loin dans ce chapitre.

  Pour ajouter ou supprimer des boutons cliquez droit dans la barre d'outils et choisissez Personnaliser la barre d'outils. Utilisez la palette qui apparaît pour choisir le contenu de votre barre d'outils.

- **Ouvrez un nouvel onglet et cliquez sur une miniature pour atteindre la page correspondante.**

L'écran présente une vignette des sites que vous consultez le plus souvent ainsi que vos sites favoris.

» **Cliquez sur le bouton d'un site épinglé.**

Les sites épinglés sont représentés par un petit bouton à l'extrémité gauche de la barre d'onglets (voir Figure 9.3). Utilisez cette fonction pour accéder aux sites que vous consultez quotidiennement. Pour épingler la page actuellement ouverte, choisissez Fenêtre/Épingler l'onglet. L'icône identifiant le site dans la barre d'adresse apparaît à l'extrême gauche de la barre d'onglets.

» **Dans la barre latérale, cliquez sur un élément de l'onglet Signets, Liste de lecture ou Liens partagés.**

Pour afficher cette barre latérale, cliquez sur le bouton à droite des chevrons Précédent et Suivant. Une autre méthode consiste à exécuter la commande Afficher la barre latérale du menu Présentation.

» **Cliquez sur un lien dans Mail ou dans une autre application dotée de fonctions Internet.**

Dans certaines applications Mac, il faut appuyer sur ⌘ tout en cliquant sur le lien pour ouvrir une page Web. (Si le lien n'est pas formaté comme tel, il faut sélectionner le texte du lien, cliquer droit et choisir Ouvrir l'adresse URL dans le menu contextuel.)

» **Cliquez sur un lien dans une autre page Web.**

» **Tapez un terme de recherche dans le champ d'adresse de la barre d'outils.**

Google est le moteur de recherche par défaut de Safari, mais vous pouvez le remplacer par Yahoo, Bing ou le méta-moteur DuckDuckGo. Pour ce faire, choisissez Safari/Préférences, puis dans l'onglet Recherche sélectionnez une autre option dans le menu local Moteur de recherche.

Pour lancer une recherche, cliquez dans le champ d'adresse, tapez des termes représentatifs du contenu à trouver et appuyez sur Retour. Safari affiche la page des résultats proposés par Google en réponse à votre recherche. (Si vous l'ignoriez, Google est le numéro 1 mondial parmi les moteurs de recherche ; on l'utilise pour trouver des informations, un rideau de douche ou la trace d'une ex.)

» **Cliquez sur l'icône d'une page Safari dans le Dock ou dans une fenêtre du Finder.**

Faites glisser vers la partie droite du Dock un signet depuis le volet de signets ou l'adresse de la page active depuis le champ d'adresse. Après quoi, un clic sur l'icône que vous avez ajoutée au Dock lance Safari en y chargeant cette page.

Lorsque vous réduisez la fenêtre de Safari, vous obtenez dans le Dock une miniature de la page avec le logo Safari. Cliquez sur cette vignette pour restaurer la page en grand.

Cliquez sur le bouton vert dans l'angle supérieur gauche de la fenêtre de Safari pour activer le mode Plein écran. Vous disposez aussi du raccourci clavier Ctrl + ⌘ +F, qui est commun à presque toutes les applications compatibles avec le mode plein écran dans Sierra. La barre d'outils de Safari reste accessible en mode Plein écran. Pour quitter ce mode, appuyez sur Esc ou sur Ctrl + ⌘ +F.

Naviguer sur le Web

Vos excursions sur le Web se déroulent généralement de manière linéaire : vous passez d'une page à une autre en retenant les informations qui vous intéressent et en oubliant les autres. Or, il arrive parfois qu'après avoir visité plusieurs pages, vous ressentiez le besoin de revenir à une page déjà consultée ou de retourner à votre point de départ, votre page d'accueil. Safari fournit les fonctions nécessaires dans sa barre d'outils :

- **Précédent :** cliquez sur le chevron pointant vers la gauche dans la barre d'outils pour revenir à la dernière page ouverte. Si vous continuez à cliquer, vous retournez plus loin dans l'historique de navigation. Le bouton Précédent n'est pas disponible si vous n'avez pas ouvert au moins deux pages de suite. Maintenez la pression sur le bouton pour voir la liste des pages vers lesquelles vous pouvez retourner.
- **Suivant :** si vous avez cliqué sur le bouton Précédent au moins une fois, le bouton Suivant (chevron vers la droite) devient disponible pour vous ramener vers les pages déjà visitées. Comme pour le bouton Précédent, maintenez la pression sur le bouton pour voir la liste des pages accessibles par cette méthode.
- **Accueil :** cliquez sur le bouton Accueil, représenté par l'icône d'une maison, pour retourner immédiatement à votre page d'accueil. (Nous verrons dans un instant comment définir votre page d'accueil.)

  Il est probable que ce bouton Accueil ne soit pas présent sur la barre d'outils de Safari. Pour l'ajouter, faites un clic-droit sur cette barre. Dans le menu contextuel qui s'affiche exécutez l'unique commande Personnaliser la barre d'outils. Dans la boîte de dialogue qui apparaît, localisez le bouton Accueil (icône d'une maison). Cliquez dessus et, sans relâcher le bouton de la souris, glissez-déposez l'icône directement sur la barre d'outils de Safari comme sur la Figure 9.2.

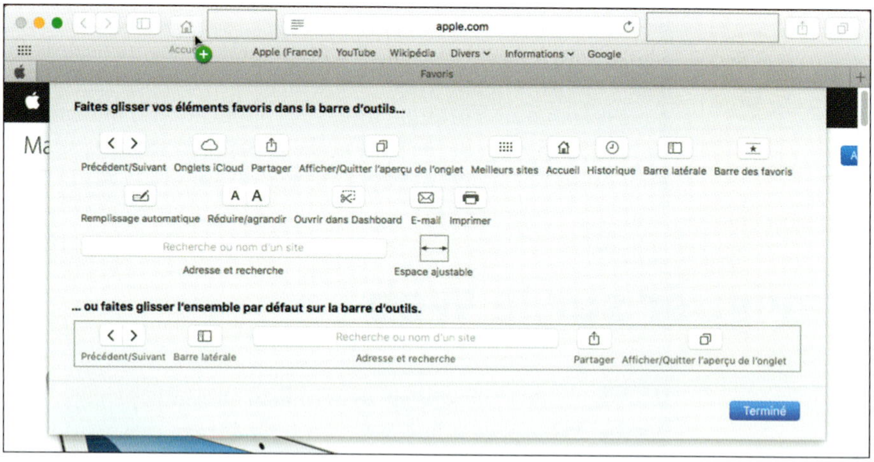

FIGURE 9.2 Personnalisez la barre d'outils de Safari en y ajoutant des icônes.

Vous procéderez de la même manière pour supprimer des boutons de la barre d'outils. Cette fois vous ferez glisser une icône de cette barre sur la boîte de dialogue de personnalisation de la barre d'outils. En fait vous réaliserez l'opération inverse à l'ajout de bouton à la barre d'outils.

» **Remplissage automatique :** si vous renseignez souvent des formulaires en ligne, en faisant des achats sur le Web par exemple, ce bouton se charge de compléter les champs automatiquement. Dans le volet Rempl. auto des préférences de Safari, vous choisirez les informations que cette fonction peut fournir.

Pour ma part, j'évite de communiquer mes coordonnées n'importe où, c'est pourquoi j'utilise très rarement le remplissage automatique. Si vous choisissez quand même d'exploiter cette fonction, vérifiez bien que la connexion est sécurisée (icône de cadenas dans le champ d'adresse) et lisez d'abord les clauses de confidentialité dans la page des mentions légales du site pour connaître l'usage qui sera fait de vos coordonnées.

» **Meilleurs sites :** ce bouton affiche l'écran Meilleurs sites, présenté plus tôt dans ce chapitre. Son icône est une matrice de points, située sous les boutons de fermeture, de réduction, et plein écran en haut à gauche de l'interface.

» **Réduire/Agrandir :** ce bouton, représentant un petit et un grand A majuscule, modifie l'échelle de la page à l'écran. Réduire la page permet d'en avoir une vue d'ensemble, et l'agrandir facilite la lecture du texte. Les équivalents clavier sont ⌘ + signe plus pour agrandir et ⌘ + signe moins pour réduire. Il s'agit en réalité de la fonction Zoom accessible depuis le menu Présentation.

» **Arrêter/Recharger :** cliquez sur la flèche courbée à l'extrémité droite du champ d'adresse pour *actualiser* (recharger) le contenu de la page en cours. La plupart des pages sont statiques, mais certaines changent de contenu à intervalles réguliers ou après une certaine action de votre part. Ce bouton vous permet donc de voir le nouveau contenu. (Dans les sites d'actualité, ce bouton rafraîchit la page en y présentant les toutes dernières nouvelles.) Pendant le chargement d'une page, l'icône de flèche courbée se transforme en croix, symbolisant le bouton Arrêter, qui vous permet d'arrêter le chargement. Vous l'utiliserez lorsque le chargement d'une page s'éternise anormalement, phénomène susceptible de se produire lorsque vous tentez d'ouvrir un site particulièrement fréquenté ou très lourd à charger.

Pour économiser les réserves de la batterie, Safari désactive les bannières animées en marge du contenu principal des pages Web. Lorsque le pointeur survole l'une de ces bannières, un message vous propose de cliquer pour exécuter l'animation.

» **Téléchargements :** affiche la liste des fichiers que vous avez téléchargés récemment. Cliquez sur le bouton Effacer dans la palette Téléchargements pour vider la liste des téléchargements. Cette opération ne supprime pas les fichiers téléchargés ; elle ne fait qu'effacer la liste. Un double-clic sur un fichier de cette liste a pour effet de l'ouvrir immédiatement. (Un peu de patience, nous revenons bientôt sur les téléchargements.)

Pendant le téléchargement d'un fichier, une petite barre de couleur apparaît sur le bouton Téléchargements dans la barre d'outils pour symboliser l'avancée de l'opération.

» **Imprimer :** commande l'impression du contenu de la fenêtre de Safari.

Plutôt que d'encombrer la barre d'outils avec le bouton Imprimer, retenez le raccourci ⌘ + P.

» **Partager :** comme dans les autres applications de Sierra, ce bouton permet d'envoyer la page actuelle (ou un lien qui y conduit) vers différentes destinations : votre liste de lecture ou de signets, un message électronique ou instantané, un réseau social, AirDrop, Notes et même Rappels (voir Figure 9.3).

FIGURE 9.3 Le bouton Partager facilite la propagation du savoir.

Utiliser Safari comme navigateur par défaut

Nous envisageons ici l'hypothèse où plusieurs navigateurs Web sont installés sur votre MacBook, comme Chrome et Firefox. *A priori*, Sierra devrait utiliser Safari comme navigateur par défaut, c'est-à-dire le navigateur qui s'ouvrira systématiquement lorsque vous cliquerez sur un lien dans un document quelconque, comme un message électronique.

Si Safari n'est pas défini comme votre navigateur par défaut, voici comment procéder pour le définir comme tel :

1. **Ouvrez les Préférences Système à partir du Dock.**
2. **Cliquez sur la catégorie Général.**
3. **Déroulez le menu Navigateur web par défaut, et choisissez Safari.**
4. **Quittez les Préférences Système.**

Voilà ! Safari est désormais déclaré comme votre navigateur par défaut.

Définir votre page d'accueil

Choisir une page d'accueil est une bonne solution pour gagner du temps en ouvrant Safari directement sur votre adresse de prédilection. Je suis toujours surpris de voir le nombre d'internautes qui n'ont jamais défini de page d'accueil personnelle et se contentent de celle prédéfinie par le navigateur. Safari étant ouvert, suivez ces instructions pour définir la page d'accueil de votre choix :

1. **Affichez dans Safari la page Web que vous voulez définir en page d'accueil.**
2. **Choisissez Safari/Préférences ou tapez ⌘ + , (virgule).**
3. **Cliquez sur Général.**

   Vous obtenez les options de la Figure 9.4.

4. **Cliquez sur le bouton Utiliser la page active.**

   Pour l'option Les nouveaux onglets s'ouvrent avec, choisissez Meilleurs sites pour afficher l'écran Meilleurs sites chaque fois que vous ouvrez un nouvel onglet de Safari.

5. **Cliquez sur le bouton Fermer pour quitter les préférences de Safari.**

   Vous retournerez facilement sur votre page d'accueil d'un clic sur le bouton Accueil dans la barre d'outils. Si ce bouton n'apparaît pas dans votre barre d'outils, vous l'ajouterez en choisissant Présentation/Personnaliser la barre d'outils.

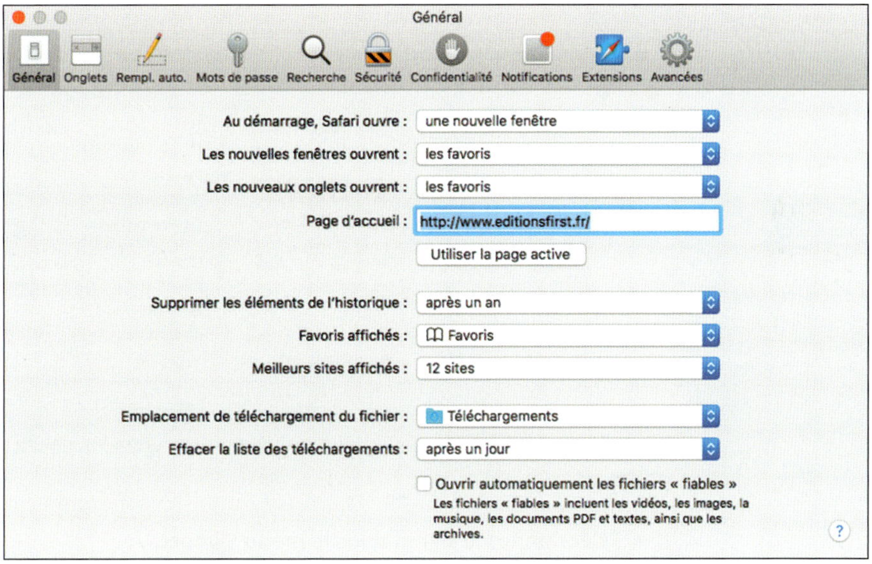

FIGURE 9.4
Il est facile de définir une page d'accueil personnelle.

Ajouter et utiliser des signets

Nul ne peut nier que les signets rendent la navigation sur le Web beaucoup plus conviviale. Les signets que vous collectionnez au gré de vos pérégrinations vous permettent ensuite de passer d'un site à l'autre d'un simple clic dans le menu ou le volet de signets.

Pour définir un signet, rendez-vous sur la page à marquer, puis optez pour l'une des solutions suivantes :

» **Choisissez Signets/Ajouter un signet.**

» **Appuyez sur ⌘+ D.**

Les options qui apparaissent vous permettent de choisir le nom du signet et son emplacement (dans la palette de favoris, le menu Signets ou l'écran Meilleurs Sites).

» **Déroulez la palette Signets pour y ranger le nouveau signet.**

Effectuez un clic prolongé sur le signe + qui apparaît dans le champ d'adresse et, sans relâcher la pression, déplacez le pointeur vers le dossier dans lequel vous désirez ranger le nouveau signet (voir Figure 9.5).

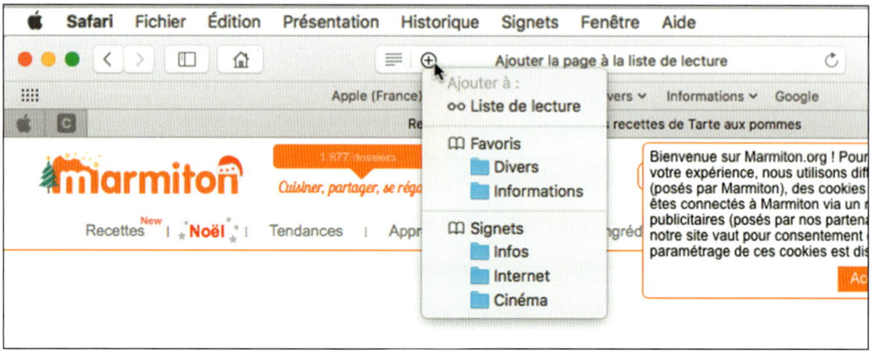

FIGURE 9.5 Rangez directement vos signets dans des dossiers.

Pour atteindre la page désignée par un signet, vous disposez des méthodes suivantes :

» **Sélectionnez le signet dans le menu Signets.**

Si le signet se trouve dans un dossier, pointez le dossier pour voir son contenu puis cliquez sur le signet.

» **Cliquez dans le champ d'adresse puis sur l'une des vignettes de votre palette de favoris.**

La palette de favoris peut contenir des dossiers de signets.

» **Ouvrez la barre latérale, et cliquez sur l'icône de livre puis cliquez sur un signet dans la liste.**

L'onglet Signets présente en haut les signets de la palette de favoris et en bas ceux du menu Signets (voir Figure 9.6).

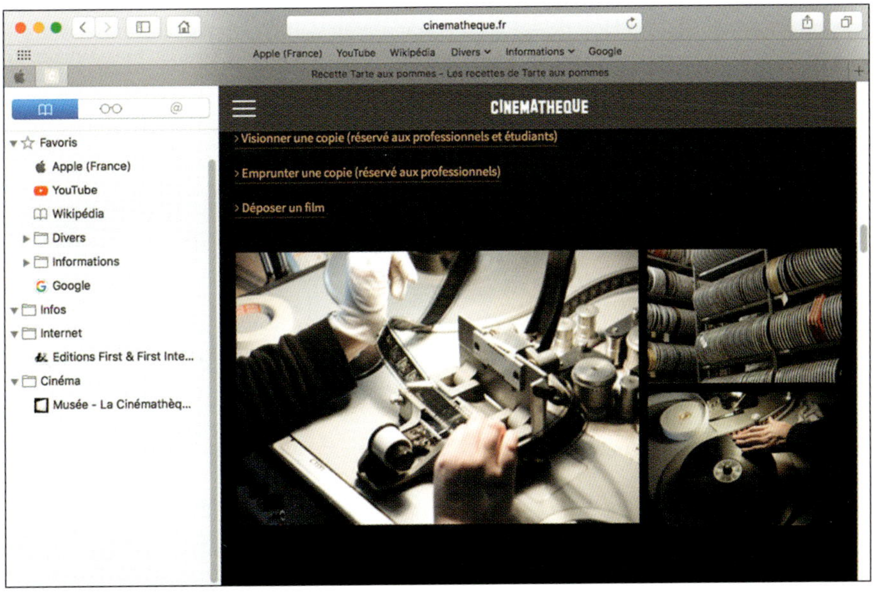

FIGURE 9.6 L'onglet Signets de la barre latérale donne accès à tous vos signets.

Plus vous ajoutez de signets, plus votre menu Signets va s'allonger. Pour éviter d'avoir à parcourir une longue liste de signets, rangez-les dans des dossiers. La commande Signets/Ajouter un dossier de signets ouvre la barre latérale et ajoute un dossier au bas du volet Signets. Tapez un nom pour le dossier et faites-le glisser pour l'insérer dans votre hiérarchie de dossiers et sous-dossiers de signets. Vous passerez par cette technique pour ajouter un dossier dans la palette de favoris.

Vous pouvez également créer un dossier de signets en effectuant un clic-droit dans un espace vide du volet Signets de la barre latérale. Dans le menu contextuel qui apparaît, choisissez Nouveau dossier.

Il est possible de ranger un signet dans un dossier en le faisant glisser dans l'onglet Signets. Pour supprimer un signet ou un dossier, cliquez dessus avec le bouton droit dans la barre latérale et choisissez Supprimer.

Créer des listes de lecture

Une liste de lecture permet de centraliser des pages Web que vous consulterez ultérieurement. Voici comment créer et gérer une liste de lecture :

1. **Accédez à la page Web que vous souhaitez consulter ultérieurement.**
2. **Cliquez sur le bouton Partager et, dans le menu local qui apparaît, choisissez Ajouter à la liste de lecture.**

   Une référence à la page Web s'affiche immédiatement dans le volet Liste de lecture de Safari, comme sur la Figure 9.7.

FIGURE 9.7 Cette page sur le MacBook Pro pourra être consultée ultérieurement.

3. **Ajoutez d'autres pages en répétant cette procédure.**
4. **Affichez la liste de lecture par un clic sur le bouton d'affichage de la barre latérale.**
5. **Si nécessaire, cliquez sur le bouton Liste de lecture (lunettes).**
6. **Cliquez sur la page à afficher.**
7. **Pour supprimer une page d'une liste, faites un clic-droit sur sa vignette. Dans le menu contextuel qui apparaît, exécutez la commande Supprimer l'élément (Figure 9.8).**

FIGURE 9.8
Le menu contextuel pour gérer et supprimer la liste de lecture.

Télécharger des fichiers

L'intérêt du Web réside largement dans la possibilité de télécharger des images et d'autres fichiers. Sur les sites qui proposent des fichiers à télécharger, il suffit de cliquer sur un bouton ou un lien de téléchargement, et Safari s'occupe du reste. Pendant que le fichier se télécharge sur l'ordinateur, rien ne vous empêche de continuer à consulter des pages ou même de télécharger d'autres fichiers. La liste des téléchargements vous aide à savoir où vous en êtes et combien de temps vont durer les opérations en cours. Pour afficher cette liste, appuyez sur ⌘ + Option + L ou cliquez sur le bouton Téléchargements dans l'angle supérieur droit de la fenêtre.

Par défaut, Safari enregistre les fichiers téléchargés dans le dossier Téléchargements, qui apparaît dans le Dock. Pour choisir un autre emplacement par défaut (afin de mettre les fichiers téléchargés sur le bureau ou les faire analyser automatiquement par un antivirus, par exemple), procédez comme suit :

1. **Choisissez Safari/Préférences ou appuyez sur ⌘ + , (virgule).**
2. **Cliquez sur l'onglet Général, puis sur le menu Emplacement de téléchargement du fichier.**
3. **Choisissez Autre emplacement.**
4. **Sélectionnez l'emplacement dans lequel placer les fichiers téléchargés.**

5. **Cliquez sur le bouton Sélectionner.**
6. **Cliquez sur le bouton Fermer pour quitter les préférences.**

Pour télécharger une image que vous trouvez dans une page Web, placez le pointeur sur l'image, cliquez du bouton droit et choisissez Enregistrer l'image sous dans le menu contextuel qui apparaît. Safari vous demande de choisir un emplacement pour le fichier.

Par défaut, Safari ouvre directement les fichiers qui ne présentent pas de risque, comme les vidéos, les fichiers texte et les PDF, car la probabilité est très faible qu'ils contiennent des virus ou des macros dangereuses. Si vous préférez néanmoins analyser avec un antivirus tout ce que vous téléchargez du Web, vous désactiverez cette fonction dans les préférences de Safari. Dans le volet Général des préférences, retirez la coche de l'option Ouvrir automatiquement les fichiers « fiables ».

Safari a évolué. Le navigateur est maintenant capable de gérer la plupart des types de fichiers multimédias qu'on rencontre sur le Web. Si vous téléchargez un fichier multimédia que Safari ne semble pas capable d'afficher ou de lire, essayez de l'ouvrir dans QuickTime Player. Cette application reconnaît une multitude de formats audio, vidéo et graphiques. (Je recommande aussi le module gratuit *Perian* pour QuickTime, disponible sur `http://perian.org`. En l'installant, vous rendez QuickTime capable de lire un plus large éventail de formats audio et vidéo.)

Exploiter l'historique

Pour voir les sites que vous avez consultés aujourd'hui, vous afficherez la liste d'historique d'un clic sur le menu Historique. Pour atteindre une page de la liste, sélectionnez-la dans le menu Historique. Remarquez que les visites des jours précédents sont classées par date, ce qui vous permet de retrouver deux jours plus tard une page que vous avez oublié de marquer d'un signet.

Safari fouille cette liste automatiquement pour fournir des suggestions en fonction du texte que vous tapez dans le champ d'adresse, comme je l'indiquais au début de ce chapitre, à la section « Visiter des sites Web ».

Si la confidentialité de vos visites vous préoccupe, vous préférerez sans doute ne pas garder trace des pages ouvertes dans Safari. Je vous montre comment effacer l'historique à la section « Gérer votre historique de navigation » plus loin dans ce chapitre.

Les onglets sont vos alliés

Avec ses *onglets*, Safari vous permet d'ouvrir simultanément plusieurs pages. Vous apprécierez les onglets, par exemple, pour faire un achat sur le Web en comparant un produit dans plusieurs boutiques en ligne.

Si vous appuyez sur la touche ⌘ pendant que vous cliquez sur un lien, un signet ou le titre d'une page dans le menu Historique, la page s'ouvre dans un onglet à droite de l'onglet actuel. Il vous suffit alors de cliquer sur le nouvel onglet pour voir cette page. (Si vous n'appuyez pas sur ⌘, la nouvelle page vient remplacer la page actuelle au lieu de se charger dans un autre onglet.) Si vous maintenez enfoncées simultanément les touches Maj et ⌘, Safari ouvre la page dans un nouvel onglet et l'affiche directement.

Vous pouvez aussi ouvrir un nouvel onglet vide avec le raccourci ⌘ + T ou d'un clic sur le signe plus qui apparaît à droite sous la barre d'outils.

Quand vous n'avez plus besoin d'une page, fermez son onglet d'un clic sur le bouton X qui apparaît devant son titre lorsque le pointeur s'en approche.

Lorsque Safari diffuse du son, une icône de haut-parleur apparaît dans le champ d'adresse et à l'extrémité droite de l'onglet concerné. Cliquez sur l'icône de haut-parleur d'un onglet pour couper le son de cet onglet ou sur l'icône de haut-parleur dans le champ d'adresse pour couper le son de tous les onglets.

Pour afficher les onglets ouverts, cliquez sur l'icône des deux carrés superposés, à l'extrémité droite de la barre d'outils. Vous accédez à l'interface illustrée à la Figure 9.9. Vous pouvez aussi passer par la commande Présentation/Afficher tous les onglets. La liste sous les miniatures des pages présente les onglets ouverts sur vos autres appareils exploitant le même compte iCloud. Cliquez sur le nom d'une page dans cette liste, et elle s'ouvre sur votre MacBook ; cliquez sur une miniature pour activer l'onglet correspondant.

Pour fermer un onglet depuis cet espace, placez le pointeur de la souris sur sa vignette ou sur son nom dans la liste du bas, puis cliquez sur la croix qui apparaît

FIGURE 9.9 Coup d'œil sur tous les onglets ouverts.

sur la vignette ou à droite du nom. Un clic sur la vignette + ouvre un onglet vide où vous pourrez saisir l'adresse de la page à y afficher.

Pour adapter le fonctionnement des onglets, choisissez Safari/Préférences et cliquez sur Onglets. De là, vous choisirez d'ouvrir les pages dans des onglets ou des fenêtres et déciderez si le nouvel onglet devient systématiquement l'onglet actif.

Enregistrer des pages Web

Quand vous rencontrez une page que vous désirez garder sur l'ordinateur, vous pouvez l'enregistrer sur disque dans son intégralité. L'opération se déroule ainsi :

1. **Affichez la page à conserver.**
2. **Choisissez Fichier/Enregistrer sous ou appuyez sur ⌘ + S.**
3. **Dans le champ Exporter comme, conservez le titre de la page ou changez-le.**
4. **Dans le menu Emplacement, choisissez un emplacement pour le fichier.**

   Cliquez sur la flèche pointant vers le bas pour agrandir la zone de dialogue et avoir accès à tous vos dossiers.

5. **Conserver Archive Web pour le format d'enregistrement de la page.**

Le format Archive Web enregistre la page entière avec ses images. Pour enregistrer uniquement le fichier de code HTML de la page Web, sans ses images, choisissez l'autre option, Source de la page.

6. **Cliquez sur Enregistrer.**

   Une fois le fichier enregistré, vous l'ouvrirez dans Safari en local d'un double-clic sur son icône.

Si vous voulez envoyer une page Web à un ami, passez par le menu Partager. Autrement, faites glisser l'adresse de la page du champ d'adresse vers une fenêtre de nouveau message de Mail.

Protéger votre confidentialité

Il est impossible de parler de Safari sans aborder les questions de sécurité. Vous devriez à la fois vous protéger contre les intrusions extérieures venant d'Internet et empêcher les regards indiscrets dans vos activités sur le MacBook. Cette dernière section a donc pour objectif de vous apprendre à protéger votre confidentialité.

La petite icône de cadenas qui apparaît dans le champ d'adresse vous informe que vous êtes sur un *site Web sécurisé*. Les sites sécurisés encodent les données échangées avec les visiteurs pour empêcher autant que possible qu'elles ne soient interceptées par des personnes malveillantes qui voudraient obtenir des informations personnelles et des numéros de carte bancaire. Un clic sur l'icône de cadenas (devant le nom du site) donne accès au certificat de sécurité utilisé sur le site. Retenez que l'adresse d'un site Web sécurisé commence toujours par le préfixe `https:` au lieu du protocole habituel `http :` (le *s* supplémentaire étant l'initiale de *sécurité*). Pour le vérifier, cliquez dans le champ d'adresse, et l'adresse complète de la page vient remplacer le nom du site.

Lutter contre les cookies indiscrets

Commençons par une définition du terme *cookie*. Il s'agit d'un petit fichier qu'un site Web enregistre automatiquement sur votre disque avec des informations qu'il pourra utiliser lors de votre prochaine visite. Le cookie peut servir à mémoriser vos préférences de présentation du site ou, dans le cas d'un site marchand comme Amazon, à vous identifier pour vous proposer des offres personnalisées en fonction de vos précédents achats et consultations.

Les cookies ne sont pas maléfiques en eux-mêmes. Contrairement aux virus, un fichier de cookie est incapable de se multiplier et de ruiner votre système. De plus, il ne peut être lu que par le site qui l'a déposé. Les cookies sont pourtant malvenus chez les personnes qui n'apprécient pas de se sentir espionnées.

Vous choisirez d'accepter ou de refuser tous les cookies. Une solution intermédiaire consiste à accepter uniquement les cookies des sites de votre choix. Pour définir la manière dont Safari traite les cookies, procédez ainsi :

1. **Choisissez Safari/Préférences.**
2. **Cliquez sur Confidentialité.**

   Vous obtenez les options de la Figure 9.10.

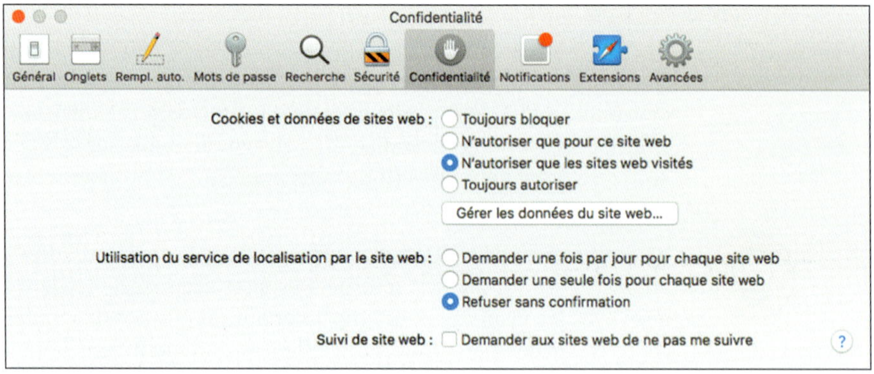

FIGURE 9.10 Choisissez les sites autorisés à laisser des cookies sur votre MacBook.

3. **Choisissez comment réagir aux cookies en sélectionnant l'une des quatre options :**
   - *Toujours bloquer :* aucun cookie ne sera enregistré sur votre ordinateur.
   - *N'autoriser que pour ce site Web :* seuls les cookies du site actuellement visité seront stockés sur votre ordinateur.
   - *N'autoriser que les sites Web visités :* seuls les cookies des sites que vous visitez seront installés. Cela signifie que des cookies d'autres provenances qui pourraient s'installer lorsque vous visitez un site précis ne le seront pas.
   - *Toujours autoriser :* n'applique aucun filtrage.
4. **Pour voir les cookies déjà présents sur votre système, cliquez sur le bouton Gérer les données du site Web.**

Si les cookies d'un site sont bloqués, vous devrez prendre en main certaines opérations, telles que fournir un mot de passe au lieu d'être identifié automatiquement par un cookie.

5. **Cliquez sur le bouton Fermer pour valider vos changements.**

Si l'idée que des sites Web conservent des données sur vos visites vous inquiète, vous pouvez *tout* supprimer d'un seul clic. Dans le volet Confidentialité des préférences de Safari, cliquez sur le bouton Gérer les données de sites Web. Vous accédez ainsi à la liste des sites qui ont stockés des données de navigation. Cliquez alors sur le bouton Tout effacer. Il vous sera demandé de confirmer cette décision drastique. Pour n'éliminer que certains sites, cliquez sur leur nom puis sur le bouton Supprimer.

Le volet Confidentialité comprend aussi une option Demander aux sites Web de ne pas me suivre qui fonctionne… *parfois*. En effet, les sites Web décident eux-mêmes de respecter ou non la demande de confidentialité de Safari. (Sachez que des sites comme Amazon exploitent le suivi, sans malice, pour mémoriser vos achats et les articles qui vous intéressent à chaque visite.) Si vous refusez d'être suivi à la trace, cochez cette option malgré sa relative efficacité ou mieux activez la navigation privée comme je l'explique ci-après.

Surfer discrètement

Safari accélère le chargement des pages déjà visitées en conservant leurs images et fichiers multimédias dans un dossier de stockage temporaire qu'on appelle *cache*. Le souci est qu'il est possible à une personne indiscrète d'accéder à ce dossier pour en afficher les images, ce qui lui permettrait de voir où vous allez traîner sur le Web. (Remerciez-moi de vous prévenir contre des révélations potentiellement embarrassantes pour certains.)

Heureusement, avec la fonction de navigation privée, vous pouvez vagabonder dans les lieux les plus mal famés du Web sans laisser de traces sur l'ordinateur. Pour ce faire, choisissez Fichier/Nouvelle fenêtre privée. Une fenêtre spéciale de Safari s'ouvre. La barre d'adresses affiche l'URL des pages sur un fond gris foncé.

Les versions précédentes de Safari proposaient une commande Vider le cache dans le menu Safari, mais elle a disparu depuis la version 6 (remplacée par la navigation privée). Pour les développeurs de sites Web qui ont souvent besoin de vider le cache pour vérifier leurs créations, il y a un menu Développement avec une commande Vider les caches. Pour afficher ce menu, rendez-vous dans le volet Avancées des préférences de Safari et cochez l'option Afficher le menu Développement dans la barre des menus.

Gérer votre historique de navigation

Comme vous vous en doutez, votre fichier d'historique permet de retracer pas à pas vos excursions sur le Web. Pour supprimer le contenu du menu Historique, fermez toutes les fenêtres et tous les onglets de Safari et choisissez Safari/Effacer l'historique. Cette commande ouvre un panneau d'options où vous choisirez d'effacer l'historique de la dernière heure, de la journée, des deux derniers jours et tout l'historique en mémoire.

Par ailleurs, vous pouvez définir la durée de conservation des adresses dans l'historique. Ouvrez le volet Général dans les préférences de Safari, cliquez sur le menu local Supprimer les éléments de l'historique et sélectionnez une durée : Après un jour, Après une ou deux semaines, un mois ou un an. Pour que l'historique ne s'efface qu'à votre demande, choisissez Manuellement.

Éviter les publicités intrusives

Je déteste ces fenêtres publicitaires qui surgissent à tout moment. Pour éviter leur nuisance, je demande à Safari de bloquer leur affichage. Pour en faire autant chez vous, ouvrez le volet Sécurité dans les préférences de Safari et cochez l'option Bloquer les fenêtres surgissantes. Safari va demander confirmation de ce choix : cliquez alors sur Bloquer.

Certaines de ces fenêtres à ouverture intempestive sont parfois utiles dans un site, pour présenter un téléchargement en cours ou demander un mot de passe par exemple. Dans ce cas, vous désactiverez le blocage en appuyant sur ⌘ + Maj +K et le réactiverez par le même raccourci clavier.

Chapitre 10

iCloud et iCloud Drive

DANS CE CHAPITRE :

- **Découvrir iCloud et iCloud Drive.**
- **Définir les préférences iCloud.**
- **Gérer le stockage sur iCloud Drive.**

Si je devais citer un seul argument pour motiver un utilisateur satisfait de Windows à se convertir en utilisateur de Mac, ce serait l'innovation. En effet, Apple sort les bonnes idées en premier, et les autres ne font que suivre comme ils le peuvent.

iCloud est un exemple parlant de ce phénomène. Les ingénieurs d'Apple trouvaient irritant d'avoir toujours à synchroniser leurs appareils iOS avec leur ordinateur au moyen d'un câble USB, car c'est ainsi qu'on opérait autrefois. Lorsque vous preniez une photo avec votre iPhone ou entriez les coordonnées d'un contact sur votre iPad, les nouveaux fichiers restaient sur l'appareil d'origine jusqu'à ce que vous eussiez l'occasion de le synchroniser avec votre MacBook. Mais grâce à la fonctionnalité iCloud d'Apple, désormais vos données se synchronisent *automatiquement* dans les deux sens *via* Internet !

De plus, grâce à votre compte iCloud vous pouvez stocker vos fichiers en ligne sur iCloud Drive directement depuis le Finder dès lors que vous êtes connecté à Internet. Vous pouvez ainsi utiliser l'espace de stockage d'iCloud Drive comme s'il s'agissait d'un disque dur connecté à votre Mac. Ce système fait penser à Dropbox et à OneDrive sur PC. Bien entendu, lorsque vous n'avez pas accès à votre MacBook, vous pouvez tout de même consulter et modifier ces fichiers *via* un autre ordinateur en vous connectant à votre espace iCloud avec n'importe quel navigateur Web.

Dans ce chapitre, je vous évite d'avoir à chercher vous-même tous les avantages du service iCloud. C'est bien pour cela que vous avez acheté ce manuel, n'est-ce pas ?

Mode de fonctionnement d'iCloud et iCloud Drive

Tous les appareils iOS d'Apple relativement récents sont capables d'afficher et de lire les mêmes fichiers multimédias : photos, musique, livres, vidéos, *etc.* (Certains appareils, comme les iPhone et iPod touch sont même capables de partager les applications que vous installez.) Dans ces conditions, il semble logique que vous puissiez partager sans effort tous vos fichiers multimédias et de bureautique entre vos différents appareils, et c'est là qu'iCloud entre en jeu. En terme technique, ce type de synchronisation automatique s'appelle du *push*.

Voici comment cela fonctionne. Disons que vous venez de terminer un document Pages (l'invitation au goûter d'anniversaire de votre fils) sur votre MacBook, mais vous êtes au bureau et avez besoin de communiquer le fichier à votre famille qui va le valider et l'imprimer depuis l'iPad de votre fils.

Avant l'avènement d'iCloud, il vous fallait joindre le document à un message électronique ou le transférer vers un service de stockage en ligne comme OneDrive de Microsoft ou Dropbox. Après quoi, votre enfant devait télécharger le document et l'enregistrer sur son iPad avant de pouvoir l'utiliser. Avec iCloud, vous vous contentez d'enregistrer le document sur votre MacBook, et macOS Sierra le transfère automatiquement sur l'iPad ! Votre document apparaît sur l'iPad, prêt à être ouvert, modifié et imprimé et il apparaît aussi sur tous les autres appareils iOS 5 (ou ultérieur) qui utilisent le même compte iCloud.

Le document que vous enregistrez sur iCloud Drive peut être accessible à une autre personne, titulaire de son propre compte iCloud. Pour ce faire, choisissez partager le lien *via* iCloud dans le menu Partager de Pages, comme je l'explique au Chapitre 17.

L'enregistrement du document peut se faire directement dans le dossier iCloud Drive de votre Mac, soit depuis l'application qui l'a créé, soit par simple copier-coller entre deux fenêtres ou deux onglets du Finder. La Figure 10.1 montre le contenu de mon espace iCloud Drive.

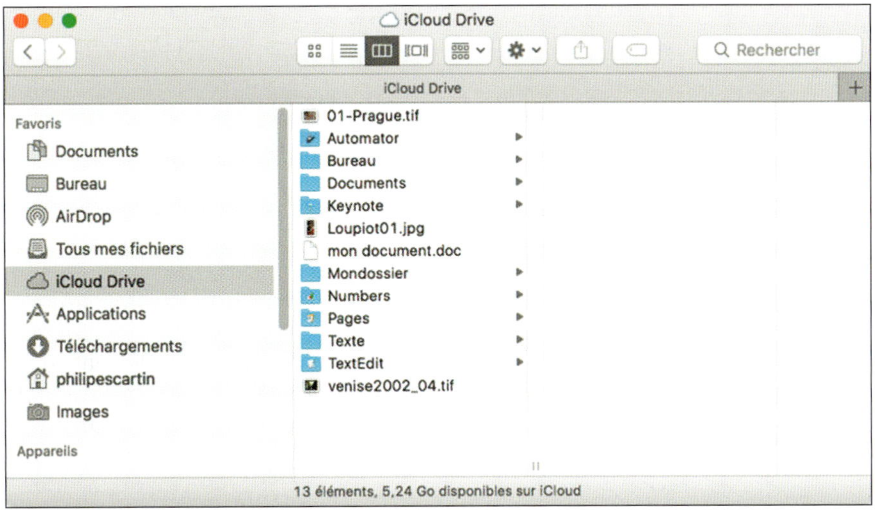

FIGURE 10.1 iCloud Drive votre espace de stockage en ligne.

iCloud Drive permet de disposer de tous vos fichiers sur tous vos appareils iOS 8 et ultérieur. Ainsi, vous stockerez en toute sécurité sur iCloud vos PDF, vos présentations, vos feuilles de calcul, vos images et tout autre document. Ensuite, vous y accéderez avec votre iPhone, votre iPad, iPod touch, Mac ou PC.

Apple fournit gratuitement pour chaque compte iCloud 5 Go d'espace de stockage en ligne que vous utiliserez à votre guise pour vos fichiers multimédias ou pour archiver des documents en ligne. Sachez que les fichiers achetés sur l'iTunes Store (musique, vidéos et applications) ne comptent pas dans cette limite de 5 Go. (Je vous explique plus loin dans ce chapitre comment étendre votre espace de stockage en ligne.)

Pour bénéficier de ce service, il vous faut un identifiant Apple. Si vous n'avez pas défini votre identifiant Apple lors de la configuration initiale de Sierra, vous pouvez en créer un sur l'App Store. Reportez-vous au Chapitre 2 pour connaître la procédure.

Configurer iCloud et iCloud Drive

Les paramètres d'iCloud se définissent dans le volet iCloud des préférences de Sierra (voir Figure 10.2). Cliquez sur l'icône Préférences Système dans le Dock puis sur l'icône iCloud. S'il vous est demandé de vous connecter, entrez votre identi-

FIGURE 10.2 Volet iCloud des Préférences Système.

fiant Apple et votre mot de passe. Vous devrez ensuite répondre à une série de questions pour procéder à la configuration de votre compte iCloud.

Les cases à cocher du volet iCloud des Préférences Système servent pour l'essentiel à choisir les types de données à synchroniser entre le MacBook et tous vos appareils iOS et ordinateurs Mac. Il s'agit des données telles que fiches de contacts, messages électroniques, calendriers et photos. Vous disposez en plus de quatre fonctions :

- **iCloud Drive :** activez cette option pour exploiter la fonction de stockage en ligne du service iCloud depuis le Finder de vos Mac et des applications qui permettent d'enregistrer directement les fichiers sur cet espace. Pour sélectionner les applications concernées, cliquez sur le bouton Options. Comme le montre la Figure 10.3, cochez les applications que vous autorisez à enregistrer sur iCloud Drive.
- **Photos :** l'activation de Photos permet à votre MacBook de recevoir automatiquement les photos de vos appareils iOS. Prenez une photo avec votre iPhone, par exemple, et elle est aussitôt transférée vers l'application Photos de votre MacBook, ainsi que sur votre iPad ou iPod touch.

  Pour activer dans Photos le partage de photos *via* iCloud, choisissez Photos/Préférences, ouvrez le volet iCloud et cochez l'option Photothèque iCloud. Il faut aussi que la case Photos soit cochée dans le volet iCloud des Préférences Système.

FIGURE 10.3 Configurez iCloud Drive dans les préférences d'iCloud.

» **Trousseau :** cette option mémorise vos numéros de carte bancaire, codes d'accès Wi-Fi et les noms d'utilisateurs et mots de passe des sites Web que vous fréquentez afin de les rendre disponibles sur vos appareils mobiles, ce qui vous évite de les retaper à chaque visite. La fonction Trousseau renforce la sécurité en générant des mots de passe chiffrés. Cette fonction est uniquement disponible sur les appareils iOS 8 et ultérieur, sur Yosemite, El Capitan, ou Sierra. Lors de la configuration du Trousseau, vous allez définir un code à quatre chiffres qui vous servira à autoriser les autres appareils à accéder aux données confidentielles mémorisées.

Si vous redoutez de stocker tous vos identifiants sur un serveur iCloud, même hautement protégé, n'activez pas la fonction Trousseau.

» **Accès à mon Mac :** avec cette option activée, vous pouvez contrôler votre MacBook à distance à partir d'un autre Mac (ou inversement) au moyen de la fonction Partage d'écran (voir Chapitre 13). Vous pouvez aussi partager des fichiers entre les deux ordinateurs. La fonction Accès à mon Mac agit au travers d'une connexion Internet ou d'un réseau local. Les ordinateurs Mac disponibles sont visibles dans la section Partagés de la barre latérale des fenêtres Finder. Pour autoriser le partage sur l'autre Mac, il faut activer le partage d'écran dans le volet Partage de ses Préférences Système.

» **Localiser mon Mac :** en voilà une fonction magique ! Imaginez qu'il soit possible de localiser votre MacBook perdu ou volé à partir d'un iPhone ou iPad. Vous ne rêvez pas, Apple l'a fait. La position actuelle de votre MacBook apparaît sur une carte. (Retrouvez la fonction Localiser mon Mac sur le site Web d'iCloud, à `www.icloud.com`.) Et ce n'est pas tout, avec cette fonction vous pouvez même verrouiller ou effacer entièrement le disque dur de votre portable *à distance* afin d'empêcher son utilisation et l'accès à vos données. En localisant votre MacBook depuis un autre ordinateur (Mac ou PC) ou un appareil iOS, vous pouvez lui commander d'émettre un son, lui envoyer un message qu'il affichera à l'écran, le verrouiller à distance ou effacer son disque dur.

Après avoir verrouillé le MacBook ou effacé son disque dur, vous ne pouvez plus le localiser sur la carte. Vous n'emploierez donc ces mesures de protection qu'en *tout dernier recours*.

Gérer le stockage sur votre compte iCloud

Apple sait bien que vous êtes curieux de savoir combien d'espace reste disponible sur votre compte iCloud. Vous avez donc la réponse directement dans le volet iCloud des Préférences Système. Pour voir plus précisément comment vous occupez votre espace iCloud, cliquez sur le bouton Gérer au bas du volet iCloud des Préférences Système. Vous obtenez le panneau d'options de la Figure 10.4, qui indique combien d'espace occupent vos documents et vos sauvegardes. Cliquez sur une application à gauche, et vous obtenez la quantité d'espace qu'elle occupe dans votre espace iCloud. (L'entrée Sauvegardes, tout en bas de la liste, est destinée à recevoir les sauvegardes sans fil d'appareils iOS exploitant le même identifiant Apple.)

FIGURE 10.4 Vérifiez l'emploi de votre espace de stockage en ligne sur iCloud.

Et si 5 Go ne vous suffisent pas, Apple se fera un plaisir de mettre 200, 500 Go, 1 To ou 2 To à votre disposition en échange d'un abonnement mensuel de 0,99 €, 2,99 €, 9,99 € ou 19,99 € respectivement. Cliquez sur le bouton Gérer dans le volet iCloud des Préférences Système, puis cliquez sur le bouton Acheter du stockage supplémentaire.

Chapitre 11

Partager votre MacBook

DANS CE CHAPITRE :

- » **Profiter des avantages d'un ordinateur multi-utilisateur.**
- » **Comprendre la notion de niveaux d'accès.**
- » **Ajouter, modifier et supprimer des comptes d'utilisateurs.**
- » **Limiter l'accès aux comptes contrôlés.**
- » **Choisir les éléments à lancer automatiquement à l'ouverture de session.**
- » **Partager des fichiers avec les autres utilisateurs.**
- » **Exploiter le partage familial.**
- » **Protéger vos données avec FileVault.**

Votre MacBook fait des envieux.

Que vous viviez en famille avec des enfants, vos parents ou des colocataires, tout le monde a envie de passer du temps sur Internet, de faire ses devoirs ou de jouer à un jeu vidéo.

Sinon, vous utilisez peut-être un ordinateur collectif au bureau ou dans une association, et soudain votre collègue réclame son espace privé avec un bureau décoré à son goût et de la place pour ses fichiers. (Si vous sortez votre MacBook en public, vous constaterez que son magnifique écran attire tous les regards et les convoitises.)

Allez, apprenez à partager votre joujou ! En suivant mes explications et conseils, vous saurez comment configurer un MacBook multi-utilisateur sans risque et accessible à tous vos proches.

La notion de comptes d'utilisateurs

Avez-vous un cousin ou un voisin Jean-Michel qui, à chacune de ses visites, a toujours besoin de regarder quelque chose sur le Web ou d'envoyer un message vite fait *via* sa messagerie ? Lui laisser l'ordinateur dix minutes ne serait pas un problème si ses visites n'avaient pas pour conséquence de changer des choses (ajouter des signets dans Safari et des fiches dans vos contacts, par exemple).

Puisque vous n'avez qu'un seul compte d'utilisateur sur votre système, Sierra pense que vous et Jean-Michel êtes une seule et même personne. En ajoutant un compte d'utilisateur pour Jean-Michel, vous transformez votre MacBook en ordinateur multi-utilisateur, ce qui permet à macOS de faire la différence entre vous deux et de garder vos espaces et activités séparés.

Grâce à ce deuxième compte d'utilisateur, Sierra peut s'adapter à Jean-Michel et laisser votre espace propre et net. L'intérêt d'un compte d'utilisateur est d'offrir un espace privé avec :

- un jeu de fiches Contacts personnelles ;
- des signets et paramètres pour Safari ;
- une interface personnalisée (fond d'écran et réglages du Finder) ;
- une bibliothèque iTunes (si Jean-Michel arrive avec sa musique).

De plus, Jean-Michel dispose de son propre dossier de départ sur votre disque dur, comme ça il arrêtera de se plaindre qu'il ne trouve pas ses fichiers. Et cerise sur le gâteau : une fois dans son compte personnel, Jean-Michel n'a plus accès à vos fichiers et autres données d'ordre privé. Vous avez même le pouvoir de décider quelles applications sont ou non à sa disposition et de lui interdire l'accès à certains sites Web.

Les autorisations associées à chaque compte d'utilisateur concernent toutes les activités possibles sur votre MacBook.

Définissez un compte d'utilisateur pour chacun et laissez Sierra se charger de garder les espaces indépendants. Vous pourrez alors partager votre MacBook avec vos proches en toute tranquillité.

Tout ce que nous venons de dire et allons dire est valable même si vous n'avez aucun ami qui se prénomme Jean-Michel.

Les responsabilités de l'administrateur

Retenez ceci une bonne fois pour toutes : vous êtes l'administrateur de votre MacBook. Dans le contexte des réseaux, l'administrateur est la personne qui agit pour les autres avec un pouvoir décisionnel. C'est lui qui crée de nouveaux comptes, décide qui a accès à quoi et supervise tous les comptes d'utilisateurs. En bref, vous êtes le chef.

Je conseille toujours de définir un seul compte (ou deux à la rigueur) avec les privilèges d'administrateur. Ainsi, vous êtes assuré que personne ne va bidouiller votre portable à votre insu. Alors, pourquoi en définir un deuxième ? Si vous prêtez l'ordinateur à une personne de confiance – à votre grande fille pour son stage en entreprise, par exemple – il serait utile qu'elle puisse effectuer certaines tâches de gestion du système sans avoir à vous solliciter (et sans accéder à vos données personnelles).

Dans les sections suivantes, j'explique les responsabilités classiques qui reviennent à l'administrateur d'un MacBook.

Définir les droits d'accès en fonction des besoins de chacun

Les trois principaux types de comptes d'utilisateurs sont les suivants :

- **Administrateur :** voir le début de cette section.
- **Compte standard :** convient à la plupart des utilisateurs ; ce compte donne accès à presque tout, mais ne permet pas d'apporter des changements radicaux à macOS ni de créer de nouveaux comptes d'utilisateurs.

» **Géré avec contrôles parentaux :** compte standard limité par certaines restrictions définies depuis un compte administrateur.

» **Partage uniquement :** permet de partager des fichiers de votre ordinateur avec d'autres utilisateurs d'un réseau. Pour ce faire, vous devez créer un compte d'utilisateurs de partage uniquement. Les utilisateurs peuvent alors se connecter à votre ordinateur comme s'il s'agissait d'un serveur. Ce type de compte n'autorise pas les utilisateurs à ouvrir une session sur un ordinateur.

» **Grouper :** les groupes permettent d'affecter à plusieurs utilisateurs les mêmes autorisations d'accès aux dossiers et aux fichiers. Vous pouvez affecter à un groupe des autorisations d'accès spécifiques à un dossier ou fichier ; tous les membres de ce groupe partagent alors ces autorisations d'accès. Vous pouvez également affecter à un groupe des privilèges d'accès spécifiques à chacun de vos dossiers partagés.

Vous attribuerez des comptes standard et déciderez au cas par cas si un compte a besoin d'être limité en devenant un compte contrôlé.

N'attribuez *jamais* à autrui un compte administrateur, à moins que cela ne soit absolument nécessaire.

Les comptes standard offrent suffisamment d'accès et de protection tout en étant faciles et rapides à configurer. Vous constaterez que le niveau d'accès des comptes standard permet aux utilisateurs d'effectuer tout ce qu'ils ont à faire sur l'ordinateur, ou presque, et vous évite bien des soucis.

Les comptes soumis au contrôle parental peuvent être configurés avec une grande précision pour vous garantir que vos enfants n'iront pas effacer le disque dur, ni s'égarer sur des sites pour adultes ou se livrer à des conversations en ligne sans surveillance. (Attention, si en tant que parent, enseignant ou responsable d'un ordinateur en accès public vous ne configurez qu'un seul compte d'utilisateur, il s'agit de votre compte ; il en faut donc un deuxième.)

Ajouter des comptes d'utilisateurs

Assez de théorie, venons-en à la pratique. Voyons concrètement comment définir un nouveau compte. Votre MacBook possède déjà un compte administrateur défini pour vous (créé pendant la procédure initiale de configuration de Sierra) et vous devez avoir ouvert une session avec ce compte pour être en mesure d'ajouter un compte. L'ajout d'un compte se déroule ainsi :

1. **Dans le volet Utilisateurs et groupes des Préférences Système, cliquez sur le bouton Ajouter (signe plus) au bas de la liste de comptes.**

   Si le bouton Ajouter n'est pas disponible, cliquez sur l'icône de cadenas dans l'angle inférieur gauche du volet des Préférences Système et tapez votre mot de passe pour autoriser les changements dans ce volet.

2. **Dans le panneau d'option de la Figure 11.1, sélectionnez le type de compte dans le menu Nouveau compte.**

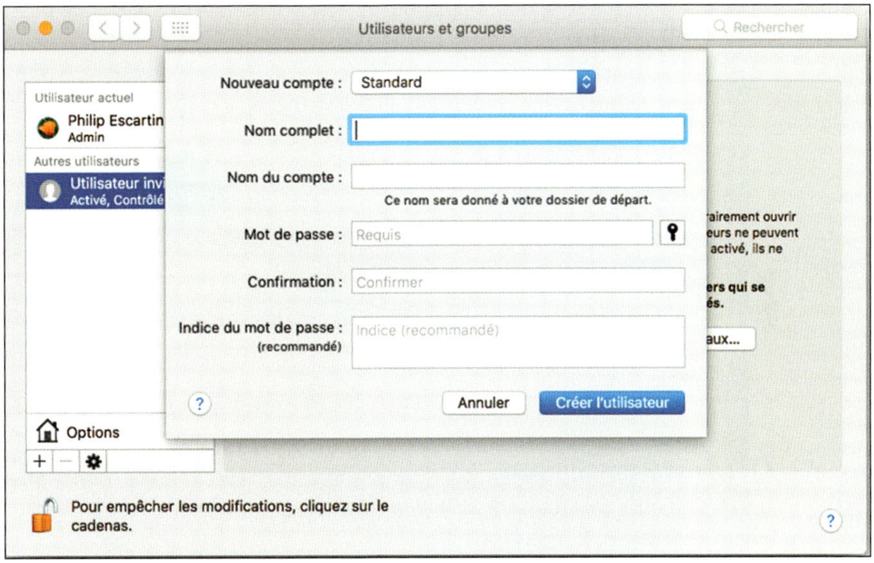

FIGURE 11.1
Définition d'un nouveau compte.

   Il est proposé par défaut de définir un compte standard. Vous pourriez aussi créer un compte administrateur, géré avec contrôles parentaux, limité au partage, ou bien encore un groupe.

3. **Dans le champ Nom complet, tapez le nom à afficher pour ce compte (visible dans la liste Utilisateurs actuels et dans l'écran d'ouverture de session), puis appuyez sur Tab pour passer au champ suivant.**

   Sierra génère automatiquement un *nom concis* dans le champ Nom du compte, qui servira de nom d'utilisateur ou pseudo dans Messages et diverses applications réseau. Ce nom sera aussi le nom du dossier de départ de ce compte d'utilisateur. Vous pouvez conserver le nom proposé ou en taper un autre mais sans espace.

4. **Appuyez sur Tab.**

5. **Dans le champ Mot de passe, tapez le mot de passe à associer au compte.**

   Vous pouvez créer un compte qui utilise le mot de passe iCloud de l'utilisateur. Il est donc nécessaire qu'il vous le communique. Si vous ne souhaitez pas lier la création du nouveau compte à un compte iCloud existant, activez l'option Utiliser un autre mot de passe.

   Cliquez sur l'icône de clé à droite du champ, et l'assistant de mot de passe apparaît avec une suggestion. Ouvrez le menu Suggestion pour voir d'autres propositions. Vous pouvez choisir la longueur du mot de passe et sa nature : lettres et chiffres, chiffres seulement, mémorisable, totalement aléatoire ou conforme à une norme. Quand vous fermez l'assistant, il remplit automatiquement le champ Mot de passe avec le mot de passe que vous avez choisi.

   Comme d'habitude, lorsque vous tapez un mot de passe et sa confirmation, Sierra affiche une série de points pour raison de sécurité.

6. **Appuyez sur Tab, tapez le mot de passe dans le champ Confirmer et appuyez de nouveau sur Tab.**

7. **(Facultatif) Si vous choisissez d'utiliser la fonction d'indice, entrez une locution ou une question dans le champ Indice du mot de passe.**

   L'indice apparaît après trois tentatives ratées de saisie du mot de passe.

   Par mesure de sécurité, je déconseille de fournir un indice de mot de passe. (Personnellement, je n'en utilise jamais. Si un utilisateur a du mal à ouvrir une session sur un ordinateur que j'administre, je préfère savoir pourquoi.) De ce fait, malgré la recommandation d'Apple, je vous conseille de laisser ce champ vide. Si vous décidez quand même d'entrer un indice, choisissez-le suffisamment vague ! Vous éviterez les indices du type « nom du chien de Tintin ».

8. **Cliquez sur le bouton Créer l'utilisateur pour terminer et créer le compte.**

   Le nouveau compte apparaît dans la liste Utilisateurs actuels et dans l'écran d'ouverture de session.

Tous les comptes d'utilisateurs ont les mêmes sous-dossiers par défaut : Vidéos, Musique, Images, Sites et Documents. L'utilisateur peut ensuite ajouter des sous-dossiers dans son dossier de départ.

La particularité intéressante du dossier de départ d'un compte d'utilisateur, quel que soit le type de compte, est que l'essentiel de son contenu n'est pas accessible aux autres utilisateurs (même pas à l'administrateur ; ainsi, toutes les personnes qui utilisent votre ordinateur ont droit à leur petit espace privé). Dans le dossier de départ, seul le dossier Public est accessible aux autres utilisateurs, et seulement de façon limitée. Nous reparlerons de ce dossier plus loin dans ce chapitre. (N'oubliez pas de lire le Chapitre 5 pour tout savoir sur votre dossier de départ.)

Modifier les comptes d'utilisateurs

Voyons maintenant comment vous pourriez modifier un compte d'utilisateur, pour changer certaines informations ou l'image qui représente l'utilisateur, par exemple.

Pour modifier un compte déjà défini, ouvrez une session dans votre compte d'administrateur, rendez-vous dans les Préférences Système et affichez le volet Utilisateurs et groupes. Enfin, suivez ces instructions :

1. **Dans la liste à gauche, cliquez sur le compte à modifier.**

   Si les comptes apparaissent grisés dans la liste, vous devez d'abord déverrouiller le volet Utilisateurs et groupes. Cliquez sur l'icône de cadenas dans l'angle inférieur gauche du volet et tapez votre mot de passe.

2. **Modifiez les paramètres selon les besoins.**

   Vous pourriez accorder provisoirement des droits d'administration (en cochant l'option Autoriser l'administration de cet ordinateur) ou changer le mot de passe du compte (en cliquant sur le bouton Réinitialiser le mot de passe).

3. **Cliquez sur la vignette du compte pour choisir l'image qui le représente. Ensuite cliquez sur Par défaut, ou sur un de vos albums d'images répertorié dans Photos.**

   Une palette d'images apparaît (voir Figure 11.2).

   - *Pour choisir une image fournie par Apple :* cliquez sur une vignette dans la palette Par défaut et cliquez sur Terminé.
   - *Pour choisir l'une de vos photos personnelles :* cliquez sur Photos iCloud et vous avez accès à votre photothèque iCloud.
   - *Pour identifier le compte par une photo de l'utilisateur :* cliquez sur Appareil photo et prenez une photo avec la webcam du MacBook. Cliquez sur l'icône d'appareil photo pour prendre la photo puis sur Terminé.

4. **Une fois les changements terminés, appuyez sur ⌘ + Q pour quitter les Préférences Système et valider.**

FIGURE 11.2 Choisissez une image représentative de l'utilisateur.

L'utilisateur d'un compte standard a droit à quelques interventions sur son compte. Il peut notamment ouvrir le volet Utilisateurs et groupes des Préférences Système pour changer son mot de passe ou son image. Il peut aussi modifier sa fiche dans l'application Contacts et définir les éléments à démarrer automatiquement à l'ouverture de session, comme nous le verrons plus loin dans ce chapitre. Sachez toutefois qu'il est possible d'interdire l'accès aux Préférences Système depuis un compte contrôlé pour empêcher l'utilisateur d'y apporter des modifications. (La définition du contrôle parental est expliquée plus loin dans ce chapitre.)

Supprimer un compte d'utilisateur

Il arrive que les comptes d'utilisateurs perdent leur raison d'être. Les collègues changent d'emploi, les enfants finissent par quitter la maison et Jean-Michel trouve enfin une copine avec un accès Internet plus rapide.

Quelle qu'en soit la raison, vous pouvez supprimer un compte d'utilisateur à tout moment. Ouvrez une session dans votre compte administrateur, affichez le volet Utilisateurs et groupes des Préférences Système et suivez mes instructions pour faire disparaître un compte devenu inutile :

1. **Dans la liste d'utilisateurs à gauche, cliquez sur le compte à supprimer.**
2. **Cliquez sur le bouton Supprimer (signe moins).**

Le message de la Figure 11.3 vous demande confirmation.

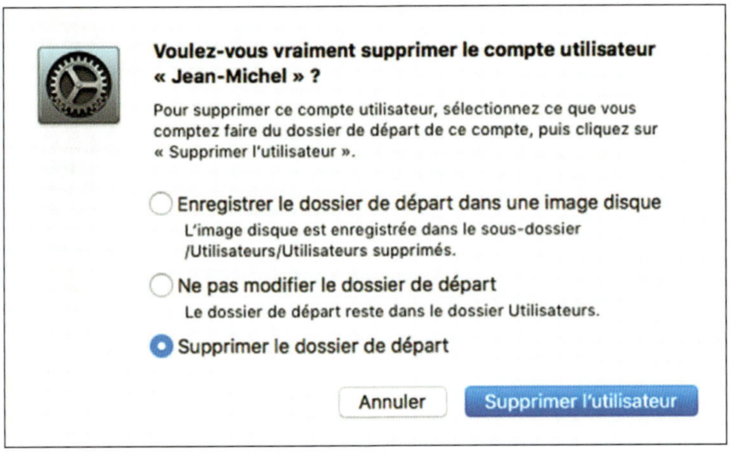

FIGURE 11.3 Avant leur destruction définitive, profitez de cette dernière occasion de conserver les fichiers d'un compte à supprimer.

Remarquez que le contenu du dossier de départ du compte éliminé peut être enregistré sous forme d'une image disque dans le dossier Utilisateurs supprimés (au cas où vous auriez besoin d'y récupérer quelque chose). Autrement, vous avez la possibilité de laisser le dossier de départ tel quel sur votre disque dur, sans le supprimer.

EMPLOI DU COMPTE UTILISATEUR INVITÉ

Le compte Utilisateur invité offre une solution pratique pour laisser une personne utiliser votre MacBook de façon ponctuelle. D'ailleurs, ce compte s'ouvre sans mot de passe ! Ce compte est aussi limité qu'un compte standard, ce qui réduit considérablement le risque que l'invité endommage votre système par erreur ou malveillance. Sa particularité est qu'après fermeture de la session, le compte efface automatiquement toutes les données et tous les fichiers que l'utilisateur invité y a créés (laissant ainsi un espace vierge pour le prochain invité).

Par défaut, le compte Utilisateur invité est désactivé. Pour l'activer, ouvrez les Préférences Système, affichez le volet Utilisateurs et groupes et cliquez sur Utilisateur invité dans la liste. (Si nécessaire, cliquez sur l'icône de cadenas et tapez votre mot de passe d'administrateur pour autoriser les changements dans ce volet.) Cochez l'option Autoriser les invités à se connecter à cet ordinateur.

N'oubliez pas qu'il est possible de limiter le compte invité en définissant un contrôle parental comme vous le feriez pour tout autre compte standard. Cette précaution est vitale si vos enfants reçoivent du monde à la maison.

Si vous êtes certain de ne plus jamais revoir l'ancien utilisateur du compte, sélectionnez l'option Supprimer le dossier de départ (qui ne conserve rien du tout dans le dossier Utilisateurs supprimés). Vous récupérez alors tout l'espace qui était occupé par les fichiers de ce compte. Par mesure de sécurité supplémentaire pour la confidentialité de l'utilisateur éliminé, son dossier de départ peut être effacé de manière sécurisée.

3. **Pour supprimer le compte, cliquez sur le bouton Supprimer l'utilisateur. Si vous hésitez, cliquez sur Annuler et retournez dans la liste des utilisateurs.**

Supprimez *toujours* les comptes d'utilisateurs inutiles, car chaque compte est une faille potentielle dans la sécurité de votre ordinateur.

Définir le démarrage automatique et le contrôle parental

Tous les comptes d'utilisateurs de votre MacBook peuvent être personnalisés. Bien entendu, certains paramètres sont réservés aux comptes administrateurs et d'autres sont personnalisables depuis un compte standard. Je vous présente ici les fonctions pouvant être activées ou désactivées dans un compte d'utilisateur.

Démarrage automatique à l'ouverture de session

Chaque compte peut être configuré pour que l'ouverture de session démarre automatiquement certains éléments, comme les applications Mail et Contacts. Cette fonction s'active directement dans le compte concerné : l'administrateur ne peut pas définir les éléments à démarrer dans un autre compte.

L'utilisateur doit avoir accès au volet Utilisateurs et groupes des Préférences Système pour définir le démarrage automatique. Or, comme vous le verrez dans la section suivante, cet accès peut lui être interdit dans un compte contrôlé. Par conséquent, l'administrateur doit laisser l'accès aux Préférences Système pour que l'utilisateur puisse supprimer des éléments ouverts automatiquement.

Pour définir les éléments à démarrer automatiquement dans votre compte, procédez ainsi :

1. **Cliquez sur l'icône Préférences Système dans le Dock, puis ouvrez le volet Utilisateurs et groupes.**

2. **Cliquez sur l'onglet Ouverture pour voir les paramètres de la Figure 11.4**

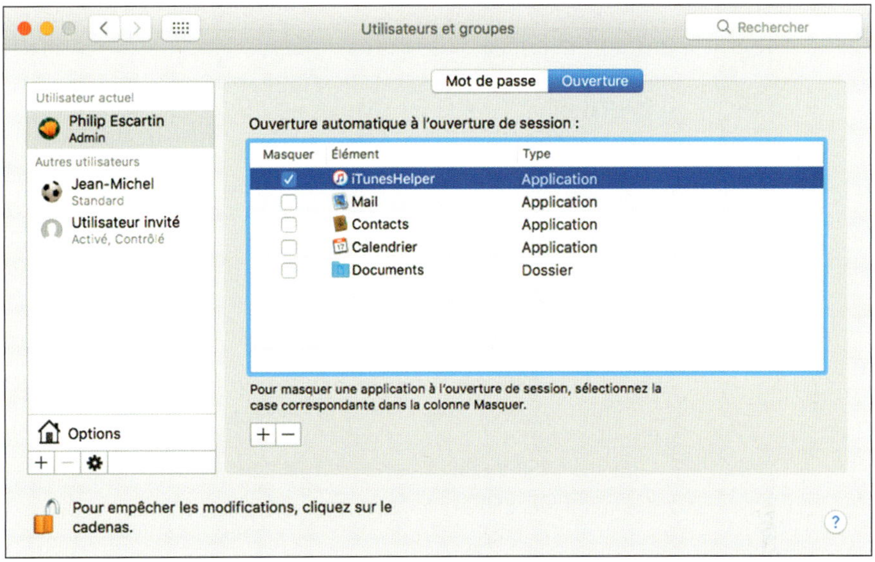

FIGURE 11.4 Choisissez les applications et documents à ouvrir automatiquement.

3. **Cliquez sur le bouton Ajouter (signe plus situé sous la liste des applications) pour afficher l'arborescence des dossiers.**

4. **Localisez l'application à lancer au démarrage, sélectionnez-la et cliquez sur le bouton Ajouter.**

Vous pourriez aussi faire glisser une application directement d'une fenêtre du Finder vers l'onglet Ouverture de cette boîte de dialogue Utilisateurs et groupes.

5. **Cliquez sur ⌘ + Q pour quitter les Préférences Système et valider.**

Si l'icône de l'application se trouve dans le Dock, il existe un raccourci. Cliquez droit sur l'icône et choisissez Options/Ouvrir avec la session.

Les éléments s'ouvrent dans le même ordre que dans la liste, libre à vous de changer l'ordre en les déplaçant dans la liste par glissement.

Définir les droits d'accès d'un compte contrôlé

Un *compte contrôlé* est un compte standard avec des restrictions d'accès, comme je l'indique au début de ce chapitre. Dans ces comptes, vous pouvez interdire l'accès à certaines fonctions de Sierra et à certaines de vos applications en définissant le *contrôle parental*. (Il n'y a bien sûr aucun contrôle parental sur les comptes administrateurs puisqu'ils ont toutes les autorisations sans restriction.)

En clair, le contrôle parental vous sert à empêcher les utilisateurs (enfants, étudiants, collègues ou amis) d'endommager vos fichiers, vos logiciels ou le système d'exploitation. Lorsqu'un compte est limité par le contrôle parental, il porte la mention Contrôlé au lieu de Standard dans la liste des comptes d'utilisateurs.

Pour définir le contrôle parental pour un compte standard, procédez comme suit :

1. **Ouvrez une session dans un compte administrateur.**
2. **Ouvrez le volet Utilisateurs et groupes des Préférences Système.**
3. **Dans la liste des comptes, cliquez sur le compte standard à contrôler, puis cochez la case Activer le contrôle parental.**

   Si nécessaire, cliquez sur l'icône de cadenas dans l'angle inférieur gauche du volet pour déverrouiller.

Maintenant, cliquez sur le bouton Ouvrir les contrôles parentaux pour accéder aux six onglets d'options de la Figure 11.5 :

- **Apps :** ces options déterminent ce que l'utilisateur est autorisé à faire dans son compte. Vous choisirez si l'utilisateur est autorisé ou non à participer à des jeux Game Center à plusieurs joueurs et lui interdirez éventuellement d'envoyer et de recevoir des demandes d'amitié dans Game Center.

  Pour ajouter une nouvelle application dans la liste d'applications du contrôle parental, faites glisser son icône d'une fenêtre du Finder vers la liste du groupe Autres applications. Après quoi, elle apparaît dans la liste et vous pouvez autoriser ou bloquer son accès comme vous le faites avec les autres applications.

- **Web :** Sierra offre trois niveaux de contrôle pour l'accès aux sites Web :
  - *Permettre l'accès sans restriction aux sites Web :* laisse libre accès au Web.
  - *Essayer de limiter l'accès aux sites Web pour adultes :* demande à Safari de bloquer les sites qu'il estime destinés à un public adulte. Pour spécifier des sites particuliers que le filtre va autoriser ou bloquer, cliquez sur le bouton Personnaliser.
  - *Restreindre l'accès aux sites Web suivants :* autorise uniquement les sites de la liste. Pour y ajouter un site, cliquez sur le bouton Ajouter (signe plus), sélectionnez Ajouter un signet et tapez le titre et l'adresse d'un site.

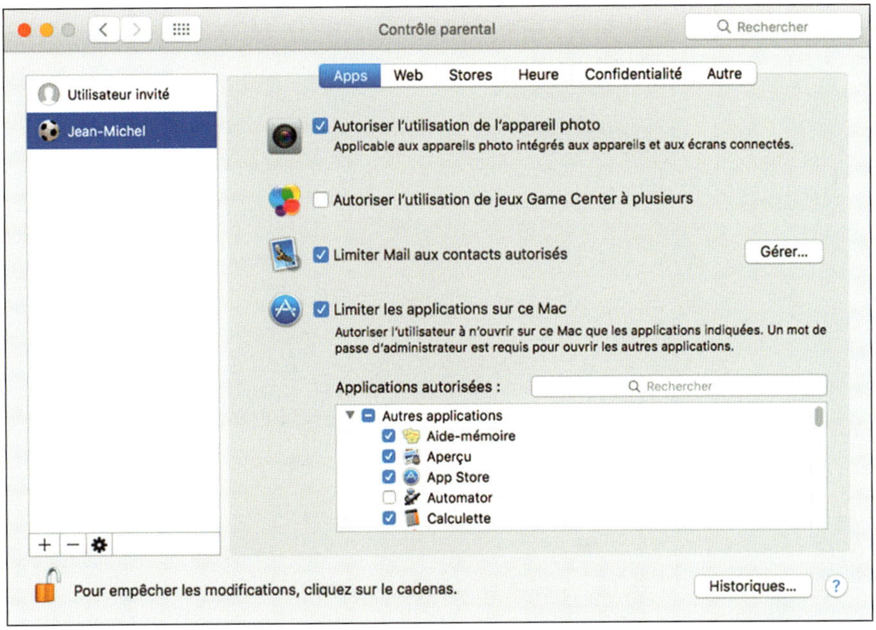

FIGURE 11.5 Avec le contrôle parental, vous choisissez les applications auxquelles l'utilisateur a accès.

» **Stores :** choisissez d'interdire l'accès à iTunes Store et iBooks Store ou de définir les catégories de contenu multimédia accessibles

» **Heure :** cette option va faire plaisir aux parents. Voyez les options de la Figure 11.6. Elles servent à définir la durée pendant laquelle le compte peut être utilisé en semaine et le week-end. Vous pouvez même définir une heure de couvre-feu pour la semaine et le week-end.

FINDER SIMPLIFIÉ

Il s'agit de la dernière option de l'onglet Autre du Contrôle parental. Elle limite davantage un compte contrôlé en lui attribuant les restrictions du Finder simplifié. Il s'agit d'une version très allégée du Finder, avec un Dock simplifié qui ne contient que l'icône Finder, la corbeille et des dossiers pour les applications autorisées, les documents du compte et les fichiers partagés.

Avec son interface allégée, le Finder simplifié résout bien des problèmes pour les administrateurs en interdisant les explorations hasardeuses. L'utilisateur a seulement accès aux fichiers système et aux ressources nécessaires pour ses tâches. Néanmoins, il peut à tout moment passer à la version complète. Il lui suffit de cliquer sur le menu Finder, d'y choisir Exécuter la version complète du Finder et d'entrer le nom et le mot de passe d'un compte administrateur.

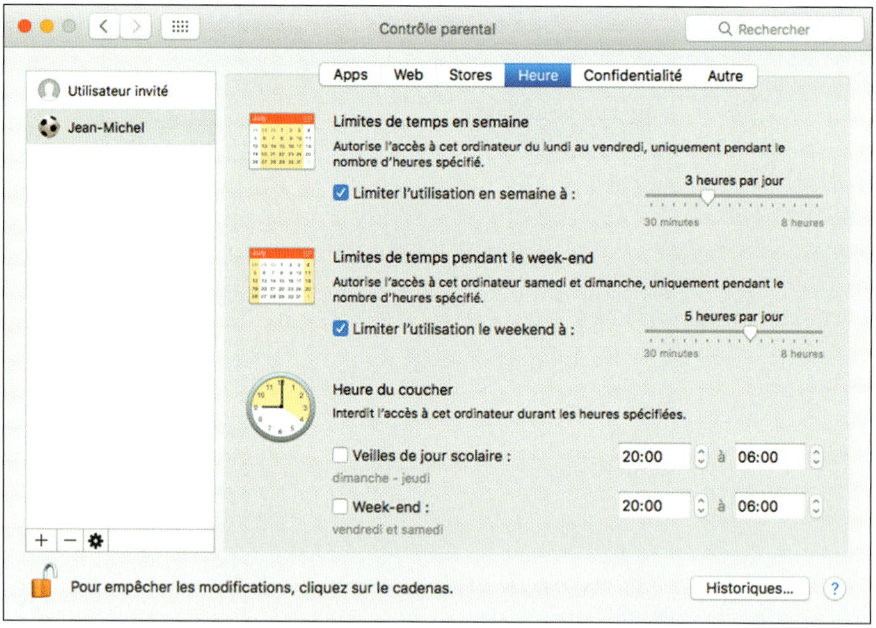

FIGURE 11.6 Sierra se charge de vérifier que les enfants n'abusent pas de l'ordinateur, surtout le soir en semaine.

» **Confidentialité :** ces options protègent les données personnelles de l'utilisateur en empêchant d'autres applications d'y accéder.

» **Autre :** cette série d'options permet d'interdire l'accès à certaines fonctions : dictée, graveur DVD, *etc.* Il est possible d'empêcher la personnalisation du Dock et l'option de Finder simplifié fournit une interface limitée.

Sierra maintient des fichiers d'historique qui enregistrent les sites visités par l'utilisateur contrôlé, les applications qu'il lance et le contenu des messages qu'il échange. Cliquez sur le bouton Historiques du volet Contrôle parental pour accéder à ces fichiers et superviser les activités de l'utilisateur du compte.

Si vous prévoyez de mettre le MacBook en accès libre, je vous conseille d'activer l'ouverture de session automatique sur le compte destiné à cet effet. Dans le volet Utilisateurs et groupes, cliquez sur le bouton Options sous la liste des comptes, puis cliquez sur le menu Ouverture de session automatique pour choisir le compte qui s'ouvre directement, sans saisie du mot de passe, au démarrage de macOS Sierra. Vous confirmerez en tapant le mot de passe du compte choisi et en cliquant sur OK. D'ordinaire, je déconseille d'activer l'ouverture de session automatique pour des raisons évidentes de sécurité, surtout si vous êtes en déplacement avec votre MacBook. Mais cette fonction est utile dans le cas d'un ordinateur en libre accès, car l'ouverture de session automatique sur le compte public de type standard garantit que le système chargera le bon compte après tout redémarrage de l'ordinateur.

Vous pouvez à tout moment fermer la session depuis le menu Pomme () pour ouvrir une session dans un autre compte ou exploiter la fonction de basculement rapide entre les comptes, tel que je le décris dans la section suivante.

Le quotidien d'un portable multi-utilisateur

Maintenant que vous savez créer et contrôler des comptes d'utilisateurs, voyons les sujets qui concernent tous les utilisateurs de votre MacBook : ouverture d'une session, partage d'informations entre comptes et protection de chaque compte par chiffrement des données.

La fonction Partage familial va au-delà du partage d'un ordinateur. Il permet de partager un certain nombre d'informations entre des utilisateurs sans être obligé de leur créer un compte sur votre Mac.

Ouverture et fermeture d'une session dans Sierra

Petite question pratique : comment les différents utilisateurs passent-ils d'un compte à l'autre ? Sierra prévoit quatre méthodes :

- **Ouverture par saisie du nom et mot de passe :** cette méthode est la plus sûre proposée par Sierra, parce que l'utilisateur doit fournir le nom et le mode de passe de son compte. (Il est peu probable qu'un pirate connaisse le nom de tous les utilisateurs de votre MacBook.)

  Le mot de passe saisi est représenté à l'écran par des points pour éviter les indiscrétions pendant cette étape.

  Protégez votre portable en configurant Sierra pour que les utilisateurs soient obligés de taper leur nom et mot de passe pour l'ouverture de session et choisissez toujours des mots de passe difficiles à deviner.

- **Ouverture par liste d'utilisateurs :** cette méthode est un compromis acceptable entre sécurité et facilité. L'écran d'accueil affiche la liste des comptes disponibles, l'utilisateur clique sur son compte, tape son mot de passe et appuie sur Retour pour ouvrir une session.

» **Permutation rapide d'utilisateur :** cette fonction permet d'ouvrir une session dans un deuxième compte tout en gardant ouvertes en arrière-plan les applications du premier compte. Cette solution permet à une personne de vérifier son courrier sans obliger l'autre utilisateur à tout fermer à l'impromptu. Quand la Permutation rapide d'utilisateur est activée, le nom du compte actuel (ou une icône de buste) apparaît à l'extrémité droite de la barre de menus.

Pour basculer vers un autre compte :

a Cliquez sur le nom ou l'icône du compte dans la barre de menus (voir Figure 11.7).

FIGURE 11.7 Le menu de permutation rapide d'utilisateur.

b Cliquez sur le nom du compte à ouvrir.

Sierra affiche l'écran d'ouverture de session, comme si l'ordinateur avait redémarré.

La session du premier utilisateur restant active, vous ne devez surtout pas éteindre ni redémarrer l'ordinateur !

Pour revenir vers le premier compte :

a Cliquez sur le nom du compte actuel dans la barre de menus.

b Cliquez sur le nom du premier compte.

Par mesure de sécurité, Sierra demande le mot de passe de ce compte.

» **Ouverture de session automatique :** c'est l'option la plus pratique, mais la plus risquée. Sierra ouvre directement la session dans le compte spécifié après chaque démarrage ou redémarrage.

Je vous *déconseille formellement* d'activer l'ouverture de session automatique, sauf dans les cas suivants :

- Votre portable réside dans un endroit sûr (chez vous ou dans un bureau fermé à clé). Quand vous êtes en déplacement, vous protégerez vos données en activant l'ouverture de session par nom et mot de passe.
- Vous êtes la seule personne à utiliser le MacBook.
- Le MacBook est destiné à être utilisé en accès libre par de nombreuses personnes, c'est pourquoi il doit s'ouvrir directement sur le compte public.

Si vous travaillez dans un lieu où il y a pas mal de monde qui circule, votre MacBook ne doit absolument pas s'ouvrir automatiquement sur un compte administrateur. Ce serait une grosse erreur de le rendre ainsi vulnérable.

La dernière option, Utiliser VoiceOver dans la fenêtre d'ouverture de session, s'adresse aux utilisateurs malvoyants.

Pour définir la manière d'ouvrir les sessions, ouvrez les Préférences Système, affichez le volet Utilisateurs et groupes et cliquez sur Options sous la liste des comptes pour voir les options de la Figure 11.8. (Si nécessaire, cliquez sur l'icône de cadenas pour confirmer vos droits d'accès.) Sélectionnez le bouton radio Liste d'utilisateurs pour voir la liste des comptes dans l'écran d'ouverture de session ou Nom et mot de passe pour demander à chaque utilisateur de taper son nom et son mot de passe.

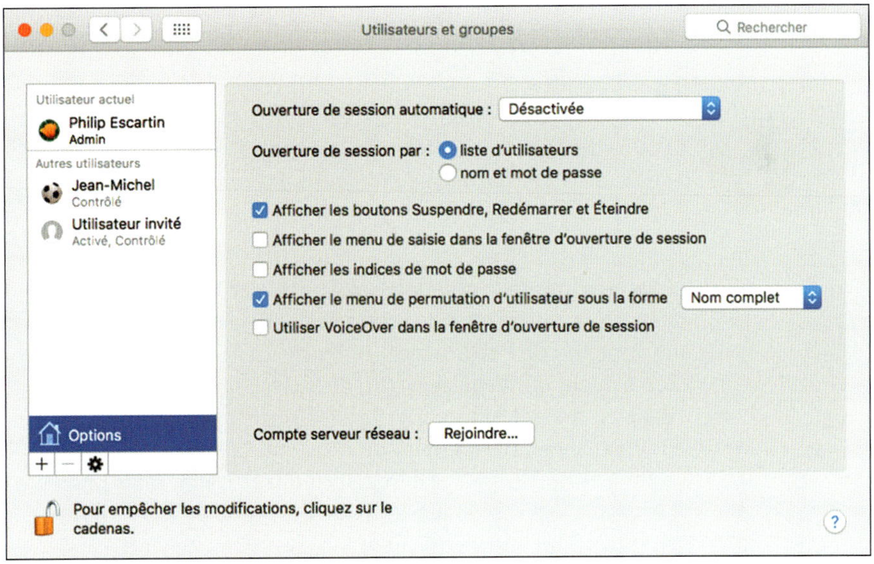

FIGURE 11.8 Choisissez la méthode d'ouverture de session dans le volet Options.

Pour permettre le changement rapide de compte, cochez l'option Afficher le menu de permutation d'utilisateur sous la forme (voir Figure 11.8) et cliquez sur le menu pour choisir ce qui apparaît : nom complet, nom du compte ou icône.

Pour activer l'ouverture de session automatique, cliquez sur le menu Ouverture de session automatique et choisissez le compte que Sierra choisira systématiquement.

Fermer la session est d'une grande simplicité : il vous suffit de cliquer sur le menu Pomme () et d'y choisir Fermer la session <nom du compte d'utilisateur>. Autrement, appuyez sur ⌘ + Maj + Q. Un message de confirmation apparaît avant la fermeture qui va survenir au bout d'une minute si vous n'intervenez plus. Cette minute est primordiale, parce que si quelqu'un arrive entre-temps et clique sur Annuler, cette personne a accès au MacBook avec votre compte ! Après fermeture de la session, l'ordinateur affiche l'écran d'ouverture de session, prêt à accueillir le prochain utilisateur.

Avant de quitter votre MacBook, cliquez toujours sur le bouton Fermer la session dans le message de confirmation.

Tout sur le partage

Vous vous demandez peut-être où résident les documents et fichiers partagés sur votre MacBook. C'est une bonne question. Et comme pour tout dans macOS, la réponse est simple. Le dossier Utilisateurs de votre ordinateur contient un dossier nommé *Partagé*. Pour mettre un fichier ou un dossier en partage sur le portable, vous le placerez dans le dossier Partagé.

Pour utiliser le dossier Partagé sur votre MacBook, il est inutile d'activer le partage de fichiers dans le volet Partage des Préférences Système. Cette fonction concerne seulement l'accès à votre ordinateur par d'autres utilisateurs du réseau.

Chaque compte d'utilisateur possède aussi un dossier Public dans son dossier de départ. Le dossier Public est un dossier en lecture seule accessible à tous les autres utilisateurs de l'ordinateur (et du réseau), qui peuvent seulement ouvrir et copier les fichiers qu'il contient. (En clair, les autres utilisateurs ne peuvent rien ajouter dans ce dossier ni modifier les documents ainsi rendus publics.) Le dossier Public de chaque compte contient un dossier Boîte de dépôt dans lequel les autres utilisateurs peuvent copier et enregistrer des fichiers, mais pas les voir. Ce dossier s'apparente à une boîte aux lettres dans laquelle vous pouvez déposer des éléments destinés à un autre utilisateur.

Le partage familial

Le partage familial porte bien son nom. Il permet de partager vos achats sur l'iTunes Store, l'App Store et l'iBooks Store, de partager également des événements d'un calendrier et des photos, sans être obligé de créer des comptes d'utilisateurs.

Le seul impératif est une limitation à 6 membres qui doivent posséder chacun un compte iCloud. C'est grâce à cet identifiant iCloud que ce partage particulier sera possible.

Définir un groupe familial

Pour que ce partage existe, un groupe familial doit préalablement être défini. Voici comment procéder :

1. **Ouvrez les Préférences Système (depuis le Dock ou le menu Pomme).**
2. **Dans la fenêtre des préférences, cliquez sur l'icône iCloud.**
3. **Dans le volet iCloud, cliquez sur le bouton Configurer une famille.**
4. **Prenez connaissance des explications, puis cliquez sur le bouton Continuer.**
5. **Confirmez ensuite votre intention de devenir l'organisateur de cette famille par un clic sur le bouton Continuer.**
6. **Dans le message précisant que les achats effectués avec votre identifiant Apple seront partagés par tous les membres de votre famille, cliquez sur Continuer.**

   Si vous souhaitez utiliser un autre compte Apple, cliquez sur le bouton Utiliser un autre compte. Saisissez alors l'identifiant Apple d'un autre membre puis son mot de passe, et cliquez sur Continuer.

7. **Si Apple vous demande d'indiquer un mode de paiement, cliquez impérativement sur le bouton Ajouter.**

   Vous échapperez à cette demande si ce mode de paiement est déjà configuré et opérationnel.

8. **Saisissez l'identifiant Apple que vous utilisez pour acheter sur l'iTunes Store, puis votre mot de passe et cliquez sur Données de facturation.**
9. **Renseignez les champs demandés, puis cliquez sur Terminé.**

10. **Dans le message de confirmation indiquant les quatre derniers chiffres de votre carte bancaire, cliquez sur Continuer.**

11. **Choisissez ensuite de partager ou non vos données de localisation, puis cliquez sur Continuer.**

12. **Dans la dernière fenêtre, cliquez sur le bouton Ajouter un membre de la famille, comme à la Figure 11.9.**

FIGURE 11.9 Le partage familial étant configuré, indiquez maintenant les membres autorisés à partager vos achats électroniques chez Apple.

Ajouter un membre à votre famille

Cet ajout peut s'effectuer directement après la précédente procédure, ou bien plus tard du moment que le partage familial est configuré. Voici comment procéder :

1. **Dans l'hypothèse de l'ajout immédiatement après avoir configuré le partage familial, cliquez sur le bouton Ajouter un membre de la famille.**

   Si vous souhaitez ajouter d'autres membres ultérieurement, cliquez simplement sur le bouton + situé dans l'angle inférieur gauche de la fenêtre de gestion de ce groupe familial.

2. **Tapez l'adresse e-mail d'un membre de votre famille.**

   Il s'agit de l'adresse mail associée au compte iCloud de cette personne.

Si le membre n'a pas d'identifiant Apple nécessaire pour iCloud, activez l'option Créez un identifiant Apple pour un enfant n'ayant pas de compte.

3. **Une fois l'adresse e-mail saisie, cliquez sur Continuer.**

4. **Dans l'étape de vérification, tapez le cryptogramme de votre carte bancaire utilisée pour régler vos achats sur l'App Store. Ensuite, cliquez sur Continuer.**

   Conformez-vous à toutes les instructions.

5. **Pour ajouter d'autres membres, répétez cette procédure.**

Rejoindre une famille

Vous pouvez rejoindre une famille immédiatement après sa création ou bien après avoir reçu une invitation à le faire.

Si vous êtes à proximité de l'ordinateur de l'organisateur du groupe familial :

1. **Tapez l'identifiant et le mot de passe que vous utilisez pour iCloud.**

2. **Ensuite, sur votre Mac, cliquez sur Pomme/Préférences Système, puis sur l'icône iCloud.**

   Vérifiez que votre connexion à iCloud est opérationnelle.

3. **Cliquez sur le bouton Gérer la famille, puis sur votre nom affiché dans le volet gauche.**

   Il ne vous reste plus qu'à suivre les instructions qui apparaissent à l'écran.

Si vous recevez une invitation par mail de la part de l'organisateur de la famille, cliquez sur Afficher l'invitation directement depuis ce message, et suivez les instructions qui apparaissent à l'écran. Vous aurez ensuite le choix de rejoindre ou non cette famille.

Les prérogatives des membres de la famille

En tant que membre d'une famille, vous pouvez :

- Partager les achats réalisés par les autres membres sur iTunes Store, l'App Store ou iBooks Store.
- Masquer un achat auprès des autres membres de la famille.

- Arrêter de partager les achats.
- Partager les achats avec un autre identifiant Apple.
- Partager des événements sur le calendrier familial.
- Partager des photos et des vidéos.

Je rappelle qu'il suffit d'un compte iCloud pour chacun des six membres de votre famille pour profiter de tous ces avantages.

Gérer votre famille

Le partage familial de Sierra se déroule comme dans la vraie vie. Les affinités se nouent et se dénouent. S'il est possible d'ajouter d'autres membres tant que le quota de six n'est pas atteint, vous pouvez évidemment en supprimer, voire arrêter le partage familial.

La suppression d'un membre lui enlève toutes ses prérogatives sur le groupe familial. Voici comment procéder :

1. **Cliquez sur Pomme/Préférences Système, puis sur l'icône iCloud.**
2. **Dans le volet iCloud, cliquez sur le bouton Gérer la famille.**
3. **Cliquez ensuite sur le nom du membre à supprimer, puis sur le bouton moins (-) sous la liste des noms.**

Pour interrompre le partage familial :

1. **Suivez la précédente procédure jusqu'à l'Étape 3.**
2. **Cette fois, sélectionnez non pas le nom d'un membre, mais votre nom d'organisateur.**
3. **Cliquez sur le bouton moins (-) situé dans la partie inférieure gauche de la fenêtre.**
4. **Dans le message qui apparaît, cliquez sur le bouton Arrêter le partage familial.**

Dès lors, il vous faudra reconfigurer une famille pour de nouveau profiter d'un partage familial.

Chiffrer votre dossier de départ

Autoriser d'autres personnes à utiliser votre MacBook induit toujours un risque, surtout si vous détenez des documents très confidentiels. Votre mot de passe garantit normalement que le contenu de votre dossier de départ reste inaccessible aux autres, mais cela ne doit pas vous empêcher de mettre en place une mesure de protection supplémentaire contre les pirates très motivés. En effet, il suffit d'un moment d'inattention dans un train ou une salle de cours, et quelqu'un peut soudain s'emparer de vos données personnelles et professionnelles. Veiller à la sécurité de son ordinateur n'est pas une manifestation de paranoïa, mais une preuve de bons sens.

Dans cette optique, Sierra propose la fonction *FileVault* qui chiffre automatiquement le contenu du disque dur de votre MacBook. Sans la clé de sécurité (soit votre mot de passe, soit la clé de secours FileVault), les données stockées sur votre disque dur ne sont lisibles pour personne (à l'exception de quelques experts du FBI, j'imagine).

L'avantage de FileVault est que son action est totalement transparente. En pratique, lorsque vous ouvrez une session, Sierra se charge automatiquement de déchiffrer vos fichiers et dossiers. Ainsi, vous ne voyez jamais FileVault en action.

Pour activer la protection par FileVault, suivez ces instructions :

1. **Cliquez sur l'icône Préférences Système dans le Dock et accédez au volet Sécurité et confidentialité.**
2. **Cliquez sur l'onglet FileVault puis sur le bouton Activer FileVault.**

   Si le bouton d'activation est inaccessible, cliquez sur l'icône du cadenas en bas à gauche. Saisissez votre nom d'utilisateur et votre mot de passe.
3. **Si nécessaire, cliquez sur Activer l'utilisateur, tapez le mot de passe de chaque compte d'utilisateur et cliquez sur Continuer.**

   Après activation de FileVault, tous les comptes d'utilisateurs de l'ordinateur doivent être activés. Si vous ignorez le mot de passe des autres comptes, vous devrez l'obtenir auprès des utilisateurs pour terminer l'activation.
4. **Choisissez la méthode de déverrouillage de votre disque et de réinitialisation de votre mot de passe.**

- *Autoriser l'utilisation de mon compte iCloud pour déverrouiller mon disque :* votre compte iCloud sera utilisé pour ces deux opérations. Cliquez sur Continuer puis saisissez, si vous le souhaitez, le mot de passe de chaque compte d'utilisateur. Cliquez sur Continuer et suivez les instructions.
- *Créer une clé de secours et ne pas utiliser mon compte iCloud :* cliquez sur Continuer, et notez par écrit la clé de secours attribuée par FileVault et conservez-la en lieu sûr. Cliquez sur Continuer et suivez les instructions.

Pour éviter une erreur lors de la recopie de la clé, faites une capture de l'écran avec la combinaison de touches ⌘ + Maj + 3. Le fichier de la capture d'écran vient s'ajouter sur le bureau où vous pourrez ouvrir, imprimer ou copier l'image sur une clé USB ou sur un autre poste du réseau.

5. **Choisissez de stocker ou non la clé de secours auprès d'Apple.**

   Pour bénéficier de cette mesure de protection supplémentaire, sélectionnez Stocker la clé de secours auprès d'Apple, cliquez sur Continuer et choisissez trois questions de sécurité et leur réponse. Sachez qu'il faudra fournir les trois réponses *exactement* sous la même forme pour récupérer votre clé de secours ! Si vous êtes satisfait des mesures que vous avez déjà prises pour conserver votre clé de secours, sélectionnez Ne jamais stocker la clé de secours auprès d'Apple et cliquez sur Continuer.

6. **Cliquez sur le bouton Redémarrer dans l'écran de confirmation.**

   Votre MacBook redémarre automatiquement et entame l'opération de chiffrement – cette opération ne vous empêche pas de continuer à travailler sur l'ordinateur.

   Et c'est tout !

Personnellement, j'apprécie la fonction FileVault et je l'ai activée sur tous mes Mac qui tournent avec Sierra. Mais elle n'est pas sans risque. Retenez ce conseil : n'oubliez surtout pas votre mot de passe d'ouverture de session et prenez toutes les précautions nécessaires pour conserver au moins une copie de la clé de secours de FileVault ! macOS affiche un avertissement à toute personne sur le point d'activer FileVault : si vous perdez votre mot de passe et la clé de secours, toutes les données de votre disque dur sont perdues ; même les techniciens Apple les plus expérimentés vous diront qu'il n'y a rien à faire.

Chapitre 12

Le réseau dans tous ses états

DANS CE CHAPITRE :

» **Répertorier les avantages d'un réseau.**

» **Choisir entre un réseau filaire ou Wi-Fi.**

» **Partager une connexion Internet.**

» **Préparer le matériel nécessaire.**

» **Établir la connexion au réseau.**

» **Profiter de votre réseau.**

» **Protéger votre MacBook avec un coupe-feu.**

Dans mes livres, je parle toujours de l'accès réseau comme d'un accessoire incontournable, au même titre que l'air conditionné et le four à micro-ondes. Comme pour les autres technologies devenues indispensables dans mon quotidien, je n'imagine plus de partager des données entre ordinateurs sans réseau. Certes, autrefois je recourais à la méthode classique de la disquette transférée d'un poste à l'autre, mais les ordinateurs Apple n'ont plus de lecteur de disquette depuis belle lurette. (D'accord, il nous reste les clés USB.)

Les réseaux, eux, ne sont pas près de disparaître. Que vous utilisiez votre réseau pour partager un accès Internet, pour jouer à plusieurs ou pour écouter vos MP3 sur d'autres ordinateurs avec iTunes, vous aussi jugez indispensable votre réseau domestique. Dans ce chapitre, je vous indique tout ce qu'il faut savoir pour connecter votre MacBook à un réseau.

Intérêt d'un réseau

Si les autres membres de votre maisonnée ont des ordinateurs ou si vous utilisez votre MacBook dans un bureau avec d'autres ordinateurs (y compris des PC), voici un aperçu de ce que vous offre l'accès au réseau :

- **Partage d'une connexion Internet :** telle est la première motivation à monter un réseau à la maison ou dans une petite entreprise. Tout le monde peut ainsi utiliser la même connexion Internet ADSL ou par câble sur tous les ordinateurs du réseau.
- **Partage d'une imprimante :** si l'ordinateur de votre collègue ou de votre sœur est connecté à une bonne imprimante, meilleure que la vôtre, vous pouvez y accéder grâce au réseau si l'imprimante est mise en partage.
- **Copie et déplacement de fichiers volumineux :** avez-vous besoin de transférer une présentation Keynote d'un Mac vers un autre ? Avec une connexion réseau, cette opération s'effectue en quelques secondes. Autrement, il vous faudrait graver le fichier sur DVD ou le copier sur une clé USB ou un disque externe. Le réseau vous permet de copier le dossier du projet en le faisant simplement glisser d'une fenêtre du Finder à une autre.
- **Partage de documents sur le réseau :** le réseau est un outil parfait pour collaborer. Vous pourriez, par exemple, déposer un document Word ou Keynote dans votre dossier Public et demander à vos collègues (sur place ou ailleurs dans le monde) leurs commentaires et éventuelles suggestions.
- **Partage de musique et vidéo :** avec iTunes, vous pouvez mettre en commun sur le réseau la musique et les vidéos stockées sur votre MacBook pour que ces fichiers soient lus sur d'autres Mac et même des PC. On ne perçoit aucune différence quand la musique ou la vidéo provient d'un autre poste.
- **Jeux multijoueurs :** invitez vos amis à venir chez vous pour jouer chacun sur son portable à un jeu à plusieurs au travers de votre réseau local, et vous susciterez beaucoup d'enthousiasme. (Chaque participant doit posséder un exemplaire du jeu.)

S'il n'y a aucun réseau à proximité ou si vous ne prévoyez pas d'acheter d'autres ordinateurs, il est inutile de lire la suite de ce chapitre, parce qu'un ordinateur tout seul n'a que faire d'un réseau.

Si vous avez juste un MacBook et une connexion Internet (par modem, câble ou ADSL) et n'avez pas l'intention d'acheter un deuxième ordinateur, des équipements Wi-Fi, une imprimante réseau ou un appareil mobile, vous n'avez pas non plus besoin d'un réseau.

Choix d'un réseau avec ou sans fil

Après avoir décidé qu'il vous faut un réseau à la maison ou au bureau, il reste une question primordiale à trancher : allez-vous monter un *réseau filaire* (les ordinateurs étant reliés par des câbles) ou un *réseau sans fil* ? Oserez-vous une combinaison des deux avec des connexions par câbles et par Wi-Fi ?

Vous serez sans doute tenté par un réseau sans fil, ne serait-ce que pour éviter d'avoir des câbles qui courent derrière les meubles et dans les plafonds. Mais je dois vous informer aussi des avantages d'un réseau filaire. Le Tableau 12.1 compare les points forts et faibles de chaque solution.

TABLEAU 12.1 Réseau Wi-Fi et réseau filaire.

Facteur	Réseau Wi-Fi	Réseau filaire
Vitesse	Modérée	Plus rapide
Sécurité	Modérée	Meilleure
Commodité	Meilleure	Pas pratique
Compatibilité	Normes confuses	Plus facile à comprendre
Câblage	Peu (ou pas du tout)	Obligatoire

Si vous hésitez encore, lisez ma liste d'arguments en faveur de l'installation d'un réseau filaire :

- **Réseau filaire :** les deux principaux atouts d'un réseau filaire par rapport à un réseau Wi-Fi sont :
  - *Vitesse plus élevée :* en règle générale, les échanges sur les réseaux filaires compatibles avec votre MacBook seront infiniment plus rapides que sur le plus rapide des réseaux Wi-Fi 802.11.

    Les performances d'une connexion sans fil peuvent être compromises par la distance, des obstacles physiques comme l'épaisseur des murs et des interférences provenant d'appareils électriques (téléphone sans fil et micro-ondes). Ces problèmes n'existent pas sur les réseaux filaires (dans la mesure où la longueur des câbles ne dépasse pas huit mètres).

- *Meilleure sécurité :* les réseaux filaires n'émettent pas de signaux susceptibles d'être interceptés en dehors de votre domicile ou bureau, ils sont donc plus sûrs.

Même avec un réseau filaire, vous n'êtes pas à l'abri des pirates qui peuvent s'infiltrer par le biais de votre connexion Internet. D'où l'intérêt de lire la section « Utilisez votre coupe-feu ! », à la fin de ce chapitre.

» **Réseau sans fil :** les réseaux Wi-Fi n'ont qu'un seul avantage en réalité, mais il est de poids : la *commodité* (qui se traduit aussi par une grande *mobilité* pour tous les appareils reliés au réseau). Cette liberté de mouvement est capitale pour les ordinateurs portables.

Avec le Wi-Fi, il est facile d'accéder à votre réseau partout dans la maison ou au bureau, et le tout sans câble. Connecter une imprimante sans fil est aussi un jeu d'enfant. De plus, avec une borne d'accès AirPort Express, votre chaîne hi-fi peut diffuser sans fil la collection de MP3 de votre MacBook.

Partager l'accès Internet

Voyons maintenant de quoi vous avez besoin pour partager un accès Internet. Je vous montre ici deux méthodes pour connecter votre réseau à Internet. (Avant tout, sachez que votre connexion haut débit peut être rendue disponible sur tout le réseau grâce à votre MacBook.)

Accès à Internet via le MacBook

Votre MacBook peut servir à fournir un accès Internet partagé sur un réseau Wi-Fi élémentaire en passant par :

» une connexion haut débit ADSL ou par câble ;

» un modem externe USB.

Vous partagerez une connexion par modem téléphonique uniquement si vous n'avez pas d'autre solution. En effet, ces connexions sont trop lentes pour permettre à deux personnes de naviguer confortablement sur le Web en même temps. Cette solution n'est donc pas pratique du tout.

Puisque votre MacBook est équipé d'une carte Wi-Fi, il est facile de partager sa connexion haut débit sans fil avec les autres ordinateurs de la maison ou du bureau.

Lorsque votre portable partage sa connexion Internet, il exploite la fonction intégrée de Sierra pour le partage Internet et doit *impérativement resté allumé* pour fournir ce service au réseau. Je vous montre plus loin dans ce chapitre comment configurer ce service, dans la section « Partager une connexion Internet en réseau ».

GREFFER UN ACCÈS SANS FIL À UN RÉSEAU FILAIRE

Vous êtes peut-être vous-même partagé entre deux solutions, incapable de choisir entre un réseau filaire ou sans fil. Ou bien avez-vous déjà installé un réseau filaire mais rêvez de prendre le soleil sur votre terrasse avec votre portable ? En combinant les deux technologies, vous bénéficiez d'un transfert rapide entre les ordinateurs du réseau et d'une grande liberté de mouvement.

Dans mon bureau à la maison, j'utilise une borne Wi-Fi qui permet aussi la connexion par câble, comme le font la plupart des routeurs et bornes d'accès. Ma famille bénéficie de tous les avantages d'un réseau Wi-Fi et peut accéder à Internet depuis toutes les pièces de la maison. Parallèlement, je dispose d'un transfert rapide par câbles entre les ordinateurs de mon bureau, sans oublier la sécurité renforcée du réseau filaire.

Emploi d'un routeur pour partager l'accès Internet

Vous pourriez équiper votre réseau d'une borne d'accès ou routeur Internet pour raccorder les ordinateurs au modem ADSL ou câble. Cette solution implique l'achat d'un appareil supplémentaire, mais il y a un avantage : votre MacBook n'a pas besoin de rester allumé pour fournir l'accès Internet au reste du réseau. (Si votre accès Internet est fourni par une box comme celle d'Orange, SFR ou Free, la box combine les fonctions de modem et de routeur.)

Les routeurs Internet sont adaptés aux connexions réseau avec ou sans fil et beaucoup autorisent les deux à la fois.

La configuration d'un routeur n'est pas très compliquée, mais la procédure précise varie selon le fabricant de l'appareil. Et selon le modèle, vous aurez différents paramètres à définir dans les Préférences Système. Munissez-vous de la documentation fournie avec le routeur pour procéder à sa configuration. (Avec les box, il n'y a quasiment rien à faire, il suffit souvent d'entrer une clé de sécurité réseau.)

La plupart des routeurs Internet offrent un serveur DHCP, qui attribue automatiquement des adresses IP (*Internet Protocol*), et je vous recommande vivement d'activer cette fonction ! (Vous en saurez plus sur DHCP plus loin dans ce chapitre, dans l'encadré « Tout sur DHCP ».)

Matériel nécessaire

Quand on n'y connaît rien, on a tendance à croire que l'installation d'un réseau requiert du matériel très spécial et un QI hors normes. Je vous indique ici le matériel dont vous aurez besoin pour monter un réseau ou vous raccorder à un réseau déjà en place.

Connexions sans fil

Les MacBook sont munis d'une carte Wi-Fi AirPort Extreme, si bien que si vous possédez une borne AirPort Extreme ou AirPort Express, vous avez déjà tout ce qu'il faut. Dans le cas contraire, prenez la peine de lire mes explications pour monter un réseau sans fil.

La portée maximale d'un réseau Wi-Fi peut être réduite par l'épaisseur des murs qui font obstacle et l'interférence d'appareils électriques comme les fours à micro-ondes et les téléphones sans fil.

Connecter un MacBook à un réseau Wi-Fi existant

Vous êtes déjà équipé pour connecter votre MacBook à un réseau sans fil existant, puisqu'il possède une carte Wi-Fi intégrée.

Monter un réseau sans fil avec une borne Wi-Fi

Si vous décidiez de monter votre réseau Wi-Fi, que vous remplaciez votre réseau filaire ou vouliez lui adjoindre la connectivité sans fil, vous auriez besoin d'une *borne d'accès Wi-Fi*. (Si vous avez déjà un réseau filaire, la borne d'accès peut servir de passerelle entre les ordinateurs équipés d'une carte Wi-Fi et le réseau filaire, ce qui permet aux deux types d'ordinateurs de communiquer entre eux.) Votre borne d'accès possédera soit :

- un port capable de se connecter au commutateur de votre réseau filaire ;
- un commutateur intégré pour les connexions du réseau filaire (en remplacement de votre commutateur actuel).

Évidemment, une borne d'accès peut simplement servir de commutateur central pour votre réseau Wi-Fi (sans prise en charge d'un réseau filaire).

Vous choisirez une élégante borne d'accès d'Apple ou une borne Wi-Fi 802.11 ordinaire ; mais la borne d'Apple nécessite moins de configurations et de réglages, bien entendu.

Si vous ne voulez pas vous prendre la tête à configurer pour votre MacBook des appareils prévus pour PC, achetez du matériel Apple.

Monter un réseau avec une borne Wi-Fi Apple

Votre MacBook peut s'allier à quatre modèles de borne d'accès d'Apple (voir Tableau 12.2) pour vous fournir un réseau Wi-Fi :

- **AirPort Extreme :** je vous recommande l'emploi de la borne AirPort Extreme si votre réseau a besoin d'une antenne plus puissante pour une portée plus large (voir Tableau 12.2).
- **Time Capsule :** ce module n'est pas seulement un disque dur sans fil dédié aux sauvegardes, il fait aussi office de borne d'accès Wi-Fi avec les mêmes caractéristiques techniques qu'une borne AirPort Extreme.
- **AirPort Express :** je vous recommande l'emploi de la borne AirPort Express si vous voulez :
  - *Disposer d'une borne compacte facile à transporter*. Ce modèle est beaucoup plus petit que les autres bornes AirPort d'Apple. (Transporter votre borne vous permettrait d'organiser des parties multijoueurs chez des amis.)
  - *Étendre la portée de votre réseau sans fil*. Si le signal de votre réseau ne va pas jusqu'au fond du jardin, une solution consiste à ajouter une borne AirPort Express à sa limite afin d'étendre la portée des signaux.
  - *Connecter une chaîne hi-fi ou des haut-parleurs pour diffuser de la musique sans fil*. En connectant une paire d'enceintes à votre borne AirPort Express, vous pouvez y diffuser avec AirPlay la musique de votre bibliothèque iTunes depuis votre portable, un iPhone, iPad ou iPod touch.

TABLEAU 12.2 **Bornes d'accès Wi-Fi Apple**

Caractéristique	AirPort Extreme/Time Capsule	AirPort Express
Prix	219 €/369 €	109 €
Utilisateurs (au maximum)	50	50
802.11ac	Oui	Non
802.11n	Oui	Oui
802.11g	Oui	Oui
802.11b	Oui	Oui
Prise LAN (connexion Internet haut débit)	Oui	Oui
Prise WAN (connexion réseau filaire)	Oui	Oui
Prise stéréo pour AirPlay	Non	Oui
Port d'imprimante USB	Oui	Oui
Portée maximale (approximative)	(standard) ; 75 m (avec antenne externe)	45 m
Adaptateur secteur	Séparé sur AirPort Extreme ; intégré sur Time Capsule	Intégré

» **AirPort (ancien modèle) :** si vous trouvez d'occasion une ancienne borne AirPort 802.11b ou 802.11g, elle fera l'affaire pour monter votre réseau sans fil, sauf si vous tenez aux fonctions multijoueurs et au transfert de fichiers ultrarapide.

Les normes 802.11n et 802.11ac qu'utilisent les bornes AirPort Extreme, AirPort Express et Time Capsule fournissent une vitesse de transfert nettement plus élevée que la norme 802.11b/802.11g de l'ancien modèle AirPort. 802.11n et 802.11ac étant compatibles avec toutes les anciennes normes (802.11b/a/g), je vous conseille de choisir du matériel 802.11n/ac qui vous servira plusieurs années. Les bornes Wi-Fi 802.11n/ac fonctionnent bien avec tous les appareils et à une vitesse étourdissante !

Les noms des bornes Wi-Fi d'Apple sont un rien trop semblables. Une fois votre décision prise pour un modèle, notez son nom par écrit pour éviter la confusion.

L'installation d'une borne d'accès Apple est toujours très simple :

1. **Si vous avez un modem câble ou ADSL, connectez-le au port WAN de la borne au moyen d'un câble Ethernet.**
2. **Si vous avez déjà un réseau filaire avec un routeur, connectez cet appareil au port Ethernet de la borne au moyen d'un câble Ethernet.**

3. **Si vous avez une imprimante USB, connectez-la sur le port USB de la borne.**

   Comme l'indique le Tableau 12.2, il n'y a pas de port USB sur les anciens modèles AirPort.

   Je décris la procédure de mise en partage d'une imprimante dans la section suivante, « Partager une imprimante en réseau ».

4. **Raccordez le câble d'alimentation.**

   L'adaptateur secteur est intégré sur la borne AirPort Express et sur le module Time Capsule, il suffit donc de le brancher directement à la prise murale.

5. **Allumez votre borne Wi-Fi.**
6. **Exécutez sur votre MacBook le logiciel d'installation fourni par Apple.**

Monter un réseau avec une borne Wi-Fi quelconque

Si votre borne Wi-Fi provient d'un fabricant autre qu'Apple, la procédure d'installation est certainement similaire. (Je vous conseille quand même de vérifier la documentation de votre borne Wi-Fi.)

Je tiens à signaler que les appareils Wi-Fi pour PC n'utilisent pas la même norme de chiffrement que les appareils Wi-Fi d'Apple, ce qui vous complique un peu la tâche pour connecter votre MacBook à un routeur ou une borne Wi-Fi pour PC. (Nous y revenons dans un instant. Je vous conseille d'utiliser une borne Apple pour éviter les complications.)

Connexion à un réseau Wi-Fi

De mon point de vue, il existe deux sortes de bornes Wi-Fi : celles d'Apple et les autres (c'est-à-dire tous les routeurs et bornes d'accès 802.11n et 802.11g). Les deux sections suivantes expliquent la méthode à suivre dans les deux cas.

Avec une borne Apple

Pour vous connecter à un réseau sans fil dépendant d'une borne Apple, effectuez les réglages suivants sur chacun des Mac compatibles Wi-Fi :

1. **Cliquez sur l'icône Préférences Système dans le Dock.**
2. **Cliquez sur l'icône Réseau.**

3. **Dans la liste de connexions à gauche, cliquez sur Wi-Fi, puis sur le bouton Activer le Wi-Fi.**
4. **Cochez l'option Afficher l'état Wi-Fi dans la barre des menus.**
5. **Cliquez sur le bouton Appliquer.**
6. **Appuyez sur ⌘ + Q pour quitter les Préférences Système et valider les réglages.**
7. **Cliquez sur l'icône Wi-Fi (en forme d'éventail) dans la barre de menus et sélectionnez le réseau auquel vous désirez vous connecter.**

   Le nom du réseau est celui que vous avez choisi en configurant votre borne d'accès Apple.
8. **Si le réseau est sécurisé, entrez le mot de passe que vous avez défini pour le réseau au moment de sa configuration.**

Je rappelle au passage qu'il ne faut jamais négliger la sécurité, c'est pourquoi je vous recommande très vivement, lors de l'installation de votre borne Wi-Fi, d'activer le chiffrement et d'imposer la saisie d'un mot de passe pour l'accès au réseau. (D'ailleurs, la configuration d'une borne d'accès Apple passe obligatoirement par ces deux étapes.)

Évitez les intrus dans votre réseau ! Utilisez les fonctions de sécurité de votre borne Wi-Fi et chiffrez vos données avec le protocole WPA2.

Il se peut qu'un réseau sans fil n'apparaisse pas dans la liste de votre menu Wi-Fi. En effet, les *réseaux fermés* (ainsi définis lors de la configuration de la borne Wi-Fi) n'émettent pas leur nom. Pour vous connecter à un réseau fermé, vous devez en connaître le nom exact (ce qui fournit un niveau de protection supplémentaire). Pour vous connecter à un réseau fermé, procédez ainsi :

1. **Choisissez Se connecter à un autre réseau dans le menu Nom du réseau.**

   Pour ouvrir ce menu, cliquez sur l'icône Wi-Fi (en forme d'éventail) dans la barre de menus.
2. **Tapez le nom du réseau.**
3. **Si le réseau est protégé par WPA, WPA2 ou WEP (méthodes de chiffrement qui protègent les données), cliquez sur le menu Sécurité, et sélectionnez le protocole de chiffrement utilisé par le réseau.**

TRANSFERT DE FICHIERS AVEC AIRDROP

AirDrop est une fonction intégrée de Sierra pour le transfert local de fichiers entre Mac. Son emploi est d'une extrême simplicité : aucune configuration ni mot de passe requis. Mais il y a trois restrictions :

- AirDrop fonctionne seulement sur les Mac qui tournent avec OS X 10.7 ou ultérieur et seulement sur les MacBook relativement récents.
- AirDrop exploite la carte Wi-Fi intégrée aux Mac récents (portables et de bureau) ; il faut donc y activer le Wi-Fi. (Si l'icône de statut Wi-Fi apparaît dans votre barre de menus, cliquez sur l'icône et choisissez Activer le Wi-Fi.)
- Les deux Mac doivent se trouver dans la portée du signal Wi-Fi pour échanger avec AirDrop, mais il n'est pas obligatoire qu'ils utilisent le même réseau sans fil. (À titre d'exemple, mon iMac est connecté à mon réseau filaire, mais comme il possède une carte Wi-Fi, je peux utiliser AirDrop pour envoyer des fichiers de l'iMac vers le MacBook.) Du fait que les fichiers transitent par Wi-Fi, le transfert avec AirDrop est beaucoup plus lent (et moins sécurisé) qu'à travers un réseau local câblé.

Pour transférer des fichiers vers un autre Mac avec AirDrop, il faut cliquer sur l'icône AirDrop dans la barre latérale d'une fenêtre du Finder sur les deux ordinateurs afin de joindre un groupe AirDrop. Peu après, vous voyez les comptes d'utilisateurs de tous les Mac à portée de signal sur lesquels la fonction AirDrop est ouverte. Faites glisser les fichiers vers l'image du compte d'utilisateur ouvert sur l'un des Mac disponibles. À l'issue du transfert, les fichiers sont enregistrés dans le dossier Téléchargements du destinataire.

Lorsque vous n'avez plus besoin d'AirDrop, fermez la fenêtre du Finder où apparaissent les Mac disponibles (ou cliquez sur un autre emplacement dans la barre latérale) pour quitter le groupe AirDrop. (N'oubliez pas que vous devrez ouvrir à nouveau AirDrop si un autre ordinateur veut vous envoyer des fichiers ; chez moi, je garde une fenêtre AirDrop réduite dans le Dock.)

Je déconseille l'emploi du protocole WEP et recommande plutôt WPA2, qui est la norme en vigueur pour les réseaux Wi-Fi domestiques.

4. **Tapez le mot de passe du réseau, si nécessaire.**

Pour vous déconnecter d'un réseau sans fil, cliquez le bouton Désactiver le Wi-Fi ou établissez la connexion à un autre réseau Wi-Fi. Autrement dit, le fait de vous connecter à un autre réseau sans fil ferme automatiquement la première connexion. (Vous ne pouvez accéder qu'à un seul réseau Wi-Fi à la fois, ce qui est logique.)

Avec une borne d'un autre fabricant

Si vous utilisez votre MacBook pour vous connecter dans votre entreprise à une borne Wi-Fi pour PC, vous pourriez avoir besoin de suivre une procédure particulière pour que le mot de passe émis par votre carte Wi-Fi soit reconnu par la borne 802.11b/g/n/ac.

Sierra est capable de surmonter les éventuelles « barrières de langage » générées par le chiffrement de sécurité des réseaux Wi-Fi, les deux principaux protocoles étant WPA2 et WPE. Ce sont le modèle de la borne Wi-Fi et sa méthode de chiffrement qui déterminent si vous devez ou non adapter la saisie de votre mot de passe pour accéder au réseau chiffré.

Pour vous documenter sur le sujet, lancez Safari, rendez-vous sur `https://support.apple.com/fr-fr/HT201506`. Vous obtenez la page *AirPort : connexion à un réseau Wi-Fi WEP ou WPA chiffré*, qui décrit en détail la procédure à suivre pour convertir le mot de passe standard d'un réseau Wi-Fi chiffré en un format acceptable par la carte Wi-Fi de votre MacBook.

Connexion par câble

Les MacBook récents, même le modèle MacBook Pro, n'ont pas de port Ethernet pour le raccordement d'un câble réseau. Vous devrez donc ajouter un adaptateur Thunderbolt/Ethernet (ou USB-C/Ethernet). Une fois l'adaptateur en place, il vous suffit de raccorder les appareils et de configurer la connexion. N'oubliez pas qu'il vous faut aussi des câbles et un commutateur Ethernet. (Si vous utilisez un routeur Internet ou un autre module de partage, il est fort probable qu'il inclut un commutateur intégré avec quatre ou huit ports.)

Connecter un MacBook à un réseau filaire

Insérez l'adaptateur Thunderbolt/Ethernet dans le port Thunderbolt de votre portable. Ainsi, le MacBook devient apte à recevoir un câble Ethernet Cat5/Cat5E/Cat6 avec un connecteur RJ-45. (Sur le nouveau modèle de MacBook, vous raccorderez un adaptateur USB-C/Ethernet sur l'unique port USB-C du portable.)

Afin de vous raccorder à un réseau filaire existant, il vous faut un câble Ethernet Cat5/Cat5E/Cat6 de la longueur nécessaire. Limitez-vous à un câble de huit mètres au maximum pour éviter les interférences (qui risqueraient de ralentir ou d'entraver la connexion). Vous devez aussi disposer d'une prise réseau à proximité du portable. Branchez le câble sur l'adaptateur Ethernet du MacBook et reliez l'autre extrémité à la prise réseau.

Équipement pour un réseau filaire

Si les termes routeur et commutateur ne vous disent rien, ne vous inquiétez pas. Je décris ici le matériel nécessaire pour monter un réseau filaire à la maison.

Matériel pour un réseau filaire

Pour monter un réseau filaire domestique, il vous faut :

- **Un commutateur :** le rôle de cet appareil est de fournir davantage de ports réseau pour les autres ordinateurs du réseau. On trouve dans le commerce des commutateurs à quatre ou huit ports.

  Pour rappel, les routeurs Internet incluent généralement un commutateur intégré. Si vous en avez un, vérifiez le nombre de ports disponibles avant d'aller acheter un commutateur.

- **Des câbles réseau :** le nombre de câbles nécessaires dépend du nombre d'ordinateurs et de périphériques à mettre en réseau. Dans le cas d'un réseau Ethernet Gigabit, il vous faut des câbles de catégorie 5E ou 6. Les câbles Cat 6 offrent de meilleures performances, mais coûtent plus cher.

  Si vous avez un accès Internet haut débit, vous possédez aussi une box ou un modem ADSL ou câble. Cet appareil présente forcément un port pour la connexion à un réseau filaire.

Connexions à établir

Maintenant que vous avez tout le matériel nécessaire, reliez les câbles Ethernet de chaque ordinateur au routeur ou commutateur, puis mettez ce dernier sous tension. (Ces appareils ont généralement besoin d'être alimentés sur secteur.) Consultez la documentation de votre appareil pour savoir si les voyants qui s'allument en façade sont signe d'un fonctionnement normal. (Les couleurs varient d'un fabricant à l'autre, mais les voyants verts sont plutôt bon signe.)

Ensuite, branchez un câble entre le port Ethernet de votre modem câble ou ADSL et le port WAN de votre commutateur. Si le modem est éteint, allumez-le maintenant et vérifiez son bon fonctionnement.

Une fois que le routeur ou commutateur est en marche et fonctionne normalement, vous être prêt à configurer macOS Sierra pour le réseau. Poursuivez avec les instructions de la section qui suit.

Configurer Sierra pour le réseau filaire

La première étape pour monter un réseau consiste à relier les ordinateurs à votre routeur ou commutateur. Cette première étape franchie, il est temps de passer à la configuration de Sierra. Dans les instructions suivantes, je pars du principe que vous établissez la connexion à un commutateur ou routeur qui inclut un serveur DHCP. (Reportez-vous à l'encadré plus loin dans ce chapitre pour en savoir plus sur DHCP.)

Vous effectuerez la configuration suivante sur chacun des Mac du réseau, qui tournent sous macOS :

1. **Cliquez sur l'icône Préférences Système dans le Dock.**
2. **Cliquez sur l'icône Réseau.**
3. **Dans la liste de connexions à gauche, cliquez sur Ethernet.**
4. **Cliquez sur le menu local Configurer IPv4 et choisissez Via DHCP (voir Figure 12.1).**
5. **Cliquez sur le bouton Appliquer.**

   Profitez des bienfaits de la technologie en obtenant automatiquement des adresses IP pour l'ordinateur, le masque de sous-réseau, le routeur et le serveur DNS. Sans serveur DHCP, vous seriez obligé de taper toutes ces valeurs à la main.

   Quelques secondes après avoir appuyé sur Appliquer, vous devriez voir apparaître les valeurs de connexion au réseau. Ne vous inquiétez pas si le champ Serveur DNS reste vide, car Sierra exploite les informations de serveur DNS fournies par le serveur DHCP.

6. **Appuyez sur ⌘ + Q pour quitter les Préférences Système en conservant les nouveaux paramètres.**

Votre MacBook est désormais relié au réseau.

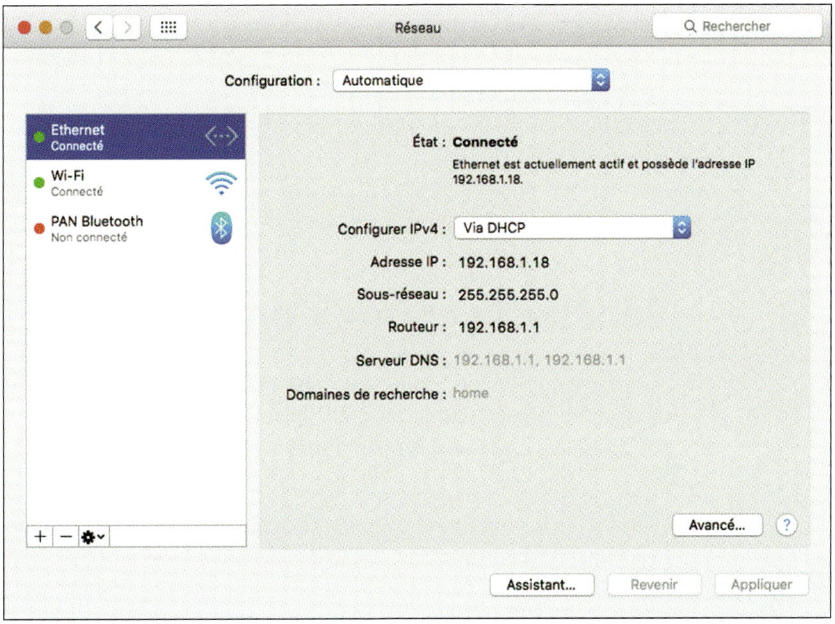

FIGURE 12.1 Avec DHCP, c'est magique !

TOUT SUR DHCP

Certaines technologies sont vraiment sympas. Elles nous facilitent la vie de façon incroyable en remplissant leur fonction toute seule, instantanément, sans que nous ayons à régler des tas de paramètres. De plus, elles sont universelles, reconnues par tous les ordinateurs de la planète, de Mac, Windows à Linux.

Le protocole de configuration dynamique d'hôte, plus connu sous les initiales DHCP (*Dynamic Host Configuration Protocol*), fait partie de ces fantastiques technologies. Il permet à un ordinateur d'obtenir automatiquement toutes les informations techniques nécessaires pour se connecter à un réseau. Bien entendu, la quasi-totalité du matériel réseau récent est compatible avec DHCP, ce qui inclut les routeurs Internet, les commutateurs et les ordinateurs avec macOS. Les systèmes d'exploitation et les appareils réseau fournissent un serveur DHCP qui transmet tout seul les bons paramètres à tous les ordinateurs du réseau. Votre MacBook se contente de recevoir les paramètres, et la connexion s'établit sans souci.

Dans ce manuel, mes instructions sont donc destinées à un lecteur qui utilise le protocole DHCP et du matériel compatible DHCP. Ce postulat m'évite de remplir une trentaine de pages à vous décrire tous les réglages possibles.

Si vous connectez votre MacBook à un réseau d'entreprise, prévenez l'administrateur réseau que vous allez choisir la solution de facilité avec DHCP. Sachez toutefois qu'un réseau ne peut avoir qu'un seul serveur DHCP, au risque de générer de gros conflits. De ce fait, avant d'ajouter votre portable au réseau avec DHCP, vérifiez auprès de l'administrateur réseau que la manœuvre est sans risque.

Travailler en réseau

Bien, le matériel est en place et allumé, les éventuels câbles sont branchés et vous avez configuré macOS. Vous voici prêt à profiter du réseau. Je vous apprends dans les sections suivantes à vérifier que vous êtes connecté au réseau et à partager données et périphériques avec vos partenaires.

Vérifier la connexion réseau

Après avoir connecté au moins deux ordinateurs à un réseau Wi-Fi ou filaire, vérifiez avec la commande ping qu'ils communiquent bien à travers le réseau. Cette commande a pour seul effet d'appeler un ordinateur pour voir s'il répond.

Pour tester la connexion d'un autre ordinateur du réseau depuis un Mac qui tourne avec Sierra, procédez ainsi :

1. **Lancez l'application Utilitaire de réseau.**

   Ouvrez le champ de recherche Spotlight d'un clic sur l'icône de loupe dans la barre de menus et tapez *Utilitaire de réseau*. Cliquez sur le résultat proposé.

2. **Cliquez sur l'onglet Ping (voir Figure 12.2).**

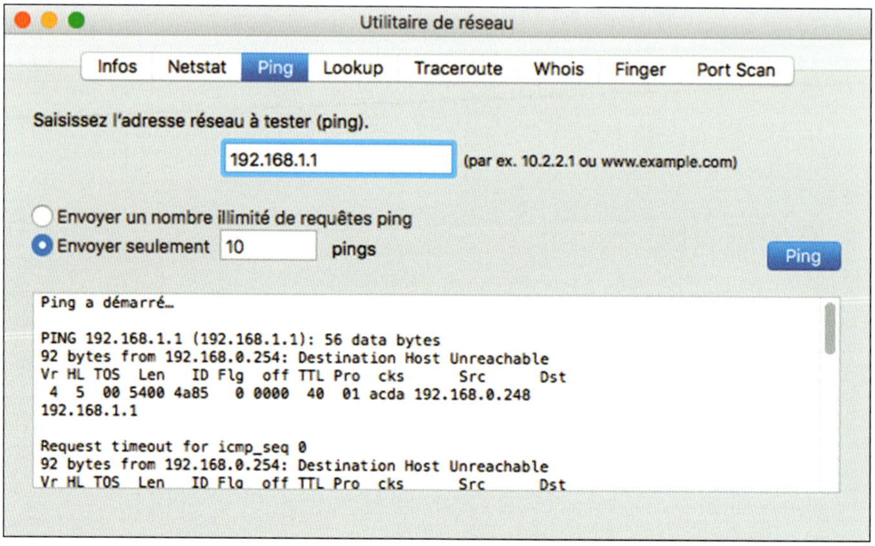

FIGURE 12.2 Maîtrisez l'art du ping.

3. **Dans le champ Saisissez l'adresse réseau à tester, entrez l'adresse IP de l'ordinateur auquel envoyer la requête ping.**

- *Pour tester un autre Mac tournant avec Sierra,* vous trouverez son adresse IP dans le volet Réseau de ses Préférences Système.
- *Pour tester un PC Windows* dont vous ignorez l'adresse IP, vous l'obtiendrez ainsi :

a Ouvrez la fenêtre Invite de commande depuis le menu Démarrer (ou l'écran d'accueil de Windows 8.1 ou 10 en tapant **`cmd`***).*

b Tapez **`ipconfig /all`***.*

L'adresse IP locale du PC apparaît.

4. **Sélectionnez l'option N'envoyer que n requêtes pings et entrez** 5 **dans le champ de saisie.**

5. **Cliquez sur le bouton Ping.**

- *Si tout va bien,* vous obtenez un résultat comme celui de la Figure 12.2, qui montre la réponse à une requête ping envoyée sur mon réseau sans fil à mon PC à l'adresse 192.168.1.1.

  L'adresse 192.168.1.x est une adresse IP de réseau local couramment attribuée par le serveur DHCP des routeurs Internet et commutateurs. Ne vous inquiétez donc pas si vous obtenez la même adresse IP chez vous. De son côté, Apple tend à fournir des adresses sous la forme 10.0.1.xxx pour les réseaux locaux.

- *Si vous n'avez pas de réponse au ping,* vérifiez le raccordement des câbles, les cordons d'alimentation et les paramètres réseau de macOS. S'il s'agit d'une connexion sans fil, rapprochez l'ordinateur de la borne d'accès et

PARE-FEU DE WINDOWS 10

Dans sa configuration par défaut, le Pare-feu de Windows 10 interdit à l'ordinateur de répondre aux requêtes ping. Pour modifier ce comportement, allez dans Panneau de configuration/Système et sécurité/Pare-feu Windows. Cliquez sur le lien Paramètres avancés. Dans la fenêtre Pare-feu Windows avec fonctions avancées de sécurité, cliquez sur Règles de trafic entrant dans le volet gauche. Faites défiler la liste de règles jusqu'à atteindre Partage de fichiers et d'imprimantes (Demande d'écho – Trafic entrant ICMPv4), cliquez droit sur la règle et choisissez Activer la règle. (Pour voir la totalité du nom de la règle vous serez peut-être obligé d'élargir la colonne Nom des Règles de trafic entrant.) Le PC peut maintenant répondre aux requêtes ping qui émanent de votre MacBook.

évitez l'interférence de murs. Si l'ordinateur muet est un PC qui tourne sur Windows 10, lisez l'encadré « Pare-feu de Windows 10 ».

Partager sur le réseau

Ça marche ! Fabuleux, mais qu'allez-vous faire maintenant que vos ordinateurs sont enfin connectés ? Laissez-moi vous féliciter et vous montrer les joies du partage en réseau. Toutes les techniques présentées ici s'appliquent aussi bien aux réseaux filaires qu'aux réseaux Wi-Fi.

Partager une connexion Internet en réseau

Si votre modem câble ou ADSL est directement branché sur votre MacBook (vous n'avez pas de box ni de routeur Internet), vous voulez sans doute savoir comment faire pour avoir accès à Internet depuis les autres ordinateurs de votre réseau local. Si vous avez un réseau sans fil, la solution est simple.

Suivez ces instructions pour partager la connexion Internet sur votre réseau Wi-Fi :

1. **Cliquez sur l'icône Préférences Système dans le Dock.**
2. **Cliquez sur l'icône Partage.**
3. **Cliquez sur Partage Internet dans la liste de services à gauche.**
4. **Dans le menu Partager votre connexion depuis, sélectionnez Ethernet.**
5. **Cochez la case Wi-Fi (dans la liste Aux ordinateurs *via*).**
6. **Cochez l'option Partage Internet dans la liste de services pour l'activer.**

Un message d'avertissement apparaît pour signaler que le partage de la connexion risque de perturber le réseau et vous conseiller de consulter l'administrateur du réseau.

7. **Cliquez sur Démarrer dans la boîte de message pour continuer.**

L'option Partage Internet est désormais cochée et activée dans la liste de services.

8. **Cliquez sur le bouton Fermer pour quitter les Préférences Système.**

Pour partager une connexion Internet (sans routeur ni box Internet) *via* macOS, votre MacBook doit rester allumé en permanence. Pensez à avertir les utilisateurs du réseau qu'ils doivent veiller à ne pas éteindre votre portable, sinon ils perdraient leur connexion Internet. Et bien sûr, si vous partez en déplacement avec votre portable, votre réseau local n'a plus d'accès Internet pendant votre absence.

Si vous avez un modem externe sur votre portable, vous pouvez en théorie partager votre connexion d'accès à distance (qui passe par la ligne téléphonique ordinaire), mais dans la pratique, vous constaterez que le débit est beaucoup trop lent.

Enfin, retenez que vous n'avez nul besoin de configurer le partage Internet si vous avez une box Internet (ou un modem câble/ADSL connecté directement à un routeur Internet). Avec cet équipement, tout le réseau a automatiquement accès à Internet.

Partager des fichiers en réseau

Vous pouvez échanger toutes sortes de fichiers avec les Mac de votre réseau. Quand le partage de fichiers est activé, Sierra permet à tous les Mac du réseau de se connecter à votre MacBook et d'accéder aux fichiers de votre dossier Public. (Retenez que partager en réseau entre plusieurs ordinateurs n'est pas la même chose que partager sur un ordinateur entre plusieurs utilisateurs, comme nous l'avons vu au Chapitre 11.)

Pour mettre vos fichiers et dossiers en partage sur le réseau, vous procéderez ainsi :

1. **Cliquez sur l'icône Préférences Système dans le Dock.**
2. **Cliquez sur l'icône Partage.**
3. **Cochez l'option Partage de fichiers dans la liste de services à gauche pour activer le partage sur Mac et Windows.**

   Les autres utilisateurs sur Mac peuvent accéder à votre ordinateur en choisissant Aller/Réseau dans la barre de menus du Finder. La fenêtre Réseau apparaît et votre MacBook y figure. Si les autres Mac tournent avec OS X 10.8 ou ultérieur, vos dossiers et fichiers partagés apparaissent dans la barre latérale du Finder sous le titre Partagés.

   Les utilisateurs de Windows XP devraient pouvoir accéder à votre Mac depuis leur fenêtre Favoris réseau et ceux de Windows Vista, 7, 8 et 10 depuis la fenêtre Réseau. Ils peuvent même imprimer *via* les imprimantes que vous partagez (voir la section suivante).

4. **Cliquez sur le bouton Fermer pour quitter les Préférences Système.**

Dans le volet Partage, Sierra affiche le nom de votre ordinateur, tel qu'il est connu sur le réseau, ainsi que son adresse IP.

Partager une imprimante en réseau

Voyons une tâche facile, pour changer. En effet, rien de plus simple que de mettre en partage une imprimante raccordée à votre MacBook (ou à votre borne AirPort Extreme, AirPort Express ou Time Capsule). Jugez par vous-même :

1. **Cliquez sur l'icône Préférences Système dans le Dock.**
2. **Cliquez sur l'icône Partage.**
3. **Cochez l'option Partage d'imprimantes dans la liste de services à gauche.**
4. **Dans la liste Imprimantes qui apparaît à droite, cochez la case de l'imprimante à mettre en partage.**
5. **Cliquez sur le bouton Fermer pour quitter les Préférences Système.**

L'imprimante que vous partagez apparaît automatiquement dans les zones de dialogue Imprimer sur les autres ordinateurs reliés au réseau.

Utilisez votre coupe-feu !

Notez l'importance de ce conseil.

D'ailleurs, sous cette forme, à l'impératif, ce n'est plus un conseil mais un ordre et même une maxime, celle que vous retiendrez et appliquerez *sans faute* :

Activez votre coupe-feu maintenant.

Lorsque vous connectez un ordinateur à Internet, vous ouvrez une porte vers l'extérieur. Or, l'extérieur est peuplé d'êtres malfaisants qui n'attendent qu'une occasion pour s'emparer de vos données ou vandaliser votre système. Pour votre sécurité, vous devez veiller à ne pas les laisser entrer.

Sierra vous aide avec sa fonction intégrée de coupe-feu. L'activation du coupe-feu met un mur virtuel entre vous et les pirates potentiels (venant d'Internet et de votre réseau local). Voici comment l'activer :

1. **Cliquez sur l'icône Préférences Système dans le Dock.**
2. **Cliquez sur l'icône Sécurité et confidentialité.**
3. **Cliquez sur l'onglet Coupe-feu.**
4. **Cliquez sur le bouton Activer le coupe-feu.**
5. **Cliquez sur le bouton Options de coupe-feu.**
6. **Cochez l'option Activer le mode furtif.**

   Cette option cruciale empêche les pirates de découvrir votre MacBook lorsqu'ils cherchent sur Internet des ordinateurs sans protection. (Elle a aussi pour effet de ne pas répondre aux requêtes ping, alors ne soyez pas surpris si votre portable fait l'autruche quand on l'appelle sur le réseau.)

7. **Cliquez sur OK.**
8. **Cliquez sur Fermer pour quitter les Préférences Système.**

macOS Sierra reconnaît les tentatives d'accès que vous autorisez, telles que les requêtes depuis des pages Web et le partage de fichiers. Lorsque vous activez l'un des services de partage sur le réseau, Sierra ouvre automatiquement une petite ouverture (appelée un *port* dans le jargon des réseaux) dans le coupe-feu pour autoriser ce type de communication vers votre Mac.

Par exemple, si vous activez le partage d'imprimantes, Sierra autorise les demandes d'impression émises par les autres ordinateurs du réseau.

Vous pouvez ajouter des ports pour des applications qui ne figurent pas dans la liste des autorisations du coupe-feu, comme des applications de messagerie instantanée et des serveurs de jeux multijoueurs. Selon le type de connexion, Sierra affichera une demande de confirmation avant d'autoriser certains accès, il vous suffira donc d'accepter sans rien avoir à configurer manuellement dans la plupart des cas.

Si vous avez besoin d'ajouter manuellement un programme à la liste de ports autorisés (ou bloqués), procédez ainsi :

1. **Cliquez sur l'icône Préférences Système dans le Dock.**

2. **Cliquez sur l'icône Sécurité et confidentialité.**

3. **Cliquez sur l'onglet Coupe-feu puis sur le bouton Options de coupe-feu.**

4. **Cliquez sur le bouton Ajouter (signe plus).**

5. **Localisez l'application qui doit communiquer avec l'extérieur (ou que vous voulez empêcher de communiquer) et sélectionnez-la.**

6. **Cliquez sur le bouton Ajouter.**

   L'application apparaît dans la liste du coupe-feu. Par défaut, elle est marquée comme autorisée à recevoir des communications de l'extérieur.

7. **Si vous voulez interdire toute communication entrante vers cette application, cliquez sur le menu Autoriser les connexions entrantes et choisissez à la place Bloquer les connexions entrantes.**

8. **Cliquez sur le bouton Fermer pour quitter les Préférences Système.**

Chapitre 13

Communiquer en direct avec Messages et FaceTime

DANS CE CHAPITRE :

- **Configurer Messages.**
- **Passer d'un mode à l'autre dans Messages.**
- **Ajouter des amis.**
- **Bavarder en ligne.**
- **Partager l'écran avec un correspondant.**
- **Envoyer et recevoir des fichiers avec Messages.**
- **Ignorer les importuns.**
- **Décorer la scène avec des fonds et des effets vidéo.**
- **Discuter face à face avec FaceTime.**

Vous disposez de la même fonction d'échange de messages en direct avec les textos d'un téléphone mobile, mais l'application Messages est plus versatile pour échanger en direct avec vos proches, qu'ils se trouvent dans la pièce d'à côté ou à l'autre bout du monde. Grâce à Internet, vous profiterez gratuitement de la messagerie instantanée avec un correspondant équipé d'un ordinateur, d'une tablette ou d'un smartphone. Qui plus est, si vous avez tous les deux une webcam ou une caméra numérique connectée à l'ordinateur, vous pouvez vous voir en visiophonie !

Vos outils pour communiquer à distance en direct sont Messages et FaceTime : ils concrétisent ce vieux rêve de téléphone vidéo. (N'oubliez pas qu'il faut iOS 5 ou ultérieur pour échanger des messages et iOS 4.1 ou ultérieur pour exploiter FaceTime.)

Configurer l'application Messages

Lors du premier lancement de Messages, vous êtes invité à créer un compte Messages en entrant votre identifiant Apple (défini lors de la configuration de Sierra ou sur l'App Store, comme je l'explique au Chapitre 2). Votre compte Messages vous servira à envoyer et recevoir des messages à des correspondants utilisant un Mac ou un appareil iOS (tel qu'un iPhone, iPod touch ou iPad).

Un *message instantané* (comme ceux échangés sur AIM, Google Talk ou Skype) n'est pas la même chose, techniquement, qu'un *iMessage* (échangé uniquement entre Mac et appareils iOS 8 ou ultérieur). L'application Messages peut envoyer et recevoir les deux types.

Si vous utilisez déjà AIM, Jabber, Yahoo ou Google Talk et voulez continuer avec le même compte, ouvrez le menu déroulant Type de compte et choisissez le service qui convient, puis entrez le nom et le mot de passe de votre compte de messagerie instantanée.

Vous pouvez aussi activer le service de messagerie Bonjour. Ce service se limite à votre réseau local. Il vous permet de voir dans Messages les utilisateurs du réseau actuellement disponibles, sans que vous ayez à connaître leur nom dans un service de messagerie. Si les autres utilisateurs du réseau communiquent avec Messages, Jabber, Yahoo ou AIM, optez pour le service Bonjour. Si vous n'êtes pas connecté à un réseau local, Bonjour ne sert à rien. Par ailleurs, si vous êtes sur un réseau Wi-Fi public ou accédez à Internet au moyen d'un modem téléphonique, je vous conseille de désactiver Bonjour. Pour activer le service Bonjour, choisissez Messages/Préférences, cliquez sur l'onglet Comptes, cliquez sur le compte Bonjour pour le sélectionner puis cochez l'option Activer la messagerie instantanée Bonjour.

Exploiter Messages

Après avoir configuré votre compte, vous obtenez la fenêtre de la Figure 13.1. Faisons ensemble le tour de cette fenêtre !

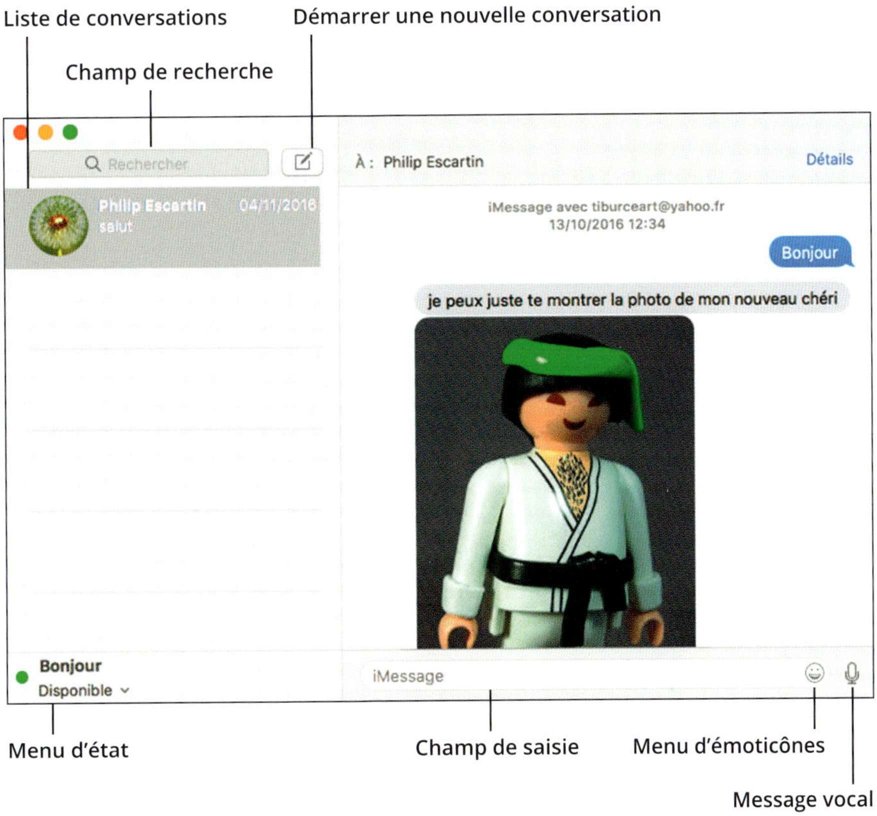

FIGURE 13.1 Maîtrisez l'art de la messagerie instantanée avec Messages.

La fenêtre de Messages vous permet aussi d'envoyer un iMessage à d'autres Mac (ou appareils iOS). Si vous possédez un appareil avec iOS, vous avez dû reconnaître la liste de conversations à gauche, qui présente les derniers correspondants avec qui vous avez échangé avec Messages. Cliquez sur un correspondant dans la liste pour voir vos dernières conversations et éventuellement les reprendre. La partie droite de la fenêtre Messages contient les messages échangés avec le correspondant sélectionné (nous y revenons plus loin).

Il faut un Mac tournant avec OS X 10.8 (ou ultérieur) ou un appareil iOS 5 (ou ultérieur) pour être en mesure d'échanger sur le service Messages.

Vous afficherez la liste d'amis, illustrée Figure 13.2, en appuyant sur ⌘ + 1 ou en choisissant Fenêtre/Amis dans la barre de menus. Cette liste vous sert à sélectionner un correspondant à contacter pour discuter en direct avec AIM, Yahoo ou Google Talk.

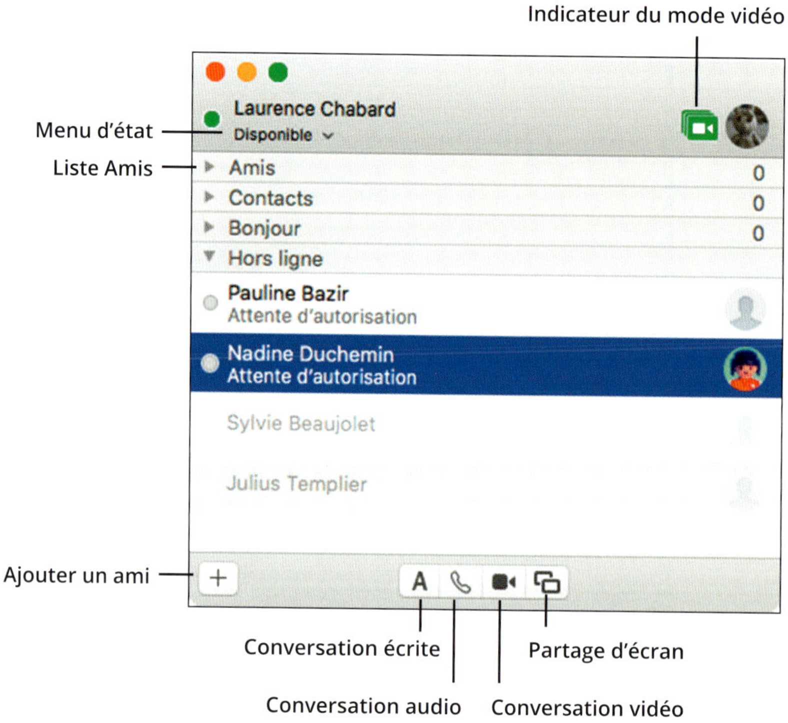

FIGURE 13.2 La liste d'amis de Messages.

Je tiens à apporter les remarques suivantes concernant la fenêtre Messages et sa liste d'amis :

» **Choisir l'image qui vous représente.** Par défaut, Messages vous représente par la vignette de votre compte d'utilisateur, mais vous pouvez en changer. Pour ce faire, faites glisser une image vers la vignette en haut de la fenêtre Amis. Si nécessaire, décalez l'image et changez son grossissement. Cette image apparaîtra avec chacun de vos messages.

Un clic sur la vignette de la fenêtre Amis ouvre une palette qui vous permet de changer facilement d'image en fonction de votre humeur.

» **Emploi des outils proposés au bas de la fenêtre Amis.** Vous disposez des boutons :

- *Ajouter un nouvel ami ou groupe :* (voir plus loin).
- *Lancer une conversation écrite :* échange de brefs messages textuels.
- *Lancer une conversation audio :* dialogue comme au téléphone, *via* le microphone du MacBook.
- *Lancer une conversation vidéo :* visioconférence durant laquelle les deux correspondants peuvent se voir et s'entendre.
- *Démarrer le partage d'écran :* permet de voir et même de contrôler à distance l'écran de votre correspondant.

Ces outils fournissent 90 % des commandes que vous exécuterez dans Messages, alors servez-vous de ces boutons.

» **Afficher l'icône Messages dans la barre de menus.** Cochez l'option Afficher l'état dans la barre des menus (dans l'onglet Général des préférences), et une icône en forme de bulle viendra s'ajouter dans la partie droite de la barre de menus pour afficher le menu de la Figure 13.3. Ses commandes vous serviront à changer votre statut Disponible/Hors ligne, à inviter un ami à discuter ou à afficher votre liste d'amis.

L'icône Messages dans la barre de menus peut servir à lancer l'application. Cliquez sur l'icône Messages en haut de l'écran et sélectionnez Nouveau message, et Sierra lance l'application Messages sans autre forme de procès.

FIGURE 13.3 Menu affiché par l'icône Messages de la barre de menus.

Changer votre état de disponibilité

Ce n'est pas parce que la fenêtre Messages est ouverte que vous êtes disponible pour bavarder en ligne. C'est à vous d'indiquer par votre état si vous êtes prêt ou non à entamer une conversation. L'état *Disponible* fait savoir qu'on peut vous inviter à discuter en ligne ; au contraire, la mention *Déconnecté* indique que vous êtes hors-ligne : l'application Messages n'est pas active, vous ne pouvez pas recevoir d'invitation ni discuter. L'état s'applique seulement à la messagerie instantanée, mais pas au service iMessage, qui vous permet de communiquer à tout moment.

Voyez comme il est facile de changer votre état de disponibilité par l'une ou l'autre méthode :

- Choisissez Disponible ou Hors ligne à partir de l'icône Messages (en forme de phylactère) ajoutée à la barre de menus.
- Si la fenêtre Messages est visible, ouvrez le menu d'état dans l'angle inférieur gauche de la fenêtre.
- Si la fenêtre Amis est visible, ouvrez le menu d'état sous votre nom dans l'angle supérieur gauche de la fenêtre.
- Si la fenêtre Amis est visible, un double-clic sur le nom d'un ami active automatiquement Messages avec l'état Disponible et entame une conversation avec ce correspondant.

Lorsque vous êtes en ligne avec Messages, mais que vous ne voulez pas être dérangé, définissez l'état Indisponible. Chez moi, je me définis en Indisponible lorsque je quitte l'ordinateur pour quelques instants en laissant tourner Messages. Ainsi, mes amis voient qu'ils ne peuvent pas me contacter. Lorsque je reprends place devant l'écran, il me suffit de déplacer le pointeur, et Messages me propose automatiquement si je veux revenir à l'état Disponible.

Messages peut même afficher en état le titre que vous êtes en train d'écouter avec iTunes. Choisissez l'option Morceau actuel dans iTunes, et épatez vos amis par vos choix musicaux éclectiques.

Vous pouvez aussi définir des états personnalisés, comme *Les orteils en éventail devant la cheminée* ou *Coincé dans une réunion soporifique* à la place des états plus classiques Disponible et Indisponible. Les états personnalisés se définissent depuis la fenêtre Messages ou Amis. Ouvrez le menu d'état dans l'une ou l'autre fenêtre et cliquez sur Disponible (personnalisé) ou Indisponible (personnalisé). Un champ de saisie s'active, tapez le texte de l'état et appuyez sur Retour pour l'ajouter à votre liste d'états.

Pour choisir un état de la liste, sélectionnez-le d'un clic. Les modes précédés d'une puce verte signalent votre disponibilité ; ceux ornés d'une puce rouge vous désignent comme indisponible.

Si vous trouvez que votre liste d'états devient trop longue avec tous les états personnalisés que vous avez définis, ouvrez le menu d'état et choisissez Modifier le menu d'état. Vous obtenez vos listes Disponible et Indisponible avec chacune un bouton Supprimer (signe moins). Cliquez sur un état pour le sélectionner puis cliquez sur le bouton Supprimer.

Ajouter des amis

Dans le contexte de Messages, les amis ne sont pas forcément de véritables amis, mais seulement des correspondants pour des conversations d'ordre professionnel ou privé. Tous vos correspondants apparaissent dans votre liste d'amis. Vous pouvez aussi les ajouter à vos fiches Contacts ou créer une nouvelle identité dans Messages à partir du champ AIM d'une fiche Contacts.

Pour ajouter un ami, affichez la fenêtre Amis en appuyant sur ⌘ + 1 et suivez ces instructions :

Pensez vraiment à afficher la liste des amis sinon vous allez tomber fou à ne pas comprendre pourquoi la commande d'ajout d'amis reste indisponible dans le menu Amis.

1. **La liste d'amis étant visible, choisissez Amis/Ajouter un contact (ou cliquez sur le signe plus au bas de la fenêtre Amis et choisissez Ajouter un contact).**

   Vous obtenez une fiche qui vous permet d'entrer les coordonnées d'un correspondant dans un service de messagerie instantanée.

2. **Effectuez l'une des opérations suivantes :**

   - **Pour définir un correspondant à partir d'une fiche Contact qui contient un nom d'utilisateur de messagerie instantanée :** cliquez sur la pointe de flèche à droite du champ Nom afin d'afficher votre liste de contacts. Cliquez sur un nom pour sélectionner sa fiche.

Pour atteindre une fiche, vous pourriez aussi taper le prénom du contact dans le champ Prénom.

- **Pour ajouter un correspondant qui ne figure pas dans vos contacts :** tapez le pseudo qu'utilise cette personne dans son service de messagerie.

3. **Cliquez sur Ajouter pour enregistrer les coordonnées du nouveau correspondant.**

Après l'ajout d'un nouvel ami, il est normal que son nom disparaisse de la liste d'amis après quelques secondes. Cette disparition signifie que la personne est hors ligne ou indisponible. Vos correspondants disponibles apparaissent dans la liste Amis, précédés d'une puce verte.

Pour modifier ou compléter les informations relatives à un contact, cliquez sur son nom dans la liste d'amis et appuyez sur ⌘ + Maj + I. (Depuis le menu, vous choisirez Amis/Afficher les informations.)

Le menu Présentation contient plusieurs options pour vous aider à personnaliser l'affichage de votre liste d'amis. Vous pouvez trier la liste par prénom, nom de famille ou disponibilité et choisir d'afficher les noms complets, noms abrégés ou pseudos.

Converser par messagerie instantanée

Passons à la pratique, voyons comment entamer une conversation avec un ami en ligne. Selon les bonnes manières, vous commencerez par inviter quelqu'un à discuter au lieu de débarquer sur son écran à l'improviste. Remarquez que cette règle ne s'applique pas aux conversations écrites avec Messages.

Pour vous joindre à une conversation déjà entamée, choisissez Fichier/Rejoindre le salon (ou appuyez sur ⌘ + R). Selon le service que vous utilisez actuellement, vous pourriez avoir besoin d'indiquer le nom exact du salon.

Il est temps à ce stade d'évoquer les petites icônes vertes de téléphone et de caméra qui apparaissent près de vos amis en ligne (et près de votre vignette en haut de la liste). L'icône de téléphone vert indique que vous pouvez échanger par la voix dans les deux sens. Si votre correspondant est équipé d'une webcam ou d'une caméra vidéo numérique connectée à son ordinateur, vous pouvez même vous voir et parler, comme si vous étiez face à face.

Question de décence, ne vous mettez jamais torse nu devant la caméra (en pyjama, c'est pas terrible non plus).

Comme votre MacBook est équipé d'un microphone et d'une webcam intégrés, vous devriez *toujours* voir les icônes de téléphone et de caméra devant votre vignette en haut de la fenêtre Amis. Si vous ne les voyez pas, cliquez sur le menu Vidéo et vérifiez que les options Conversation audio activée et Conversation vidéo activée sont cochées dans le menu.

Pour inviter quelqu'un à discuter par l'échange de messages écrits, cliquez sur son nom dans la liste d'amis en ligne et cliquez sur le bouton Démarrer une conversation écrite. (Autrement, cliquez droit sur le nom d'un ami et choisissez Démarrer une nouvelle conversation.)

Pour inviter quelqu'un à participer à une conversation audio, cliquez sur son nom et choisissez Amis/FaceTime Audio audio. Pour une conversation vidéo, vous choisirez Amis/FaceTime vidéo.

Avant de vous lancer dans une visioconférence avec un ami équipé d'un Mac, iPhone, iPad ou iPod touch compatible avec FaceTime, lisez la section consacrée à FaceTime à la fin de ce chapitre. Tandis que la messagerie instantanée vidéo se démarre dans la fenêtre Messages, la visioconférence avec FaceTime se démarre d'un clic sur l'icône FaceTime dans le Dock (ou dans l'angle supérieur droit de la fenêtre Messages). Dans les deux cas, vous obtenez l'ouverture de la fenêtre FaceTime.

La personne à qui vous envoyez une invitation à dialoguer par audio ou vidéo est libre d'accepter ou de refuser. Vous êtes averti si l'invitation est refusée. Après l'envoi d'une invitation depuis la fenêtre Amis, c'est la fenêtre Messages qui s'active (pour l'échange par écrit) ou une autre fenêtre (pour l'échange audio ou vidéo). Pour communiquer par écrit, tapez dans le champ de saisie au bas de la fenêtre Messages et appuyez sur Retour pour envoyer le message.

Si vous voulez insérer une émoticône (ou *smiley*) dans le message, cliquez sur le menu d'émoticônes à droite du champ de saisie (voir Figure 13.4) et choisissez le symbole qui convient.

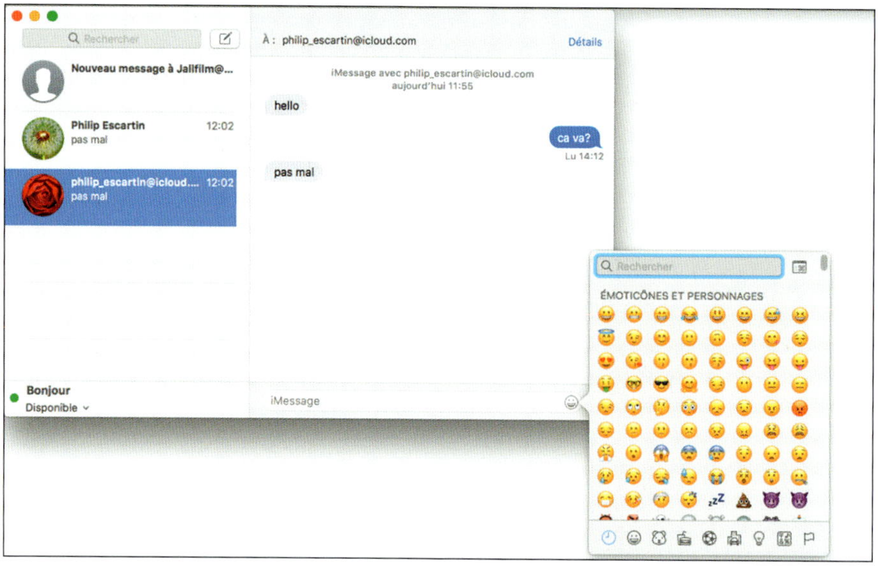

FIGURE 13.4 Insérez des émoticônes pour donner une intention à votre message.

Si quelqu'un vous invite à une conversation audio ou vidéo, la situation s'inverse. L'invitation apparaît dans une boîte de message, et vous choisirez d'accepter ou de refuser l'invitation. (Dans le cas d'une conversation vidéo, vous obtenez un aperçu en vidéo de la personne qui vous invite.)

L'application Messages vous permet également de sélectionner le destinataire d'un message électronique. Cliquez sur un nom dans la liste d'amis, cliquez sur le menu Amis et choisissez Envoyer un e-mail pour démarrer automatiquement Mail (ou votre application de messagerie électronique par défaut).

Si vous menez plusieurs conversations simultanément dans la fenêtre Messages, vous les activerez tour à tour en cliquant dans la liste de conversations à gauche sur la conversation à afficher à droite. Pour fermer une conversation de messagerie instantanée ou Messages, survolez-la dans la liste et cliquez sur le bouton de fermeture (en forme de X) qui apparaît.

Converser avec Messages

Voulez-vous échanger des textos gratuitement avec votre sœur à l'autre bout du monde ? Si elle possède son propre Mac (ou un appareil iOS 5 ou ultérieur) et une connexion Wi-Fi 3G ou 4G, profitez de la fonction Messages.

Cliquez sur le bouton Rédiger un nouveau message en haut à gauche de la fenêtre Messages pour entamer une nouvelle conversation. Le curseur apparaît dans le champ À, vous pouvez alors :

- **Définir le correspondant manuellement.** Tapez le nom de la personne, son adresse électronique ou son numéro de téléphone directement dans le champ À. Vous taperez uniquement le nom si les coordonnées de cette personne figurent dans vos Contacts. Pour envoyer un message vers un iPhone, il faut taper un numéro de téléphone et pour contacter un iPad ou iPod touch, il faut indiquer une adresse e-mail.
- **Choisir un contact ou un ami.** Cliquez sur le bouton bleu orné d'un signe plus pour afficher votre liste de contacts et y sélectionner un correspondant. Pour atteindre directement une fiche, tapez le nom de la personne dans le champ de recherche.

Après cette étape initiale, la conversation Messages se déroule comme en messagerie instantanée. Tapez votre texte dans le champ de saisie au bas de la fenêtre et appuyez sur Retour pour envoyer votre message instantané. Pour mettre fin à une conversation, cliquez droit sur la conversation dans la liste à gauche et choisissez Fermer la conversation. (Autrement, cliquez sur le bouton de fermeture, en forme de X, qui apparaît lorsque le pointeur survole la conversation dans la liste.)

Partager les écrans dans la joie

Si seulement vous pouviez montrer concrètement à votre mère à distance comment imprimer une page Web, comme les explications seraient plus simples ! C'est chose possible avec la fonction de *partage d'écran* qui vous permet de voir et même de contrôler l'écran du Mac de votre correspondant, que la communication passe par un réseau local ou un accès Internet haut débit.

Le partage d'écran doit être activé pour que vous puissiez envoyer et recevoir des invitations à partager. Choisissez Amis/Inviter à partager mon écran. Une coche apparaît devant l'option lorsqu'elle est activée.

Quand un ami vous propose de partager l'écran, vous recevez une invitation que vous acceptez ou refusez. (De votre côté, vous lancerez une invitation en choisissant Amis/Demander à partager l'écran.)

Pour que cette commande soit disponible, vous devez afficher la liste des amis, et y sélectionner un ami. Vous ne pouvez pas lancer une telle demande en choisissant simplement le correspondant dans la liste des conversations en cours.

Si vous acceptez l'invitation de partage, Messages passe automatiquement en mode conversation audio (pour vous laisser discuter pendant que l'écran se prépare à l'action). Après quoi, vous voyez le bureau et les applications qui tournent sur l'ordinateur de votre correspondant et vous pouvez tous les deux déplacer le pointeur et cliquer.

Pendant la session de partage d'écran, Messages affiche un volet translucide qui présente trois boutons :

- **Arrêter le partage d'écran** : pour mettre fin au partage d'écran.
- **Permuter les bureaux** : pour intervertir l'écran de votre Mac et celui de votre correspondant.
- **Couper le son** : pour couper le son pendant la session de partage d'écran.

Pour inviter un correspondant à partager votre écran, choisissez Amis/Inviter à partager mon écran.

Si l'idée de partager votre écran avec une personne que vous ne connaissez pas vraiment ne vous alarme pas, vous avez tort. Vous devriez vous méfier. N'oubliez pas que quiconque ayant accès à votre ordinateur par le partage d'écran est en mesure d'effectuer la même chose que vous, ou presque. Certes, les opérations les plus risquées sont soumises à la saisie du mot de passe d'administrateur, mais une personne malveillante pourrait très bien supprimer des fichiers ou déstabiliser votre système. Conclusion : faites attention avec qui vous partagez votre écran !

Envoyer des fichiers avec Messages

Pour envoyer un fichier à un ami par messagerie instantanée, cliquez sur le correspondant dans la liste d'amis, puis choisissez Amis/Envoyer un fichier. Vous disposez également des méthodes suivantes :

- Tapez le raccourci clavier ⌘ + Option + F.
- Cliquez droit sur un nom dans la liste d'amis et choisissez Envoyer un fichier.

- Faites glisser le fichier depuis une fenêtre du Finder jusqu'au nom du correspondant dans la liste d'amis.
- Faites glisser le fichier dans le champ de saisie où vous tapez le texte de la conversation en cours.

C'est drôlement pratique tout ça ! Avec les trois premières méthodes, vous êtes averti que le destinataire a reçu une requête de transfert de fichier. Si cette demande est acceptée, le transfert démarre et le fichier s'enregistre chez le destinataire à l'emplacement de son choix.

Lorsqu'un correspondant vous envoie un fichier, le volet Requête de fichier entrant apparaît. Vous cliquez soit sur Refuser pour refuser le transfert, soit sur Enregistrer le fichier (pour enregistrer en choisissant l'emplacement).

Avant de les ouvrir, vérifiez toujours avec un antivirus tous les fichiers que vous recevez par le biais de Messages.

Il existe une solution plus facile pour échanger des fichiers entre Mac qui tournent avec une version récente du système d'exploitation : c'est la fonction AirDrop, présentée au Chapitre 12. Mais Messages présente deux avantages de poids par rapport à AirDrop : les deux ordinateurs n'ont pas besoin d'être à portée Wi-Fi l'un de l'autre et le transfert peut se faire entre différents systèmes d'exploitation (Mac avec d'anciennes versions d'OS X et PC avec Windows ou Linux).

Ignorer les importuns

Vous risquez de recevoir des invitations de la part d'inconnus. Le plus souvent, il s'agit de charmantes inconnues au prénom exotique qui ont des services à vendre.

Pour ignorer quelqu'un dans un salon de discussion, cliquez sur son nom dans la liste et choisissez Ignorer <*personne*>. Après quoi, vous ne verrez plus ses interventions dans le salon ni ses invitations à transférer un fichier.

Si seulement une telle fonction existait dans la vraie vie !

Si l'un de vos correspondants devient carrément trop pénible, vous pouvez le *bloquer*. Ainsi, cette personne ne peut même plus voir quand vous êtes en ligne ni vous contacter sous ce nom. Cliquez sur son nom dans la liste et choisissez Amis/Bloquer la personne. Le problème est réglé.

Communiquer avec FaceTime

La fonction de visioconférence de Messages est parfaitement fonctionnelle, mais elle a des limites. Vos correspondants doivent avoir un compte de messagerie instantanée et l'équipement vidéo adéquat (surtout une bonne carte graphique). Avec la technologie FaceTime d'Apple, votre interlocuteur de vidéophonie a seulement besoin d'un appareil iOS ou d'un Mac, sans les contraintes d'un compte de messagerie instantanée, et s'il peut exécuter FaceTime, c'est que son appareil est à la hauteur en ce qui concerne l'affichage vidéo.

À l'heure actuelle, les appareils compatibles FaceTime sont :

- **Mac avec OS X 10.7 ou ultérieur.**
- **iPhone 4 ou 4s avec iOS 4.1 ou ultérieur.**
- **iPad de deuxième ou troisième génération avec iOS 4.1 ou ultérieur.**
- **iPod touch de quatrième génération avec iOS 4.1 ou ultérieur.**

Si vous avez un appareil avec le système d'exploitation iOS 6 ou ultérieur, vous pouvez utiliser FaceTime avec une connexion Wi-Fi, 3G ou 4G. Si votre appareil tourne avec iOS 5 ou une version antérieure, vous êtes limité au Wi-Fi, car il n'est pas compatible avec les connexions 3G et 4G pour mobiles. Pour utiliser FaceTime sur un Mac, il vous faut une connexion à Internet avec ou sans fil.

Pour lancer FaceTime, cliquez sur son icône dans le Dock. Lors du premier lancement, il vous est demandé de saisir votre identifiant Apple et votre adresse électronique. Vos correspondants utiliseront cette adresse e-mail pour vous contacter avec FaceTime. (Pour joindre un correspondant utilisant un iPhone 4 ou 5, vous pouvez indiquer son numéro de téléphone.)

La fenêtre FaceTime apparaît, comme à la Figure 13.5.

Pour changer l'adresse e-mail qu'utilisent vos correspondants pour vous joindre avec FaceTime, choisissez FaceTime/Préférences et, dans l'onglet Réglages, cliquez sur Ajouter une adresse e-mail et saisissez une autre adresse.

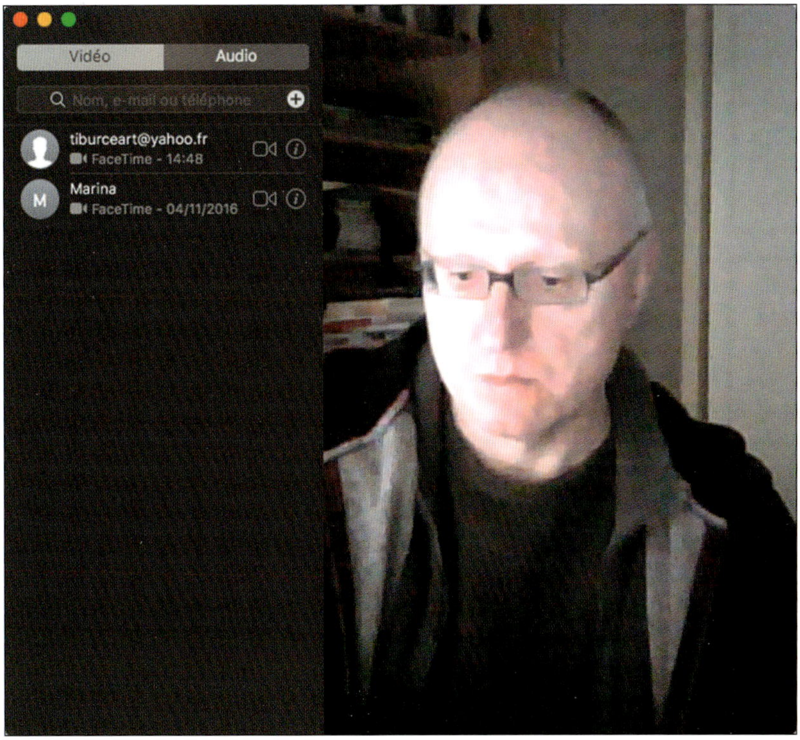

FIGURE 13.5
FaceTime en action.

Après connexion avec votre identifiant Apple, FaceTime affiche la liste des appels récents. Pour appeler quelqu'un, tapez son nom, son adresse électronique ou son numéro de téléphone dans le champ de saisie. FaceTime tente d'établir la connexion.

FaceTime utilise les fiches Contacts de Sierra. Donc, si des amis et/ou des membres de votre famille possèdent un iPhone 4 ou ultérieur, un iPad 2 ou ultérieur, un iPod touch (4e génération minimum) ou un Mac, cliquez simplement sur leur numéro de téléphone ou leur adresse électronique depuis Contacts pour initier un appel vidéo.

Grâce à la fonction de continuité entre Sierra et vos appareils iOS, vos appareils peuvent travailler de concert. Ainsi, vous pouvez répondre à vos appels téléphoniques depuis votre Mac, et cela même si votre iPhone est dans une autre pièce. Cliquez sur l'icône du combiné téléphonique, et discutez sans restriction. Dès que vous recevez un appel alors que vous êtes devant votre Mac, une notification apparaît sur l'écran. Elle indique le nom et éventuellement affiche l'image de votre correspondant. Cliquez sur ladite notification pour répondre. Bien entendu, depuis votre Mac, vous conversez libre de vos mains. Vous pouvez également passer vos appels. Il suffit de cliquer sur le numéro d'un correspondant depuis Contact, Calendrier, Messages, Spotlight ou Plans.

Qui peut le plus, peut le moins. Utilisez également le couple Sierra/iPhone pour envoyer des SMS depuis votre Mac.

À noter que, pour l'instant, il n'existe pas de version Windows de ce produit. Cela signifie donc que, pour les conversations Mac – PC, vous devrez passer par Messages ou par un logiciel tiers comme Skype.

Pour changer l'orientation de la fenêtre FaceTime et profiter de toute la largeur de l'écran panoramique de votre MacBook, choisissez Vidéo/Utiliser l'orientation paysage ou appuyez sur ⌘ + R.

IV

Place aux loisirs multimédias

DANS CETTE PARTIE…

Nous arrivons enfin aux fabuleux outils qui font tant d'envieux. Cette partie est consacrée aux outils multimédias iTunes, Photos et iMovie. Vous verrez comment partager musiques, images et vidéos entre les applications Apple sur votre MacBook. Vous apprendrez ici à réaliser divers projets artistiques, comme composer des diaporamas animés de musique et des albums photos à faire imprimer.

Chapitre 14
iTunes : pour le plaisir (du multimédia)

DANS CE CHAPITRE :

- **Écouter de la musique sur votre MacBook.**
- **Organiser votre bibliothèque musicale.**
- **Écouter les radios du monde entier par Internet.**
- **Partager votre musique sur le réseau.**
- **Animer l'écran avec les animations d'iTunes.**
- **Acheter de la musique sur l'iTunes Store.**

Les mots ne parviennent pas toujours à dépeindre l'émerveillement. Tel est le cas avec iTunes, sa perfection est indescriptible !

Pour entrevoir comment iTunes embellit votre vie, pensez à la joie qu'apporte la musique, facile à écouter, facile à chercher et facile à transférer d'un appareil à l'autre. Que vous préfériez le classique, la variété, le funk, le jazz, le rock, le rap ou le folk, je vous garantis que vous ne trouverez pas de meilleure application qu'iTunes pour remplir votre vie de musique. Sans parler des podcasts, de la vidéo et de la radio Internet. Parmi les podcasts, on trouve même des cours universitaires. Voyez comme iTunes comble tous vos désirs en prenant la place qui lui revient au centre de votre vie numérique.

Dans ce chapitre, je vous dévoile toutes les fonctions de mon application préférée… et j'aurais du mal à cacher à quel point je l'apprécie.

À quoi sert iTunes ?

iTunes est un lecteur multimédia : cette application sert à lire des fichiers audio et vidéo de différents formats. Les formats audio les plus courants reconnus par iTunes sont :

- **MP3 :** grâce à la légèreté de ses fichiers, le format MP3 est devenu le format privilégié pour l'échange de musique sur Internet. Vous pouvez réduire le poids des fichiers MP3 à une taille minuscule (aux dépens de la qualité du son, évidemment), mais une chanson MP3 d'une qualité équivalente à celle d'un CD du commerce pèse de 3 à 5 Mo.
- **Encodage audio avancé :** plus connu sous les initiales AAC (pour *Advanced Audio Coding*), c'est un format audio comparable à MP3, qui produit une meilleure qualité audio que MP3 pour un même poids de fichier. L'inconvénient est que hormis les produits Apple, les logiciels et lecteurs MP3 présentent peu de compatibilité pour AAC. Vous pouvez graver des fichiers AAC sur CD comme vous le faites avec les MP3. Les titres que vous téléchargez de l'iTunes Store sont au format AAC.
- **Apple Lossless :** le format audio sans perte d'Apple fournit le meilleur compromis entre taille du fichier et qualité sonore. Avec ce format, la musique est encodée sans perte de qualité, mais les fichiers sont un peu plus volumineux qu'en AAC. C'est le format de prédilection des mélomanes exigeants.
- **AIFF :** le format audio par défaut sur Mac produit, de façon incontestable, la meilleure qualité sonore. Cette qualité va de pair avec des fichiers assez lourds : 10 Mo en moyenne pour une minute d'enregistrement en AIFF.
- **WAV :** équivalent d'AIFF, le format de Microsoft produit du son de meilleure qualité que MP3, mais ses fichiers sont aussi très lourds (10 Mo pour une minute d'enregistrement).

  iTunes ne peut pas lire le format audio standard de Windows, WMA. Aussi, si vous importez de votre PC des fichiers WMA, vous aurez besoin d'un utilitaire de conversion.

- **CD audio :** iTunes est capable de lire des CD de musique. La taille des fichiers n'est pas un souci puisque la musique réside sur un CD, mais il faut compter aussi environ 10 Mo pour une minute de musique.

  Depuis que les Mac sont dépourvus de lecteur/graveur de CD/DVD, la lecture de CD audio est tombée en désuétude sur les ordinateurs de la marque à la pomme. Il est vrai qu'aujourd'hui la musique se consomme différemment qu'à l'époque du CD. Elle est plutôt dématérialisée, et ce sont les plateformes de musique en ligne comme Deezer ou Spotify qui permettent de disposer de toutes les musiques possibles (ou presque) partout (ou presque) qui ont le vent en poupe.

- **MP2 :** proche du MP3 plus connu, MP2 est le format le plus courant pour la diffusion radiophonique et le format adopté par les caméscopes HD. Les fichiers MP2 sont de taille similaire à leurs équivalents en MP3.
- **Films et vidéo :** l'iTunes Store vous permet d'acheter et de télécharger des films, des séries télévisées, des vidéos musicales et des bandes-annonces. Avec un système Apple TV, vous pouvez même regarder ces films sur votre téléviseur dans le confort de votre canapé ou de votre lit.
- **Podcasts :** ces téléchargements audio sont des extraits de programmes radio adaptés à votre iPod – mais iTunes peut aussi les lire et les organiser dans votre bibliothèque. Certains podcasts s'accompagnent de vidéos et de photos.
- **iTunes U :** cours universitaires et techniques provenant de diverses écoles américaines ou centres de formation, presque tous gratuits.
- **Livres audio :** plus besoin de cassettes ou de CD pour écouter des livres audio – iTunes peut s'en charger, autrement écoutez-les sur votre iPod pendant vos déplacements.
- **Apps :** donne accès à des applications pour votre iPhone et votre iPad.
- **Sons :** iTunes vous permet de créer des sonneries pour votre iPhone (iPad ou iPod touch également) à partir des titres achetés sur l'iTunes Store. Vous pouvez aussi créer des sonneries dans GarageBand avec vos propres enregistrements ou les titres musicaux ajoutés à votre bibliothèque iTunes. Et ces sonneries pourront vous servir sur le Mac pour les alertes sonores de FaceTime et Messages.
- **Radio Internet :** vous pouvez écouter de la musique en continu, diffusée par des dizaines de milliers de stations de radio Internet, avec une bonne qualité sonore. Il est impossible d'enregistrer la radio Internet, mais c'est agréable à écouter, toujours ciblé sur un style particulier et presque sans publicité.

- iTunes propose également un accès Radio qui lui est propre et qui classe les diffusions par genre.

Écouter de la musique et regarder des vidéos

iTunes est capable de lire les fichiers audio que vous téléchargez d'Internet ou obtenez d'autres sources dans les formats WAV, AAC, Apple Lossless, AIFF, MP2 et MP3.

Écouter un fichier audio numérique demande à peine plus d'efforts que de lire un CD de musique. Après avoir téléchargé ou enregistré des fichiers audio sur votre MacBook, ouvrez le Finder et affichez le dossier où se trouvent ces fichiers. Faites glisser les fichiers audio (ou un dossier entier) dans la fenêtre iTunes lorsqu'elle affiche la section Musique, et les fichiers ajoutés apparaissent aussitôt dans votre bibliothèque. La bibliothèque iTunes centralise tous vos fichiers multimédias répartis par catégories. Pour voir la bibliothèque Musique, ouvrez si nécessaire le menu local situé à droite des bouton Précédent et Suivant dans la partie supérieure gauche de iTunes. Dans la liste qui s'affiche, choisissez Musique (voir Figure 14.1). Une autre solution, tout aussi pratique, consiste à faire glisser un fichier du Finder vers l'icône iTunes dans le Dock, et le fichier s'ajoute à votre bibliothèque Musique.

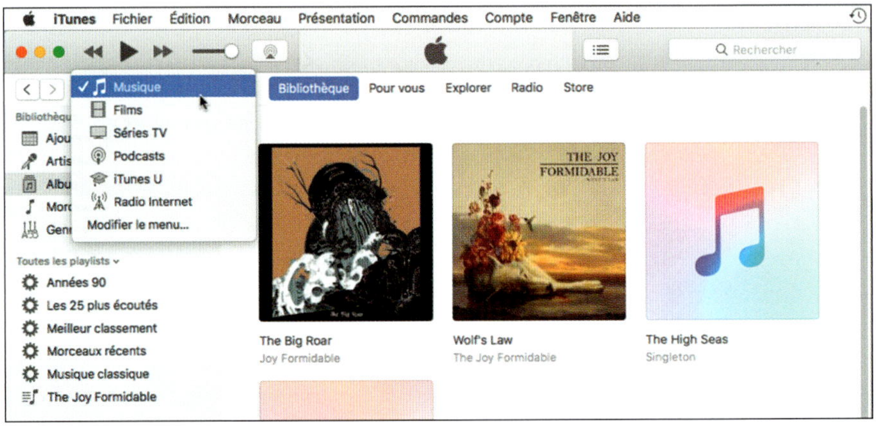

FIGURE 14.1 La bibliothèque Musique de iTunes.

Si vous déposez un fichier sur le nom d'une playlist dans la barre latérale, iTunes ajoute ce titre à la playlist ciblée ainsi qu'à la bibliothèque. (Nous revenons sur les playlists dans un instant.) Si vous déposez un dossier de musique sur le titre Playlists, iTunes crée une nouvelle playlist qui porte le nom du dossier et contient tous ses titres.

Pour lire une chanson, soit vous double-cliquez sur la vignette d'un album pour en afficher tous les titres, soit vous cliquez sur Morceaux dans la barre latérale.

Ensuite, double-cliquez sur un titre. Vous utiliserez alors les boutons de lecture (Lecture, Précédent et Suivant) situés dans la partie supérieure gauche et visibles sur la Figure 14.1 au-dessus du menu local Musique, pour mettre en pause, passer au morceau suivant et revenir au précédent.

L'interface d'iTunes évolue à chaque nouvelle version. La version 12.5. Désormais, le choix des bibliothèques se fait dans le menu local précité. Pour ajouter d'autres rubrique à ce menu local, exécutez la commande Modifier le menu. Cochez les rubriques à ajouter et décochez celles à supprimer.

Dans l'exemple de la Figure 14.2, iTunes affiche l'onglet Bibliothèque de la catégorie Musique. Elle affiche les albums stockés dans le dossier Musique de Sierra.

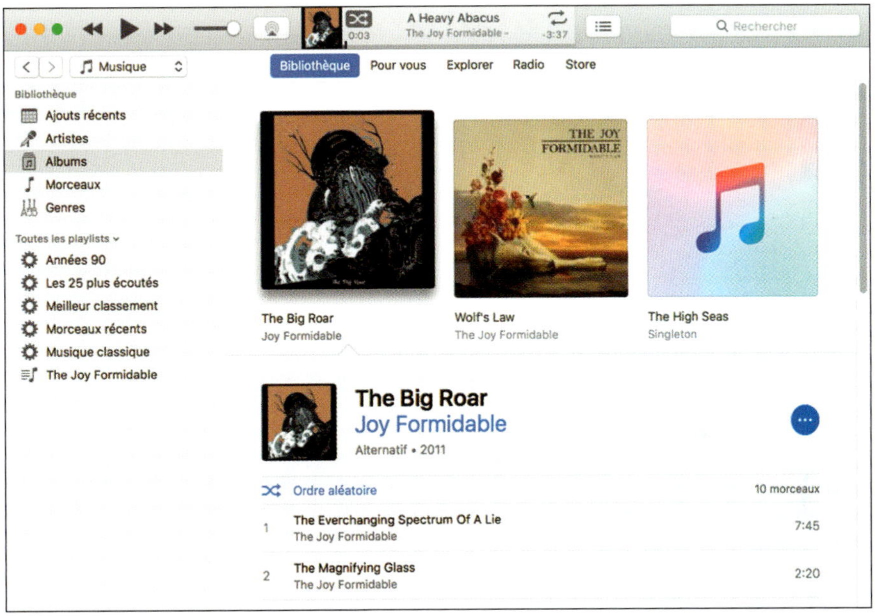

FIGURE 14.2 La bibliothèque Musique d'iTunes.

Pour organiser différemment l'affichage de la bibliothèque musique, cliquez sur une des mentions présentes sous la section Bibliothèque de la barre latérale : Ajouts récents, Artistes, Albums ; Morceaux, et Genres. La Figure 14.3 montre le contenu de la bibliothèque Musique affichée par artistes.

Nous n'allons pas détailler une à une les différentes sections de l'interface. Nous vous encourageons plutôt à cliquer sur les onglets de navigation pour voir tout ce qu'iTunes offre en matière de musique.

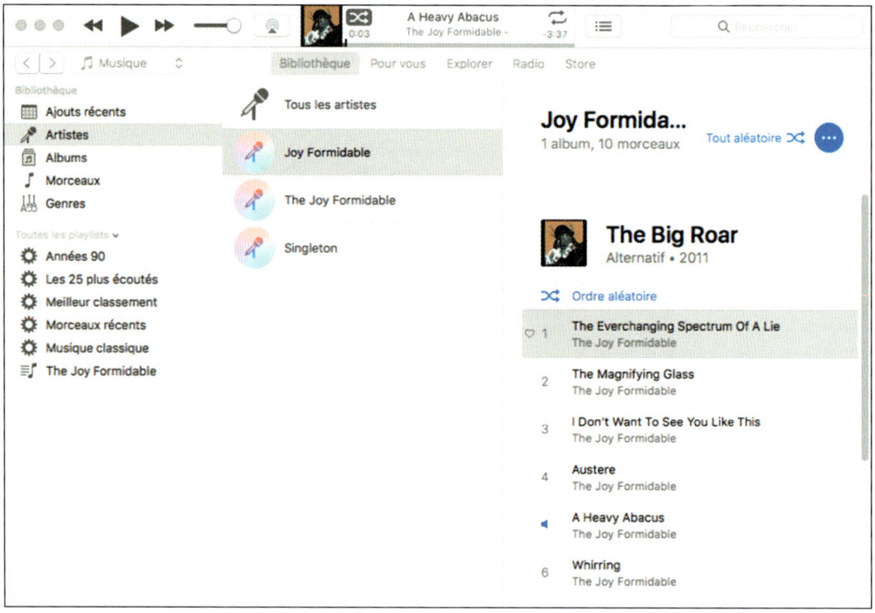

FIGURE 14.3 Affichage par artistes.

Sachez toutefois que :

» La fenêtre principale d'iTunes est capable de se faire très discrète si vous cliquez sur Fenêtre/Activer le mode mini-lecteur, ou si vous exécutez le raccourci clavier Option + ⌘ + M (Figure 14.4).

  Pour basculer entre les deux versions du mini-lecteur, cliquez sur l'icône contenant deux triangles sous le bouton de fermeture (X).

» Pour quitter le mini-lecteur, cliquez sur son bouton de Fermeture (X). Cette action aura pour effet d'afficher l'interface d'iTunes. Vous pouvez également choisir Fenêtre/Désactiver le mode mini-lecteur ou exécuter le raccourci ⌘ + Option + M.

» iTunes est équipé d'un égaliseur qui vous permet d'affiner certaines fréquences du spectre acoustique. Invoquez-le *via* la commande Égaliseur du menu Fenêtre (voir « Régler la qualité sonore » plus loin dans ce chapitre).

» iTunes propose encore une fonction d'animation, sorte de *light show* qui évolue au rythme de la musique. Vous animerez l'écran avec la commande Présentation/Animations/Afficher les animations ou le raccourci ⌘ + T. Vous pouvez également choisir le type d'animation dans ce sous-menu. Explorez-le et n'hésitez pas à passer en plein écran d'un clic sur le bouton vert dans l'angle supérieur gauche de la fenêtre.

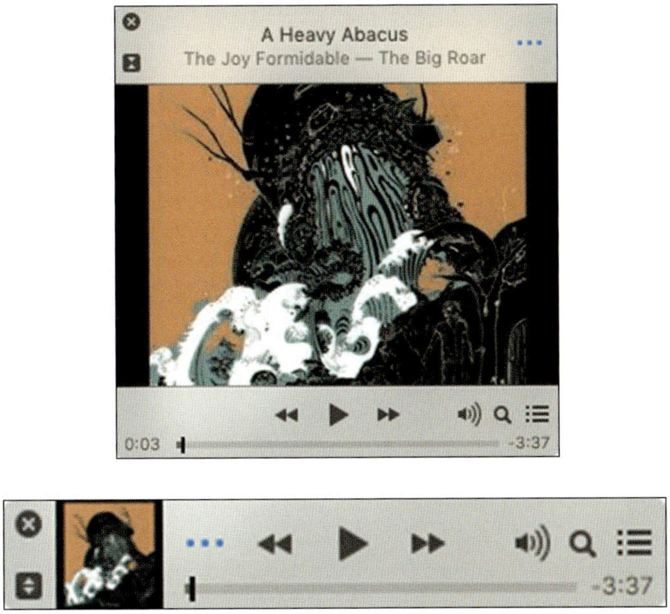

FIGURE 14.4 Les deux versions du mode mini-lecteur.

Trouver des titres dans votre bibliothèque de musique

Une fois votre bibliothèque musicale devenue vraiment volumineuse, vous risquez d'avoir du mal à retrouver cette version chinoise de *Lemon Tree*. Pour trouver un titre, tapez du texte dans le champ de recherche en haut à droite de la fenêtre iTunes. À mesure de la saisie, iTunes tente de trouver une sélection qui correspond à votre requête. La recherche porte sur le nom des artistes, albums et titres des chansons. À titre d'exemple, si vous tapez **saint** dans le champ de recherche, iTunes pourrait vous renvoyer vers l'artiste Saint Germain ou vers l'album *Passion selon Saint-Jean*. Cliquez sur l'icône de loupe à gauche du champ de recherche pour limiter la recherche sur Morceau, Album, Artiste ou Compositeur.

Supprimer des titres de la bibliothèque

Après quelque temps, vous pourriez décider qu'il n'est pas indispensable de conserver ces quarante versions de *Louie Louie* dans votre bibliothèque. Pour supprimer un titre de la bibliothèque, cliquez sur la chanson pour la sélectionner et appuyez sur Suppr. Un message vous avertit que le morceau sera supprimé de la bibliothèque mais aussi de tout iPod, iPhone, ou iPad synchronisé avec votre bibliothèque iTunes.

Vous pouvez aussi faire glisser le titre vers la corbeille dans le Dock. Dans ce cas, un message vous demande si le fichier doit être conservé ou placé dans la corbeille.

OÙ VONT LES FICHIERS SUPPRIMÉS D'ITUNES ?

iTunes vous empêche de faire des bêtises quand vous supprimez des titres de la bibliothèque. Imaginons que vous supprimiez une chanson dont le fichier se trouve uniquement dans le dossier de musique iTunes (titre que vous n'avez pas copié dans iTunes depuis un autre emplacement de votre disque dur). Vous êtes sur le point de faire disparaître ce titre pour de bon puisqu'il n'existe aucun autre exemplaire du fichier sur l'ordinateur. Rassurez-vous, iTunes demande confirmation de la suppression avant d'envoyer le fichier vers la Corbeille.

Rappel : si vous supprimez de la bibliothèque une chanson dont le fichier se trouve ailleurs sur votre disque (en dehors du dossier de musique iTunes), son fichier n'est pas supprimé de l'ordinateur. Vous pouvez donc le remettre dans iTunes en le faisant glisser depuis son dossier du Finder ou même depuis la corbeille.

Regarder des vidéos

Il est aussi facile de lire des vidéos avec iTunes que d'écouter de la musique. Pour voir votre vidéothèque, ouvrez le menu local situé en haut à gauche, et choisissez entre :

- Films (icône d'une pellicule)
- Séries TV (icône d'un téléviseur)

Si aucune vidéo n'a été répertoriée dans iTunes, le programme vous invite à cliquer sur le bouton Aller dans l'iTunes Store afin, je vous le donne en mille, d'y acheter des films.

Pour voir et/ou ajouter rapidement une de vos vidéos à iTunes, cliquez sur Vidéos personnelles, et glissez-déposez-la depuis le Finder dans la Bibliothèque Films. La Figure 14.5 montre deux de mes films répertoriés dans la sous bibliothèque Vidéos personnelles de la catégorie Films.

FIGURE 14.5
Mes vidéos personnelles.

Pour lancer la lecture d'une vidéo, vous disposez des méthodes suivantes :

- » **Placez le pointeur de la souris sur la vignette, puis cliquez sur le bouton de lecture qui apparaît. La vidéo s'ouvre alors en plein écran.**
- » **Double-cliquer sur la vignette ou le titre d'une vidéo dans la liste.**

En mode plein écran, déplacez le pointeur pour afficher la barre de commandes au bas de l'écran. Vous y trouvez un curseur qui permet d'avancer dans la vidéo, un curseur de volume et des boutons Lecture/Pause et Avance et Retour rapide.

Pour quitter le mode plein écran et interrompre ainsi la lecture, appuyez sur la touche Esc de votre clavier.

Organiser vos titres en playlists

Si vous remplissez votre bibliothèque avec des milliers de titres, il deviendra fastidieux de choisir une à une les chansons que vous avez envie d'écouter. De plus, vous n'aurez pas toujours envie d'écouter en entier l'album sélectionné.

Pour organiser votre musique en groupes, servez-vous de la fonction de playlists d'iTunes. Une *playlist* est une liste de lecture, c'est-à-dire une série de titres que vous regroupez. Vous pouvez définir autant de playlists que vous le souhaitez et chacune peut contenir un nombre illimité de titres. La bibliothèque présente la liste complète des morceaux disponibles, alors qu'une playlist n'affiche que les morceaux que vous y avez mis. Par ailleurs, les changements apportés à une playlist ne s'appliquent qu'à cette liste, sans influence sur la bibliothèque.

Pour définir une playlist, vous disposez des méthodes suivantes :

- **Choisissez Fichier/Nouvelle Playlist.**
- **Appuyez sur ⌘ + N.**
- **Choisissez Fichier/Nouvelle Playlist à partir de la sélection.** Vous obtenez une nouvelle playlist qui contient tous les titres actuellement sélectionnés dans la bibliothèque.
- **Faites un clic-droit dans la partie inférieure de la barre latérale (sous les listes de lecture) et dans le menu contextuel qui apparaît, choisissez Nouvelle playlist.**

Une liste de lecture Playlist apparaît dans la barre latéral dans la section Toutes les playlists. Son nom étant sélectionné, renommez-la. Par exemple appelez-la Best Of, et validez en appuyant sur la touche retour.

Voici comment ajouter des titres à une playlist :

1. **Parcourez la bibliothèque à la recherche des morceaux qui vous intéressent.**

   Pour cela, il suffit de cliquer sur la vignette d'un album.

2. **Glissez déposez les titres depuis la bibliothèque sur le nom de liste de lecture dans la section Playlists de musique (Figure 14.6).**

   Le chiffre qui apparaît sous l'icône indique le nombre de morceaux que vous ajoutez à la liste.

3. **Cliquez sur le nom de la liste pour accéder aux morceaux.**

La même chanson peut apparaître dans plusieurs playlists, parce que chaque liste se compose seulement de pointeurs vers les fichiers audio de votre bibliothèque. En manipulant le contenu des playlists, vous n'agissez que sur ces pointeurs, sans toucher aux titres qui restent intacts dans la bibliothèque. Il est facile de supprimer une playlist : sélectionnez-la dans la barre latérale et appuyez sur Suppr. Confirmez votre intention dans le message qui apparaît.

La suppression d'une playlist ne supprime aucun titre de votre bibliothèque de musique.

FIGURE 14.6 Il est facile d'ajouter des morceaux à des listes de lecture.

Il est désormais possible de créer des dossiers de listes de lecture en exécutant la commande Nouveau dossier de playlist du menu Fichier (ou via un clic-droit sous les listes de lecture de la barre latérale). Un dossier de listes de lecture contiendra d'autres playlists. Par exemple, vous pourrez créer un dossier de playlist New Wave qui stockera des listes de lecture de vos groupes préférés des années 80.

Documenter votre bibliothèque

À part organiser votre musique en diverses playlists, iTunes vous permet de classer chaque titre d'après plusieurs critères. En effet, un jeu complet d'informations est associé à tous les titres que vous ajoutez à la bibliothèque. iTunes

Pour voir ces informations, cliquez sur un titre et appuyez sur ⌘ + I ou choisissez Obtenir des informations dans le menu contextuel qui apparaît en réponse à un clic du bouton droit. Une boite de dialogue comme celle de la Figure 14.7 apparaît. Les informations y sont réparties dans six onglets : Détails, Illustrations, Paroles, Options, Tri, et Fichier.

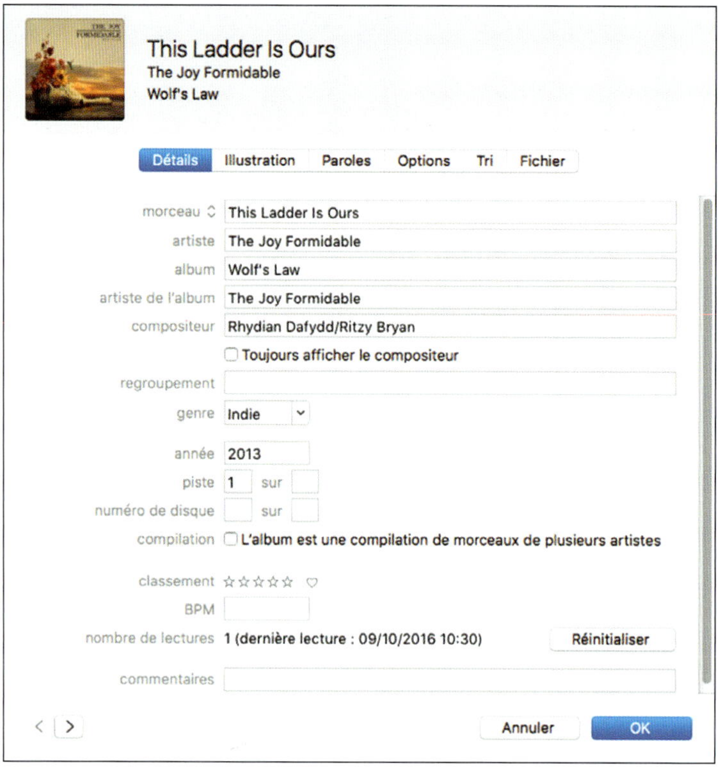

FIGURE 14.7 Les informations sont répertoriées dans des onglets.

PLAYLISTS À HAUT QI

Dans le sous-menu Fichier/Nouveau, vous avez la commande Playlist intelligente. Le contenu d'une *playlist intelligente* s'actualise automatiquement en fonction des critères que vous définissez dans la zone de dialogue Playlist intelligente. Ces critères peuvent porter sur le nom d'un artiste ou d'un genre, la date de la dernière lecture ou d'ajout dans la bibliothèque, le nombre de lectures, le classement, la durée, *etc*. La liste de critères est très longue. Vous pouvez, par exemple, définir une liste qui ne contient que des morceaux d'une durée inférieure à trois minutes afin de mettre un maximum de titres sur votre iPod shuffle. Vous pouvez évidemment combiner plusieurs critères.

Pour ajouter un critère, cliquez sur le signe plus, à droite, et vous obtenez une deuxième ligne pour cibler la sélection plus précisément.

Il est possible de limiter le nombre de titres à inclure à une playlist intelligente ou de limiter sa durée totale ou son poids total. Cochez l'option Mise à jour en temps réel pour rendre la liste vraiment intelligente. iTunes actualise alors la liste en fonction du contenu de la bibliothèque : si vous supprimez des titres d'une liste limitée, ils sont remplacés par d'autres remplissant les mêmes conditions. Pensez à toutes les combinaisons de critères, les possibilités sont illimitées !

Obtenir les informations automatiquement

Toutes les chansons que vous ajoutez à votre bibliothèque de musique peuvent contenir des informations les décrivant. Si elles viennent d'un CD du commerce, iTunes se connecte à un serveur sur Internet pour tenter de trouver les informations relatives à ce CD. Si vous téléchargez un titre d'Internet, il se peut qu'il contienne des informations intégrées au fichier, celles-ci dépendant de ce que le créateur du fichier a bien voulu insérer. (Parfois, ces informations sont mal orthographiées.) Si vous n'avez pas de connexion Internet, iTunes ne peut pas accéder aux informations en ligne et affiche seulement des titres génériques.

Définir les informations manuellement

Si iTunes ne parvient pas à trouver votre CD dans la base de données en ligne ou si on vous donne un fichier MP3 avec des informations incomplètes ou erronées, vous les compléterez vous-même (je vous assure qu'il est utile d'avoir au moins le titre, le nom de l'artiste et le genre). Pour voir et modifier les informations d'un morceau, procédez comme suit :

1. **Sélectionnez un titre dans la bibliothèque de musique ou dans une playlist.**
2. **Appuyez sur ⌘ + I ou choisissez Edition/Lire les informations.**
3. **Modifiez le contenu des champs de texte de l'onglet Détails (voir Figure 14.7)**

N'oubliez pas que plus vous fournirez d'informations sur les titres de votre bibliothèque, plus il sera facile d'utiliser les fonctions de recherche d'iTunes. Si les informations sont incomplètes, vous risquez de perdre du temps à trouver un titre particulier. Vous n'êtes pas obligé de renseigner tous les champs, mais il faut au minimum connaître le titre d'un morceau, l'artiste et le genre. iTunes fait de son mieux pour obtenir les informations automatiquement, mais quand cela n'est pas possible, ce sera à vous de le faire à la main.

Qu'en est-il des pochettes d'albums ? Bonne question ! iTunes tente aussi de trouver les illustrations de vos albums. La démarche est simple :

1. **Sélectionnez une chanson ou un album.**
2. **Cliquez droit sur un titre ou un album et choisissez Obtenir les illustrations d'album dans le menu contextuel.**

iTunes peut être configuré pour aller chercher automatiquement les pochettes d'albums chaque fois que vous copiez un CD ou ajoutez des titres à la bibliothèque sans leur pochette. Cliquez sur le menu iTunes et choisissez Préférences ; ouvrez l'onglet Store et cochez l'option Télécharger automatiquement les illustrations d'album.

iTunes ne parviendra pas toujours à trouver l'illustration d'un album. Auquel cas, vous l'ajouterez vous-même. Sélectionnez un album, affichez ses informations (⌘ + I) et ouvrez l'onglet Illustration. Lancez alors Safari et cherchez l'album sur Amazon. Enregistrez l'image sur votre disque dur, de préférence dans le dossier où est stocké l'album en question. Ensuite, cliquez sur le bouton Ajouter une illustration de l'onglet Illustration. Naviguez jusqu'au dossier où vous venez de stocker votre image. Cliquez sur sa vignette, puis sur le bouton Ouvrir. La pochette apparait. Validez par un clic sur OK.

Sachez que la musique achetée sur l'iTunes Store est toujours livrée avec l'image de la pochette du disque.

Copier des fichiers audio

Vous n'êtes pas obligé d'aller chercher de la musique sur Internet. Vous pouvez créer vos propres fichiers MP3, AAC, Apple Lossless, AIFF et WAV dans iTunes à partir de vos CD audio, à condition d'avoir accès à un lecteur CD externe ou en partage. L'opération de copie du contenu d'un CD vers le disque dur s'appelle *extraction*. Selon les appareils et les logiciels que vous utilisez pour écouter de la musique numérique, vous choisirez de créer différents formats de fichiers lors de l'extraction. Sur iPod, par exemple, vous lirez des fichiers MP3 ou AAC, mais vos CD de musique ne sont pas dans ce format. Pouvoir convertir les fichiers d'un format à un autre, c'est comme d'avoir un interprète à disposition : vous n'avez pas à vous soucier du format d'origine puisqu'il suffit de le convertir dans le format nécessaire au final.

Le type d'extraction le plus courant est la conversion des titres d'un CD de musique en fichiers de format AAC ou MP3. Pour extraire des MP3 d'un CD audio, suivez ces instructions :

1. **Lancez iTunes d'un clic sur son icône dans le Dock.**

   Ou bien demandez aimablement à Siri de l'ouvrir pour vous !

2. **Choisissez iTunes/Préférences.**
3. **Dans les préférences d'iTunes, ouvrez l'onglet Général.**
4. **Cliquez sur le bouton Réglages d'importation.**
5. **Dans le menu Importer *via*, choisissez encodeur MP3.**
6. **Dans le menu Réglages, choisissez Haute qualité (160 kbit/s), puis cliquez sur OK.**

   Ce débit fournit le meilleur compromis entre qualité (supérieure à celle d'un CD, qui est de 128 kbit/s) et poids du fichier (vous obtenez des fichiers nettement plus légers que ceux produits par la qualité supérieure de 192 kbit/s).

7. **Insérez un CD audio dans le lecteur CD raccordé au MacBook ou accessible en partage.**

   Le titre du CD apparaît dans la barre latérale (sous le titre Appareils), tandis que les pistes apparaissent dans la partie droite de la fenêtre.

   Si iTunes vous propose d'importer le contenu du CD dans votre bibliothèque de musiques, cliquez sur Oui. Auquel cas, vous laisserez iTunes agir et n'aurez pas besoin d'effectuer les deux dernières étapes.

8. **Retirez la coche des titres du CD que vous ne voulez pas importer.**

   Par défaut, toutes les pistes du CD sont cochées. Les pistes non cochées ne seront pas importées.

9. **Cliquez sur le bouton Importer le CD.**

   Il existe une autre forme d'extraction : si vous avez une platine ou un magnétophone raccordé au MacBook, vous pouvez numériser vos vieux vinyles ou vos vieilles cassettes pour en convertir le contenu en fichiers audio numériques au moyen de l'application fournie avec l'appareil. Il est souvent plus simple de racheter la même musique sous forme numérique, mais si vos souvenirs musicaux n'existent ni sur CD ni dans l'iTunes Store, la numérisation reste une bonne solution.

Régler la qualité sonore

En plus du curseur de volume présenté au début de ce chapitre, iTunes met à votre disposition un véritable égaliseur. L'*égaliseur* sert à moduler le volume sonore des différentes bandes de fréquence de la musique, ce qui vous permet d'accentuer les basses, d'atténuer les aigus et de tout changer entre les deux. Grâce à ce correcteur de timbre, vous pouvez adapter la sonorité de votre musique à vos goûts personnels.

Vous ouvrirez l'égaliseur, illustré Figure 14.8, en choisissant Fenêtre/Égaliseur.

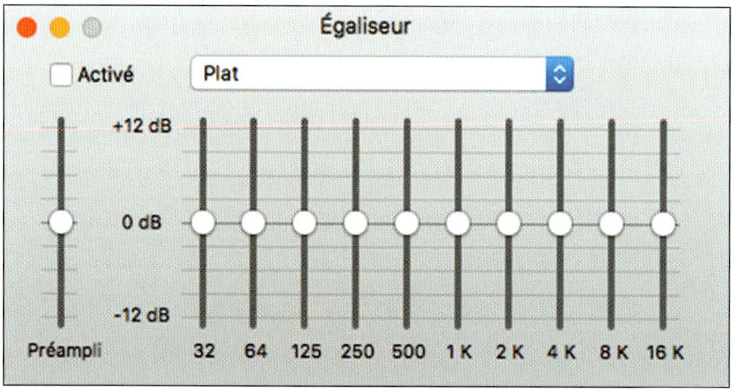

FIGURE 14.8 Servez-vous des curseurs de l'égaliseur pour obtenir le timbre idéal.

L'égaliseur propose une impressionnante série de onze curseurs. Le premier à gauche, Préampli, définit le niveau général de l'égaliseur. Les autres agissent sur les différentes bandes de fréquence perceptibles par l'oreille humaine. Placé à mi-chemin, au niveau 0dB, le curseur n'induit aucune correction sur sa fréquence. Déplacez le curseur vers le haut pour donner plus d'impact à sa fréquence ; inversement, déplacez le curseur vers le bas pour atténuer les sons de cette fréquence.

Réglez chacun des curseurs jusqu'à obtenir la sonorité qui vous plaît. Après la fermeture de la fenêtre Égaliseur, iTunes conserve vos réglages. Si vous préférez confier cette opération à des experts, utilisez les réglages prédéfinis pour différents styles de musique. Cliquez sur le menu dans la fenêtre Égaliseur pour sélectionner un genre.

Après réglage des basses et des aigus, fermez la fenêtre Égaliseur pour revenir à l'interface d'iTunes et apprécier Al Jarreau avec une sonorité encore plus funky.

Les radios Internet

Lorsque vous serez lassé de votre musique, vous irez découvrir de nouveaux sons avec les radios Internet du monde entier qu'iTunes met à votre disposition. Vous choisirez une radio parmi des milliers de stations préréglées ou irez chercher des stations plus confidentielles inconnues d'iTunes.

Bien qu'iTunes ne soit pas une application dédiée à la réception de radios, sa fonction Radio est néanmoins capable de détecter les stations de radio virtuelles du monde entier qui émettent des programmes sur Internet par *streaming*. iTunes vous permet d'accéder à des milliers de radios de tous les styles en quelques clics seulement.

Pour afficher les catégories de radios, ouvrez le menu local situé en haut à gauche et choisissez Radio Internet.

Quand vous ouvrez une catégorie en cliquant sur le triangle devant son nom, iTunes envoie une requête à un serveur de radios qui localise le nom et l'adresse de dizaines de stations de cette catégorie. Le choix est si large que vous trouverez une station qui vous correspond, quels que soient vos goûts musicaux. Vous trouverez également des radios consacrées au sport, aux informations et aux débats entre invités.

Une fois la liste affichée, double-cliquez sur le nom d'une radio qui vous inspire. iTunes vous donne aussitôt satisfaction en diffusant son programme.

L'onglet Radio de la bibliothèque Musique donne accès à d'autres stations de radio, mais ce service est réservé aux abonnés d'Apple Music. Apple vous offre un essai gratuit de trois mois pour tester tous les avantages de ce nouveau service.

Transférer de la musique vers un iPod

Si vous possédez un iPod, vous serez comblé de savoir qu'iTunes propose aussi des fonctions pour juke-box audio et vidéo. Les lecteurs multimédias d'Apple comprennent une gamme complète d'appareils portables (de 59 à 489 €) capables de contenir des centaines ou des milliers de titres musicaux, ainsi que des podcasts, des photos et des vidéos. Pour toutes ses qualités, l'iPod est devenu le lecteur multimédia N° 1 partout dans le monde. (Même l'iPhone et l'iPad ont les fonctions d'un iPod !)

Si vous possédez un iPod touch, iPhone ou iPad, vous pouvez acheter sur l'iTunes Store toutes sortes d'applications pour votre appareil. iTunes conserve la trace de vos achats dans votre bibliothèque Apps.

Le câble de l'iPod permet de le raccorder à un Mac ou à un PC Windows avec un port USB 2. (L'iPod touch peut même se connecter par Wi-Fi à votre MacBook ou à un PC.) Après connexion, l'iPod se synchronise automatiquement avec les playlists d'iTunes. Les composants logiciels de l'iPod communiquent avec ceux d'iTunes pour comparer leur bibliothèque respective. S'ils découvrent dans la bibliothèque iTunes des fichiers multimédias manquants sur l'iPod, ils les transfèrent aussitôt. De même, si l'iPod contient des fichiers qui ne sont plus dans iTunes, il les supprime automatiquement de son disque dur.

Relisez bien cette dernière phrase concernant l'iPod qui supprime automatiquement des fichiers de sa mémoire. Apple a ajouté cette fonction par respect des droits de propriété intellectuelle. Grâce à ce système, si vous connectez votre iPod à l'ordinateur d'un ami, vous ne pouvez pas transférer de musique de l'iPod vers l'ordinateur. On pourrait argumenter que cette fonction sert à garantir que l'iPod est toujours synchronisé avec votre bibliothèque iTunes. Quelle que soit la motivation d'Apple, prêtez attention aux messages d'avertissement quand vous connectez votre iPod à une bibliothèque iTunes autre que la vôtre (ou quand vous ouvrez une session sur votre MacBook dans un autre compte d'utilisateur), car vous risquez d'effacer la bibliothèque de l'iPod.

Si vous ne voulez pas exploiter la synchronisation automatique, ouvrez les préférences d'iTunes, et cliquez sur l'onglet Appareils. Cochez l'option Empêcher la synchronisation automatique des iPod, iPhone et iPad.

La fonction de synchronisation automatique entre iTunes et l'iPod est tellement parfaite qu'il n'y a rien à ajouter. Cette fonction est si simple d'emploi, qu'on l'oublie presque aussitôt.

Dans Sierra, la synchronisation des données comme celles de Calendrier et Contacts entre le MacBook et un appareil iOS s'effectue obligatoirement *via* iCloud.

Partager vos fichiers multimédias sur réseau

Prêt à partager de la musique, des podcasts et de la vidéo – en toute légalité – avec les autres utilisateurs de votre réseau local ? iTunes vous permet de mettre en partage vos fichiers multimédias pour laisser votre famille ou vos collègues y accéder. La procédure est simple :

1. **Choisissez iTunes/Préférences pour ouvrir les préférences d'iTunes.**
2. **Cliquez sur Partage.**
3. **Cochez l'option Partager ma bibliothèque sur mon réseau local.**
4. **Indiquez si vous voulez partager la bibliothèque entière ou seulement les catégories et playlists sélectionnées.**

Si vous partagez sur le réseau d'une grande entreprise et avez des goûts musicaux très « pointus », contentez-vous de partager des playlists.

5. **Si vous souhaitez limiter l'accès à quelques personnes, cochez l'option Exiger le mot de passe et tapez un mot de passe dans le champ de saisie.**
6. **Cliquez sur OK.**

Votre dossier partagé apparaît dans la barre de navigation, représenté par l'icône d'une maison ornée d'une note de musique, sous le titre Bibliothèque partagée de « *votre nom* ». La musique mise en partage peut seulement être écoutée ; les utilisateurs du réseau ne peuvent pas la copier ni l'importer, comme ça, pas d'infraction aux droits d'auteur.

Le nom par défaut de votre bibliothèque ne vous convient pas ? Voulez-vous le remplacer par un nom plus évocateur, du style « La sélection funk de Lionel » ? Pas de problème : retournez dans les préférences d'iTunes, ouvrez le volet Général et changez le nom dans le champ Nom de la bibliothèque.

DIFFUSER DE LA MUSIQUE AVEC AIRPLAY

Avec un MacBook et une borne d'accès Wi-Fi AirPort Express, vous pouvez envoyer votre musique d'iTunes vers la borne qui la transmet à votre chaîne hi-fi ou à vos enceintes. En vous équipant d'enceintes AirPlay, vous pourrez vous passer de la chaîne hi-fi et de la borne d'accès Wi-Fi, l'ordinateur communiquant directement avec les enceintes. (Les bornes AirPort et le Wi-Fi sont étudiés au Chapitre 12.)

Après avoir allumé la borne AirPort Express et raccordé les haut-parleurs à sa prise stéréo, vous avez un bouton AirPlay qui apparaît à droite des commandes de lecture en haut de la fenêtre d'iTunes. (Si ce bouton n'apparaît pas, ouvrez les préférences d'iTunes, cliquez sur Appareils et cochez l'option Autoriser la commande audio iTunes à partir des haut-parleurs distants.)

Cliquez sur le bouton AirPlay, et son menu vous permet de diffuser la musique d'iTunes sur votre réseau Wi-Fi. On n'arrête pas le progrès !

Une autre solution consiste à activer la fonction Partage à domicile, qui autorise jusqu'à cinq appareils : Mac, PC, module Apple TV de deuxième et troisième génération et appareils iOS (iPad, iPhone et iPod touch avec iOS 4.3 ou ultérieur). Pour exploiter ce partage à domicile, tous les appareils doivent être connectés au réseau avec le même identifiant Apple. Pour activer Partage à domicile dans iTunes, choisissez Fichier/Partage à domicile/Activer le partage à domicile. N'oubliez pas de l'activer sur tous les appareils concernés. Après activation du partage à domicile, les bibliothèques partagées sont accessibles depuis la barre de navigation.

Graver de la musique

Si vous avez raccorder un SuperDrive à votre MacBook, vous pourrez créer des CD, et la procédure est d'une grande simplicité. Avec iTunes, réaliser une compilation personnelle sur CD est un jeu d'enfant. Vous graverez alors des CD dans l'un de ces trois formats :

- **CD audio :** identique aux CD de musique du commerce, capable de contenir jusqu'à 800 Mo de données qui se traduisent par environ 80 minutes d'écoute.
- **CD ou DVD de données :** CD-ROM ou DVD-ROM gravé avec des fichiers audio. Ce disque ne peut pas être lu par une platine CD ordinaire (même si elle prend en charge les CD MP3, voir ci-après), mais seulement par un ordinateur, Mac ou PC, équipé d'iTunes ou d'un logiciel équivalent.
- **CD MP3 :** à l'instar du CD-ROM, le CD MP3 contient des fichiers MP3 gravés comme des données. Mais la grande différence est que les fichiers peuvent être reconnus par les platines CD compatibles avec le format MP3. Comme les fichiers MP3 sont plus compacts que les pistes audio des CD de musique, on peut faire tenir jusqu'à 160 morceaux de quatre minutes sur un CD MP3. Ces disques peuvent être lus sur votre MacBook à l'aide d'iTunes.

Tenez compte des limitations des CD MP3. Contrairement aux CD audio du commerce, vous ne pouvez pas les lire sur une ancienne platine CD qui n'est pas compatible avec le format MP3. Réservez ce type de disque à l'archivage de votre musique.

Avant de graver un disque, sélectionnez ou créez une playlist contenant les titres que vous voulez mettre sur CD. (Reportez-vous à la section « Organiser vos titres en playlists » si nécessaire.) Les titres étant dans le bon ordre dans la playlist, cliquez droit sur la liste et choisissez Graver la playlist sur un disque. Dans la zone de dialogue réglages de gravure sélectionnez le format de disque (généralement CD audio pour un disque lisible partout).

Pour éviter les mauvaises surprises, cochez l'option Utiliser l'égaliseur de volume. Ainsi, iTunes adapte le volume de tous les titres de sorte qu'ils soient ensuite rendus avec le même niveau sonore.

Prêt à graver ? Alors, cliquez sur Graver et insérez un disque vierge. iTunes vous informera lorsque la gravure sera terminée.

Animer l'écran avec les animations d'iTunes

Vous savez déjà qu'iTunes est un régal pour les oreilles, mais savez-vous que l'application est aussi capable de vous en mettre plein la vue ? En un ou deux clics, vous afficherez des effets visuels hallucinants qui s'animent au rythme de votre musique.

Pour afficher une animation, choisissez Présentation/Animations/Afficher les animations (ou appuyez sur ⌘ + T). L'interface d'iTunes se trouve alors presque entièrement recouverte par une animation plus ou moins psychédélique. Pour arrêter

SAUVEGARDES DANS ITUNES

Si vous sauvegardez déjà votre ordinateur avec Time Machine, il est inutile de procéder à une sauvegarde supplémentaire de votre bibliothèque iTunes.

Si vous y tenez néanmoins, vous exploiterez la fonction d'exportation pour mettre le contenu de votre bibliothèque sur un autre support. Il suffit de choisir Fichier/Bibliothèque/Exporter la bibliothèque puis de choisir un emplacement (de préférence sur un disque externe). Ainsi, en cas de soucis ou de changement d'ordinateur, vous pourrez charger ce disque pour remettre toute votre musique dans iTunes.

La fréquence de sauvegarde dépend de la fréquence à laquelle vous ajoutez du contenu à votre bibliothèque. L'intérêt de la sauvegarde est de disposer d'une copie suffisamment récente.

Outre l'exportation de la bibliothèque entière, vous pouvez exporter des playlists pour les exploiter sur un autre ordinateur ou en sauvegarde. Sélectionnez une playlist et choisissez Fichier/Bibliothèque/Exporter la playlist. Enregistrez le fichier sur un support amovible, et vous voilà rassuré.

l'animation, choisissez Présentation/Animations/Masquer les animations (ou appuyez de nouveau sur ⌘ + T). Vous retrouvez l'interface habituelle d'iTunes.

Pour voir l'animation en plein écran, choisissez Passer en mode plein écran dans le menu Présentation (ou appuyez sur ⌘ + Ctrl + F). Pour quitter le mode plein écran, il vous suffira de déplacer le pointeur ou d'appuyer sur Esc.

Si les animations d'iTunes ne vous suffisent pas, vous trouverez des modules externes d'animations visuelles à télécharger depuis le site Web d'Apple et d'autres sites consacrés au Mac. Pour changer de module d'animation, choisissez Présentation/Animations/<nom du module>.

Exercer votre autorité parentale

Vos jeunes enfants ont-ils accès à votre MacBook ? Je vous préviens qu'une bonne partie de ce qu'on trouve sur l'iTunes Store (musique, films et applications) ne convient pas, à mon sens, à un jeune public. Qu'en est-il des fichiers multimédias que les autres membres de la famille décident de mettre en partage ? Les occasions de heurter les plus jeunes sont si nombreuses qu'Apple a prévu une fonction de protection.

Les préférences de contrôle parental d'iTunes vous permettent de cloisonner le contenu réservé à un public adulte. Vous pouvez même faire disparaître certains éléments pour les rendre inaccessibles. La Figure 14.9 présente l'onglet Restrictions des préférences d'iTunes.

Vous devez avoir ouvert une session dans un compte administrateur pour changer ces paramètres, comme pour le contrôle parental des Préférences Système. Lorsque les modifications sont interdites, l'icône de verrouillage présente un cadenas fermé ; cliquez sur le cadenas et tapez votre mot de passe d'administrateur pour déverrouiller.

Pour activer le contrôle parental, procédez ainsi :

1. **Choisissez iTunes/Préférences.**
2. **Cliquez sur Restrictions.**
3. **Cochez les cases de la section Désactiver pour empêcher l'accès à ces fonctions.**

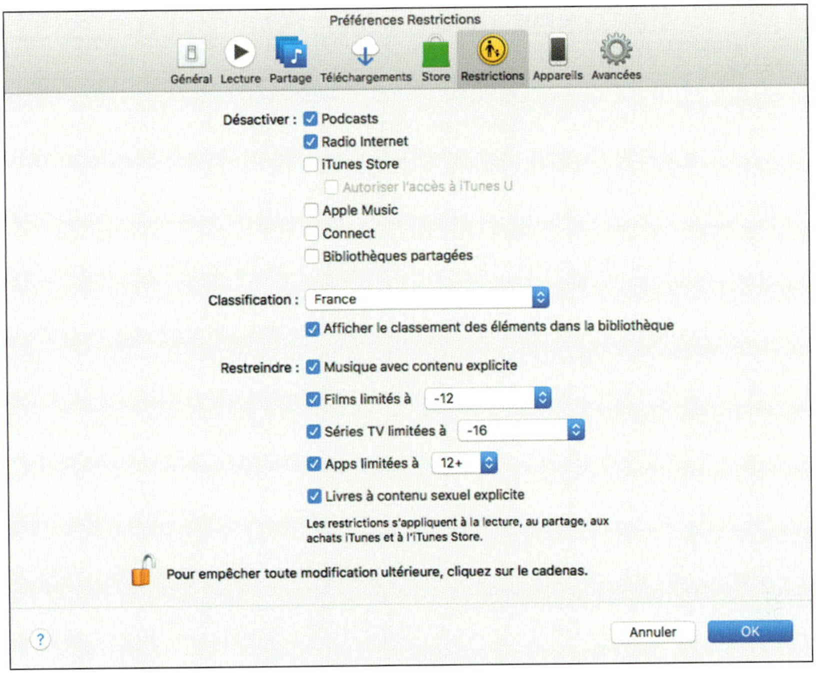

FIGURE 14.9 Protégez vos enfants contre du contenu inapproprié à leur âge.

Vous remarquerez que les fonctions désactivées disparaissent totalement de la barre de navigation et des menus, après fermeture de la zone de dialogue Préférences.

4. **Cliquez sur le menu Classification et choisissez votre pays.**

   Comme Apple gère différentes versions de l'iTunes Store pour différents pays, vous pouvez choisir les classifications d'un pays. Si vous le souhaitez, vous désactiverez l'affichage des classements dans votre bibliothèque en retirant la coche de l'option Afficher le classement des éléments dans la bibliothèque.

5. **Pour interdire la présentation de certains contenus dans l'iTunes Store, cochez les cases correspondantes dans la section Restreindre et choisissez dans chaque menu local le niveau de restriction.**

   Sachez que ces restrictions s'appliquent uniquement à l'iTunes Store et au contenu partagé depuis votre MacBook. Votre bibliothèque reste entièrement accessible.

6. **Cliquez sur l'icône de cadenas au bas de la zone de dialogue pour verrouiller les réglages et empêcher leur modification.**

7. **Cliquez sur OK.**

Courses virtuelles sur l'iTunes Store

Avant de conclure ce chapitre consacré aux merveilles d'iTunes, je me dois de mentionner le meilleur magasin de musiques et vidéos en ligne, à savoir l'iTunes Store, directement accessible depuis iTunes (à condition d'avoir une connexion Internet.)

Cliquez sur Store dans la barre de navigation. Vous arrivez assez vite sur la page d'accueil où sont présentées les nouveautés de la boutique. Ensuite, utilisez le menu local situé en haut à gauche pour choisir la catégorie à consulter dans le Store, c'est-à-dire la musique, les films, les séries TV etc. Servez-vous du champ de recherche pour trouver une chanson, un artiste ou un album. Les flèches Précédent et Suivant dans la barre de la navigation agissent comme celles de Safari : utilisez-les pour revenir sur les pages que vous avez déjà ouvertes. Le bouton Store vous ramène à la page d'accueil du site.

Pour voir la description d'un article (album, chanson, vidéo, podcast ou livre audio), il suffit de cliquer dessus. Avant d'acheter des chansons, vous avez droit à 90 secondes d'écoute gratuite avec le niveau de qualité maximal. Pour ajouter un article à votre panier, cliquez sur le bouton de prix. (Les prix sont très raisonnables : généralement 1,29 € pour une chanson et 9,99 € pour un album entier.)

Lorsque vous cliquez sur le petit chevron situé à droite du prix, vous disposez d'un certain nombre de possibilités : Offrir cet article, Ajouter à ma liste de souhaits, Recommander, Partager sur Twitter, Partager sur FaceBook, et Copier le lien.

L'iTunes Store crée un compte à partir de votre identifiant Apple et conserve en lieu sûr vos coordonnées bancaires en prévision de vos prochains achats. Après le premier achat sur l'iTunes Store, vous ne devriez plus avoir besoin de fournir votre identifiant ni de retaper votre numéro de carte bancaire ; il vous sera seulement demandé de taper le mot de passe de l'identifiant Apple.

. À l'issue du téléchargement, vous pouvez lire vos fichiers, les déplacer vers une playlist, les graver sur disque, les partager sur votre réseau ou les transférer vers vos appareils iOS grâce à iCloud, comme vous le feriez avec tout autre élément de votre bibliothèque iTunes.

L'iTunes Store est la preuve concrète que la vente de musiques en ligne est un modèle économique viable, à l'abri du problème de copies illégales. Et c'est la preuve, une fois de plus, qu'Apple fait bien les choses.

Chapitre 15

Photos : un chef-d'œuvre technologique

DANS CE CHAPITRE :

- **Importer des photos de votre disque dur ou de votre appareil photo numérique.**
- **Organiser votre photothèque dans Photos.**
- **Créer des souvenirs**
- **Corriger des photos.**
- **Composer un album de photos.**
- **Partager des photos avec des amis.**

Il serait étonnant, voire surprenant, pour ne pas dire incompréhensible, que vous n'ayez pas à portée de main de quoi prendre des photographies ou acquérir des images à l'aide d'un scanner. Non ? Oui ? Dites-moi que vous possédez tout de même un smartphone (iPhone ou autre) que vous ne manquez jamais de sortir pour immortaliser un instant éphémère. Tout cela pour dire que votre MacBook sera bientôt submergé de photos numériques nécessitant l'utilisation d'un outil performant pour les exploiter. Sous Sierra, cet outil se nomme Photos.

L'application Photos sert à organiser, retoucher et publier des photos. Après avoir pris des photos avec un appareil numérique, un téléphone mobile, ou la webcam de votre MacBook, vous pouvez les importer dans Photos, les corriger et les partager avec vos amis et vos proches. Mais, Photos ne vous limite pas à vos images personnelles en ce sens qu'il reconnaît et gère la plupart des formats de fichiers graphiques. Vous pourrez composer un album de photos, ou bien un diaporama, que vous partagerez en ligne, tout en gardant la possibilité de commander une version papier directement depuis Photos.

En résumé, Photos va devenir votre deuxième application préférée, quasiment *ex aequo* avec iTunes. Je vous montre dans ce chapitre comment mettre en valeur vos images et découvrir une nouvelle passion pour la photo.

Introduction à Photos

L'interface de Photos présente le contenu de votre photothèque organisée selon le choix que vous avez fait dans la barre latérale (située à gauche) du programme, comme le montre la Figure 15.1. La barre de titre de Photos contient un certain nombre d'outils élémentaires. D'autres fonctionnalités apparaissent quand vous changez de mode, et notamment lorsque vous souhaitez retoucher vos images.

J'aurai l'occasion de décrire plus en détail l'interface de Photos plus loin dans ce chapitre. Si vous connaissiez l'application iPhotos, vous retrouverez vos repères avec la barre latérale que vous affichez et masquez via avec la commande Présentation/Afficher/Masquer la barre latérale. Les sections Photos, Souvenirs, Partagé, Albums et Projets (qui n'apparait que si vous créez un projet tel qu'un diaporama) de la barre latérale permettent de sérialiser l'affichage de vos images. Ainsi, sur la Figure 15.1, j'ai opté pour Toutes les images. Photos affiche alors la totalité des photographies que j'y ai répertoriées.

En mode catalogue que vous activez par un clic sur Photos de la barre latérale, ou via Présentation/Photos, le programme organise les photos d'après la date de prise de vue ou d'après les albums que vous créez pour regrouper les images de façon thématique. Chaque date forme un moment, et les trois boutons situés dans l'angle supérieur droit qui apparaissent lorsque vous placez le pointeur de la souris sur une photo d'une date, s'appliquent à toutes les photos du moment affiché. Autrement, pour intervenir sur une seule image, vous devez préalablement cliquer sur sa vignette afin de la sélectionner.

En mode catalogue, c'est-à-dire lorsque vous choisissez Photos en haut de la barre latérale, vous disposez des outils suivants :

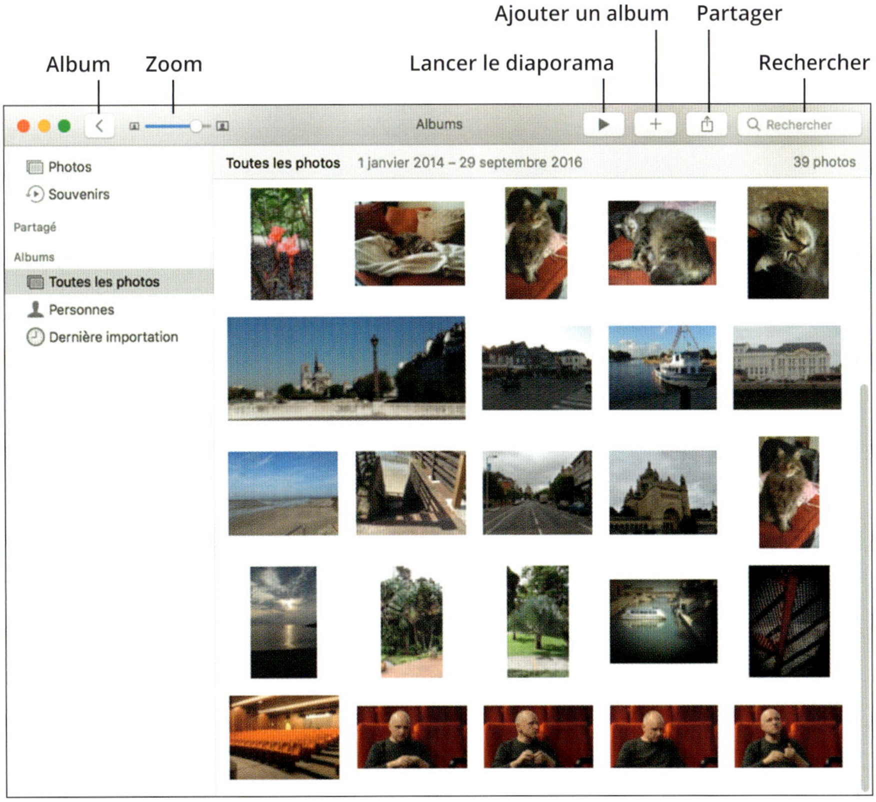

FIGURE 15.1 Photos, ses outils, sa barre latérale, vos images.

- **Chevrons :** L'un est dirigé vers la gauche, l'autre vers la droite à l'instar des boutons Précédent et Suivant de Safari. Ils permettent d'afficher les moments différemment. Ainsi, un clic sur le chevron de gauche va afficher les moments sous forme d'une collection en réduisant la taille des vignettes de chacune des dates de prises de vues comme sur la Figure 15.2. Cliquez de nouveau sur ce chevron et cette fois vous regroupez les images sous une fourchette d'années. Le chevron de droite permet de remonter dans la hiérarchie des affichages et donc de revenir au mode collection lorsque vous êtes en mode années, et en mode moments lorsque vous êtes en mode collections.
- **Zoom :** faites glisser le curseur vers la gauche pour réduire la taille des vignettes. Vous voyez ainsi plus de vignettes en même temps, ce qui est pratique pour chercher une photo d'un coup d'œil. Faites glisser le curseur vers la droite pour agrandir les vignettes, ce qui aide à mieux distinguer les différences entre photos similaires.

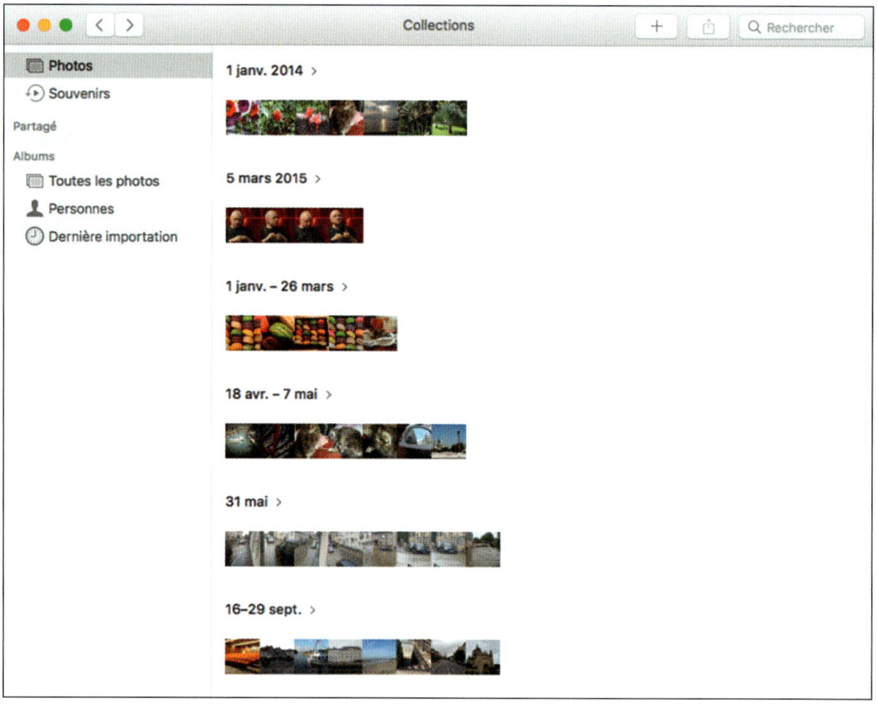

FIGURE 15.2 Affichage des collections.

- **Diaporama :** cliquez sur ce bouton lorsque vous affichez des albums pour ouvrir une palette qui permet de choisir un thème, puis cliquez sur le bouton Lancer le diaporama pour voir les photos défiler en plein écran.
- **Ajouter :** cliquez sur ce bouton pour ajouter les photos sélectionnées à un album, un diaporama, un projet ou une commande de tirages.
- **Partager :** cliquez sur ce bouton pour partager les photos sélectionnées sur iCloud, Flickr, Twitter ou Facebook ou les envoyer vers Mail, AirDrop ou Notes.
- **Rechercher :** cliquez dans le champ de recherche et tapez le texte à trouver dans la description, les étiquettes ou le nom des images.

En mode catalogue, lorsqu'une photo attire votre attention, double-cliquez sur sa vignette pour l'afficher en grand. Dans le mode Une seule image, d'autres boutons s'ajoutent à la barre d'outils :

- **Afficher ou Masquer les vignettes :** Affiche ou masque les vignettes en bas de l'image principal. Ce « film fixe » permet de passer rapidement d'une photo à une autre (Figure 15.3).

FIGURE 15.3 L'interface de Photos quand une seule image est sélectionnée.

- **Favoris :** cliquez sur le bouton orné d'un cœur pour ajouter la photo à votre album Favoris. Cet album est automatiquement ajouté à la section Albums de la barre latérale lorsque vous cliquez sur ce petit cœur.
- **Infos :** cliquez sur le bouton orné d'un i pour afficher des informations relatives à la photo : date, nom de fichier, description, visages identifiés, lieu de prise de vue, étiquettes de mots-clés et données techniques.
- **Modifier la photo :** Bascule vers l'interface de retouche de vos images.
- **Détails :** Affiche éléments liés à vos images.

Pour faire défiler les photos une à une, glissez deux doigts latéralement sur le trackpad. Ensuite, pour revenir à la liste des vignettes, double-cliquez dans l'image.

Une autre technique consiste à placer le pointeur de la souris sur la partie droite ou gauche de l'image puis de cliquer sur la petite flèche qui apparaît pour passer à l'image suivante ou revenir sur la précédente.

En mode Une seule image, le curseur de zoom effectue un zoom avant ou arrière sur l'image. Et quand l'image est grossie au point de ne pas tenir en entier dans la fenêtre, vous décalerez la vue en glissant deux doigts sur le trackpad. Les gestes de zoom (pincer ou écarter le pouce et l'index) permettent aussi de modifier le grossissement de l'image.

IMPORTER LES IMAGES STOCKÉES SUR VOTRE DISQUE DUR

Si vous avez des photos déjà enregistrées sur votre disque dur, un CD ou DVD, un disque dur externe ou une clé USB, il est facile de les ajouter à votre photothèque. Si les photos sont dans un dossier, faites glisser le dossier depuis une fenêtre du Finder et déposez-le dans la fenêtre de Photos dans l'onglet Photos ou dans la barre latérale. Photos reconnaît les formats d'images JPEG, GIF, RAW, PNG, PICT, PSD, PDF et TIFF. Vous pouvez aussi importer des images une à une. Sélectionnez les images dans une fenêtre du Finder et faites-les glisser vers un album existant dans la barre latérale. Pour importer des photos à l'aide de la boîte de dialogue Ouvrir, choisissez Fichier/Importer. Voyez comme c'est simple avec Apple !

Stocker vos photos en ligne

Le service iCloud vous permet de stocker toute votre photothèque en ligne de sorte que vous puissiez la consulter sur tous les appareils configurés avec le même compte iCloud et y accéder au moyen d'un simple navigateur Web en passant par le site icloud.com.

Pour exploiter ce service, vous devez activer la fonction Photothèque iCloud dans les préférences de Photos en procédant de la manière suivante :

1. **Dans Photos, choisissez Photos/Préférences.**
2. **Cliquez sur l'icône iCloud.**
3. **Cochez l'option Photothèque iCloud.**

   Deux solutions sont proposées :

   - stocker les originaux à la fois sur iCloud et sur le Mac avec l'option Télécharger les originaux sur ce Mac ;

- garder sur le Mac une version allégée des photos pour ne pas encombrer votre disque dur avec l'option Optimiser le stockage du Mac.

4. **Cliquez sur le bouton de fermeture pour quitter les préférences de Photos.**

Pour que les photos prises avec votre iPad ou iPhone se retrouvent dans votre photothèque en ligne, il faut aussi activer la fonction Photothèque iCloud sur vos appareils iOS de version 8.3 ou ultérieure.

Si vous choisissez de ne pas stocker votre catalogue entier sur iCloud, vous pouvez néanmoins activer le partage automatique avec vos appareils iOS en cochant l'option Mon flux de photos

Si vous conservez beaucoup de photos, vous allez vite remplir les 5 Go d'espace de stockage gratuit de votre compte iCloud. La location d'espace supplémentaire coûte 1 € par mois pour 50 Go, 3 € pour 200 Go et 10 € pour 1 To. Reportez-vous au Chapitre 10 pour apprendre à gérer l'espace de stockage de votre compte iCloud.

Manipuler des images dans Photos

Même une application de gestion et de retouche d'images aussi bien conçue que Photos pourrait paraître intimidante si tous ses outils apparaissaient ensemble dans la fenêtre. Pour éviter cet écueil, les ingénieurs d'Apple ont prévu plusieurs modes (tels que les modes de retouche photo et de création de projets) que vous utiliserez tour à tour dans la seule et unique fenêtre de Photos. Chaque mode est dédié à certaines tâches et vous reviendrez au mode catalogue en validant ou en annulant l'opération de retouche ou le projet en cours.

Dans les sections qui suivent, j'explique l'emploi de trois modes – importation, retouche et projet – et décris les tâches que vous pouvez y effectuer. Enfin, je terminerai le chapitre en traitant des méthodes de partage et de publication de vos images.

Importer des images

En mode d'importation, vous êtes prêt à transférer les images directement depuis votre appareil photo, à condition que ce modèle soit pris en charge par Photos.

Vous pouvez aussi importer des photos à l'aide d'un lecteur de carte (ou lire directement une carte SD ou SDXC si votre MacBook le permet) ou depuis un CD de photos. Si votre appareil photo capture aussi de la vidéo, Photos est capable d'importer les fichiers vidéo qu'il contient.

Suivez ces instructions pour importer des photos :

1. **Raccordez l'appareil photo au MacBook.**

   Branchez une extrémité du câble USB sur l'appareil photo et l'autre sur le port USB du portable.

2. **Mettez l'appareil sous tension.**

   Si Photos n'était pas ouvert, l'application démarre automatiquement et ajoute la section Importer à la barre latérale. Dans cette section, vous y voyez le nom de votre périphérique contenant des images (par exemple votre smartphone). Les vignettes de photos s'affichent dans la partie droite de l'interface, comme le montre la Figure 15.4.

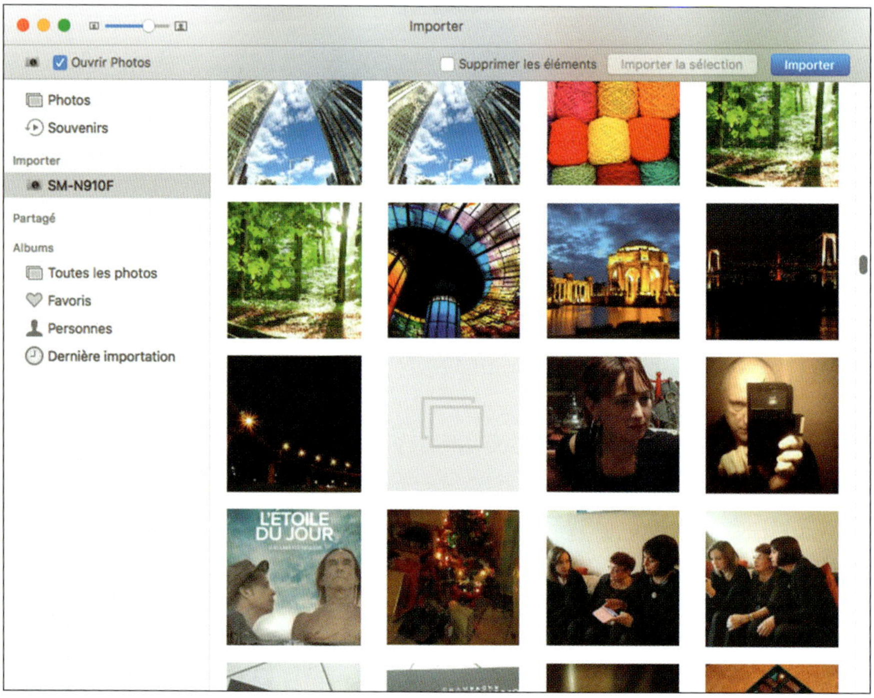

FIGURE 15.4 Importez vos nouvelles photos.

3. **Pour supprimer les photos de la carte mémoire de l'appareil après importation, cochez la case Supprimer les éléments.**

   Il est conseillé de ne pas les supprimer de l'appareil, car même si la procédure d'importation semble s'être correctement déroulée, vous ignorez si les fichiers n'ont pas été corrompus au moment de leur enregistrement sur le disque dur. Ce n'est qu'après vérification de l'état des images que je vous conseille de les supprimer manuellement de la carte mémoire de votre appareil.

4. **Pour importer toutes les photos affichées, cliquez sur le bouton Importer. Autrement, cliquez sur les vignettes des photos qui vous intéressent afin de les sélectionner, puis cliquez sur Importer la sélection.**

   À l'issue de l'importation, les photos apparaissent dans l'onglet Albums de Photos, sous le titre Dernière importation.

   Les fichiers importés depuis l'appareil photo sont stockés dans un fichier spécial nommé Photothèque qui se trouve dans le dossier Images de votre compte d'utilisateur. Vous n'avez pas directement accès aux fichiers importés, car un double-clic sur Photothèque ouvre l'application Photos.

Organiser et trier vos photos

Du temps des photos papier, vous rangiez vos tirages dans des boîtes à chaussures ou dans des albums cartonnés et plastifiés. Votre appareil photo numérique produit des fichiers et vous n'imprimez sans doute pas toutes vos photos. Aussi, utilisez-vous Photos pour archiver, organiser et classer vos photos numériques et numériser les plus anciennes avec un scanner. Sous la forme numérique, vos photos peuvent s'assembler en diaporama, être envoyées par courrier électronique, servir de fond d'écran, être imprimées à la maison ou dans un labo photo et être archivées sur CD ou DVD.

Composer un album de photos numériques

L'*album* constitue la méthode la plus courante de regrouper des photos. Libre à vous de choisir le point commun entre les photos de l'album : une année, un séjour en vacances, votre fille ou votre chien. Pour définir un album dans Photos, procédez ainsi :

1. **Créez un nouvel album.**

   Choisissez Fichier/Nouvel album ou appuyez sur ⌘ + N.

Dans l'onglet Photos, si vous cliquez sur le bouton Ajouter (signe plus) situé en haut à droite de l'interface. Dans le menu local qui apparaît, choisissez Album. Cette action crée un album qui contient toutes les photos du moment actuellement affiché.

2. **Tapez un nom pour le nouvel album dans le panneau Créer un album et cliquez sur OK.**

   Cette action vous fait basculer vers toutes les images répertoriées par Photos.

3. **Par un clic sur leurs vignettes, sélectionnez les photos à placer dans le nouvel album.**

   Les vignettes que vous sélectionnez sont marquées d'une coche bleue.

4. **Cliquez sur le bouton Ajouter**

   Photos affiche la section Albums de la barre latérale en activant le nouvel album pour en présenter le contenu.

Photos propose un type spécial d'album, dit *album intelligent*, qui se crée à partir du menu Fichier ou du raccourci Options + ⌘ + N. Un album intelligent rassemble les photos qui répondent aux critères que vous avez définis par rapport à certains mots-clés ou à un classement par exemple. D'autres critères pourraient être du texte qui figure dans le nom des fichiers ou les commentaires, la date d'importation des images ou des informations fournies par l'appareil photo (valeur ISO ou vitesse d'obturation). L'intérêt principal des albums intelligents est que Photos les actualise automatiquement en ajoutant les nouvelles photos qui répondent aux critères et retire des albums les photos supprimées de la bibliothèque ou ne répondant plus aux critères. Dans la liste d'albums, les albums intelligents se distinguent par l'icône d'une roue dentée.

On peut ajouter des photos à un album par simple glissement depuis le catalogue de vignettes. Vous pourriez ainsi copier une image dans un album en la faisant glisser du catalogue vers le titre d'un autre album dans la barre latérale.

Pour supprimer une photo d'un album, suivez ces instructions :

1. **Affichez le contenu de l'album concerné.**

   Affichez la barre latérale et sélectionnez le nom de l'album ou sélectionnez Albums dans le menu de mode en haut de la fenêtre, puis double-cliquez sur la vignette de l'album à ouvrir.

2. **Une fois l'album affiché, faites un clic-droit sur la vignette de la photo à retirer de l'album.**

3. **Dans le menu contextuel qui apparaît, exécutez la commande Supprimer de l'album..**

Lorsque vous supprimez une photo d'un album, vous *ne la supprimez pas* de la bibliothèque (elle reste accessible dans la section Photos), ni de votre disque dur. En effet, l'album n'est qu'un groupe de pointeurs vers les images de la bibliothèque. Pour supprimer complètement une photo de votre photothèque, affichez-la dans l'onglet Photos et supprimez-la photo depuis cette section. La photo disparaît alors de tous les albums et projets dans lesquels elle figurait.

Pour supprimer un album, cliquez-droit dessus dans la barre latérale et, dans le menu contextuel qui apparaît, choisissez Supprimer l'album.

Vous constatez que dans ce menu contextuel, d'autres commandes vous seront utiles pour renommer un album ou bien encore le dupliquer.

Vous avez changé d'avis ? Photos propose bien sûr une commande Annuler. Appuyez sur ⌘ + Z, et votre dernière intervention est annulée. Comme la commande Annuler n'agit que sur les dernières actions, n'oubliez pas de sauvegarder régulièrement le disque dur de votre MacBook avec Time Machine !

Identifier les visages et les lieux

La fonction Personnes vous aide à identifier les personnes présentes dans vos photos. Elle repose sur un système de reconnaissance élaboré qui détecte les visages humains, et même les animaux, dans les photos de votre bibliothèque. Vous devez évidemment identifier les visages une première fois pour que Photos puisse les reconnaître dans les autres photos.

Pour identifier un visage, procédez ainsi :

1. **Dans la section Albums de la barre latérale, cliquez sur Personnes.**

   Photos analyse toutes les images pour identifier des visages.

   Vous obtenez une liste de visages déjà identifiés. Bien entendu cette liste est vide si aucun visage n'a pu être identifié par Photos.

2. **Une fois l'analyse terminée, cliquez sur le bouton Afficher l'album des personnes (Figure 15.5).**

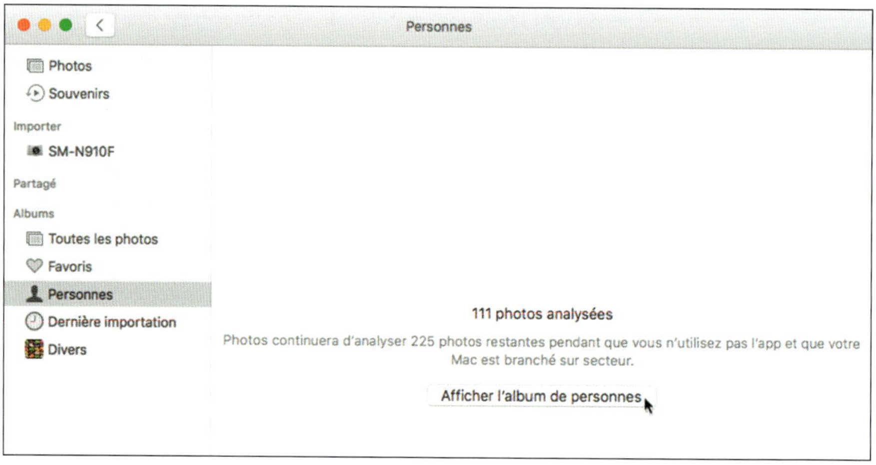

FIGURE 15.5 Accéder à l'album des personnes après ou pendant l'analyse des visages.

Les visages identifiés apparaissent.

3. **Glissez déposez alors les vignettes de vos visages favoris dans la partie supérieure de la section Personnes, comme sur la Figure 15.6.**

FIGURE 15.6 Vos visages favoris !

4. **Pour changer le nom de la personne, cliquez sur le texte. Il passe alors en surbrillance. Tapez le nouveau nom et validez avec la touche Retour de votre clavier.**

5. **Si besoin, cliquez sur Ajouter pour sélectionner d'autres visages.**

   Vous accédez à un ensemble de photos contenant des visages comme sur la Figure 15.7.

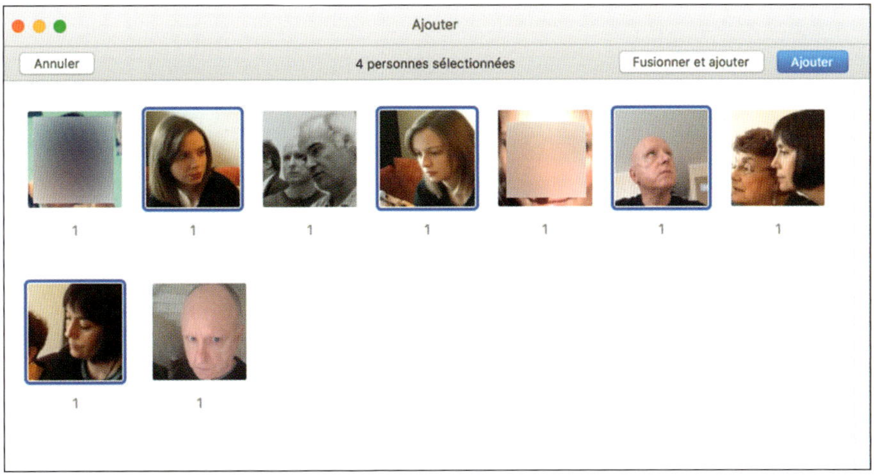

FIGURE 15.7 Choisissez des visages à ajouter.

6. **Maintenez la touche Cmd enfoncée et cliquez sur la vignette des visages à ajouter à l'album Personnes.**
7. **Cliquez sur Ajouter.**
8. **Revenu dans la liste des visages, glissez-déposez les vignettes des personnes favorites dans la partie supérieure de l'interface.**
9. **Pensez à nommer les visage en cliquant sur le chiffre situé sous leur vignette.**
10. **Pour éliminer un visage, cliquez droit dessus et, dans le menu contextuel, exécutez la commande Masquer cette personne.**
11. **Pour voir toutes les photos d'un visage identifié, double-cliquez sur sa vignette dans l'album Personnes.**
12. **Faites défiler le contenu de l'album et cliquez sur le lien Confirmer les photos supplémentaires afin d'indiquer à Photos s'il s'est ou non trompé dans l'identification.**
13. **S'il s'agit de la bonne personne cliquez sur Oui, sinon sur Non.**
14. **Une fois les identifications validées, cliquez sur le bouton Terminé.**

La commande Présentation/Afficher le nom des personnes fait apparaître le nom des personnes identifiées quand vous visualisez une seule photo. Pour masquer les noms, vous choisirez Présentation/Masquer le nom des personnes.

La palette Informations, accessible par un clic sur le bouton « i » à droite de l'icône Favoris (cœur), permet aussi de définir le lieu de prise de vue de la photo. Cliquez sur Attribuer un emplacement dans la palette Information, commencez à taper le nom du lieu et faites une sélection parmi les propositions. Photos ajoute un petit plan navigable au bas de la palette Informations.

Avec la fonction de localisation GPS des modèles récents d'iPhone, d'iPad et d'appareils photo haut de gamme, Photos identifie automatiquement le lieu de prise de vue de vos photos.

Identifier vos photos par des mots-clés

En plus des dates, albums, visages et lieux, il existe un autre système pour faciliter la recherche de photos, grâce à l'attribution de mots-clés descriptifs. Photos fournit une série de mots-clés prédéfinis, auxquels vous ajouterez les vôtres.

Voyons un exemple d'emploi des mots-clés. Disons que vous voulez identifier les photos prises lors de certaines réunions familiales. Vous définirez un mot-clé pour les photos d'anniversaire et un autre pour Noël. En attribuant un mot-clé, vous pourrez rechercher les clichés des dix ans de Marie ou de Noël 2015, et les photos associées aux mots-clés apparaissent comme par magie.

Photos fournit les mots-clés suivants au départ :

- Anniversaire
- Enfants
- Famille
- Vacances

Pour retrouver facilement vos photos préférées, vous pouvez les baliser avec un cœur. Un cœur évidé apparaît dans l'angle d'une vignette quand le pointeur la survole. Cliquez sur cette icône, et la photo est marquée d'un cœur plein qui la signale comme appartenant à vos favoris. Pour voir vos photos ainsi marquées, cliquez sur Favoris dans la barre latérale.

Pour assigner des mots-clés aux images, sélectionnez au moins une vignette dans l'onglet Photos ou Albums, puis cliquez sur la sélection avec le bouton droit et choisissez Lire les informations dans le menu contextuel. Dans la palette Informations, cliquez sur l'instruction Ajouter un mot-clé et tapez un mot-clé de votre choix. Vous validerez en appuyant sur Retour. Si le mot-clé existe déjà, vous n'aurez pas à le taper en entier, contentez-vous d'accepter la suggestion de saisie. Il est possible d'assigner plusieurs mots-clés à la même image.

Photos vous aide à gérer les mots-clés et à les assigner rapidement au moyen d'une touche de raccourci. Pour découvrir ces fonctions, choisissez Fenêtre/Gestionnaire de mots-clés ou appuyez sur ⌘ + K, et vous obtenez la boite de dialogue de la Figure 15.8.

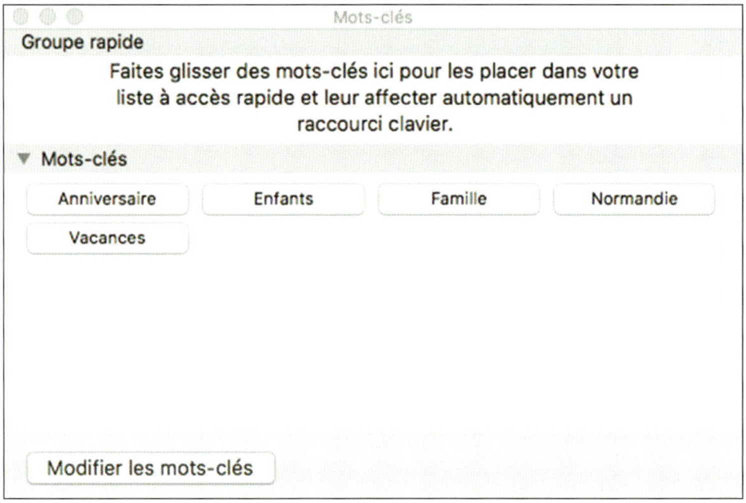

FIGURE 15.8 Le gestionnaire des mots-clés de Photos.

En gardant la zone de dialogue Mots-clés à l'écran, vous pouvez attribuer un mot-clé sans passer par la palette Informations : cliquez simplement sur le bouton d'un mot-clé pour l'associer aux images sélectionnées. Inversement, cliquez sur un bouton de mot-clé coloré pour le retirer des images sélectionnées.

Si vous faites glisser un bouton vers la zone Groupe rapide, Photos lui attribue une touche de raccourci. Ainsi, il vous suffit ensuite de sélectionner un groupe de vignettes et d'appuyer sur la lettre de raccourci pour leur associer ce mot-clé.

Pour supprimer ou renommer un mot-clé, cliquez sur Modifier les mots-clés. Vous obtenez la liste alphabétique de vos mots-clés. Sélectionnez un mot dans la liste, et vous pouvez le supprimer, le renommer ou changer son raccourci (voir Figure 15.9). Si vous renommez un mot-clé, le nouveau nom va s'appliquer à *toutes les images déjà associées à ce mot-clé*. Pour éviter les confusions, il est préférable d'appliquer un nouveau mot-clé et de supprimer l'ancien au besoin.

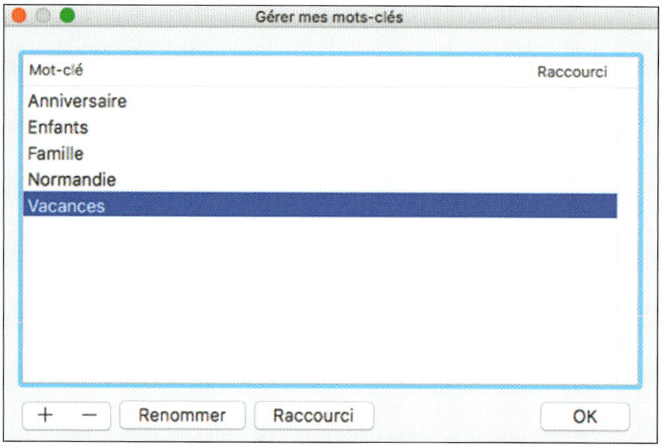

FIGURE 15.9
Gérer votre liste de mots-clés.

Retrouver des photos grâce aux mots-clés

Dans un instant, vous allez découvrir l'incroyable potentiel des mots-clés. Pour fouiller votre photothèque entière à l'aide de mots-clés, affichez l'onglet Photos et commencez à taper un mot-clé dans le champ Rechercher dans l'angle supérieur droit de la fenêtre. L'application suggère une liste de mots et noms qui correspondent aux premières lettres saisies. Cliquez sur le mot-clé qui vous intéresse, et l'affichage se limite aux images associées à ce mot-clé.

La fonction de recherche permet aussi d'atteindre directement toutes les photos associées à un lieu ou un visage identifié en tapant le nom d'une personne ou d'un lieu.

Pour lancer une recherche très ciblée avec plusieurs par mots-clés, vous définirez un album intelligent avec ces mots-clés comme conditions et l'option *toutes les conditions suivantes*.

Pour trouver une photo d'après des mots contenus dans sa description, cliquez simplement dans le champ de recherche et commencez à taper. En tapant une date dans le champ de recherche, vous atteignez directement les photos de cette date sans avoir à défiler dans le catalogue.

Créer des souvenirs

En cliquant sur la mention Souvenirs de la barre latérale, vous accédez à une présentation de cette fonctionnalité.

Vous pouvez créer des souvenirs à partir de photos et d'albums. Par exemple, sélectionnez un album dans la section Albums de la barre latérale, puis cliquez sur le lien Afficher en tant que souvenir situé dans la partie supérieure droite de l'interface. Photos crée alors une sorte de mise en page avec une image principale et des photos plus petites.

Si la proposition vous convient, faites défiler le contenu de cette fenêtre, et cliquez sur Ajouter aux souvenirs. Cliquez ensuite sur Souvenirs dans la barre latérale. Un album souvenir apparaît comme sur la Figure 15.10. Pour consulter ces souvenirs, double-cliquez dessus !

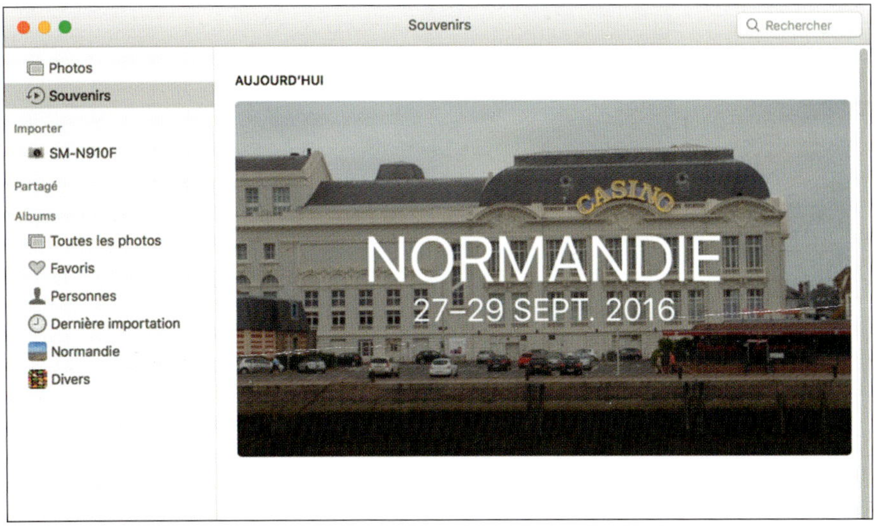

FIGURE 15.10 Un album souvenir.

Si vous cliquez droit sur la vignette d'un souvenir, vous pouvez l'Ajouter aux souvenirs favoris ou le Supprimer.

Corriger des photos

Même les professionnels ne font pas que des photos parfaites. Pour les clichés qui ont besoin d'une petite amélioration, Photos propose un assortiment d'outils de retouche qui vous serviront à corriger les défauts les plus courants.

Avant tout, commencez par sélectionner dans le catalogue l'image à corriger. Double-cliquez sur la photo pour l'afficher en mode Une seule image et cliquez sur le bouton Modifier dans l'angle supérieur droit (icône de trois curseurs). Vous passez en mode de retouche, illustré à la Figure 15.11. Vous voici maintenant prêt à corriger la photo avec les outils que je décris dans les sections suivantes.

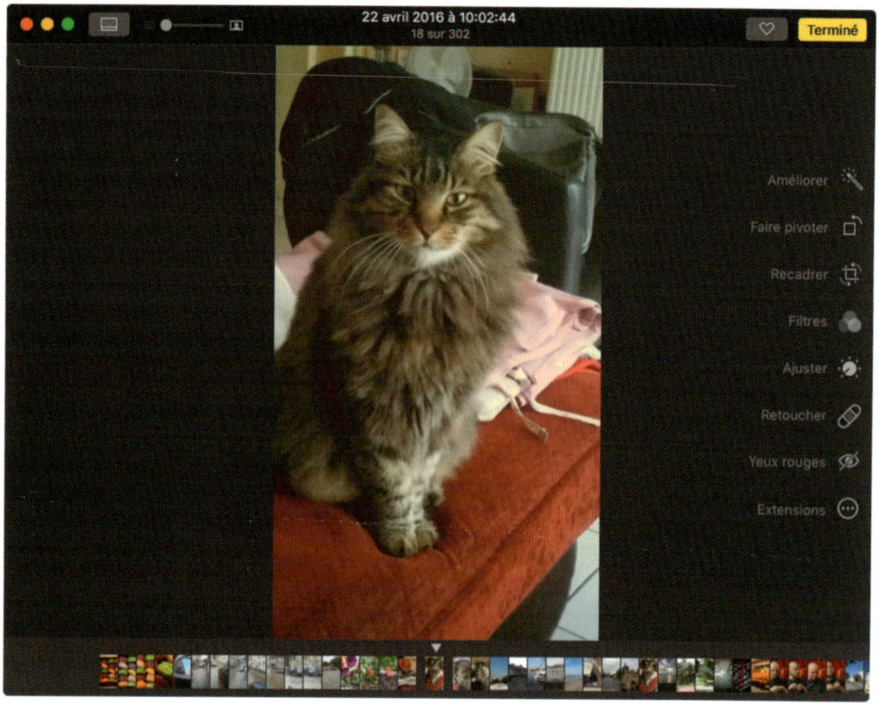

FIGURE 15.11 Interface de Photos en mode de retouche – cherchez les défauts à corriger.

Le bouton à gauche, devant le curseur de zoom, sert à afficher ou masquer les vignettes de l'album ou du moment auquel appartient l'image. Cliquez sur l'une des vignettes pour corriger une autre photo de la série.

Pour travailler dans de meilleures conditions, passez en mode plein écran en cliquant sur le bouton vert dans l'angle supérieur gauche de la fenêtre de Photos. Pour retrouver l'affichage habituel, appuyez sur Esc.

Lorsque vous avez terminé vos retouches, cliquez sur le bouton Terminé pour revenir au catalogue de Photos. Pour valider une correction sans quitter le mode de retouche, il suffit d'activer un autre outil de retouche.

Faire pivoter

Si l'image est mal orientée et doit pivoter pour apparaître avec la bonne orientation, cliquez sur le bouton Faire pivoter pour lui appliquer une rotation d'un quart de tour dans le sens antihoraire. Pour inverser le sens de rotation, appuyez sur la touche Option pendant que vous cliquez sur le bouton Faire pivoter.

Recadrer et redresser

Quel dommage qu'un touriste apparaisse au bord de la photo ! Il y a une solution, vous pouvez éliminer les éléments indésirables en bordure en recadrant la photo, comme autrefois on le faisait en découpant les bords d'une photo avec des ciseaux. Avec Photos, il est facile de retirer des portions périphériques de l'image pour faire disparaître le crâne brillant de l'oncle Maurice d'un coin d'une photo de famille autrement parfaite.

Voici comment recadrer une photo :

1. **Cliquez sur le bouton Recadrer.**
2. **Sélectionnez la portion de l'image à conserver.**

   Faites glisser l'un des angles du cadre, et vous obtenez un voile sombre sur la portion à éliminer et une grille de neuf cases sur la portion à conserver. La Figure 15.12 montre cette grille, qui sert à composer l'image d'après la règle des tiers, bien connue des photographes.

   Vous pouvez à tout moment retrouver l'image entière en cliquant sur le bouton Revenir à l'original.
3. **(Facultatif) Sélectionnez des proportions prédéfinies.**

   Pour recadrer la photo à des proportions fixes, comme 4:3 ou 16:9 en vue de son insertion dans un projet iMovie, cliquez sur Aspect et sélectionnez les proportions dans le menu.

N'oubliez pas que la fonction Annuler de Photos reste à votre disposition si vous commettez une erreur et avez besoin de recommencer. Il suffit d'appuyer sur ⌘ + Z.

Vous pouvez également cliquer sur le bouton Réinitialiser de l'outil Recadrer pour revenir au cadrage d'origine.

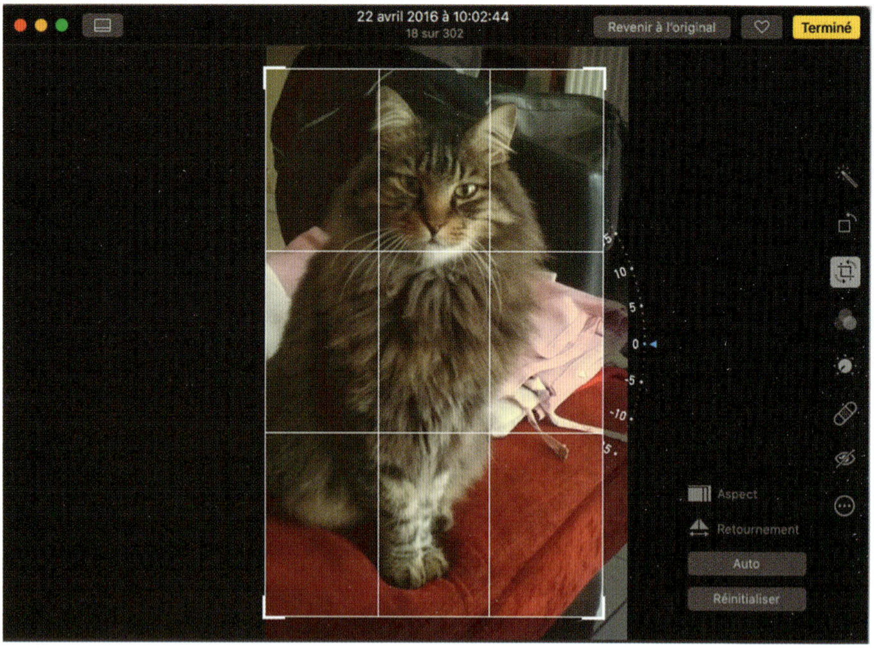

FIGURE 15.12 Positionnez le cadre sur la portion à conserver.

Si l'appareil photo était un peu incliné lors de la prise de vue, vous redresserez la photo. Cliquez sur le bouton Recadrer et faites glisser le pointeur sur l'arc à droite de l'image pour appliquer une légère rotation dans un sens ou dans l'autre. Photos va recadrer l'image pour retrouver sa forme rectangulaire sans blanc dans les angles. Cliquez sur un autre outil de retouche pour valider et poursuivre les corrections.

Améliorer le contraste

Si la photo semble terne, cliquez sur le bouton Améliorer pour corriger la saturation des couleurs et renforcer le contraste. Cette commande étant automatique, vous n'avez rien à régler, mais soyez prêt à annuler si le résultat vous déplaît. Pour un réglage plus précis, préférez une correction manuelle comme il est expliqué plus loin dans cette section.

Effacer les défauts

L'outil Retoucher de Photos est parfait pour éliminer de petits défauts, poussières ou rayures (surtout sur les anciennes photos numérisées). Quand cet outil est actif, le pointeur a une forme circulaire. Vous réglerez son diamètre à l'aide du curseur

Taille de sorte qu'il recouvre précisément le défaut à effacer. Cliquez ou faites glisser le pointeur sur la zone à corriger.

Convertir la photo en noir et blanc ou sépia

Certaines de vos photos ne gagneraient-elles pas à être converties en noir et blanc ? Ou peut-être en sépia avec des tons cuivrés comme les vieilles photos d'antan ? Avec les filtres de Photos il est facile et amusant de transformer des photos. Cliquez sur l'outil Filtres, et vous disposez de huit filtres qui agissent sur la couleur de la photo.

Appliquer des corrections manuelles

Cliquez sur l'outil Ajuster pour régler vous-même la luminosité et la couleur. Faites glisser le pointeur sur l'aperçu Clarté, Couleur ou Noir et blanc pour une correction rapide.

Pour définir une correction précise du contraste, des tons clairs et des tons foncés, placez le pointeur Clarté et cliquez sur le chevron qui apparaît à droite. Le chevron fait apparaître une série de réglages que vous définirez précisément en faisant glisser la barrette bleue latéralement, comme l'illustre la Figure 15.13.

Cliquez sur la coche bleue devant le titre des réglages pour comparer la photo avant correction ; cliquez de nouveau pour rétablir les réglages.

Transformer vos photos en un beau livre

La nouvelle mode est de faire imprimer ses plus belles photos en un livre de qualité professionnelle, et Photos est l'outil idéal pour cette mission. Après avoir composé l'album juste comme vous le voulez avec des photos retouchées à la perfection, Photos envoie votre projet *via* Internet à un prestataire de service qui imprime et relie votre livre de photos selon vos *desiderata*.

Sur le même principe, Photos vous aide à produire et faire imprimer des cartes et des calendriers personnalisés avec vos photos. C'est que Photos appelle des projets.

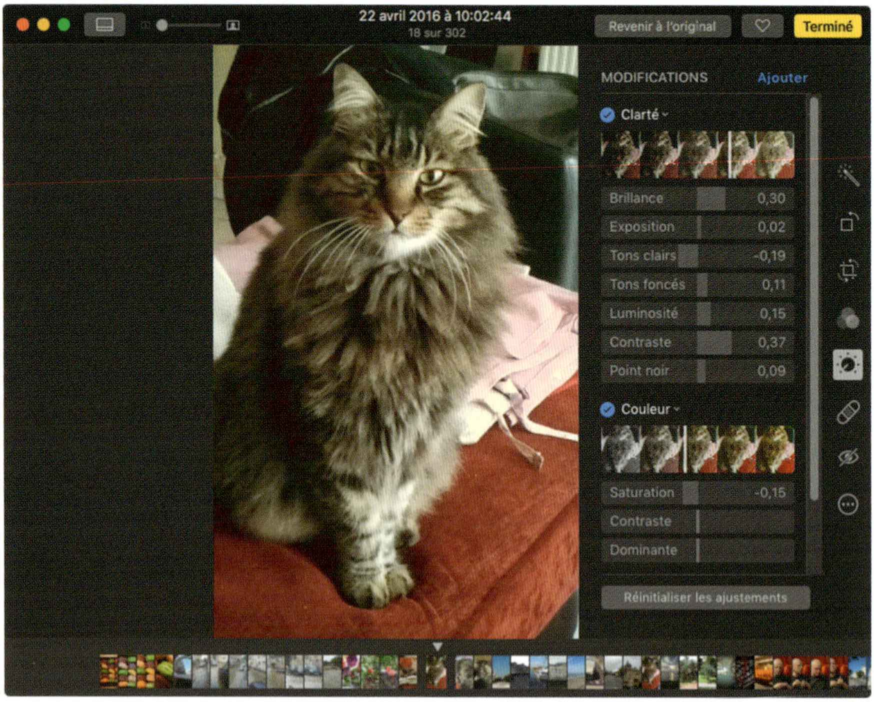

FIGURE 15.13 Photos propose des réglages de contraste et de luminosité très précis.

Pour réaliser un livre de photos, choisissez des images ayant la résolution et la qualité maximales. Plus la résolution est élevée, meilleur sera le rendu de la photo imprimée. Personnellement, j'utilise des images de 1200 pixels dans leur dimension la plus étroite (et 2000 pixels pour les impressions pleine page).

Pour créer un livre de photos, procédez ainsi :

1. **Affichez la barre latérale et cliquez sur l'album à convertir en livre.**

   Assurez-vous qu'aucune vignette n'est sélectionnée pour être certain que Photos utilisera toutes les images de l'album.

2. **Cliquez sur le bouton Ajouter dans la barre d'outils et choisissez Livre dans le menu.**

   Vous pouvez également cliquer sur Fichier/Créer un livre.

3. **Choisissez le type de livre et ses dimensions en cliquant sur un bouton Sélectionner.**

   Les prix sont indiqués pour un livre de 20 pages, chaque page supplémentaire sera facturée de 0,49 à 1,49 €.

4. **Choisissez un thème.**

   Cliquez sur une vignette. Le thème choisi détermine la présentation des pages (disposition des photos et graphismes).

5. **Cliquez sur le bouton Créer un livre en haut à droite.**

   Photos présente un aperçu des pages dans la section Projets de la barre latérale.

   Vous pouvez à tout moment choisir un autre thème en cliquant sur le bouton orné d'un livre dans la barre d'outils puis en choisissant Changer de thème.

6. **Pour ajouter des photos, cliquez sur le bouton Ajouter en bas à droite.**

7. **Choisissez les images à ajouter en cliquant sur leur vignette, puis cliquez sur le bouton Ajouter.**

   Les images apparaissent sous le livre comme le montre la Figure 15.14.

8. **Glissez-déposez les vignettes sur des pages vides ou sur des images en place afin de les remplacer.**

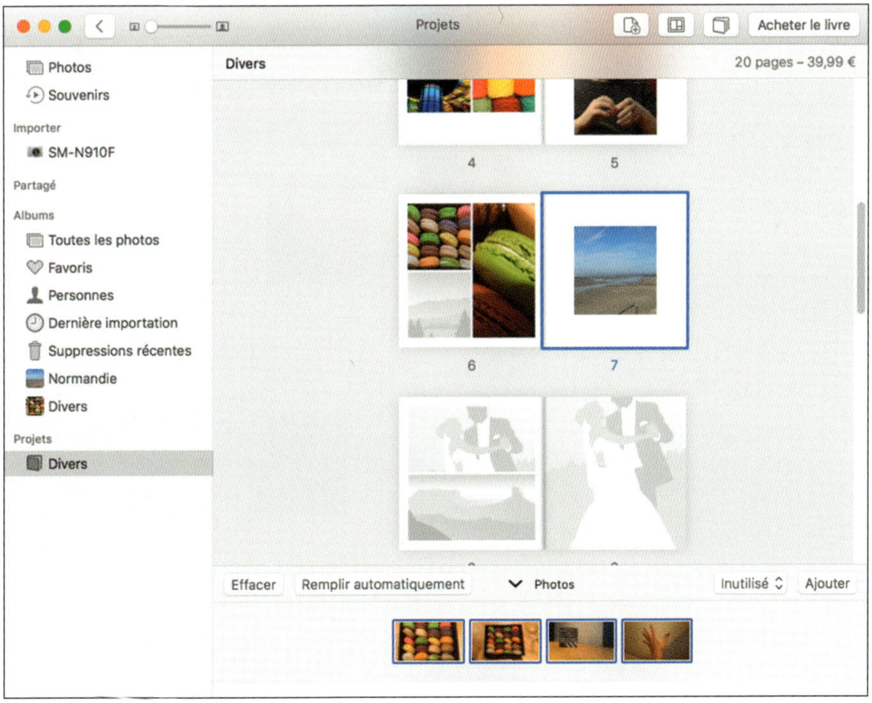

FIGURE 15.14 Ajouter des photos à un livre.

9. **Pour changer une photo de page (ou d'emplacement), maintenez le bouton de la souris enfoncé dessus. Dès qu'elle se « colle » au pointeur, glissez-déplacez-la sur une autre page ou dans un autre emplacement.**

10. **Changez l'ordre des pages à votre convenance en faisant glisser la miniature d'une page pour la positionner ailleurs.**

    Pour cela vous devez la saisir par la petite icône placée sous la vignette de la page elle-même.

    Si vous préférez le livre sans numéros de page, cliquez sur le bouton orné d'un livre dans la barre d'outils et cliquez sur l'option Afficher les numéros de page pour désactiver cette fonction (et faire disparaître la coche devant son nom).

11. **Si vous voulez changer l'aspect d'une page, cliquez sur sa miniature et cliquez sur le bouton Disposition dans la barre d'outils. Vous pouvez choisir un autre modèle de page (Figure 15.15).**

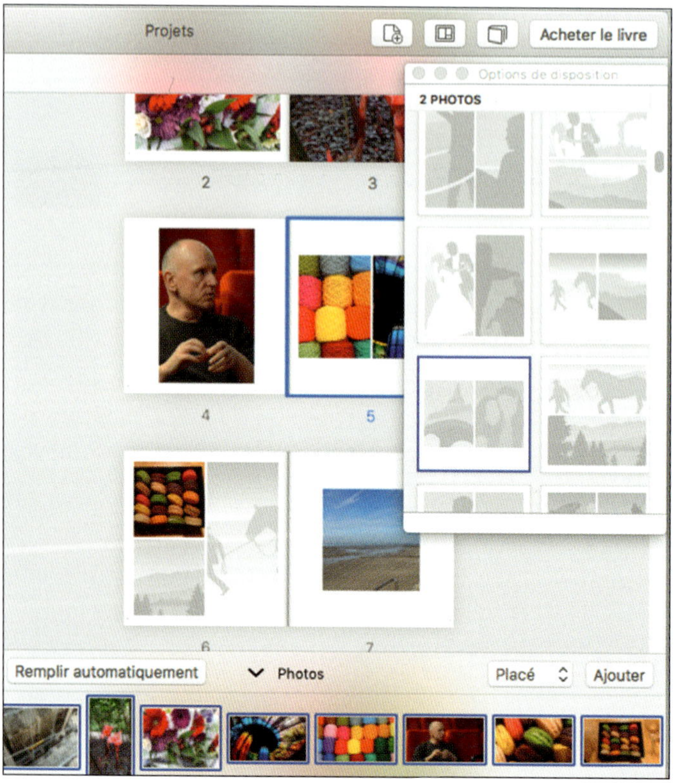

FIGURE 15.15 Choix d'une disposition de page.

Cliquez sur une vignette dans le panneau qui apparaît pour appliquer une nouvelle disposition à la page sélectionnée.

12. **Double-cliquez sur une page pour agir sur son contenu.**

    Si le thème contient des légendes, cliquez dans un champ de saisie et tapez le texte à y afficher. Certains thèmes n'ont pas de champs pour les légendes et descriptions. Pour ajouter un champ de saisie, cliquez sur Options sous la page et choisissez une disposition avec texte dans le volet Options.

    Une fois les modifications terminées, cliquez sur le chevron en haut à gauche, devant le curseur de zoom, pour revenir aux miniatures des pages.

13. **Pour ajouter des pages au livre, cliquez sur le bouton Ajouter une page dans la barre d'outils.**

    Le même bouton permet de supprimer la page sélectionnée dans le projet.

14. **Lorsque le livre vous convient à tout point de vue, cliquez sur le bouton Acheter le livre.**

ENVIE D'UN DIAPORAMA ?

Photos est capable de composer des diaporamas. Affichez l'album ou le moment à présenter en diaporama, puis cliquez sur le bouton Ajouter et choisissez Diaporama. Comme pour la création d'un album, un panneau apparaît pour vous permettre de définir le nom du diaporama. Tapez un nom et cliquez sur OK. Photos affiche le diaporama dans la section Projets de la barre latérale en présentant ses photos dans une bande de miniatures en bas de la fenêtre. Faites glisser les vignettes pour les mettre dans l'ordre voulu.

Cliquez sur le bouton Sélecteur de thème à droite de l'aperçu pour choisir un thème plus ou moins fantaisie. Celui-ci définit l'animation, le type de transitions et la position des photos dans l'écran.

Pour choisir le fond musical du diaporama, cliquez sur le bouton Musique. Vous avez alors accès aux thèmes musicaux proposés par Apple, ainsi qu'à vos fichiers audio. Cliquez sur le chevron à droite de Bibliothèque. Pour choisir une musique d'Apple, choisissez Génériques dans le menu sous Bibliothèque. Pour utiliser une playlist ou l'un de vos fichiers audio, choisissez iTunes dans le menu, cliquez sur l'icône de loupe et servez-vous du champ de recherche pour trouver un titre.

Pour configurer le diaporama, cliquez sur le bouton Réglage de durées à droite de l'aperçu. Vous pouvez définir la durée d'affichage de chaque diapo et choisir un effet de transition.

Pour voir un aperçu rapide du diaporama sans quitter la section Projets, cliquez sur Aperçu ; c'est à ce stade que vous vérifierez si le thème et la musique s'accordent à votre sélection de photos. Une fois prêt à lire le diaporama, cliquez sur le bouton Lire, et Photos passe en mode plein écran. Pour convertir le diaporama terminé en un fichier vidéo, cliquez sur Exporter en haut à droite de l'interface.

15. **Photos affiche une série de boites de dialogue qui vous guident dans les dernières étapes pour commander l'impression professionnelle de votre livre.**

    Il vous sera demandé de fournir un numéro de carte bancaire.

Partager vos photos

Photos propose plusieurs fonctions de partage, toutes disponibles dans le menu Partager et très simples d'emploi.

Partager avec iCloud

Le partage de photos avec iCloud concerne deux fonctions complémentaires : d'une part, la synchronisation de votre photothèque entre le MacBook et vos appareils iOS et, d'autre part, la mise en ligne d'albums partagés, accessibles à vos amis dotés d'un compte iCloud.

Comme nous l'avons vu plus tôt dans ce chapitre, votre photothèque est automatiquement synchronisée si vous activez la fonction Photothèque iCloud ou Mon flux de photos dans les préférences de Photos. Tous les appareils qui exploitent cette fonction doivent être configurés pour le même compte iCloud avec le même identifiant Apple.

Voici comment partager un album en ligne avec vos amis utilisateurs d'iCloud :

1. **Sélectionnez des photos ou un album entier, cliquez sur le bouton Partager dans la barre d'outils et choisissez Partage de photos iCloud.**
2. **Dans la palette qui apparaît, tapez éventuellement un commentaire et cliquez sur Nouvel album partagé (Figure 15.16).**

    Vous pourriez ajouter les photos à un album déjà en ligne en le sélectionnant dans cette première palette.

3. **Dans la palette suivante, tapez un nom pour le nouvel album partagé.**
4. **Cliquez sur le bouton + pour sélectionner une adresse dans vos contacts ou tapez directement l'adresse e-mail des personnes que vous voulez inviter à consulter vos photos en ligne.**
5. **Cliquez sur Créer.**

FIGURE 15.16 Définissez un album à partager en ligne avec iCloud.

L'album est désormais accessible à vos amis sur iCloud. Ils reçoivent une invitation dans Mail et dans Photos et ont le choix d'accepter ou de refuser l'invitation. S'ils se joignent au partage, ils peuvent ajouter leurs propres photos à votre album partagé.

Vous pouvez voir vos albums partagés dans l'onglet Partagé et y ajouter des photos. Pour retirer un album du partage, faites un clic-droit sur sa vignette dans la section Partagé de la barre latérale. Dans le menu contextuel qui apparaît, exécutez la commande Supprimer l'album partagé.

Envoyer une photo par e-mail

Photos vous aide à envoyer vos photos en automatisant la procédure. L'application prépare l'image et l'insère automatiquement à un nouveau message.

Pour envoyer des photos par courrier électronique, sélectionnez-les dans le catalogue, cliquez sur le bouton Partager dans la barre d'outils et choisissez Mail dans le menu qui apparaît. Vous obtenez une fenêtre de nouveau message Mail avec les photos déjà insérées, comme le montre la Figure 15.17.

Remarquez le menu Taille de l'image. Il offre les options Petite (téléchargement plus rapide), Moyenne, Grande (meilleure qualité) et Taille réelle (qualité optimale). Selon les cas, le destinataire n'a pas forcément besoin de recevoir une image

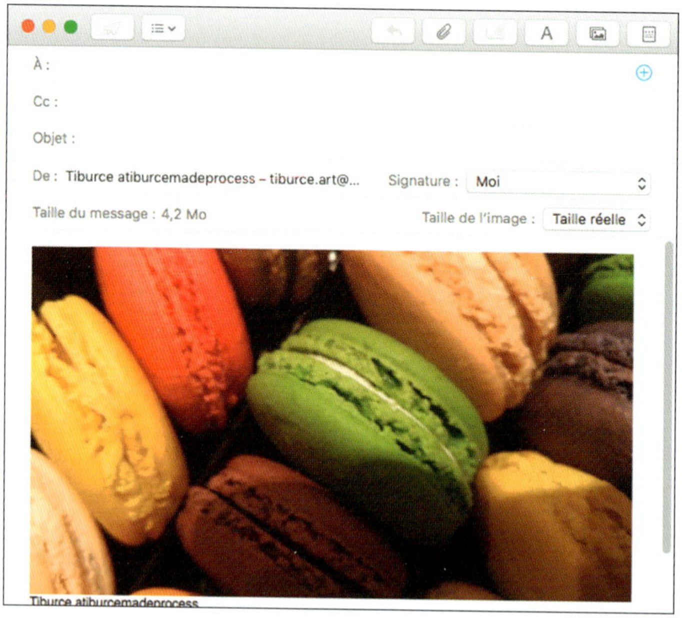

FIGURE 15.17 Envoi d'une photo par e-mail.

géante de plusieurs mégaoctets. Indiquez l'adresse du destinataire dans le champ À et tapez un texte personnel. Enfin, lorsque le message est prêt, cliquez sur le bouton Envoyer.

Partager sur un réseau social

Publier vos plus belles photos sur votre compte Facebook, Twitter ou Flickr est une opération très simple avec Photos. Sélectionnez une ou plusieurs photos et cliquez sur le bouton Partager pour choisir Facebook, Twitter ou Flickr.

La première fois que vous essayez d'accéder à l'un de ces services de partage, Photos vous demande l'autorisation d'établir la connexion. Vous devrez bien entendu indiquer le nom d'utilisateur et le mot de passe de votre compte Facebook, Twitter ou Flickr avant de pouvoir y ouvrir une session.

Une fois le compte en ligne associé à Photos, il vous suffira de sélectionner des photos, un moment ou un album, de cliquer sur le bouton Partager dans la barre d'outils et de cliquer sur le nom de votre réseau social pour accéder à vos albums en ligne. Vous voyez qu'Apple prend bien soin de nous !

Chapitre 16

Faites votre cinéma avec iMovie

DANS CE CHAPITRE :

- » **Découvrir la fenêtre d'iMovie.**
- » **Importer et ajouter du contenu multimédia.**
- » **Définir des transitions dans le montage.**
- » **Insérer des titres.**
- » **Partager vos films.**

Avez-vous fait partie d'un club vidéo au lycée ? Vous avez dû bien vous amuser avec vos camarades à réaliser des films amateurs plus ou moins aboutis. Certains membres du club étaient tellement doués qu'ils ont choisi plus tard une profession liée aux arts, au graphisme ou à la vidéo.

Avec iMovie la réalisation d'un film amateur est accessible à tous. Apple a simplifié les procédures, comme l'importation de vidéo et l'ajout d'un fond sonore, pour vous laisser l'esprit libre de vous concentrer sur l'aspect artistique. D'ailleurs, vous ne trouverez aucun jargon technique dans ce chapitre, aucune référence à des codecs ou des images-clés. Je vous garantis que vous n'aurez aucun mal à suivre mes explications (ce qui n'est pas courant avec les autres logiciels de montage vidéo).

Grâce à iMovie et votre caméscope numérique (voire les vidéo tournées avec votre iPhone ou autre Smartphone), vous pourrez bientôt monter et partager des films dont vous serez fier, avec des effets de transition aussi époustouflants que ceux d'Hollywood – et vous aurez fait tout ça tout seul sur votre MacBook.

Votre premier montage avec iMovie sera peut-être le début d'une belle carrière dans le cinéma.

Présentation de la fenêtre d'iMovie

L'interface des logiciels de montage vidéo professionnel donne l'impression de prendre les commandes d'un Airbus. Dans iMovie, en revanche, tous les outils nécessaires sont faciles à utiliser et positionnés dans l'interface avec logique.

Pour lancer iMovie, cliquez sur l'icône iMovie du dossier Applications, du Launchpad, ou bien encore en demandant aimablement à Siri d'y procéder.

Une autre technique consiste à taper iMovie dans Spotlight, puis à cliquer sur l'icône du programme dans les résultats de la recherche.

Lors du premier démarrage d'iMovie, une fenêtre de bienvenue affiche les nouveautés du programme. Cliquez sur le bouton Continuer. Vous accédez alors à l'interface très singulière d'iMovie.

La création d'un nouveau projet vidéo se déroule ainsi :

1. **Choisissez Fichier/Nouveau film (ou appuyez sur ⌘ + N).**

   Vous accédez à l'interface vide illustrée sur la Figure 16.1.

   iMovie permet aussi de créer une bande-annonce de film, comme nous le verrons plus loin dans ce chapitre. Je conseille toujours de réaliser la bande-annonce *après* le montage du film (à moins que le projet ne se limite à une bande-annonce). C'est ainsi que travaillent les studios de cinéma : une fois le film terminé, on voit mieux ce qui mérite de figurer dans la bande-annonce pour attiser la curiosité.

   Si pour une raison ou une autre, vous vous retrouvez dans l'interface illustrée à la Figure 16.2, cliquez sur la grosse vignette Créer. Dans le menu local qui s'affiche, choisissez Film.

   L'interface est déconcertante car elle fourmille de Panneaux. Pour le moment, retenez que vous devez importer des fichiers vidéos dans iMovie pour réaliser le montage.

   Les outils que vous utiliserez le plus souvent sont les suivants :

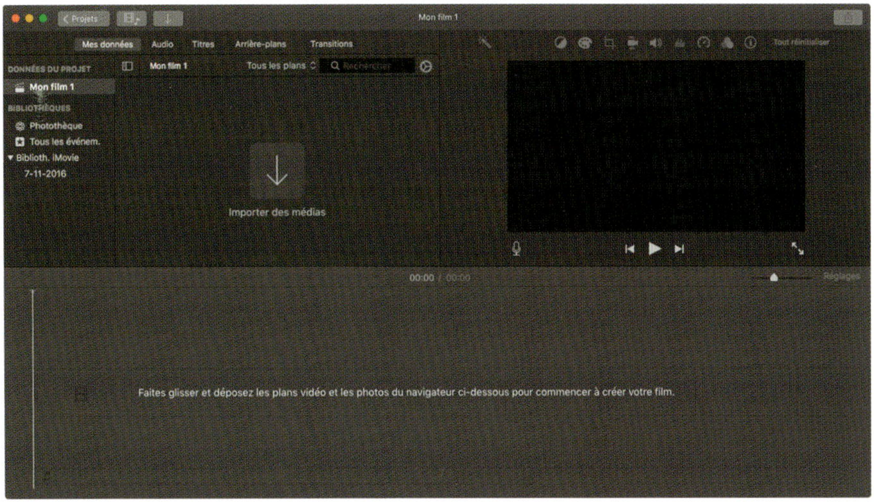

FIGURE 16.1 Pour créer un nouveau film.

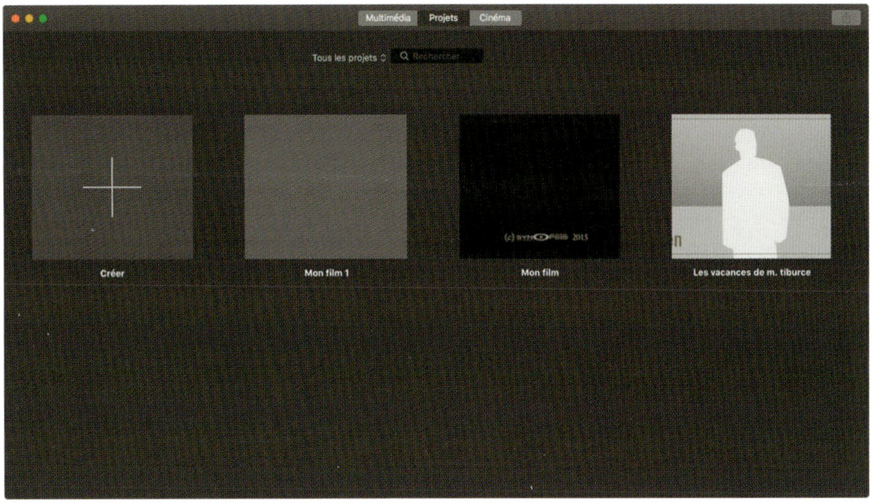

FIGURE 16.2 Si cette interface se présente à vous, cliquez sur Créer.

- **Moniteur :** cet espace joue le même rôle que l'écran de votre ordinateur ou téléviseur ; c'est ici que s'affiche le film monté.
- **Données du projet :** cliquez sur le nom du projet en cours pour voir les éléments déjà montés.
- **Bibliothèques :** sont regroupés ici le contenu de votre catalogue Photos (Photothèque) et tous les clips vidéos importés dans iMovie.

- **Contenu de la bibliothèque sélectionnée :** ce volet présente les vignettes du type sélectionné dans le volet gauche ou les plans d'un événement.
- **Tête de lecture** : la ligne verticale blanche visible, dans le volet de contenu et la table de montage, est la tête de lecture qui indique le point de montage actuel. Lors de la lecture du montage, la tête de lecture se déplace dans le film.

2. **Pour effectuer le montage lisez la prochaine section.**

Déroulement d'un montage vidéo

Je ne voudrais pas brider vos élans créatifs – après tout, le montage vidéo peut s'aborder sous tous les angles. Mais j'ai constaté que mes films sont mieux réussis lorsque je procède de façon linéaire. Avant d'en venir aux détails, permettez-moi de vous décrire le déroulement général d'un montage avec iMovie.

Voici ma démarche personnelle, résumée en sept étapes :

1. **Importez des plans vidéo depuis le disque dur, un caméscope numérique, la webcam du MacBook, un iPhone, iPad ou iPod touch.**
2. **Faites glisser les plans vidéo du volet de contenu vers la table de montage et placez-les dans l'ordre voulu.**
3. **Importez ou enregistrez des séquences audio (depuis iTunes ou Garage Band) et ajoutez-les au montage.**
4. **Exploitez votre Photothèque ou importez des photos depuis le disque dur et positionnez-les dans le montage.**
5. **Finalisez le montage avec une voix off, des transitions, des effets et du texte.**
6. **Vérifiez le montage en affichant l'aperçu et effectuez des modifications si nécessaire.**
7. **Partagez votre film afin de le diffuser sur le Web, par e-mail, sur votre téléviseur ou sur un appareil iOS (iPhone, iPad ou iPod touch).**

Il serait impossible de décrire avec précision dans ce chapitre l'emploi de toutes les fonctions d'iMovie, c'est pourquoi je vous recommande la lecture du manuel *iLife 11 Pour les Nuls*.

Importer les éléments de base

Vous avez bien sûr besoin de séquences vidéo pour monter un film et vous pourrez obtenir les autres éléments depuis Photos, iTunes ou GarageBand. (C'est là qu'on apprécie l'intégration promise par Apple.)

En plus des plans vidéo importés depuis un caméscope, un appareil iOS, la webcam intégrée ou le disque dur, le montage vidéo peut contenir des images de votre catalogue Photos (pour le générique par exemple), des effets et un fond sonore provenant d'iTunes. Dans les sections suivantes, je vous montre comment mettre en place tous ces éléments.

Importer des séquences vidéo

Votre MacBook a un disque d'une capacité suffisante pour le montage vidéo et une caméra HD intégrée, ce qui en fait un studio de cinéma à lui tout seul. Vous pouvez bien sûr exploiter des séquences vidéo filmées avec un caméscope, une tablette ou un mobile.

Aujourd'hui, la vidéo numérique est enregistrée sur des cartes mémoire bien souvent au format SD, ou directement dans la mémoire de votre smartphone. De facto, l'importation d'une vidéo est aussi simple que celle d'une photo :

1. **Branchez à votre ordinateur le périphérique qui contient vos fichiers vidéo.**

   Il s'agira d'un caméscope, d'un téléphone mobile, d'une carte SD voire d'un disque dur externe ou d'une clé USB.

2. **Copiez ces fichiers dans le dossier Vidéos de votre disque dur.**

3. **Dans iMovie, choisissez Fichier/Importer des médias, ou bien cliquez sur la flèche pointant vers la mention Importer des médias (reportez-vous à la Figure 16.1).**

   iMovie ouvre la fenêtre Importer.

4. **Dans la partie gauche, localisez le lecteur contenant les fichiers à importer, puis double-cliquez sur le dossier Vidéos dans la partie inférieure de la fenêtre.**

   Double-cliquez sur un autre dossier si vos fichiers sont stockés sur un autre support ou un disque externe.

5. **Dans le menu local Importer vers (en haut de la fenêtre), choisissez Données du projet.**

6. **Sélectionnez les fichiers à importer, comme sur la Figure 16.3, puis cliquez sur le bouton Importer la sélection.**

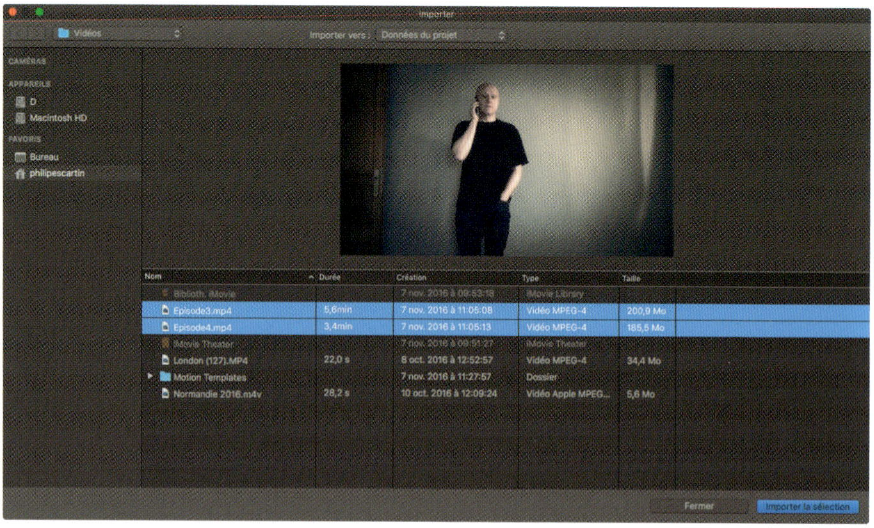

FIGURE 16.3 Deux fichiers mp4 vont être importés dans iMovie.

Une fois l'importation terminée vous basculez dans l'interface de iMovie où vous voyez les vignettes de vos vidéos

iMovie reconnaît les formats vidéo du Tableau 16.1.

TABLEAU 16.1 Formats vidéo acceptés par iMovie

Format	Description
DV	Vidéo numérique de format standard 4/3.
DV 16/9	Vidéo numérique de format panoramique 16/9.
MOV	Format de QuickTime.
HDV et AVCHD	Vidéo numérique haute définition et panoramique en 720p et 1080i.
MPEG-2	Format de vidéo numérique utilisé pour les films sur DVD et la télévision numérique.
MPEG-4	Format courant pour la vidéo diffusée en ***streaming*** sur Internet ou sur un réseau sans fil et pour la vidéo capturée par des appareils iOS portables comme l'iPad, l'iPhone et l'iPod touch.

Exploiter des images fixes

L'insertion d'images fixes peut vous servir à créer de jolis titres ou un générique. Vous pouvez aussi les insérer entre deux scènes pour les relier ou casser le rythme au gré de votre inspiration. Dans mes montages par exemple, j'insère des images pour séparer chaque journée d'un voyage ou les scènes d'anniversaire de différentes années.

Voici deux techniques pour ajouter des images fixes à un montage :

- **Ajout d'images depuis Photos :** cliquez sur Photothèque sous Bibliothèques dans le volet gauche d'iMovie, et vous avez accès à votre bibliothèque Photos directement dans le volet de contenu d'iMovie (voir Figure 16.4). Cliquez sur le menu en haut à gauche pour choisir de parcourir la bibliothèque par albums, collections, moments, visages, *etc*. Double-cliquez sur une vignette pour afficher son contenu dans le volet. Une fois repérée l'image à ajouter au montage, faites-la glisser vers l'emplacement qui convient dans la table de montage.
- **Importation d'images depuis le disque dur :** optez pour la méthode intuitive du glisser-déposer et faites glisser des images TIFF, JPEG, GIF, PICT, PNG ou PSD directement d'une fenêtre du Finder vers la table de montage.

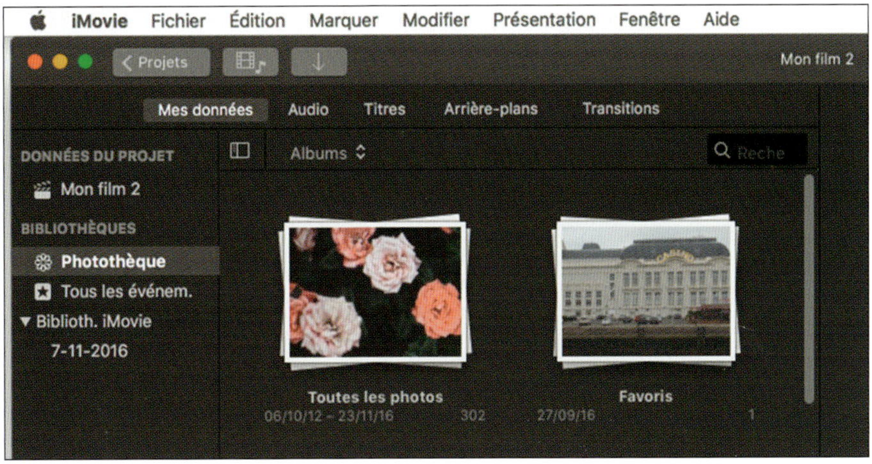

FIGURE 16.4 Importer des images de la Photothèque est un jeu d'enfant.

Sonoriser le film

Vous pouvez animer votre film avec des effets sonores et un fond musical de votre choix, de Chopin à James Brown. Je vous montre ici comment importer de la musique dans iMovie et l'intégrer au montage en la plaçant dans la table de montage.

L'audio importé peut provenir de différentes sources :

» **Ajoutez des titres musicaux d'iTunes :** cliquez sur l'onglet Audio puis sur iTunes dans le volet gauche. Cliquez sur iTunes, sous le bouton Audio, pour dérouler le menu et y sélectionner une playlist ; autrement cliquez sur l'icône de loupe à droite pour lancer une recherche dans la bibliothèque (Figure 16.5). Pour écouter un titre avant de l'insérer, cliquez sur le petit bouton lecture qui apparaît sur la gauche lorsque le pointeur survole le nom du morceau. Vous ajouterez au montage un fichier audio en le faisant glisser du volet de contenu vers le bon emplacement sur la piste audio de la table de montage. La piste audio est représentée par une bande plus mince sous la bande vidéo

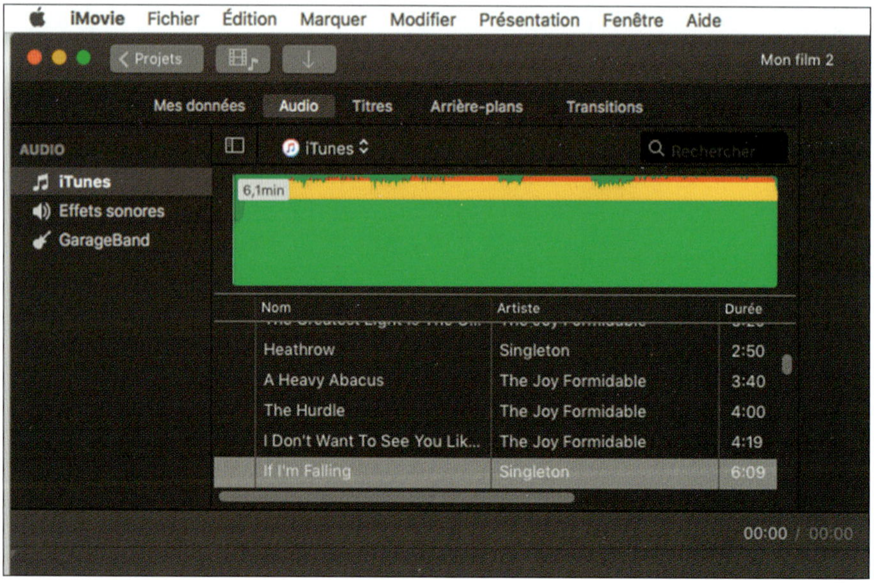

FIGURE 16.5
Accédez à votre bibliothèque musicale.

» **Ajoutez des compositions de GarageBand :** si vous avez sur le MacBook des compositions originales réalisées avec Garage Band, elles peuvent aussi sonoriser vos films. Procédez comme pour les titres issus d'iTunes, mais cliquez sur GarageBand dans le volet gauche.

» **Ajoutez des effets sonores :** si vous avez besoin d'un bruitage dans le montage, affichez la bibliothèque Effets sonores. Parcourez la longue liste alphabétique ou ouvrez un dossier thématique à partir du menu déroulant du volet de contenu. Cliquez sur le bouton de lecture d'un son pour écouter cet effet sonore avant de l'insérer. iMovie est livré avec une série d'effets sonores de qualité que vous pourrez positionner sur la deuxième piste audio du montage, ce qui permet d'ajouter des bruitages en plus d'un fond musical. Même technique ici, faites glisser le fichier audio vers l'emplacement choisi dans la table de montage.

NARRATION FACILE

Les ébats de vos chats au jardin méritent peut-être quelques commentaires oraux pour rendre le film plus amusant. Vous pouvez enregistrer la narration tout en regardant le film pour une parfaite synchronisation. Voyez comme il est facile d'enregistrer une voix hors champ :

1. **Choisissez Fenêtre/Enregistrer une voix hors champ ou appuyez sur V.**

   Vous pouvez aussi cliquer sur l'icône du microphone située en bas à gauche du moniteur.

   Un jeu de trois boutons apparaît sous l'aperçu dans le moniteur.

2. **Cliquez sur le troisième bouton pour ouvrir les options de voix hors champ.**
3. **Cliquez sur le menu Source d'entrée et sélectionnez la source.**

   Tous les MacBook sont équipés d'un microphone intégré de bonne qualité, mais vous pouvez utiliser un microphone externe raccordé par USB.

4. **Réglez le curseur de volume à un niveau correct.**

   Évaluez le niveau sonore capté par le microphone en surveillant la jauge verte à gauche du bouton d'enregistrement pendant que vous parlez. La jauge devrait monter jusqu'à mi-hauteur pour un niveau sonore correct.

   L'option Couper le son du projet est cochée par défaut pour que le montage soit lu sans ses fichiers audio pendant l'enregistrement de la voix off. Si vous voulez écouter le fond musical du montage en enregistrant, désactivez l'option et utilisez un casque audio raccordé au MacBook pour éviter les interférences.

5. **Dans la table de montage, cliquez dans un plan à l'endroit précis où la narration doit débuter.**
6. **Cliquez sur le bouton rouge sous l'aperçu et attendez le décompte de trois secondes avant de commencer à parler.**
7. **Regardez la vidéo pendant l'enregistrement de la narration pour synchroniser la voix off avec l'action.**
8. **Cliquez de nouveau sur le bouton rouge pour arrêter l'enregistrement.**

Si la bibliothèque consultée est très volumineuse, faites usage du champ de recherche dans l'angle supérieur droit du volet de contenu. Ainsi, la liste présentée se réduit aux titres ou effets correspondant au texte saisi. Pour annuler et retrouver la liste entière, cliquez sur la croix (X) à droite du champ de recherche.

» **Enregistrez directement avec un microphone :** c'est ainsi que vous ajouterez une voix off (voir l'encadré « Narration facile » pour découvrir la méthode précise).

Régler le son et l'image

La série d'icônes au-dessus du moniteur fournit des réglages pour améliorer le son et l'image des plans vidéo et leur appliquer des effets spéciaux. Vous commencerez par sélectionner dans la table de montage la séquence audio ou vidéo à améliorer. Vous disposez des fonctions suivantes :

» Le premier bouton, Améliorer, fournit une correction automatique.

» Les deux suivants, Balance des couleurs et Étalonnage des couleurs, agissent sur la couleur. Etonnant non ?

» L'outil Recadrage permet de recadrer l'image vidéo ou d'appliquer un effet de zoom avec la fonction Ken Burns. Il faut cliquer sur l'icône de coche à droite pour valider la correction.

» La fonction Stabilisation corrige les tremblements de l'appareil pendant la prise de vue.

» La fonction Volume sert à régler le volume du plan sélectionné et à lui donner la priorité sur les autres pistes audio simultanées. Le bouton suivant donne accès à deux fonctions pour réduire le bruit de fond et appliquer un réglage d'égaliseur prédéfini.

» Le bouton Réduction du bruit et égaliseur permet de réduire le souffle de la bande-son et d'en ajuster les fréquences.

» Le bouton Vitesse agit sur la vitesse et le sens de lecture de la vidéo.

» Le bouton Filtre du plan et effet audio donne accès à deux palettes d'effets audio et vidéo faciles à appliquer puisqu'il suffit de cliquer sur une vignette.

» Le bouton Informations affiche le nom de la séquence, sa date d'enregistrement et sa durée.

En cas d'erreur, vous disposez d'un bouton Réinitialiser pour chaque fonction et d'un bouton Tout réinitialiser qui élimine toutes les corrections.

Montage : mise en pratique

Après cette présentation théorique, il est temps de passer à la pratique en assemblant tous les composants ajoutés au projet. En plus des plans vidéo, des pistes audio et des images fixes, vous pouvez ajouter des transitions fantaisie, des effets spéciaux et des titres animés. Je vous montre ici comment réaliser un film vraiment original à partir de vos séquences vidéo.

Ajouter des plans vidéo

Vous ajouterez des plans vidéo à votre montage en utilisant conjointement la table de montage et les événements affichés dans le volet de contenu.

- » **La table de montage** affiche les fichiers multimédias que vous avez ajoutés au projet et vous permet d'assembler les séquences, les titres, les transitions et les images fixes dans l'ordre de votre choix.
- » **Le volet de contenu** affiche les séquences vidéo disponibles pour vos montages. Vous y voyez tous les plans importés dans iMovie ou seulement ceux d'un projet, selon l'élément sélectionné à gauche.

Pour ajouter un plan vidéo au montage, procédez ainsi :

1. **Déplacez le pointeur sur les séquences du volet de contenu pour les voir en aperçu dans le moniteur.**
2. **Après avoir choisi ce que vous voulez intégrer au projet, vous ajouterez la séquence entière ou une portion :**
   - Faites un clic droit sur sa vignette et choisissez Sélectionner le plan entier.
   - Pour ajouter une portion de la séquence, faites glisser le pointeur sur la vignette. Un cadre jaune apparaît autour de la portion sélectionnée. Pour changer la durée de la portion sélectionnée, faites glisser les bords du cadre jaune. Pour effacer une sélection, il suffit de cliquer sur un espace vide du volet de contenu.
3. **Faites glisser la sélection du volet de contenu vers la table de montage à l'endroit précis qui convient.**

   Autrement, appuyez sur la touche E du clavier, ou cliquez sur le bouton Ajouter (signe plus qui apparaît lorsque vous survolez la sélection dans le volet de contenu) pour placer la sélection à la fin du projet en cours.

Répétez cette étape plusieurs fois, et vous obtenez un film, composé comme autrefois en assemblant des bouts de pellicule. Retenez bien ce conseil pendant le montage :

Vérifiez l'aperçu du montage aussi souvent que possible.

Le moniteur exécute la lecture de l'élément sélectionné dans le volet de contenu ou dans la table de montage. Cherchez le cadre jaune : il signale ce qui est actuellement sélectionné. L'icône de deux flèches sous le moniteur permet de visionner le montage en plein écran. Pendant l'aperçu, appuyez sur la barre d'espace pour mettre en pause et sur Esc pour quitter le plein écran. Je le répète : il est important de surveiller en continu l'évolution du montage.

Pendant que vous visionnez les plans vidéo dans le volet de contenu, vous trouverez certaines scènes qui vous plaisent particulièrement et d'autres qui n'auront jamais leur place dans vos films. iMovie vous permet de marquer en vert vos meilleures séquences et de marquer en rouge les plus mauvaises. Pour marquer en vert un plan vidéo, sélectionnez une plage d'images ou la séquence entière, puis appuyez sur F ou choisissez Marquer/Favori. Au contraire, appuyez sur Suppr ou choisissez Marquer/Rejeter pour marquer en rouge la vidéo ou la portion sélectionnée. Si vous changez d'avis, vous disposez de la commande Marquer/Déclasser pour annuler le marquage positif ou négatif. Les portions rejetées apparaissent marquées en rouge dans le volet de contenu si l'option Tous les plans est sélectionnée à gauche du champ de recherche de ce volet. Elles n'apparaissent plus si vous choisissez l'option Masquer les rejets.

Supprimer des plans du montage

Si vous décidez finalement de ne pas garder l'un des plans vidéo insérés au montage, il est facile de le retirer ainsi :

1. **Dans la table de montage, cliquez sur le plan à supprimer.**
2. **Appuyez sur la touche Suppr.**

   Sinon, cliquez droit sur le plan vidéo et choisissez Supprimer. (Cette commande retire la séquence vidéo du montage, mais elle reste dans la bibliothèque iMovie.)

Si vous regrettez votre geste, utilisez tout de suite la commande Annuler d'iMovie (⌘ + Z) pour restaurer le plan vidéo.

Changer l'ordre des plans dans le montage

Si la première journée de votre voyage se trouve après la deuxième dans votre montage, il est facile de changer l'ordre des plans vidéo et des images fixes par simple glissement dans la table de montage. Lorsque vous déposez l'élément déplacé, iMovie décale automatiquement le reste du montage en fonction de cette nouvelle position.

Retoucher des séquences dans iMovie

Pour agir sur les plans vidéo, vous disposez des outils présentés plus tôt à la section « Régler le son et l'image ». Servez-vous des outils disponibles au-dessus du moniteur pour corriger la couleur, appliquer des effets spéciaux recadrer ou faire pivoter les séquences vidéo et les images fixes. Si vous sélectionnez une image ou une séquence dans le volet de contenu de la bibliothèque iMovie, vos corrections s'appliqueront dans tous les projets qui exploitent cet élément. En sélectionnant l'image ou le plan vidéo dans la table de montage, vous limitez les corrections au projet en cours.

Les modifications effectuées sur un plan vidéo ou une image fixe peuvent être copiées sur plusieurs éléments. Sélectionnez le plan modifié et choisissez Édition/Copier. Maintenant, sélectionnez un ou plusieurs plans et choisissez Édition/Coller les réglages pour appliquer un recadrage ou des modifications faites sur la vidéo ou l'audio.

Si un plan vidéo a quelques secondes de trop au début ou à la fin (ce qui est nécessaire lors de la prise pour garantir de capturer toute l'action), vous ne voudrez pas de ces temps morts dans votre montage, vous devrez donc élaguer la séquence. Nous avons vu plus tôt qu'il est possible d'insérer au montage une portion d'une séquence vidéo en délimitant par un cadre jaune dans le volet de contenu la portion voulue. Sachez qu'après ajout d'un plan dans la table de montage, il reste possible de changer sa durée, et l'opération est très simple.

Placez le pointeur au début ou à la fin d'un plan dans la table de montage, et il se transforme en flèche noire simple ou double. Cliquez vers l'intérieur pour raccourcir le plan ou vers l'extérieur pour l'étendre. Vous pouvez étendre uniquement les plans déjà raccourcis, qui existent en version complète dans la bibliothèque iMovie.

Pour une action plus précise, faites un clic droit sur un plan dans la table de montage. Dans le menu contextuel qui apparaît, choisissez Afficher l'élagueur de plans. Il apparaît alors pour présenter les images éventuellement disponibles au début et la fin du plan. Si vous double-cliquez sur le bord d'un plan, c'est l'Éditeur de précision qui apparaît. Il permet d'agir sur la durée des séquences audio ou vidéo et des transitions.

Définir des transitions

Les utilisateurs d'iMovie négligent souvent l'intérêt des transitions, en ne les exploitant que comme de petites décorations entre deux plans. C'est une grosse erreur, car bien employées les transitions jouent un grand rôle. Au lieu d'une coupure abrupte, elles peuvent introduire une scène gracieusement.

Comme les transitions comptent dans l'impression que va dégager votre film, évitez de surexploiter la même transition. Choisissez deux ou trois effets de transition en accord avec l'ambiance du film. Évaluez avec soin l'impact visuel de chaque transition et interrogez-vous sur son utilité. Il est parfois préférable de passer directement au plan suivant, sans transition.

iMovie comprend un large assortiment de transitions, y compris les habituels effets de fondu et quelques effets plus originaux, comme Cube et Page tournée. Pour voir les transitions disponibles (voir Figure 16.6), cliquez sur l'onglet Transitions.

Pour voir l'effet d'une transition, déplacez le pointeur sur la vignette, et la transition apparaît dans le moniteur.

Il est facile comme tout d'ajouter une transition : faites glisser sa vignette depuis le volet de contenu pour la déposer dans la table de montage entre deux plans vidéo ou entre un plan et une image fixe. Dans iMovie, les transitions s'appliquent en temps réel.

Insérer des titres

Pour parfaire votre montage, vous ajouterez des titres avec des effets prédéfinis. Cliquez sur l'onglet Titres pour afficher la bibliothèque de titres. Si vous avez créé le film sur un thème, choisissez de préférence un titre du thème.

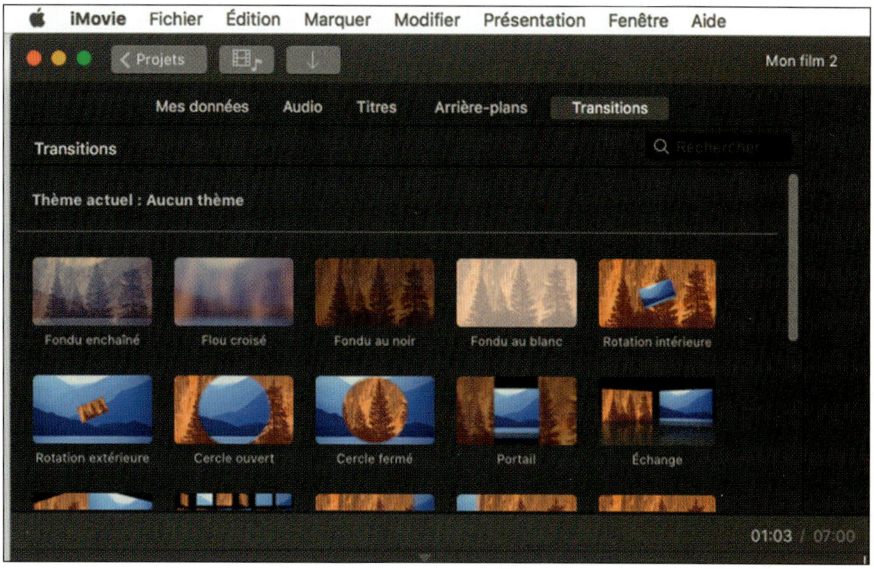

FIGURE 16.6 Ajoutez des transitions pour animer le passage entre deux plans.

On peut ajouter un titre entre deux plans ou le superposer à une image fixe ou un plan vidéo. Les thèmes contiennent des titres à certaines étapes et vous pouvez en ajouter d'autres en procédant ainsi :

1. **Sélectionnez la vignette d'un titre dans le volet de contenu et faites-la glisser jusqu'à l'emplacement qui convient dans la table de montage.**

   Les titres superposés apparaissent au-dessus des plans dans la table de montage, tandis que les titres intercalés viennent se placer au même niveau que les plans (voir Figure 16.7).

2. **Double-cliquez sur le titre dans le moniteur.**

   Le texte apparaît sélectionné dans le moniteur.

3. **Tapez le texte de votre titre.**

   Pour la plupart des titres, vous pouvez seulement changer le texte, tous les autres attributs sont prédéfinis. Je vous montre plus tard comment superposer le titre à un arrière-plan fantaisie.

4. **Dans la barre de réglages du moniteur, cliquez sur la coche pour valider la saisie du texte.**

5. **Placez la tête de lecture avant le titre, puis cliquez sur le bouton de lecture pour voir un aperçu du titre animé.**

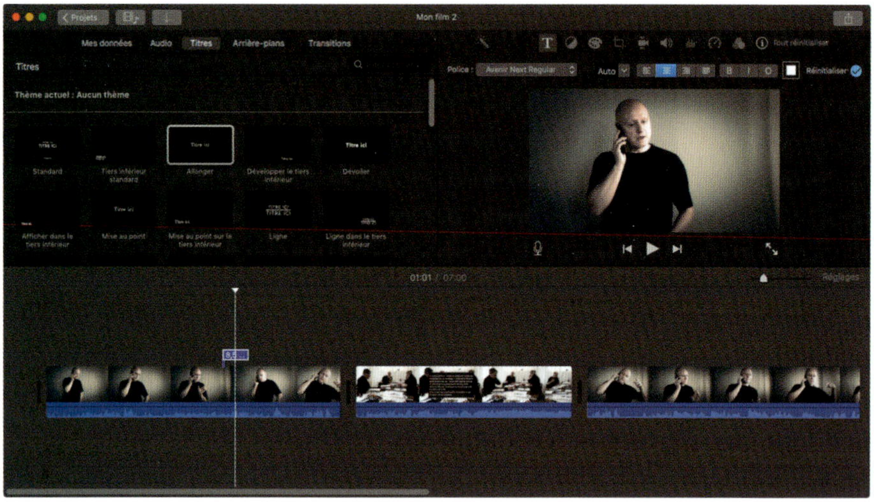

FIGURE 16.7 Ajoutez des titres à votre film, qu'il soit muet ou parlant.

Après saisie du texte, il est possible de changer le style d'un titre. Sélectionnez le titre dans la table de montage et double-cliquez sur une vignette dans le volet de contenu.

Les titres superposés à un plan ont une durée par défaut de quatre secondes. Vous pouvez modifier la durée d'affichage d'un titre en faisant glisser son bord gauche ou droit dans la table de montage.

Ajouter des plans et des arrière-plans

iMovie comprend une série de cartes animées (pour illustrer les trajets de vos films de voyage) et des arrière-plans pour habiller vos titres. Pour y accéder, cliquez sur l'onglet Arrière-plans.

Pour utiliser un plan animé, faites glisser la vignette d'un globe ou d'une mappemonde vers la table de montage. Vous la personnaliserez à l'aide des options disponibles au-dessus du moniteur lorsque la carte est sélectionnée dans la table de montage. Cliquez sur les deux menus Route et tapez des noms de lieux pour définir le début et la fin du trajet qui sera animé sur la carte. Cliquez sur Terminé dans chaque menu pour valider le lieu. Et maintenant, lancez la lecture de l'aperçu pour voir iMovie animer le trajet de votre voyage.

Comme pour un titre, vous pouvez changer la durée d'affichage de la carte en faisant glisser l'un des bords.

Pour ajouter un arrière-plan statique, faites glisser sa vignette depuis le volet de contenu vers l'emplacement choisi dans la table de montage. Pour combiner un arrière-plan et un titre, insérez l'arrière-plan en premier. Si le titre existe déjà, déplacez-le pour le superposer à l'arrière-plan dans le montage.

Réaliser une bande-annonce alléchante

Comme je l'annonçais au début de ce chapitre, iMovie propose une fonction de création de bandes-annonces qui n'a rien à envier aux créations d'Hollywood avec ses transitions et son fond musical.

Pour réaliser une bande-annonce, suivez ces instructions :

Si vous êtes dans un projet en cours de montage, cliquez sur le bouton Projets situé en haut à gauche. iMovie vous demande d'attribuer un nom à votre film. La sauvegarde est automatique. Vous n'avez pas besoin d'enregistrer vos modifications car iMovie le fait à votre place.

1. **Choisissez Fichier/Nouvelle bande-annonce ou appuyez sur Maj + ⌘ + N.**

2. **Survolez une vignette de bande-annonce et cliquez sur son bouton de lecture.**

   L'aperçu du style de bande-annonce vous permet d'essayer plusieurs vignettes avant de faire votre choix définitif. Vous choisirez bien sûr un style de bande-annonce en accord avec le sujet et l'ambiance du film.

   Chaque style est associé à un nombre d'acteurs que vous présenterez dans le montage de la bande-annonce (voir plus loin).

3. **Cliquez sur une vignette pour la sélectionner.**

4. **Cliquez sur Créer.**

La table de montage est remplacée par l'Éditeur de bande-annonce, comme le montre la Figure 16.8. L'onglet Résumé vous sert à modifier les titres de la bande-annonce. Les listes déroulantes vous permettent de changer le genre des personnages et le style du logo du studio fictif de production, qui apparaît au début de la bande-annonce. Les changements apparaissent en temps réel dans le moniteur. C'est ici aussi que se personnalise le générique.

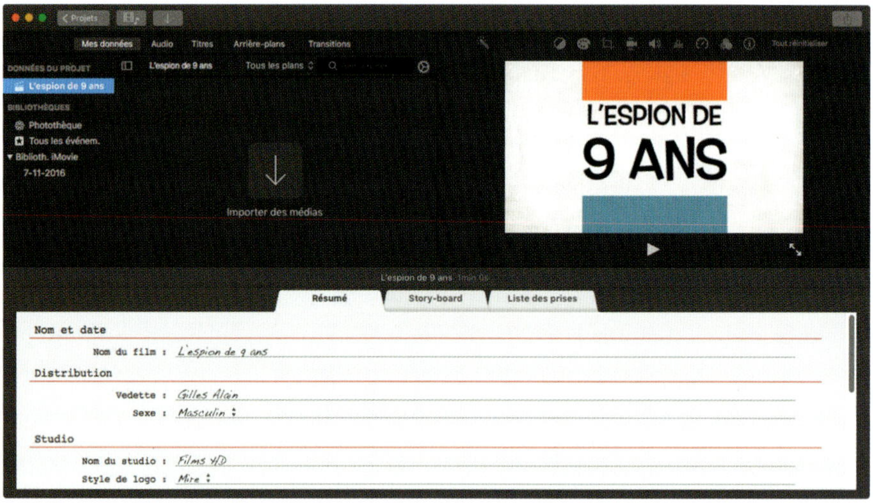

FIGURE 16.8 La réalisation de la bande-annonce s'effectue dans l'Éditeur de bande-annonce.

Après avoir personnalisé les titres, cliquez sur l'onglet Story-board. Vous y changerez le texte de chaque transition : cliquez sur le texte pour activer le champ de saisie et taper. Vous ferez glisser des plans vidéo et des images depuis le volet de contenu (ou une fenêtre du Finder) pour remplir les cadres vides du story-board. Pour supprimer un plan inséré au story-board, sélectionnez-le d'un clic et appuyez sur Suppr.

Pour conserver l'atmosphère de la bande-annonce, tâchez de trouver des plans vidéo qui correspondent à la description des cadres à remplir. (Par exemple, vous ne mettrez pas un plan large de la famille complète au jardin dans un cadre intitulé Gros plan.)

Bien que l'onglet Story-board ne ressemble pas à une table de montage, il vous permet néanmoins de voir un aperçu de la bande-annonce lorsque vous y déplacez le pointeur. L'indicateur de tête de lecture apparaît à la position du pointeur et déclenche la lecture dans le moniteur de l'élément survolé dans le story-board. Passez le pointeur sur les plans vidéo et les transitions pour vérifier votre bande-annonce.

Pour voir les types de plans que vous devrez sélectionner pour réaliser la bande-annonce, affichez l'onglet Liste des prises. Les plans vidéo y sont regroupés par type, comme action, paysage et gros plan. Selon vos besoins, vous ajouterez, supprimerez ou échangerez des séquences vidéo dans la liste des prises.

Pour voir la bande-annonce en entier, cliquez sur le bouton de lecture du moniteur. (Les cadres que vous avez laissés vides apparaissent avec l'image par défaut du story-board.) Comme les projets de films, la bande-annonce s'enregistre automatiquement et reste disponible dans l'onglet Projets.

Vous voyez que je n'ai pas menti, il est ultra facile de monter une bande-annonce de qualité professionnelle.

Partager vos créations vidéo

Le film monté s'enregistre automatiquement sur votre disque dur en tant que projet, mais sous cette forme il est consultable uniquement dans iMovie. Vous allez donc l'exporter. Cliquez sur le bouton Partager situé en haut à droite de l'interface. Plusieurs supports de diffusion vous sont proposés.

L'option Cinéma du menu Partager rend le projet terminé disponible dans l'onglet Cinéma d'iMovie où vous pouvez facilement le visionner en plein écran, l'envoyer vers iCloud ou le partager par les autres méthodes proposées. L'onglet Cinéma est un espace d'iMovie qui regroupe tous vos projets terminés. Vous y accédez en cliquant sur le bouton Cinéma dans la barre d'outils d'iMovie. (Si ce bouton n'apparaît pas, quittez le projet en cours en cliquant sur le bouton Projets en haut à gauche.)

Les autres commandes de partage ouvrent une zone de dialogue où vous pouvez choisir le nom de la vidéo, sa description, ses mots-clés et sa taille. Vous pouvez toujours choisir une taille inférieure mais jamais supérieure.

- **E-mail :** insère la vidéo dans un nouveau message de l'application Mail.
- **iTunes :** envoie le film dans votre vidéothèque iTunes.
- **YouTube/Facebook/Vimeo :** envoie directement le film vers l'un de ces sites Web. Difficile de faire plus simple !
- **Image** génère une image JPEG de la première image du film.
- **Fichier :** crée une copie du film sur votre disque dur au format MP4, lisible avec QuickTime.

Si vous voulez cesser la mise en partage d'un film, vous devrez le retirer vous-même d'iTunes ou de sa plate-forme de partage Web. Pour retirer un film de l'onglet Cinéma, sélectionnez sa miniature et appuyez sur Suppr. Dans le message qui s'affiche choisissez de supprimer le film sur iCloud ou de le supprimer partout, c'est-à-dire y compris sur votre disque dur.

La taille choisie pour l'exportation n'a aucune incidence sur le projet lui-même. Aussi, vous pouvez choisir la plus petite taille sans crainte, vous ne risquez pas de réduire la qualité du fichier original du projet qui reste intact sur votre disque dur, disponible pour être exporté ultérieurement sous d'autres formes.

V

Les outils de bureautique

DANS CETTE PARTIE...

Apple pourvoit à tous vos besoins avec sa série d'applications de bureautique fournies gratuitement avec l'achat d'un nouveau Mac. Ces trois chapitres vous fournissent toutes les bases nécessaires pour utiliser Pages, Numbers et Keynote pour produire des rapports et brochures, des feuilles de calcul et des présentations de qualité professionnelle qui vous démarqueront.

Chapitre 17

Mise en page avec Pages

DANS CE CHAPITRE :

- **Créer un document Pages.**
- **Taper, modifier et formater du texte.**
- **Insérer des tableaux et des images.**
- **Ajouter une forme géométrique en arrière-plan.**
- **Vérifier l'orthographe.**
- **Imprimer des documents Pages.**
- **Partager vos documents.**

Quelle différence y a-t-il entre le traitement de texte et la mise en page ? En gros, la différence réside dans la manière de réaliser la présentation du document. De nos jours, il y a encore des gens qui tapent des documents sur ordinateur comme ils le feraient sur une machine à écrire.

Une application de mise en page (on dit aussi PAO pour publication assistée par ordinateur) autorise davantage de créativité dans le placement du texte et l'alignement des graphismes pour un résultat précis plus esthétique. Je trouve la PAO plus visuelle et plus intuitive, disons-le plus artistique, que le traitement de texte.

Dans ce chapitre, je vous montre comment libérer votre sens artistique des contraintes du traitement de texte. Que vous ayez besoin d'une simple lettre, d'une brochure époustouflante ou d'un bulletin de plusieurs pages, Pages saura s'en charger avec aisance, et vous serez surpris de voir à quel point cet outil est simple d'emploi !

Créer un nouveau document Pages

Pour créer un document vierge dans Pages, procédez ainsi :

1. **Cliquez sur l'icône Pages dans le Dock.**

   Si l'icône est absente, utilisez Spotlight ou Siri pour excuter le programme. Vous pouvez également localiser l'application dans le Finder et ajouter son icône dans le Dock par glissement depuis le Finder.

2. **Cliquez sur Nouveau document en bas à gauche.**

   Pages affiche la liste de modèles de la Figure 17.1.

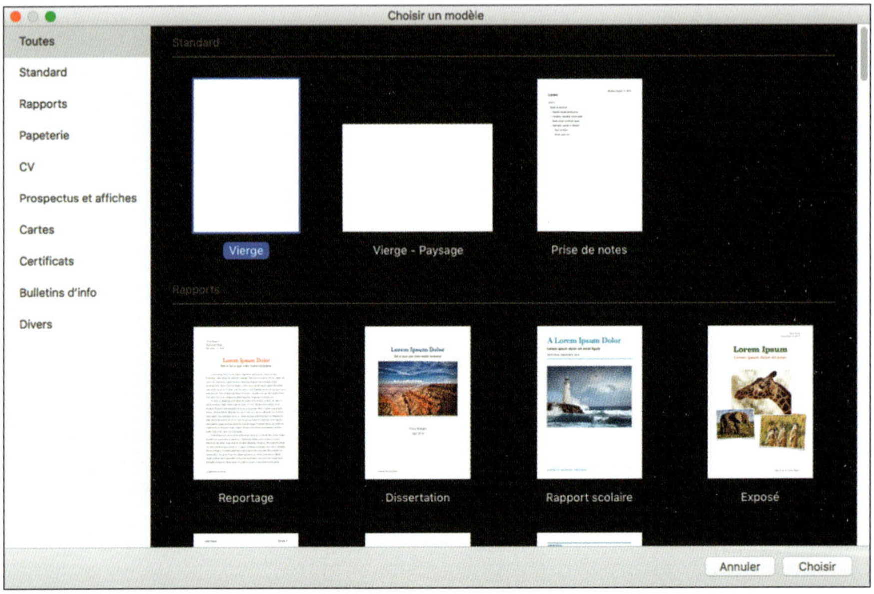

FIGURE 17.1 Sélection d'un modèle dans la fenêtre Choisir un modèle.

3. **Dans la liste à gauche, cliquez sur le type de document à créer.**

   Les vignettes à droite correspondent aux modèles disponibles pour le type sélectionné.

4. **Cliquez sur le modèle le plus proche de la mise en page que vous voulez réaliser.**

5. **Cliquez sur le bouton Choisir pour créer un nouveau document d'après le modèle sélectionné.**

Ouvrir un document Pages existant

Il est bien sûr possible d'ouvrir depuis une fenêtre du Finder un document Pages existant : il suffit de double-cliquer sur son icône. Fouillez les emplacements iCloud Drive, Documents ou Tous mes fichiers, accessibles depuis la barre latérale du Finder Vous pouvez aussi ouvrir un document Pages depuis l'application en procédant ainsi :

1. **Cliquez sur l'icône Pages dans le Dock pour lancer l'application.**

   Si Pages est déjà ouvert, appuyez sur ⌘ + O pour ouvrir un autre document.

2. **Dans la zone de dialogue qui apparaît, utilisez la barre latérale pour sélectionner le lecteur sur lequel votre document est stocké.**

   Cliquez sur Pages sous iCloud à gauche si le document à ouvrir a été enregistré sur iCloud Drive (voir Figure 17.2).

   Vous pouvez afficher vos dossiers comme vous le faites dans le Finder en mode vignettes, détails ou colonnes.

   Vous pourriez aussi cliquer dans le champ de recherche en haut de la zone de dialogue et taper une partie du nom du document ou de son contenu.

   Utilisez les onglets Date, Nom et Tags en haut de la fenêtre pour ordonner les fichiers présentés en mode Liste.

3. **Parcourez les dossiers et sous-dossiers du lecteur pour trouver le document, puis double-cliquez sur son nom pour l'ouvrir.**

Si vous voulez ouvrir un document Pages sur lequel vous avez travaillé récemment, c'est encore plus facile. Choisissez Fichier/Ouvrir un document récent et sélectionnez le document dans la liste proposée.

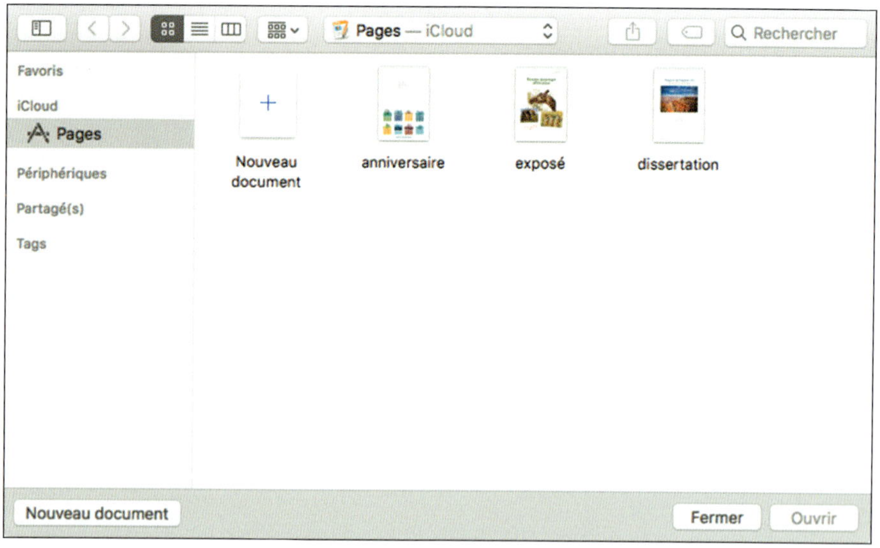

FIGURE 17.2 Ouverture d'un document Pages.

Ouvrir des documents dans des onglets

Ce qui est dit ici pour Pages vaut pour tous les programmes Apple. Une des nouveautés de Sierra est de permettre l'ouverture ou la création de plusieurs documents dans une seule et même fenêtre d'un programme. Par conséquent, gardez toujours à l'esprit cette possibilité.

Pour créer ou ouvrir automatiquement des documents dans des onglets, vous devez activer cette option de la manière suivante :

1. **Cliquez sur Pomme/Préférences Système.**
2. **Cliquez sur l'icône Dock.**
3. **Dans le menu local Préférer les onglets pour l'ouverture des documents, choisissez Toujours.**

   Dès cet instant, tout nouveau document s'ouvrira dans un nouvel onglet.

4. **Si vous n'avez pas choisi Toujours mais Manuellement, ouvrez ou créez votre document comme expliqué dans les précédentes sections.**

   Dans ce cas, deux ou plusieurs fenêtres de documents se retrouvent ouvertes simultanément comme le montre la Figure 17.3.

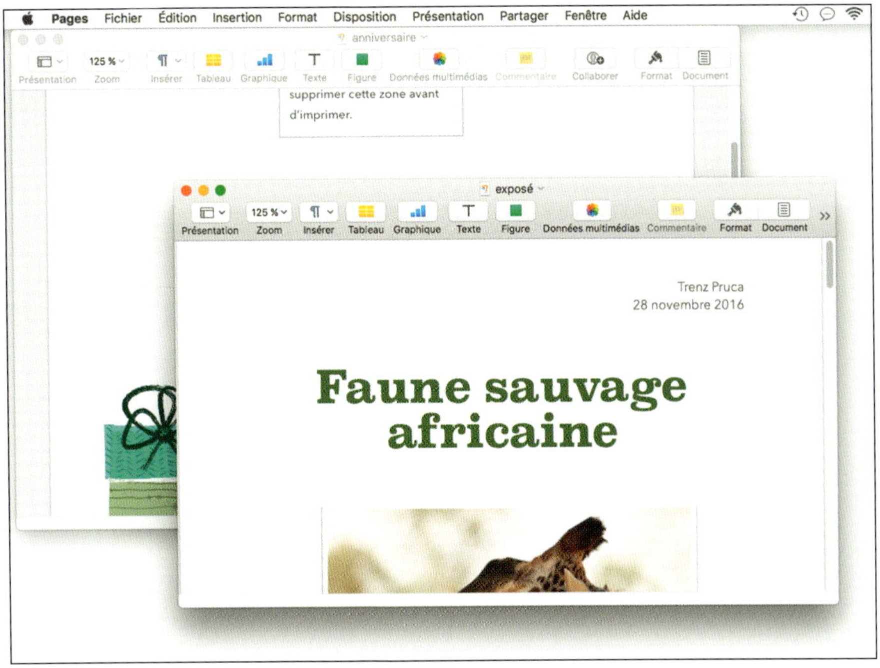

FIGURE 17.3
Deux documents ouverts dans des fenêtres séparées.

5. **Pour regrouper ces deux fenêtres sous la forme d'onglets, ouvrez le menu Fenêtre et exécutez la commande Fusionner toutes les fenêtres (Figure 17.4).**

Les deux fenêtres sont regroupées dans la même interface de Pages comme le montre la Figure 17.5.

6. **Passez d'un document à l'autre par un clic sur l'onglet ou en exécutant le raccourci clavier Ctrl + Tab.**

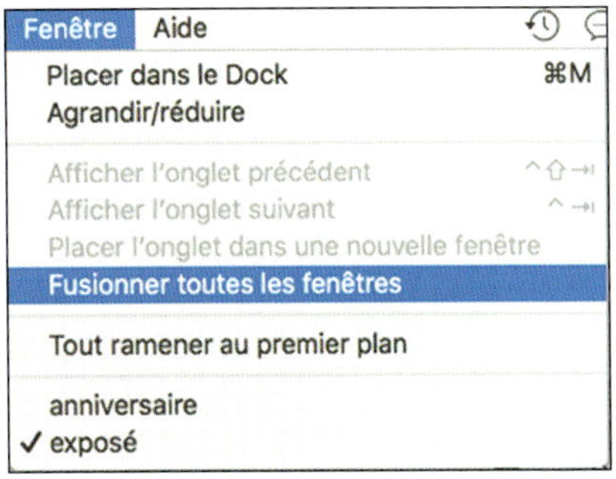

FIGURE 17.4
Fusionner les fenêtres sous la forme d'onglets.

7. **Pour afficher de nouveau les documents dans des fenêtres séparées, choisissez Fenêtre/Placer l'onglet dans une nouvelle fenêtre.**

Vous pouvez également glisser-déposer l'onglet à l'extérieur de l'interface de page.

8. **Pour fermer un document, placez le pointeur de la souris sur son onglet, et cliquez sur le X qui s'affiche sur sa gauche.**

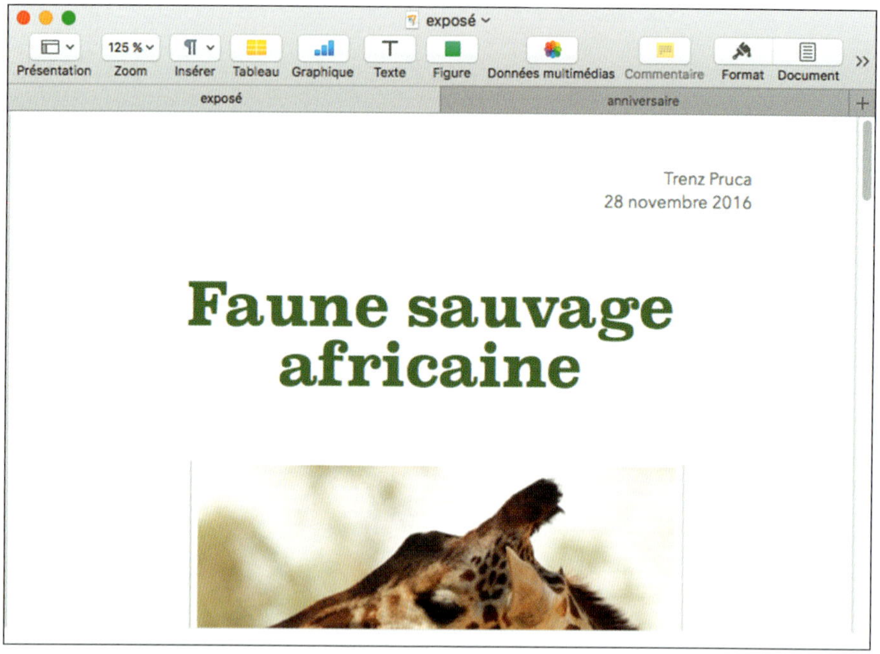

FIGURE 17.5
A chacun son onglet.

Pages vous proposera alors d'enregistrer vos dernières modifications si vous ne l'avez pas encore fait.

Enregistrer votre travail

Bien que Pages exploite la fonction d'enregistrement automatique de Sierra, vous ressentirez sans doute le besoin d'enregistrer votre travail terminé (ou interrompu). Suivez ces instructions pour procéder au premier enregistrement du document :

1. **Le document Pages étant ouvert, appuyez sur ⌘ + S.**

   Si le document n'a jamais été enregistré, vous obtenez le panneau d'enregistrement habituel.

2. **Tapez un nom pour le document.**
3. **(Facultatif) Tapez un mot-clé dans le champ Tags.**
4. **Pour voir tous les espaces de stockage de votre Mac, cliquez sur le chevron dirigé vers le bas, situé à droite du champ Enregistrer sous.**

Sinon, choisissez un espace de stockage dans le menu local Emplacement. L'emplacement par défaut, iCloud, enregistre le document dans votre espace de stockage en ligne de sorte qu'il devienne accessible depuis d'autres ordinateurs et appareils iOS.

5. **Utilisez la barre latérale ou le menu local des emplacements sous le champ Tags puis choisissez le disque dur et le dossier d'enregistrement du fichier.**

6. **Cliquez sur Enregistrer.**

Après avoir enregistré un document Pages, vous pouvez le modifier pour en faire une deuxième version avec des variantes. Pour ce faire, choisissez Fichier/Dupliquer, et vous obtenez une copie du document que vous enregistrerez sous un autre nom. Par ailleurs, il est possible de revenir à une version plus ou moins récente du document en choisissant Fichier/Revenir à. Pages vous propose de revenir à l'état du document lors de sa dernière ouverture ou de son dernier enregistrement. Autrement, choisissez Parcourir toutes les versions dans le sous-menu pour visualiser les versions du document et choisir celle que vous voulez rétablir.

Plutôt que dupliquer vous pouvez enregistrer le document sous un autre nom ! Comment est-ce possible me direz-vous puisque le menu Fichier est dépourvu de commande Enregistrer sous. Eh bien, ouvrez le menu Fichier et appuyez sur la touche Alt du clavier. La commande Dupliquer se transforme en Enregistrer sous. Cliquez dessus pour accéder à la boîte de dialogue permettant de sauvegarder le document dans un autre emplacement et sous un nouveau nom.

Aperçu de la fenêtre de Pages

Avant de passer à la pratique, voyons ensemble de quoi se compose la fenêtre de Pages. La Figure 17.6 présente les principaux outils de Pages :

- **Vignettes des pages :** cette liste de miniatures présente toutes les pages déjà créées dans le document. (Dans le cas d'un document d'une seule page, il n'y a évidemment qu'une seule miniature dans la liste.) Vous atteindrez une page directement en cliquant sur sa vignette.
- **Volet de mise en page :** partie centrale de la fenêtre, où vous montez et modifiez chaque page du document.
- **Barre d'outils :** comme les autres applications, Pages regroupe les commandes usuelles dans sa barre d'outils pour en faciliter l'accès.

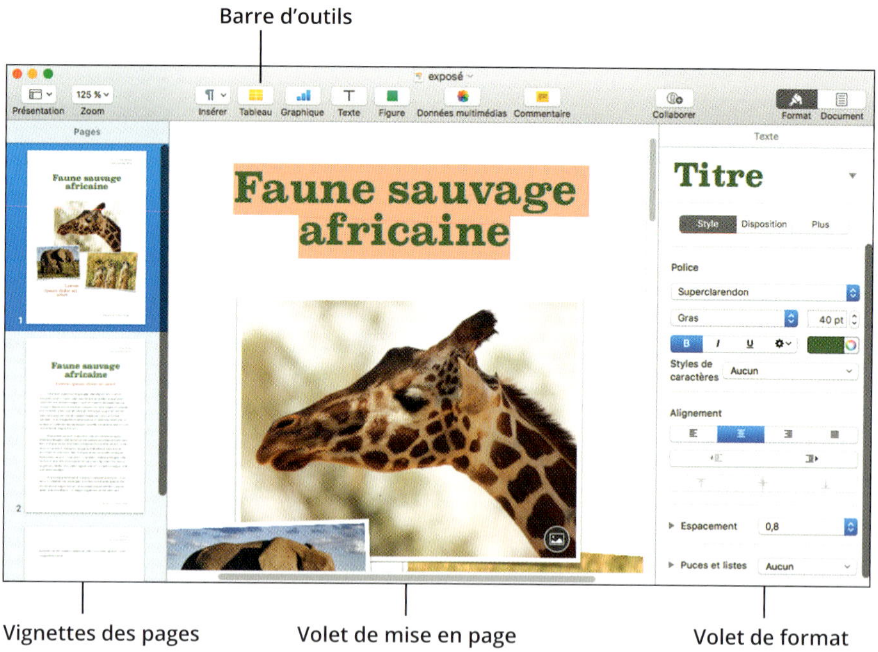

FIGURE 17.6 Les principaux éléments de la fenêtre de Pages.

» **Volet de format :** ses options définissent l'apparence des caractères, paragraphes ou objets sélectionnés. Il regroupe des options qui sont également disponibles depuis le menu Format.

Saisir et modifier du texte

Si vous avez l'habitude de travailler dans un logiciel de traitement de texte, vous serez vite à l'aise dans l'interface de Pages. Si ce n'est pas le cas, voici une rapide présentation des fonctions de traitement de texte :

» La barre verticale clignotante marque le point d'insertion, emplacement où apparaîtront les prochains caractères saisis dans le document.

» Pour saisir du texte, il suffit de taper au clavier, et les caractères apparaissent à gauche du curseur d'insertion.

» Pour modifier du texte dans un document Pages, cliquez pour positionner le curseur d'insertion et faites glisser le pointeur sur la portion de texte à sélectionner. Tapez le nouveau texte, et Pages remplace les caractères sélectionnés par ceux que vous venez de taper.

» Pour supprimer une portion de texte, sélectionnez-la par glissement du pointeur et appuyez sur Suppr.

Manipuler des zones de texte et d'image

Dans Pages, le texte s'écoule sur toute la page et les suivantes, comme dans un logiciel de traitement de texte, ou se trouve délimité dans une zone de texte, comme dans un logiciel de PAO. Pour connaître la nature d'une portion de texte, il suffit de cliquer dessus : si le paragraphe apparaît sélectionné, c'est preuve qu'il s'agit de texte ordinaire et si vous voyez apparaître un cadre, vous avez affaire à une zone de texte. Nous traiterons ici des zones de texte, qui se manipulent comme les zones d'image.

Quand vous activez d'un clic une image ou une zone de texte, une série de poignées apparaît en pourtour. Placez le pointeur sur l'une des poignées, et il se transforme en double flèche, ce qui indique que vous pouvez redimensionner le cadre en faisant glisser la poignée.

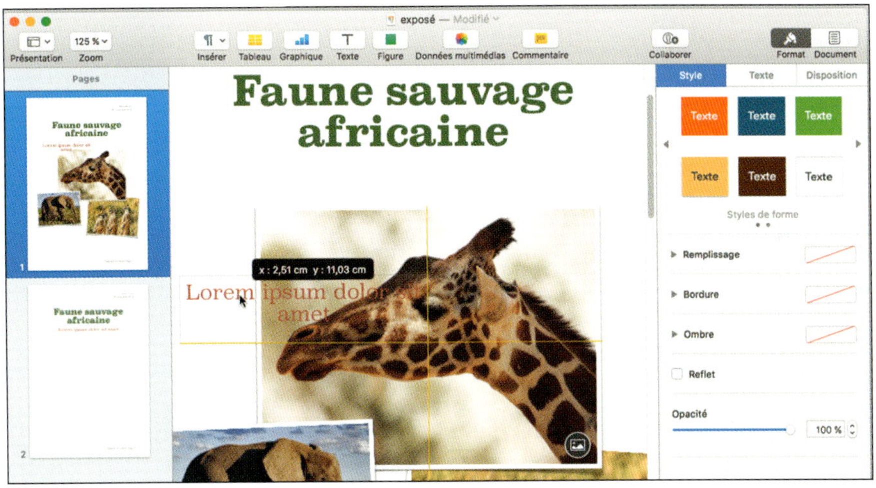

FIGURE 17.7 Déplacement d'une zone de texte dans le volet de mise en page.

Les cadres peuvent aussi se déplacer avec tout leur contenu vers une autre position dans le volet de mise en page. Cliquez dans le cadre et faites glisser pour déplacer le cadre entier. Si vous appuyez sur Option pendant cette opération, vous dupliquez le cadre à un autre emplacement tout en laissant l'original à sa place. Remarquez que Pages affiche des lignes jaunes, ou repères d'alignement, qui vous aident à aligner le cadre par rapport aux autres éléments ou au centre de la page. La Figure 17.7 illustre le déplacement d'une zone de texte ; remarquez la présence d'un repère horizontal et vertical.

Pour sélectionner du texte dans une zone, vous devez d'abord cliquer dans le cadre pour l'activer puis cliquer sur le bloc de texte que vous voulez modifier. Pour sélectionner du texte dans la page, il suffit de faire glisser le pointeur sur la portion concernée.

Les trois commandes de base : couper, copier et coller

Nous avons vu comment déplacer ou copier une zone de texte ou d'image au sein du même document, mais comment ça se passe pour copier du contenu depuis un document ouvert dans une autre application ? Je vais répondre tout de suite à cette question cruciale en vous montrant la mise en application des précieuses commandes Couper, Copier et Coller.

Couper du contenu

Couper l'image ou le texte sélectionné supprime cet élément du document Pages et l'entrepose dans le Presse-papiers. (Le Presse-papiers est un espace invisible qui héberge l'image ou le texte que vous manipulez.) Pour couper du texte ou des images, sélectionnez du contenu et choisissez Édition/Couper ou appuyez sur ⌘ + X.

Copier du texte et des images

Quand vous copiez du texte ou des images, la sélection reste en place tandis qu'une copie de la sélection est entreposée dans le Presse-papiers. Sélectionnez du texte et des images et choisissez Édition/Copier ou appuyez sur ⌘ + C.

Comme pour la copie d'un cadre entier avec son contenu, vous copierez un élément sélectionné en le faisant glisser ailleurs, tout en appuyant sur la touche Option.

Lorsque vous coupez ou copiez une nouvelle sélection dans le Presse-papiers, elle efface ce qui s'y trouvait précédemment. En clair, le Presse-papiers héberge uniquement le dernier contenu coupé ou copié.

Coller le contenu du Presse-papiers

Vous vous demandez quoi faire de l'élément entreposé dans le Presse-papiers ? La commande Coller insère le contenu du Presse-papiers à la position actuelle du curseur d'insertion. Vous devez coller le contenu du Presse-papiers avant d'utiliser de nouveau la commande Couper ou Copier, autrement vous perdriez ce qu'il contient.

Pour coller le contenu du Presse-papiers, cliquez pour positionner le curseur d'insertion à l'endroit voulu et choisissez Édition/Coller ou appuyez sur ⌘ + V.

Mettre le texte en forme

Si vous trouvez que le texte (ou certaines portions du texte) de votre document Pages a besoin d'un peu de mise en forme, vous le formaterez comme bon vous semble. La mise en forme sert à changer la couleur, la police, la taille et d'autres attributs du texte.

Après avoir sélectionné du texte, dans la page ou dans une zone de texte, vous définirez sa mise en forme par l'une ou l'autre méthode :

- **Avec le volet de format :** cliquez sur le bouton Format dans la barre d'outils pour afficher ce volet à droite du document (voir Figure 17.6). Les options de l'onglet Style étant affichées, ouvrez un menu pour y choisir un attribut ou cliquez sur le bouton d'une option. Vous pouvez ainsi changer la police et la couleur du texte. Le volet de format fournit aussi des boutons pour l'alignement du texte dans la page ou la zone de texte.

  Pour changer la couleur de fond d'une zone de texte ou lui ajouter une ombre ou une bordure, cliquez sur Style en haut du volet de format.

- **Avec le menu Format :** la plupart des attributs accessibles dans le volet de format sont aussi disponibles dans le menu Format. Cliquez sur Format, pointez Police dans le menu et choisissez un attribut de mise en forme de caractères dans le sous-menu. Vous pouvez ainsi souligner le texte sélectionné ou le mettre en gras ou en italique. Le sous-menu permet aussi d'agrandir ou de réduire la taille du texte. Pour agir sur l'alignement, ouvrez le sous-menu Format/Texte.

Ajouter un joli tableau

Dans le contexte du traitement de texte, un *tableau* est une grille de cellules qui contiennent du texte ou des images pour une lecture facile. Vous pouvez construire dans Pages un tableau sur mesure en quelques clics.

Suivez ces instructions :

1. **Cliquez pour positionner le curseur d'insertion à l'endroit où vous voulez mettre le tableau.**
2. **Cliquez sur le bouton Tableau dans la barre d'outils.**

   Pages affiche une palette de modèles de tableaux. Servez-vous des flèches pour parcourir la liste de modèles.
3. **Cliquez sur un modèle de tableau.**

   Pages insère un début de tableau et affiche les options de tableau dans le volet de format (voir Figure 17.8).

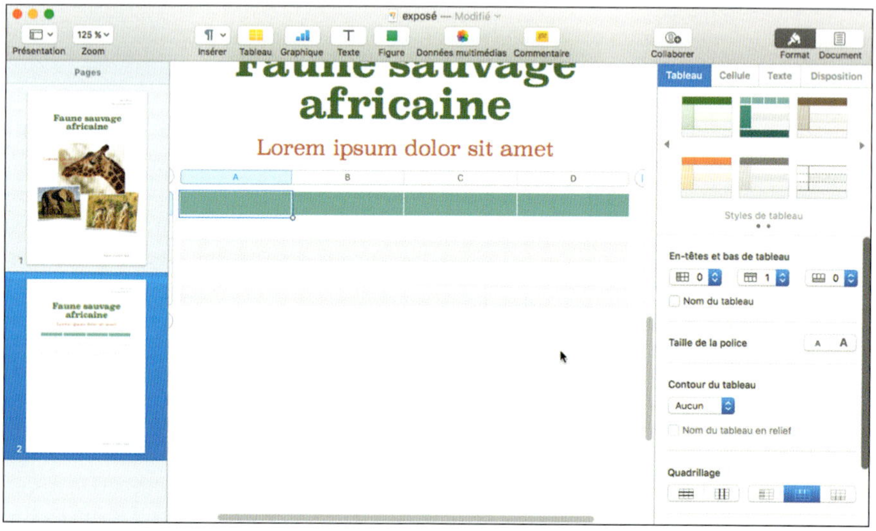

FIGURE 17.8 Insertion d'un tableau à personnaliser dans un document Pages.

Si le nombre de colonnes ne suffit pas, cliquez sur le bouton à droite de la rangée d'en-têtes (deux petites barres verticales), et définissez un nombre supérieur. Pour ajouter une ligne au tableau, il vous suffira d'appuyer sur Tab lorsque la dernière cellule est sélectionnée.

4. **Cliquez dans une cellule du tableau pour y saisir du texte.**

   La cellule s'allonge en hauteur pour faire tenir tout le texte qui retourne à la ligne automatiquement.

   Il est possible de coller le contenu du Presse-papiers dans une cellule. Si nécessaire, reportez-vous à la section « Coller le contenu du Presse-papiers » plus tôt dans ce chapitre.

5. **Pour changer les bordures d'une cellule, cliquez dans la cellule pour la sélectionner, puis cliquez sur l'onglet Cellule en haut du volet de format. Les options de la section Bordure vous serviront à définir une bordure sur mesure.**

   Maintenez enfoncée la touche Maj pendant que vous cliquez pour sélectionner une plage de cellules adjacentes. Cliquez en appuyant sur ⌘ pour sélectionner des cellules non adjacentes.

6. **Pour ajouter un fond de couleur uni ou dégradé (ou remplir les cellules avec une image), servez-vous des options de la section Remplissage dans l'onglet Cellule du volet de format.**

Ajouter de belles photos

Les images insérées à un document Pages sont soit flottantes, soit ancrées à une position précise dans la page. Les objets flottants suivent le flux du texte alors que les objets ancrés ne bougent pas même si vous ajoutez ou retirez des paragraphes de texte avant leur position. La nature d'une image, ancrée ou flottante, se définit dans l'onglet Disposition du volet Format. Cliquez sur le bouton Rester sur la page pour définir l'image comme ancrée ou sur le bouton Avec le texte pour la rendre flottante (voir Figure 17.9).

Pour insérer une image, faites glisser un fichier d'image d'une fenêtre du Finder et placez-le où vous voulez dans le document. Autrement, cliquez sur le bouton Données multimédias de la barre d'outils, cliquez sur Photos, trouvez l'image dans votre bibliothèque Photos et cliquez sur sa vignette pour l'insérer à la position du curseur d'insertion dans le document.

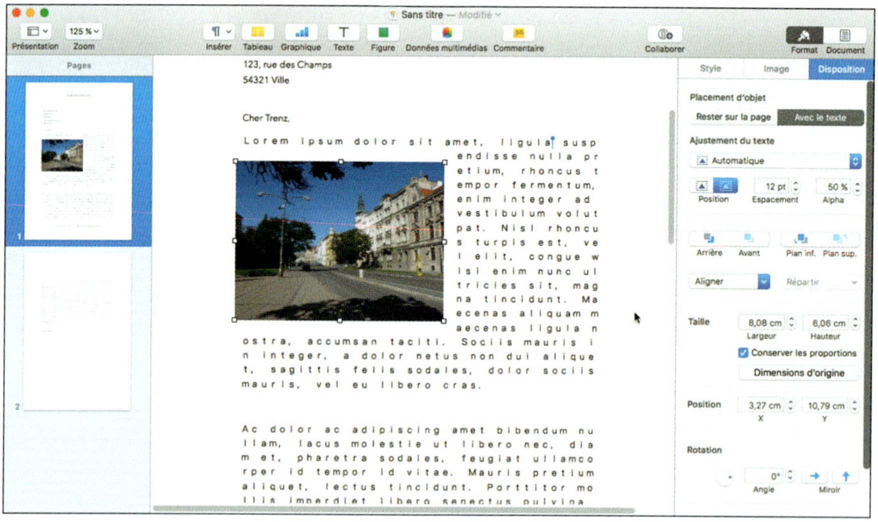

FIGURE 17.9 La position des objets se définit avec précision.

Sachez que les objets flottants peuvent se superposer sur le plan de la profondeur. Pour changer la position d'un objet par rapport à un autre, servez-vous des boutons Arrière/Avant et Plan inférieur/Plan supérieur dans l'onglet Disposition du volet de format.

Pour redimensionner une image, sélectionnez-la d'un clic et faites glisser l'une des poignées du cadre qui apparaît. (Les poignées sont représentées par de petits carrés évidés.) Les poignées centrales agissent sur une seule dimension, tandis que les poignées d'angle modifient à la fois la hauteur et la largeur de l'objet. Pour éviter les déformations, appuyez sur Maj pendant l'opération, ce qui conserve les proportions de l'objet. Vous pouvez aussi retourner l'objet sur l'axe horizontal ou vertical : ouvrez le menu Disposition dans la barre de menus, et choisissez une commande Retournement. Une autre technique consiste à utiliser les boutons Miroir de la section Rotation dans l'onglet Disposition.

Il est facile de déplacer un objet dans la page un objet. Cliquez dessus pour le sélectionner (des poignées apparaissent autour) puis placez le pointeur dans l'objet pour le faire glisser ailleurs.

Pour supprimer un objet inséré dans la page, il suffit de le sélectionner et d'appuyer sur la touche Suppr.

Ajouter une forme en arrière-plan

Pour placer une forme géométrique en arrière-plan du texte, procédez ainsi :

1. **Cliquez pour positionner le curseur d'insertion.**
2. **Cliquez sur le bouton Figure dans la barre d'outils et choisissez une forme dans le menu local qui apparaît.**

   La forme apparaît dans le document.

3. **Cliquez au centre de la forme et faites-la glisser pour définir sa position.**

   Les formes géométriques se déplacent et se redimensionnent comme les autres objets.

4. **Double-cliquez dans la forme pour y faire apparaître le curseur d'insertion et tapez le texte.**

   Pour personnaliser la présentation du texte, vous le sélectionnerez et utiliserez les options de l'onglet Texte comme vous le faites d'habitude.

Vérifier l'orthographe

Pages est capable de vérifier l'orthographe en cours de frappe (dans la configuration par défaut) ou une fois le document terminé. Si la vérification automatique vous gêne dans votre travail de mise en page, préférez la seconde solution.

Le vérificateur orthographique a pour seule fonction de vérifier qu'un mot saisi existe dans son dictionnaire, mais il n'est pas capable de détecter les homophones mal employés (*tête de Maure* pour *tête de mort*, par exemple).

Pour activer la vérification orthographique pendant la frappe, procédez ainsi :

1. **Cliquez sur Édition et pointez Orthographe et grammaire.**
2. **Cochez l'option Vérifier l'orthographe lors de la saisie.**

   Si Pages détecte un mot mal écrit, il le souligne d'un trait rouge pointillé.

3. **Cliquez droit sur le mot pour choisir l'une des suggestions de correction dans la liste ou ignorer les corrections si vous savez le mot bien écrit.**

Pour désactiver la vérification automatique, cliquez de nouveau sur Vérifier l'orthographe lors de la saisie afin de retirer la coche.

Pour lancer la vérification orthographique vous-même, c'est aussi simple que cela :

1. **Cliquez pour positionner le curseur d'insertion à l'endroit à partir duquel démarrer la vérification.**
2. **Cliquez sur Édition, pointez Orthographe et grammaire et cliquez sur Vérifier le document maintenant.**
3. **Cliquez droit sur les éventuelles fautes de frappe, puis choisissez une correction ou cliquez sur Ignorer l'orthographe s'il n'y a pas de faute à corriger.**

Si l'option Corriger l'orthographe automatiquement est cochée dans le sous-menu Édition/Orthographe et grammaire, Pages prend la liberté de corriger toutes les erreurs détectées.

Imprimer vos documents Pages

Une fois le document terminé, vous voudrez l'imprimer sur papier. Mais n'oubliez pas qu'il est toujours possible de créer un document au format PDF pour sauver des arbres. Vous trouverez le bouton PDF dans toutes les zones de dialogue Imprimer de Sierra.

Pour obtenir une version papier de votre document Pages, suivez ces instructions :

1. **Dans Pages, choisissez Fichier/Imprimer.**

   Vous obtenez le panneau Imprimer.

2. **Cliquez dans le champ Copies et tapez le nombre d'exemplaires nécessaire.**
3. **Sélectionnez les pages à imprimer.**
   - Pour imprimer le document entier, sélectionnez Toutes.
   - Pour imprimer une plage de pages, indiquez les numéros de la première et de la dernière page à imprimer dans les deux champs de saisie.

4. **Cliquez sur le bouton Imprimer pour envoyer le document vers l'imprimante.**

Partager ou Collaborer à un document Pages

L'impression étant une méthode du passé, préférez partager vos documents sous forme électronique. Ouvrez le menu Partager, et pointez sur Envoyer une copie.

Vous avez alors la possibilité d'envoyer le document par mail, via l'application Messages, AirDrop ou Notes.

Les applications bureautiques d'Apple permettent de collaborer sur un même document. Pour cela, il suffit de cliquer sur le bouton éponyme de la barre d'outils. Cette action ouvre un message indiquant, au moment où nous écrivons ces lignes, que la collaboration est encore en version bêta, c'est-à-dire en test. Cliquez sur Continuer. Cette action ouvre la boîte de dialogue Ajouter des personnes, illustrée à la Figure 17.10. Vous invitez alors des personnes à intervenir sur le document via un mail, Messages, une copie du lien (à joindre à un e-mail par exemple), Twitter, FaceBook, Airdrop, ou Linkedin.

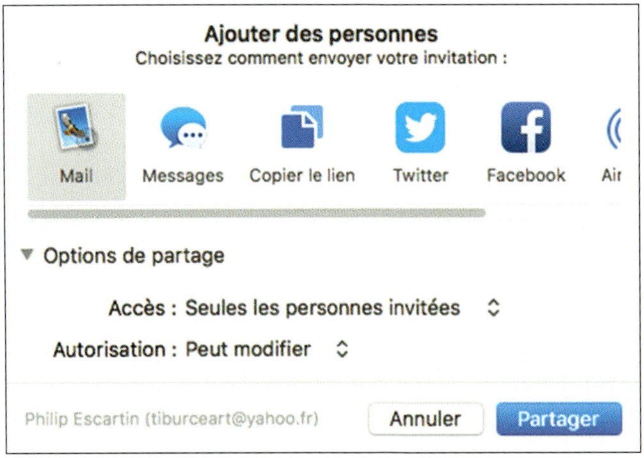

FIGURE 17.10 Pour collaborer sur un document.

Ouvrez les Options de partage par un clic sur le petit chevron afin de définir un niveau d'accès et d'autorisation. Ainsi, seules les personnes invitées pourront accéder au document, ou bien toute personne disposant d'un lien vers le fichier.

Ensuite dans le menu local Autorisation, indiquez si la personne Peut modifier le document ou si elle ne peut que le consulter (Consultation).

Par ailleurs, Pages peut exporter vos travaux dans cinq formats : PDF, Word, format texte, ePub et Pages '09. Choisissez Fichier/Exportation vers et sélectionnez l'un des formats proposés sous Exporter. Dans la zone de dialogue Exporter votre document, réglez les options du format choisi et cliquez sur Suivant. Ensuite, choisissez un emplacement pour le fichier, définissez des mots-clés, cliquez sur Exporter, et Pages se charge de la conversion.

Pour conserver autant que possible la mise en page concoctée dans Pages, choisissez le format d'exportation PDF ou Word. Le format texte risque de dénaturer la mise en page du document exporté.

Chapitre 18

Des chiffres (et des lettres) avec Numbers

DANS CE CHAPITRE :

- **Ouvrir, enregistrer et créer des feuilles de calcul.**
- **Sélectionner des cellules, entrer et modifier des données.**
- **Formater les cellules.**
- **Ajouter et supprimer des rangées et des colonnes.**
- **Effectuer des calculs simples.**
- **Ajouter des graphiques à vos feuilles de calcul.**

Le terme feuille de calcul vous fait-il peur ? Est-ce que la simple idée de calculer un budget avec des graphiques et toutes sortes de visuels sophistiqués vous fait grincer les dents ? Rassurez-vous, Apple a réussi une fois de plus à simplifier une tâche d'apparence complexe pour la rendre réalisable par le commun des mortels.

Dans ce chapitre, je vous montre comment Numbers peut vous aider à organiser vos données, à analyser des décisions financières capitales ou simplement à planifier votre budget familial. Vous verrez bientôt pourquoi le tableur Numbers a été spécialement conçu pour les utilisateurs de MacBook.

Initiation aux feuilles de calcul

Si vous ignorez tout des tableurs, comme Numbers ou Microsoft Excel, et des documents qu'ils produisent, je me dois de commencer par une initiation sommaire.

Une *feuille de calcul* ordonne et calcule toutes sortes de données (y compris dates, heures et devises) au moyen d'un quadrillage de rangs et de colonnes. L'intersection d'un rang et d'une colonne est une *cellule*. Les cellules peuvent contenir du texte et des valeurs numérales (certaines étant calculées automatiquement par une formule à partir des valeurs des cellules environnantes).

Les feuilles de calcul sont de précieux outils pour analyser des résultats, les comparer et en tirer des conclusions. Les comparaisons sont facilitées par la possibilité de faire intervenir différentes variables, comme un taux d'intérêt ou les mensualités d'un prêt, et de voir immédiatement le résultat des calculs. Vous pourriez utiliser une feuille de calcul pour :

- » comparer des propositions de prêt immobilier ;
- » planifier le financement d'un voyage ou d'une formation ;
- » analyser les dépenses du ménage.

Créer un nouveau document Numbers

À l'instar de Pages, l'application de mise en page étudiée au chapitre précédent, Numbers est livrée avec un assortiment de modèles faciles à modifier pour la création d'une nouvelle feuille de calcul. (Les modèles Budget personnel, Comparateur de prêt et Calculateur de l'emprunt, par exemple, sont faciles à personnaliser avec quelques petites modifications.)

Elle permet aussi d'ouvrir (ou de créer) des documents sous forme d'onglets.

Pour créer un projet de feuille de calcul, procédez ainsi :

1. **Cliquez sur l'icône Numbers dans le Dock.**

   Si un écran de bienvenue apparaît, prenez connaissance des nouveautés de Numbers, puis cliquez sur le bouton Continuer.

2. **Dans la boîte de dialogue qui apparaît, cliquez sur le bouton Nouveau document en bas à gauche.**

Numbers affiche la liste de modèles de la Figure 18.1.

3. **Dans la liste à gauche, cliquez sur le type de feuille à créer.**

Les vignettes à droite correspondent aux modèles disponibles pour le type sélectionné.

4. **Cliquez sur le modèle le plus proche de la feuille de calcul que vous voulez obtenir.**

5. **Cliquez sur le bouton Choisir pour créer un nouveau projet d'après le modèle sélectionné.**

FIGURE 18.1 Sélection d'un modèle de feuille de calcul dans la fenêtre Choisir un modèle de Numbers.

Ouvrir un fichier de feuille de calcul existant

Si un document Numbers apparaît dans une fenêtre du Finder (ou si vous le trouvez dans Tous mes fichiers ou avec une recherche Spotlight ou Siri), il vous suffit de double-cliquer sur son icône pour l'ouvrir. Numbers démarre automatiquement et affiche la feuille de calcul. Il est tout aussi facile d'ouvrir une feuille de calcul depuis Numbers, comme le prouvent les instructions suivantes :

1. **Cliquez sur l'icône Numbers dans le Dock pour lancer l'application.**
2. **Dans la zone de dialogue qui apparaît, choisissez l'emplacement du fichier à ouvrir.**

   Dans la barre latérale, cliquez sur iCloud Drive ou Récents pour accéder à une feuille stockée sur le nuage informatique d'Apple ou enregistrée récemment.

3. **Cliquez sur les dossiers et sous-dossiers jusqu'à atteindre le fichier Numbers.**

   Si vous peinez à trouver le document, cliquez dans le champ de recherche en haut de la zone de dialogue et tapez une partie du nom du fichier ou de son contenu. Servez-vous du menu qui apparaît dans le champ de recherche pour cibler la recherche sur le nom du fichier uniquement.

4. **Double-cliquez sur le nom de la feuille de calcul pour l'ouvrir.**

Numbers est capable d'ouvrir des fichiers créés dans d'autres logiciels comme Excel et OpenOffice.

Enregistrer votre travail

Avec la fonction d'enregistrement automatique de Sierra, vous n'avez plus besoin d'enregistrer votre travail à intervalles réguliers. Mais si vous répugnez à l'idée de retaper des données déjà saisies et ne voulez courir aucun risque, suivez ces instructions pour procéder au premier enregistrement de votre feuille de calcul sur disque ou sur iCloud :

1. **Appuyez sur ⌘ + S.**

   Si le document n'a jamais été enregistré, vous obtenez le panneau d'enregistrement habituel.

2. **Tapez un nom pour la feuille de calcul.**
3. **(Facultatif) Tapez un mot-clé dans le champ Tags.**
4. **Cliquez sur le menu Emplacement et choisissez où enregistrer le fichier.**

   Pour enregistrer le document directement sur iCloud, choisissez iCloud Drive dans le menu Emplacement. Vous pourrez ainsi ouvrir le document sur un autre Mac, sur un appareil iOS équipé d'iWork ou sur un PC *via* le site icloud.com.

Pour choisir un emplacement local, cliquez sur le bouton avec une pointe de flèche vers le bas pour développer le panneau. Vous pouvez ainsi parcourir vos dossiers et même en créer un nouveau.

5. **Cliquez sur Enregistrer.**

Après avoir enregistré une feuille de calcul, vous pouvez la dupliquer pour en faire une autre version en choisissant Fichier/Dupliquer. Pour revenir à une version plus ou moins récente du document en cours, vous disposez de la commande Fichier/Revenir à. Numbers vous propose de revenir à l'état du document lors de sa dernière ouverture ou de son dernier enregistrement. Autrement, choisissez Parcourir toutes les versions dans le sous-menu pour visualiser les versions de la feuille de calcul et choisir celle que vous voulez rétablir.

Pour enregistrer le fichier sous un autre nom sans le dupliquer, ouvrez le menu Fichier. Ensuite, maintenez la touche Alt du clavier enfoncée. Vous constatez que Dupliquer se transforme en Enregistrer sous. Cliquez sur cette commande pour accéder à la boîte de dialogue Enregistrer sous.

Aperçu de la fenêtre de Numbers

Comme vous le constatez Figure 18.2, Apple a fait beaucoup d'efforts pour simplifier la fenêtre du tableur Numbers.

Les principaux composants de cette fenêtre sont :

- **Liste des feuilles :** un fichier Numbers peut contenir plusieurs feuilles de calcul ; celles-ci s'affichent au-dessus du document sous la barre d'outils. Vous pouvez basculer entre les feuilles du projet d'un clic sur le nom d'une feuille dans cette liste.
- **Feuille de calcul active :** Numbers affiche un quadrillage représentant les rangs et colonnes de la feuille de calcul ; vous saisissez et modifiez les données directement dans cette partie.
- **Barre d'outils :** Numbers regroupe les commandes usuelles dans sa barre d'outils pour en faciliter l'accès.
- **Volet de format :** selon l'élément sélectionné, les onglets de ce volet permettent d'agir sur la structure du tableau, la présentation des données ou la composition d'une formule.

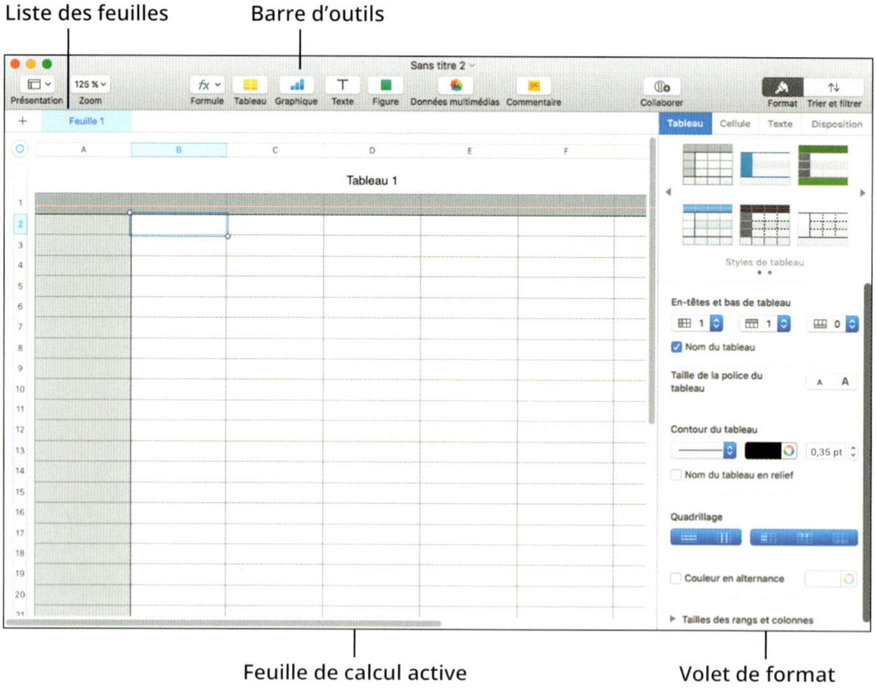

FIGURE 18.2 La fenêtre de Numbers dévoile tous ses atouts.

Parcourir la feuille et sélectionner des cellules

Vous pouvez utiliser les barres de défilement et la souris pour vous déplacer dans la feuille de calcul, mais quand vous êtes occupé à saisir des données dans les cellules, il est préférable de garder les doigts sur le clavier. Numbers prévoit donc une série de touches pour déplacer le curseur d'insertion dans la feuille. Je vous les indique dans le Tableau 18.1. Dès que vous aurez assimilé ces raccourcis, vous gagnerez grandement en productivité.

Vous disposez aussi du pavé tactile pour sélectionner des cellules dans la feuille de calcul :

- » Pour sélectionner une seule cellule, cliquez dedans.
- » Pour sélectionner une plage de cellules adjacentes, cliquez dans une cellule qui forme l'angle de la plage et glissez le pointeur en diagonale.

TABLEAU 18.1 **Touches de déplacement dans Numbers**

Touches	Déplacement
Flèche gauche (←)	Une cellule à gauche
Flèche droite (→)	Une cellule à droite
Flèche haut (↑)	Une cellule plus haut
Flèche bas (↓)	Une cellule plus bas
Début	Début de la feuille active
Fin	Fin de la feuille active
Page suivante	Un écran plus bas
Page précédente	Un écran plus haut
Retour	Une cellule plus bas (effectif aussi dans une sélection)
Tab	Une cellule à droite (effectif aussi dans une sélection)
Maj + Retour	Une cellule plus haut (effectif aussi dans une sélection)
Maj + Tab	Une cellule à gauche (effectif aussi dans une sélection)

- Pour sélectionner une colonne de cellules, cliquez sur la lettre en haut de la colonne.
- Pour sélectionner un rang de cellules, cliquez sur le numéro du rang à gauche.

Saisir et modifier des données dans une feuille de calcul

Après avoir sélectionné la cellule dans laquelle vous avez des données à taper, vous êtes prêt à effectuer la saisie de la manière suivante :

1. **Cliquez dans la cellule ou appuyez sur la barre d'espace.**

   Le curseur d'insertion clignote dans la cellule, signalant que celle-ci est prête à recevoir ce que vous allez taper.

2. **Tapez les données.**

   Les feuilles de calcul contiennent aussi bien du texte que des nombres ; dans le contexte des tableurs, le terme *données* désigne l'un ou l'autre type.

Pour modifier des données, sélectionnez d'un premier clic la cellule qui les contient et cliquez une deuxième fois pour y faire apparaître le curseur d'insertion. Faites glisser le curseur sur les caractères à sélectionner, puis remplacez-les en tapant autre chose. Pour supprimer des caractères, sélectionnez-les et appuyez sur Suppr.

Une fois la modification effectuée, appuyez sur Retour (pour valider les données et descendre d'une cellule) ou sur Tab (pour valider les données et atteindre la cellule suivante à droite).

Sélectionner le bon format de nombres

Après la saisie de données dans une cellule, une rangée ou une colonne, vous pourriez avoir besoin de la formater pour que les données s'affichent correctement. Numbers propose toutes les options nécessaires pour le formatage. Le *formatage des nombres* détermine la manière dont la cellule présente un nombre : montant en euros, pourcentage ou date par exemple.

Les formats de nombres incluent des règles pour la position de la virgule décimale, le séparateur de milliers et le symbole des devises. Si votre feuille de calcul contient des sommes en euros, formatez les cellules concernées avec le format Devise et le symbole euro. Ensuite, il vous suffit de taper les nombres, et le formatage de devise s'applique automatiquement.

Pour spécifier un format de nombre, procédez ainsi :

1. **Sélectionnez les cellules, rangs ou colonnes à formater.**
2. **Cliquez sur le bouton Format dans la barre d'outils.**
3. **Cliquez sur l'onglet Cellule dans le volet de format.**
4. **Sélectionnez Devise dans le premier menu pour afficher les options de la Figure 18.3.**
5. **Si nécessaire, personnalisez le format de devise à l'aide des options proposées dans la section Format des données.**

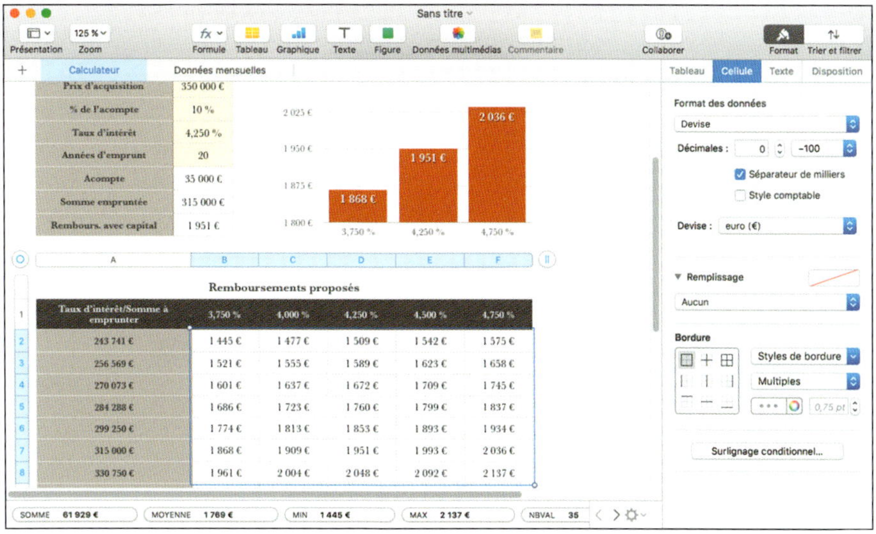

FIGURE 18.3 Servez-vous du volet de format pour formater les données dans les cellules sélectionnées.

Définir l'alignement du texte dans les cellules

Vous pouvez aussi choisir l'alignement du texte dans les cellules sélectionnées. Par défaut, le texte s'aligne à gauche et les nombres à droite. L'opération se déroule ainsi :

1. **Sélectionnez les cellules, rangs ou colonnes à formater.**

   Reportez-vous à la section « Parcourir la feuille et sélectionner des cellules », plus tôt dans ce chapitre, pour apprendre à faire une sélection dans une feuille de calcul.

2. **Cliquez sur l'onglet Texte dans le volet de format.**
3. **Cliquez sur le bouton Style pour afficher les options de la Figure 18.4.**
4. **Cliquez sur un bouton d'alignement pour appliquer ce formatage aux cellules sélectionnées.**

   Vous avez le choix entre aligner le texte à gauche, à droite, le centrer ou le justifier. L'option Aligner le texte à gauche et les nombres à droite applique le formatage par défaut. Le texte peut aussi s'aligner verticalement en haut, au centre ou au bas de la cellule.

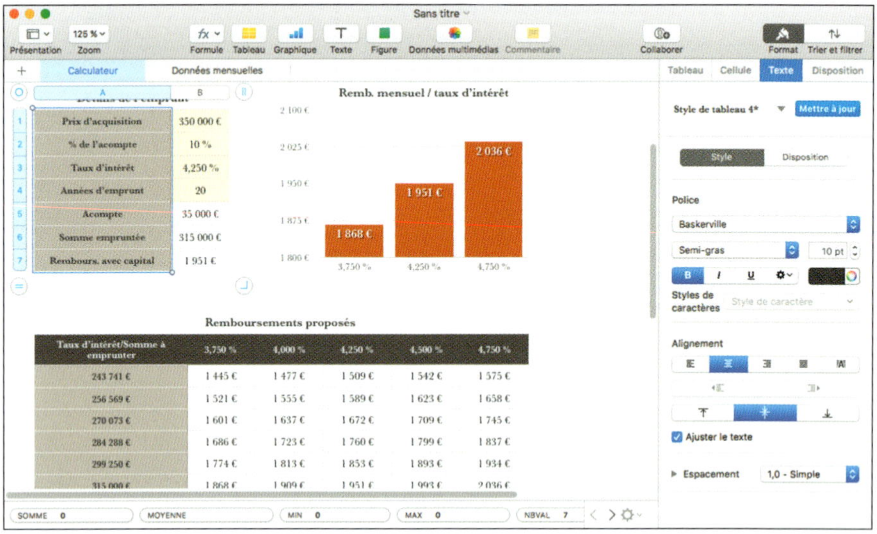

FIGURE 18.4 Passez par l'onglet Texte pour définir l'alignement du texte dans les cellules.

Vous aurez parfois besoin de distinguer le contenu de certaines cellules. Vous pourriez choisir une mise en forme particulière pour les titres des colonnes et des rangées ou vouloir mettre des totaux en évidence. Pour changer la mise en forme des données affichées dans les cellules sélectionnées, commencez par sélectionner une plage de cellules, des colonnes ou des rangées, puis cliquez sur les menus de la section Police dans le volet de format pour changer la police, sa taille et sa couleur.

Formater avec des couleurs

Colorer ou encadrer certaines cellules sert à mettre en évidence un sous-total ou une division logique dans la feuille de calcul. Voici comment ajouter une couleur ou une bordure à certaines cellules :

1. **Sélectionnez les cellules, rangs ou colonnes à colorer ou encadrer.**
2. **Cliquez sur l'onglet Cellule du volet de format.**
3. **Cliquez sur Remplissage pour ouvrir les options de remplissage.**
4. **Dans le menu local des remplissages, choisissez Remplissage couleur.**
5. **Cliquez sur la case de couleur sous Remplissage pour ouvrir une palette ou sur l'icône de roue chromatique pour définir une couleur précise.**

Numbers affiche le sélecteur de couleur illustré Figure 18.5.

6. **Déplacez le curseur de luminosité et cliquez dans le champ chromatique pour sélectionner une couleur.**

   La couleur définie s'applique aussitôt dans la feuille et dans le volet de format.

7. **Sélectionnez un type de bordure dans la section Bordure.**

8. **Choisissez le style, l'épaisseur et la couleur de la bordure à appliquer autour de la plage de cellules sélectionnées.**

Le bouton Surlignage conditionnel, visible en bas à droite de la Figure 18.5, permet de définir les règles d'une mise en forme conditionnelle. Ainsi, lorsque le contenu des cellules répond à certains critères, celles-ci se distinguent par un format particulier.

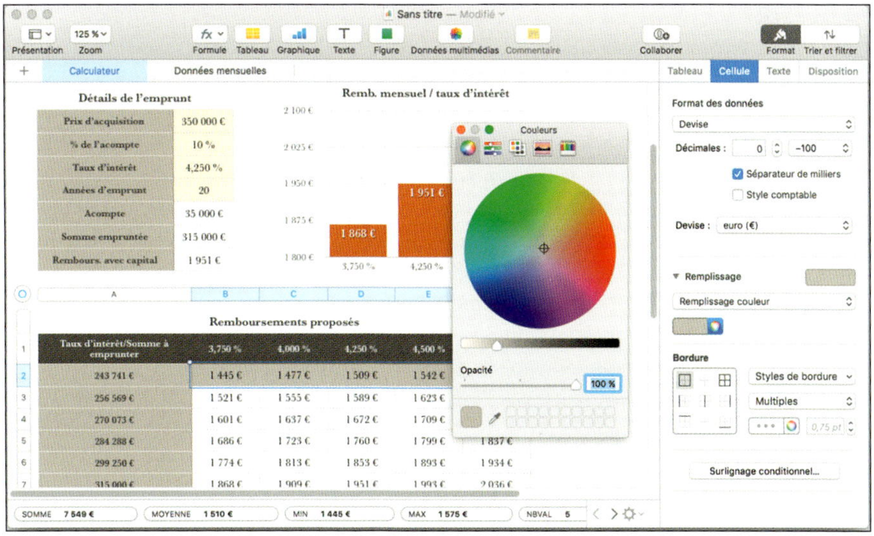

FIGURE 18.5 Mettez des cellules en évidence avec une couleur et une bordure.

Insérer et supprimer des rangs et des colonnes

Si après avoir rempli trois pages de données vous constatez que vous avez oublié une rangée au début, la situation n'est pas dramatique. Il est facile en effet d'insérer ou de supprimer des rangs ou des colonnes. Tout d'abord, sélectionnez la rangée ou la colonne à côté de laquelle en ajouter une nouvelle ou sélectionnez celle à supprimer, puis effectuez l'une des opérations suivantes :

- » **Pour une rangée :** cliquez droit et choisissez dans le menu contextuel Insérer un rang au-dessus, Insérer un rang en dessous ou Supprimer le rang.
- » **Pour une colonne :** cliquez droit et choisissez dans le menu contextuel Insérer une colonne avant, Insérer une colonne après ou Supprimer la colonne.

Si vous sélectionnez plusieurs rangées ou colonnes et choisissez une commande d'insertion, Numbers ajoute le même nombre de rangées ou de colonnes. L'insertion de rangées et colonnes peut aussi se faire depuis le menu Tableau.

Pour définir la largeur des colonnes et la hauteur des rangs, passez par l'onglet Tableau du volet de format.

La formule est votre alliée

Le sujet ne va pas forcément vous réjouir, mais il est incontournable dans le contexte des tableurs. Je veux parler des *formules*. Ces équations calculent des valeurs à partir du contenu des cellules que vous spécifiez dans la feuille de calcul. Par exemple, si vous désignez la cellule A1 (à l'intersection de la colonne A et du rang 1) pour contenir votre revenu annuel et la cellule B1 pour contenir la valeur 12, vous pouvez diviser le contenu de A1 par celui de B1 pour calculer votre revenu mensuel en tapant dans une autre cellule la formule suivante :

=A1/B1

Retenez au passage qu'une formule commence toujours par le signe égal (=).

N'est-il pas aussi efficace d'utiliser une calculette dans un cas pareil ? Pourquoi pas, mais l'avantage des formules, c'est leur flexibilité. Imaginons que vous vouliez aussi calculer votre revenu hebdomadaire. Au lieu de faire un nouveau calcul, il vous suffit de remplacer le contenu de la cellule B1 par la valeur 52, et hop, la feuille de calcul s'actualise pour indiquer votre revenu hebdomadaire.

Il s'agit là d'un exemple élémentaire, mais il démontre l'emploi des formules (et vous laisse deviner pourquoi les feuilles de calcul servent souvent à prédire des tendances et prévoir des budgets). La feuille de calcul est l'outil parfait pour évaluer des problèmes à formules conditionnelles, c'est-à-dire répondre à la question « et si » par rapport à des variables numérales.

Pour ajouter une formule simple dans une feuille de calcul, procédez de la manière suivante :

1. **Sélectionnez la cellule qui va contenir le résultat du calcul.**
2. **Cliquez sur le bouton Formule dans la barre d'outils.**
3. **Cliquez sur Créer une formule.**

   Si vous avez besoin de l'une des formules élémentaires proposées dans le menu du bouton Formule, sélectionnez-la, et vous obtenez son résultat directement dans la cellule.

   La cellule se transforme pour accueillir la saisie d'une formule, tandis que le volet de format s'est transformé pour présenter les fonctions disponibles par catégories.

4. **Dans le volet Fonctions, illustré Figure 18.6, cliquez sur la formule à utiliser et cliquez sur Insérer une fonction pour placer la formule dans la cellule.**

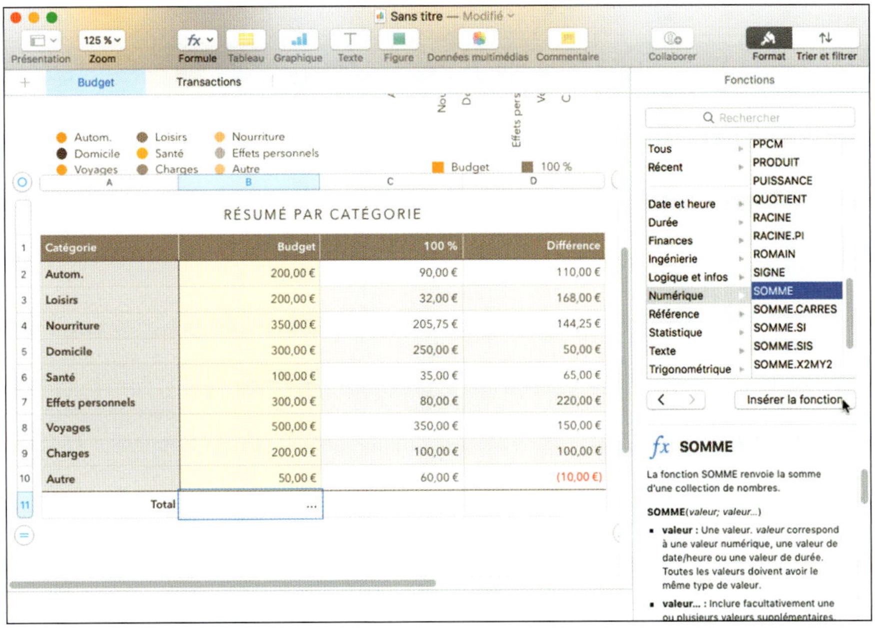

FIGURE 18.6 Si vous devez utiliser des formules, laissez Numbers les saisir pour vous.

5. **Cliquez sur la cellule qui contient la valeur à utiliser pour le premier argument de la fonction.**

   Numbers ajoute automatiquement à la formule les références de la cellule désignée. Répétez cette étape pour chacun des arguments de la formule.

6. **Une fois la formule définie, cliquez sur l'icône de coche pour afficher le résultat de la formule dans sa cellule.**

Et voilà ! Votre formule est désormais prête à agir en coulisses pour effectuer les calculs que vous lui demandez. Vous avez ainsi la garantie que le résultat fourni dans la cellule désignée est toujours correct.

Visualiser les données par une représentation graphique

Personne ne peut nier que les chiffres sont plus parlants sous forme graphique. Comme tout bon tableur, Numbers est capable de générer un graphique d'aspect professionnel à partir des données de la feuille de calcul. Voyez comme l'opération est simple :

1. **Sélectionnez la plage de cellules que vous voulez représenter graphiquement.**

   Pour sélectionner des cellules non adjacentes, maintenez enfoncée la touche ⌘ pendant que vous cliquez.

2. **Cliquez sur le bouton Graphique dans la barre d'outils.**

   Le bouton affiche une palette de miniatures.

3. **Cliquez sur la miniature représentant le type de graphique à créer.**

   Numbers insère le graphique dans la feuille de calcul comme un objet que vous pouvez déplacer. Si vous le souhaitez, faites glisser les poignées du cadre autour du graphique pour le redimensionner. La Figure 18.7 présente le graphique 3D que j'ai obtenu en trois clics.

   Lorsque le graphique est sélectionné dans la feuille, le volet de format présente des options qui vous permettent, entre autres, de changer les couleurs et d'agir sur les titres et légendes du graphique.

FIGURE 18.7 Mon graphique a l'air d'avoir été dessiné par un pro.

4. **Si vous voulez changer le titre par défaut du graphique, cliquez sur le titre pour le sélectionner et cliquez une deuxième fois pour le modifier.**

Chapitre 19

Des présentations de pro avec Keynote

DANS CE CHAPITRE :

- » **Créer une nouvelle présentation.**
- » **Ajouter des diapos.**
- » **Manipuler les zones de texte et d'image.**
- » **Saisir et modifier du texte.**
- » **Formater le texte.**
- » **Ajouter des notes pour le présentateur.**
- » **Insérer des fichiers multimédias et des formes géométriques.**
- » **Projeter une présentation.**
- » **Imprimer les diapos et les notes.**

J'ai l'impression que c'était encore hier quand je faisais des présentations en entreprise avec des transparents dessinés en noir sur un rétroprojecteur. À l'époque, il n'était pas question de dégradés de couleurs ni de graphiques animés et la seule musique que produisaient mes présentations était le bourdonnement du projecteur.

Heureusement, cette époque est révolue. Avec des logiciels de présentation comme Keynote, il est désormais super facile de créer de belles diapos, et c'est même amusant ! C'est cette même application que Steve Jobs a conçue et utilisée tous les ans pour ses interventions publiques au salon Macworld. Keynote permet de réaliser des diapos si percutantes avec toutes ses fonctions graphiques que vous n'aurez jamais besoin de crier pour sortir votre public de la somnolence.

Dans ce chapitre, je vous montre à quel point il est facile de composer une présentation captivante avec Keynote. Vous verrez comment lancer et contrôler la projection depuis le clavier de votre MacBook (ou même depuis votre iPhone, iPad ou iPod touch). Et pour fournir une version papier à votre public, vous pourrez même imprimer vos diapos et vos notes.

Créer un nouveau projet Keynote

Comme les autres applications de bureautique de Sierra, Keynote propose une sélection de modèles pour débuter la création d'un projet. Pour créer un nouveau projet de présentation, procédez ainsi :

1. **Cliquez sur l'icône Keynote dans le Dock.**

   Vous pouvez également passer par le dossier Applications, Spotlight, ou demander oralement à Siri de lancer le programme pour vous.

   Si l'écran des nouveautés Keynote apparaît, cliquez sur le bouton Continuer.

2. **Dans la boîte de dialogue proposant d'ouvrir une présentation existante, cliquez sur le bouton Nouveau document en bas à gauche.**

   Vous obtenez la liste de modèles de la Figure 19.1. (Sans parti pris, je clame haut et fort que les modèles de Keynote sont les plus beaux de toutes les applications de présentation que je connais.)

3. **Cliquez sur le bouton Standard ou Étendue en haut pour choisir les proportions des diapos : 4/3 ou 16/9.**

4. **Cliquez sur le modèle qui semble convenir le mieux à vos besoins.**

5. **Cliquez sur le bouton Choisir pour créer un nouveau document avec le modèle sélectionné.**

FIGURE 19.1 Sélection d'un modèle dans la fenêtre Choisir un thème de Keynote.

Ouvrir un document Keynote existant

Si un fichier de présentation Keynote apparaît dans une fenêtre du Finder, double-cliquez sur son icône pour ouvrir le projet. Si Keynote est déjà ouvert, suivez ces instructions pour ouvrir un projet :

1. **Choisissez Fichier/ouvrir, ou appuyez sur ⌘ + O.**
2. **Dans la zone de dialogue qui apparaît, choisissez l'emplacement du fichier à ouvrir.**

   Dans la barre latérale, cliquez sur iCloud Drive ou Récents pour accéder à une feuille stockée sur iCloud Drive ou enregistrée récemment.

   Vous pourriez aussi cliquer dans le champ de recherche en haut de la zone de dialogue et taper une partie du nom du document ou de son contenu.

   Enfin essayez de demander à Siri d'afficher les dernières présentations Keynote que vous avez créées.
3. **Double-cliquez sur le nom du fichier pour l'ouvrir.**

Keynote, comme toutes les applications Apple, permet d'ouvrir et de créer plusieurs présentations sous forme d'onglets. Ainsi, vous pourrez échanger facilement des informations entre vos présentations sans encombrer votre bureau de plusieurs fenêtres de documents. L'utilisation des onglets est décrite au Chapitre 17 consacré à Pages.

Enregistrer votre présentation

Puisque Keynote exploite la fonction d'enregistrement automatique de Sierra, vous n'avez nul besoin d'enregistrer votre travail toutes les cinq minutes. Vous devrez quand même enregistrer le document une première fois pour lui attribuer un titre en procédant ainsi :

1. **Appuyez sur ⌘ + S.**

   Si le document n'a jamais été enregistré, vous obtenez le panneau d'enregistrement habituel.

2. **Tapez un nom pour le document.**
3. **(Facultatif) Tapez un mot-clé dans le champ Tags.**
4. **Cliquez sur le menu Emplacement et choisissez où enregistrer le fichier.**

   Si vous choisissez d'enregistrer la présentation sur iCloud Drive, vous pourrez ensuite l'ouvrir sur un autre Mac, sur un appareil iOS équipé d'iWork pour iOS 1.61 ou ultérieur ou sur un PC *via* le site icloud.com. (Il faudra bien sûr ouvrir une session avec le même identifiant Apple pour accéder à votre espace iCloud.)

   Pour choisir un emplacement local, cliquez sur le bouton avec une pointe de flèche vers le bas pour développer le panneau. Vous pouvez ainsi parcourir vos dossiers et même en créer un nouveau.

5. **Cliquez sur Enregistrer.**

Après avoir enregistré une présentation Keynote, vous pouvez la dupliquer pour en faire une autre version en choisissant Fichier/Dupliquer. Pour revenir à une version plus ou moins récente du document en cours, vous disposez de la commande Fichier/Revenir à. Keynote vous propose de revenir à l'état du document lors de sa dernière ouverture ou de son dernier enregistrement. Autrement, choisissez Parcourir toutes les versions dans le sous-menu pour visualiser les versions de la présentation et choisir celle que vous voulez restaurer.

Pour enregistrer la présentation sous un autre nom sans la dupliquer, ouvrez le menu Fichier. Ensuite, maintenez la touche Alt enfoncée. Vous constatez que la commande Dupliquer se transforme en Enregistrer sous. Il ne vous reste plus qu'à cliquer dessus pour accéder à la boîte de dialogue éponyme.

Premiers pas dans Keynote

À ce stade, une présentation de l'espace de travail de Keynote s'impose. Lancez l'application et créez ou ouvrez un projet pour accéder à la fenêtre de la Figure 19.2 et découvrir ses principaux composants :

- **Liste des diapos :** servez-vous de cette liste de miniatures pour défiler entre les diapos du projet. Cliquez sur une miniature pour afficher la diapo correspondante.
- **Volet de disposition :** la diapo active apparaît en entier dans ce volet. C'est ici que vous ajouterez des éléments et modifierez la disposition des diapos.
- **Barre d'outils :** la barre d'outils de Keynote, comme celle des autres applications, facilite l'accès aux commandes usuelles pour concevoir et modifier les diapos. Un clic sur un bouton de la barre d'outils produit le même effet que de lancer une commande dans un menu.

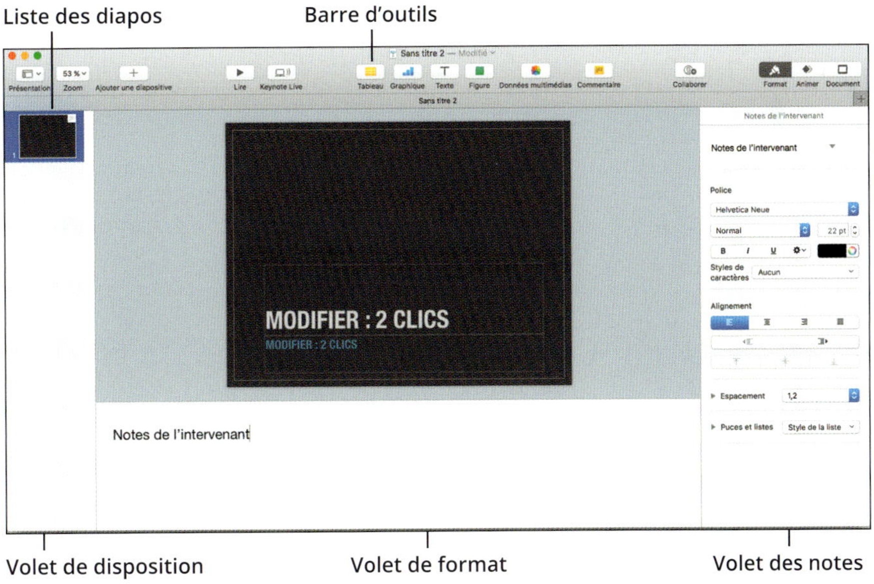

FIGURE 19.2 Le volet de disposition occupe la majeure partie de la fenêtre de Keynote.

- **Volet des notes :** pour ajouter des commentaires à une ou plusieurs diapos (pour votre usage pendant la présentation ou pour compléter les diapos imprimées qui seront distribuées au public), choisissez Présentation/Afficher les notes de l'intervenant. Vous obtenez alors une zone de saisie sous le volet de disposition.
- **Volet de format :** les options de ce volet servent à agir sur l'élément sélectionné dans la diapo ; si rien n'est sélectionné, ses options concernent le modèle de diapo.

Ajouter des diapos

Au départ d'un projet, Keynote fournit une seule diapo de titre, mais votre présentation ne saurait se contenter d'une unique diapo. Pour en ajouter d'autres, vous disposez des techniques suivantes :

- Cliquez sur le bouton de signe plus dans la barre d'outils.
- Choisissez Diapositive/Nouvelle diapositive.
- Appuyez sur ⌘ + Maj + N.

Keynote ajoute une diapo à la liste des diapos et l'active automatiquement dans le volet de disposition.

Si vous avez besoin d'une diapo similaire à une autre que vous avez déjà composée, cliquez droit sur la diapo dans la liste et choisissez Dupliquer. Vous obtenez un deuxième exemplaire de la diapo, que vous pourrez adapter.

Pour changer l'ordre d'apparition d'une diapo dans la présentation, faites glisser sa vignette à un autre emplacement dans la liste des diapos.

Manipuler des zones de texte et d'image

Vous avez dû remarquer que tout le texte de la première diapo se trouve dans des cadres (ou zones de texte) que vous pourrez manipuler. Comme dans Pages, vous pouvez redimensionner un cadre en faisant glisser l'une de ses poignées. (Le pointeur se transforme en double flèche quand vous survolez le pourtour du cadre et êtes en position de le redimensionner.) Les poignées centrales agissent sur une seule dimension, tandis que les poignées d'angle agissent à la fois sur la hauteur et la largeur du cadre.

Pour conserver les proportions du cadre, c'est-à-dire éviter de déformer son contenu, appuyez sur Maj pendant que vous faites glisser une poignée centrale.

Les cadres peuvent se déplacer avec tout leur contenu vers une autre position dans la diapo. Cliquez dans le cadre et faites glisser pour déplacer le cadre entier ; Keynote affiche des lignes de couleur, ou repères d'alignement, qui vous aident à aligner le cadre par rapport aux autres éléments ou au centre de la diapo.

Pour sélectionner du texte ou une image, double-cliquez dans son cadre.

Quand une image est sélectionnée, vous pouvez la retourner verticalement ou horizontalement à partir du menu ou de l'onglet Disposition.

Ajouter et modifier du texte dans les diapos

Comme Pages et Numbers, qui exploitent aussi des zones de texte pour le placement du texte dans le document, Keynote vous permet d'insérer et de modifier le texte en toute simplicité. Dans une nouvelle diapo, double-cliquez sur l'intitulé `Modifier : 2 clics`, et il disparaît au profit du curseur d'insertion. Les caractères que vous saisissez au clavier apparaissent alors dans la zone de texte à la position du curseur d'insertion.

Pour modifier le texte saisi dans une diapo, cliquez une première fois pour activer la zone de texte puis une deuxième fois pour positionner le curseur d'insertion dans le texte et faites glisser le pointeur pour sélectionner la portion à remplacer. Tapez, et la saisie remplace le texte sélectionné.

Pour supprimer du texte, sélectionnez par glissement la portion à supprimer et appuyez sur Suppr. Pour supprimer une zone de texte avec son contenu, cliquez dessus pour la sélectionner puis sur le bouton Retour arrière ou Suppr de votre clavier.

Quand le contenu d'une zone de texte vous convient parfaitement, cliquez dans la diapo en dehors de la zone de texte pour masquer son cadre de sélection. Vous pouvez à tout moment cliquer dans une zone de texte pour l'activer.

Mettre le texte en forme

Vous n'êtes pas tenu de vous limiter à la mise en forme de texte définie par le thème de vos diapos. Keynote vous permet en effet de choisir une autre police, de changer sa couleur, de varier l'alignement du texte et de mettre des portions en gras ou en italique.

Sélectionnez la portion à mettre en forme en cliquant dans une zone de texte puis en faisant glisser le pointeur sur les caractères. Cela fait, vous définirez la mise en forme par l'une ou l'autre méthode :

» **Avec le volet de format :** dans l'onglet Texte du volet de format, changez les attributs du texte à l'aide des menus et boutons des sections Police et Alignement.

» **Avec le menu Format :** les attributs accessibles dans le volet de format sont, pour la plupart, aussi disponibles dans le menu Format. Pour changer l'alignement, ouvrez le menu Format, pointez Texte et choisissez une option d'alignement, comme à la Figure 19.3. Pour choisir un attribut de mise en forme de caractères, vous ouvrirez le sous-menu Format/Police.

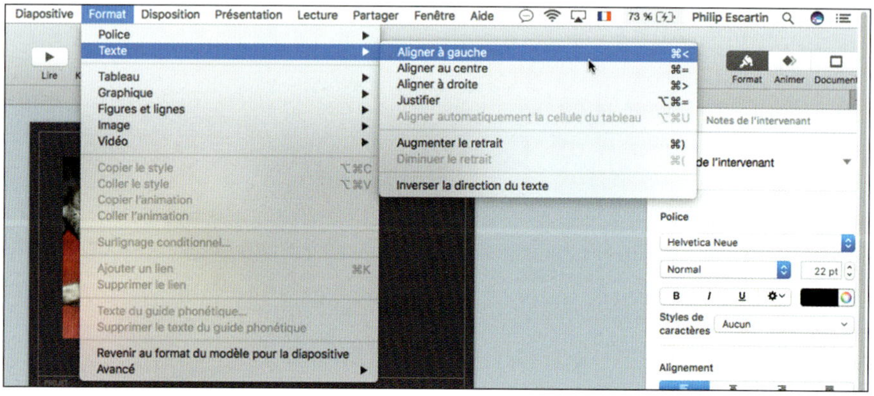

FIGURE 19.3
Pour aligner le texte d'une diapo.

Utiliser des notes dans le projet

Vous pouvez taper des notes dans le volet de notes. Personnellement, je m'en sers pendant mes présentations pour lister des informations qui méritent d'être mentionnées oralement sans figurer dans la diapo. Les notes peuvent donc contenir des aide-mémoire pour l'intervenant ou des commentaires destinés au public si vous imprimez et distribuez vos diapos.

Pour taper une note, il suffit de cliquer dans le volet de notes ; s'il n'est pas visible, choisissez Présentation/Afficher les notes de l'intervenant. Une fois les notes saisies, cliquez dans la liste des diapos ou dans le volet central pour retourner à la composition des diapos.

Pour afficher vos notes pendant que vous répétez votre présentation, servez-vous de la fonction de test de Keynote. Cliquez sur le menu Lecture et choisissez Tester le diaporama, et vous pourrez parcourir vos notes pendant la lecture du diaporama. (Nous revenons sur le diaporama dans un instant.)

Illustrer votre présentation

Il est ultra facile d'ajouter du son, des images et de la vidéo à une diapo dans Keynote. Il suffit de faire glisser le fichier multimédia depuis une fenêtre du Finder et de le déposer à l'endroit voulu dans la diapo. (Il va sans dire que les versions papier et PDF du projet ne pourront pas rendre l'audio ni la vidéo.)

Sinon, cliquez sur le bouton Données multimédias dans la barre d'outils et cliquez sur Photos, Musique ou Vidéos. Keynote donne accès au contenu de vos bibliothèques Photos et iTunes. Pour chercher un fichier à insérer dans la diapo, choisissez Insertion/Choisir, tapez une partie du nom de fichier ou un mot-clé dans le champ de recherche, sélectionnez le fichier dans les résultats trouvés et cliquez sur Insertion.

Ajouter une forme en arrière-plan

Le texte se détache mieux dans la diapo lorsqu'il repose sur une forme géométrique. Pour ajouter une forme (telle qu'un carré ou un cercle) en arrière-plan du texte, procédez ainsi :

1. **Cliquez pour positionner le curseur d'insertion.**
2. **Cliquez sur le bouton Figure dans la barre d'outils, cliquez sur les flèches de la palette pour voir les différents styles proposés et choisissez une forme.**

   La forme apparaît dans la diapo. Utilisez les options de l'onglet Style du volet de format pour choisir la couleur de la forme, régler sa transparence ou personnaliser sa bordure et son ombre.

3. **Cliquez au centre de la forme et faites-la glisser pour définir sa position.**

   Les formes géométriques se déplacent et se redimensionnent comme les zones de texte ou d'image.

4. **Lorsque la position et la taille de la forme vous conviennent, sélectionnez-la et choisissez Disposition/Placer à l'arrière-plan.**

Il est également possible de commencer par tracer la forme. Ensuite, double-cliquez dedans pour y afficher le point d'insertion. Tapez alors le texte. Inutile d'exécuter la séquence Disposition/Placer à l'arrière-plan.

Configurer le diaporama

L'objectif ultime d'un projet Keynote est de fournir un diaporama que vous projetterez en public. L'assemblage de vos diapos forme un diaporama qui s'affichera en plein écran.

Dans sa forme la plus simple, le diaporama d'un projet Keynote se lance d'un clic sur le bouton Lire dans la barre d'outils ou par la commande Lecture/Lancer le diaporama. Ensuite, pour passer à la diapo suivante, vous toucherez le pavé tactile ou appuierez sur la touche flèche droite (➔) ou Maj + flèche bas (🡇).

Si vous préférez un diaporama à défilement automatique, cliquez sur le bouton Document à l'extrémité droite de la barre d'outils. Ouvrez ensuite le menu Type de présentation, et choisissez Lecture automatique.

Keynote propose toute une série de raccourcis servant à commander le défilement du diaporama. Le Tableau 19.1 présente les plus courants.

TABLEAU 19.1 **Raccourcis clavier des diaporamas Keynote**

Touche	Action
Option + ⌘ + P	Lancer la lecture
→	Diapo suivante
←	Diapo précédente
Début	Revenir à la première diapo
Fin	Atteindre la dernière diapo
C	Afficher ou masquer le pointeur
(nombre)	Atteindre la diapo correspondante dans la liste des diapos
U	Faire défiler les notes vers le haut
D	Faire défiler les notes vers le bas
N	Afficher le numéro de la diapo actuelle
H	Masquer le diaporama pour afficher la dernière application utilisée (la présentation étant réduite en icône dans le Dock)
B	Mettre le diaporama en pause en affichant un écran noir (vous appuierez sur n'importe quelle touche du clavier pour reprendre la lecture.)
Esc	Quitter

Keynote propose plusieurs options qui déterminent la présentation du diaporama. Pour y accéder, choisissez Keynote/Préférences puis cliquez sur l'onglet Diaporama dans les préférences.

Si vous avez un iPhone ou iPod touch équipé de l'application Keynote Remote, affichez les préférences de Keynote et ouvrez l'onglet Télécommande pour jumeler l'iPhone ou l'iPod touch au MacBook et à Keynote et pouvoir commander le diaporama depuis cet appareil portable.

Imprimer vos diapos et vos notes

Vous n'aurez pas toujours besoin d'imprimer vos diapos pour distribuer une version papier à votre public. Mais lorsque la présentation est particulièrement longue et riche en informations, il sera utile de fournir un support qui aidera le public à tout mémoriser. Auquel cas, l'idéal est d'imprimer des images de taille raisonnable de vos diapos (avec éventuellement vos notes d'intervenant).

Une autre solution consiste à rassembler les diapos dans un fichier PDF que vous rendrez disponible sur votre site Web. Et si vous êtes enseignant et avez accès à un tableau interactif (comme le SMART Board), vous pourrez combiner cette nouvelle technologie avec Keynote.

Pour imprimer vos diapos et vos notes, suivez ces instructions :

1. **Dans Keynote, choisissez Fichier/Imprimer.**

   Vous obtenez un panneau Imprimer comme celui de la Figure 19.4. (Si vous ne voyez pas toutes ces options, cliquez sur Afficher les détails.)

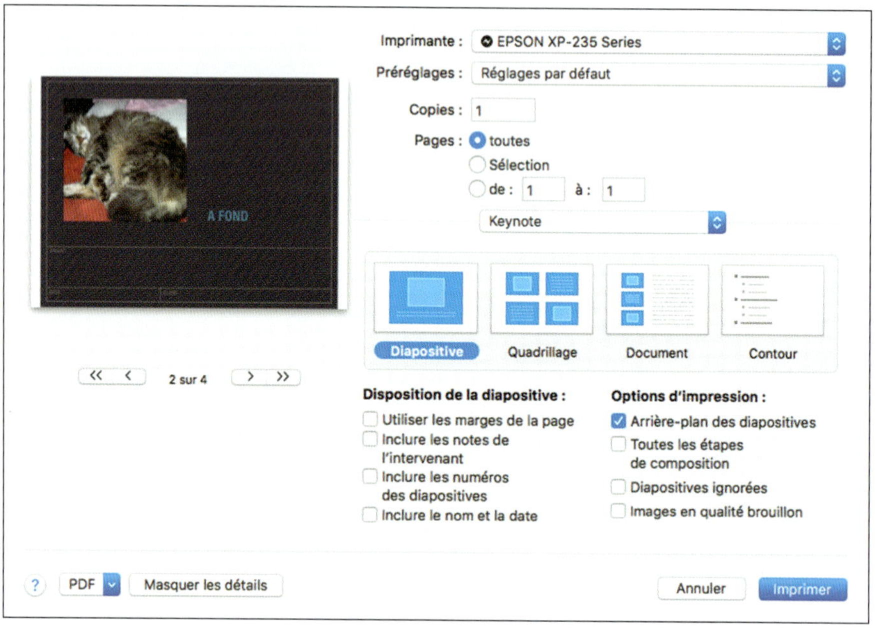

FIGURE 19.4 Imprimer votre présentation.

2. **Dans la partie centrale de la boîte de dialogue, choisissez ce que vous voulez imprimer.**

- Pour imprimer chaque diapositive sur une pleine page, cliquez sur Diapositive. Si vous souhaitez y ajouter les notes, cochez l'option Inclure les notes de l'intervenant.
- Pour imprimer deux à seize diapositives par page (sans notes), cliquez sur Quadrillage et choisissez le nombre de diapos dans le menu Disposition du quadrillage.
- Pour imprimer une à quatre diapositives par page (avec ou sans notes), cliquez sur Document et choisissez le nombre de diapos dans le menu Disposition du document.

3. **Dans la section Pages, sélectionnez les pages à imprimer.**

- Pour imprimer le document entier, sélectionnez Toutes.
- Pour n'imprimer que les diapo sélectionnées, activez Sélection.
- Pour imprimer une plage de pages, indiquez les numéros de la première et de la dernière page à imprimer.

4. **Cliquez sur le bouton Imprimer pour envoyer le document vers l'imprimante.**

VI

Les corvées : dépannage, mise à niveau et entretien

DANS CETTE PARTIE

Personne ne peut vous garantir que votre ordinateur ne rencontrera jamais aucun problème. Si votre MacBook venait à se comporter bizarrement, les conseils de dépannage de cette partie devraient vous aider à remettre votre machine sur le droit chemin. Je vous indique aussi les précautions à prendre pour maintenir votre MacBook en bon état de marche et vous trouverez des instructions détaillées pour sa mise à niveau par l'ajout de RAM supplémentaire et d'appareils de stockage externes.

Chapitre 20

Dépannage d'un MacBook capricieux

DANS CE CHAPITRE :

» **Avoir confiance en vos compétences.**

» **Mettre en pratique les principes de base du dépannage.**

» **Suivre mon protocole de dépannage.**

» **Obtenir de l'aide.**

Je vous souhaite de ne jamais avoir besoin de lire ce chapitre.

J'imagine, en effet, que c'est un souci avec votre portable qui vous motive à lire le chapitre dépannage. (L'hypothèse que vous le lisiez par pur plaisir est carrément inquiétante !)

Vous l'avez compris, ce chapitre sera votre guide pour résoudre l'énigme d'un dysfonctionnement de votre ordinateur. Je vous indique quoi faire si vous n'êtes pas en mesure de corriger le problème vous-même.

Vous rencontrerez dans ce chapitre un bon nombre d'astuces et de maximes que j'ai apprises à mes dépens et que je vous conseille évidemment de mémoriser sur-le-champ.

Question de confiance

Tout le monde est capable de réparer son ordinateur. Faites-moi confiance et oubliez les idées reçues suivantes sur le dépannage :

- **Il faut être ingénieur en informatique pour dépanner un ordinateur.** Cette fausse vérité ferait bien rire ma fille qui fait du dépannage, elle qui a un iMac dans sa chambre et des ordinateurs Apple dans sa classe.
- **C'est de ma faute.** Avez-vous entendu parler de virus, de pannes matérielles et de logiciels pleins de défauts ? Voilà ce qui pourrait être la cause de votre problème et retenez cette maxime :

  Ne vous fustigez pas ! Votre MacBook est réparable.
- **J'ai besoin d'un outil logiciel coûteux.** Aucunement. Vous pouvez bien sûr investir dans un utilitaire de test et de réparation si vous le souhaitez. Mon outil préféré est TechTool Pro de Micromat (`www.micromat.com`), mais il n'est pas indispensable d'avoir un utilitaire tiers pour dépanner votre MacBook. (Ce qui est indispensable, en revanche, c'est un antivirus.)
- **Tout est perdu si je ne peux pas réparer.** Il arrive que des composants matériels de l'ordinateur tombent en panne, mais votre centre de services agréé Apple peut tout réparer en changeant des pièces. Et si vous avez sauvegardé régulièrement votre MacBook (comme je le préconise à toute occasion dans ce livre), vous ne perdez pas vos données, même si vous devez changer de disque dur.
- **Le dépannage prend des heures.** Attendez d'avoir lu la règle numéro un de la prochaine section : la première étape ne prend que dix secondes et elle suffit souvent à résoudre le problème. Tous les problèmes ne se résolvent pas aussi rapidement bien sûr, mais en suivant mon protocole de dépannage, vous devriez réparer votre portable en une demi-journée (ou comprendre qu'il vous faut une aide extérieure).

Ces idées reçues étant démystifiées, vous pouvez vous mettre à l'œuvre et oublier tout sentiment d'impuissance.

Procédure ordonnée du dépannage d'un portable

Dans les sections suivantes, je vous guide dans le protocole de dépannage que j'ai mis au point et vous montre l'emploi de l'application de dépannage intégrée de Sierra, Utilitaire de disque. Vous découvrirez quelques raccourcis clavier qui font des miracles.

Règle numéro 1 : redémarrez !

Cela semble trop simpliste, et pourtant c'est efficace. Redémarrer le MacBook a souvent pour effet d'éliminer les problèmes. Face aux anomalies suivantes, le redémarrage pourrait suffire à vous sortir d'embarras :

» Problèmes intermittents dans les connexions réseau.

» Affichage anormal, rendu aberrant des couleurs ou déformation du texte.

» Roue multicolore (indicateur de traitement en cours) qui reste à l'écran après plusieurs minutes d'attente.

» Application figée.

» Appareil externe qui disparaît ou refuse de s'ouvrir.

En bref, retenez ce conseil élémentaire :

POURQUOI LE REDÉMARRAGE EST-IL AUSSI EFFICACE ?

Le redémarrage résout les problèmes parce qu'il réinitialise *tout*. Si votre connexion réseau, par exemple, semble capricieuse ou que le délai d'attente a expiré, le redémarrage est la solution. Il résout aussi les anomalies engendrées par les fluctuations de tension, auxquelles même les portables alimentés sur secteur sont sensibles. Les micro-coupures de courant n'affectent pas votre grille-pain, mais elles ont des conséquences sur la stabilité de votre MacBook, et le redémarrage remettra de l'ordre.

Essayez toujours de redémarrer avant de commencer à angoisser. Toujours.

Si vous travaillez dans une application, essayez d'enregistrer tous vos documents ouverts avant de redémarrer. Cela ne sera pas toujours possible, mais tâchez d'enregistrer tout ce que vous pouvez.

Votre première démarche pour éteindre l'ordinateur sera de cliquer sur le menu Pomme () et de choisir la commande Éteindre. Si une application *figée* (qui ne répond plus) vous empêche d'éteindre pour redémarrer, suivez cette procédure pour fermer l'application récalcitrante :

1. **Cliquez sur le menu Pomme () et choisissez Forcer à quitter.**

   Vous obtenez la zone de dialogue de la Figure 20.1.

2. **Cliquez sur l'application à fermer puis sur le bouton Forcer à quitter.**

Après avoir quitté toutes les applications ouvertes, vous ne devriez plus avoir de problème pour lancer la commande Éteindre du menu Pomme ().

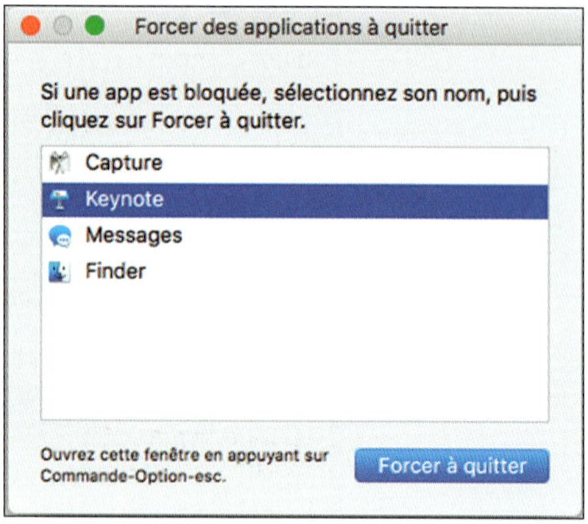

FIGURE 20.1
Forcez la fermeture d'une application bloquée.

Si le MacBook refuse de s'éteindre (ou si vous ne parvenez pas à fermer l'application figée), il faut prendre une mesure d'urgence :

1. **Appuyez sur le bouton d'alimentation du MacBook jusqu'à ce qu'il s'éteigne.**

   Il faut maintenir la pression pendant cinq bonnes secondes.

2. **Attendez environ dix secondes.**
3. **Appuyez de nouveau sur le bouton d'alimentation pour démarrer l'ordinateur.**

Après avoir rouvert vos applications, vérifiez si le problème se manifeste encore. Si après une ou deux heures d'utilisation le problème ne se reproduit pas, il est probable que le redémarrage l'a résolu.

Touches spéciales pour tâches spéciales

Certaines touches ont un pouvoir particulier sur votre MacBook. Elles influencent la manière dont l'ordinateur démarre, ce qui est très pratique pour les séances de dépannage.

Emploi du mode sans échec

En démarrant en mode sans échec, vous commandez à macOS Sierra de vérifier les répertoires du disque de démarrage et de désactiver l'ouverture automatique des applications pour éviter les risques d'interférence avec le système d'exploitation. Lancez la commande Éteindre du menu Pomme () pour mettre l'ordinateur hors tension, appuyez sur le bouton d'alimentation pour redémarrer, puis maintenez enfoncée la touche Maj juste après avoir entendu la sonorité de démarrage. Une fois le système en marche et opérationnel, redémarrez le MacBook (sans appuyer sur Maj) pour le faire fonctionner normalement.

Touches de démarrage

Le Tableau 20.1 présente la liste des touches de démarrage. Maintenez enfoncée la touche indiquée soit *au moment où vous appuyez sur le bouton d'alimentation* soit *juste après que l'écran devient noir pendant le redémarrage*. (La touche Maj, mentionnée ci-avant, est une exception : vous l'enfoncez juste après la tonalité de démarrage.)

TABLEAU 20.1 Fonction des touches spéciales au démarrage

Touches	Fonctions
C	Commande le démarrage depuis le CD ou DVD présent dans le lecteur optique.
Option	Affiche le menu de démarrage système pour vous permettre de choisir le système d'exploitation à lancer.
Maj	Désactive le démarrage des éléments qui s'ouvrent automatiquement en début de session ; lance une vérification des répertoires.
T	Démarre en mode disque cible par FireWire (sur un ancien MacBook qui possède un port FireWire).
⌘ + V	Affiche les messages de la console macOS.
⌘ + R	Démarre depuis le volume de restauration de Sierra.
⌘ + S	Démarre l'ordinateur en mode un seul utilisateur.
⌘ + Option + P + R	Réinitialise la mémoire PRAM (paramètres de configuration).

Il est peu probable que vous ayez besoin d'utiliser toutes ces touches ou combinaisons de touches, mais un technicien Apple pourrait vous demander d'en utiliser certaines.

Dépannage avec l'Utilitaire de disque

Comme les autorisations des fichiers système sont automatiquement vérifiées et réparées au démarrage de Sierra, son Utilitaire de disque a été simplifié par rapport aux versions antérieures d'OS X. Cette application reste néanmoins un outil pratique pour dépanner le disque dur de votre MacBook. Vous la trouverez dans le dossier Utilitaires du Launchpad.

Lancez l'Utilitaire de disque depuis le Finder ou le Launchpad, et vous obtenez les outils de la Figure 20.2.

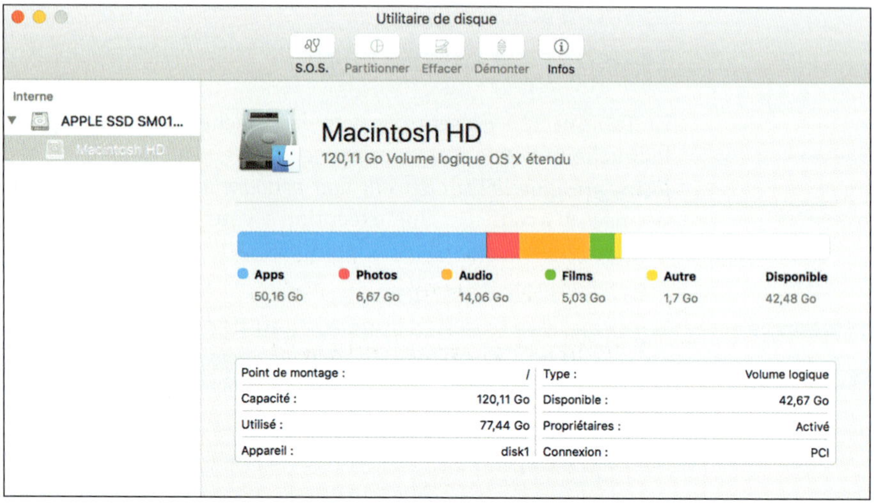

FIGURE 20.2 L'Utilitaire de disque de Sierra diagnostique et soigne vos disques.

Dans le volet gauche de l'Utilitaire de disque, vous voyez :

- Les disques durs *physiques* de votre système (le matériel).
- Les *volumes* (les données stockées sur les disques durs).

  Dans la liste, le volume apparaît en retrait sous le disque qui l'héberge.
- Les disques externes connectés par USB ou Thunderbolt.

Dans l'exemple de la Figure 20.2, j'ai un disque interne d'une capacité de 120 Go.

Le volet droit présente des informations sur le disque ou volume sélectionné à gauche. Vous y voyez une représentation graphique de l'occupation de l'espace disque par catégorie de données, ainsi qu'un résumé de ses caractéristiques techniques.

ATTENTION DANGER !

Certaines fonctions de l'Utilitaire de disque ont pour effet d'*effacer toutes les données* de vos disques au lieu de les réparer ! Elles ne vous seront donc d'aucune aide pour dépanner votre petit problème du moment.

Attention : n'utilisez pas les fonctions suivantes de l'Utilitaire de disque, à moins qu'un technicien Apple ne vous en donne l'instruction :

» partitionner et effacer les disques ;

» créer des matrices RAID ;

» restaurer des fichiers depuis une image de disque.

Réparer le disque

Si vous en sentez le besoin, vous lancerez la réparation du disque à partir de l'Utilitaire de disque de la manière suivante :

1. **Vérifiez que la session est ouverte dans un compte administrateur.**

   Le Chapitre 10 indique comment ouvrir une session avec un compte administrateur (ce qui est le cas certainement si vous êtes le seul utilisateur du MacBook).

2. **Enregistrez et fermez tous les documents ouverts.**

3. **Cliquez sur l'icône du Launchpad dans le Dock, cliquez sur le dossier Utilitaires puis sur l'icône Utilitaire de disque – autrement, appuyez sur ⌘ + Maj + U depuis le bureau pour ouvrir la fenêtre Utilitaires.**

4. **Cliquez sur le volume à vérifier.**

5. **Cliquez sur le bouton S.O.S puis sur Exécuter.**

   Laissez faire. L'opération peut prendre plusieurs minutes.

6. **Pour achever la procédure, pensez toujours à redémarrer après la réparation des permissions.**

En redémarrant, vous voyez si le problème a été corrigé !

Si vous aviez besoin d'agir sur le disque d'amorçage, sous la supervision d'un expert, il faudrait démarrer le MacBook depuis la partition Recovery HD de macOS Sierra. Redémarrez et maintenez enfoncée la combinaison de touches ⌘ + R juste après la sonorité de démarrage, puis lancez l'Utilitaire de disque depuis l'écran qui apparaît. Puisque l'ordinateur a démarré depuis le volume Recovery HD, les boutons Partitionner, Effacer et Démonter sont désormais disponibles lorsque vous sélectionnez le disque ou le volume principal.

FAUT-IL RÉINSTALLER LE SYSTÈME ?

La question de savoir s'il faut réinstaller le système d'exploitation est souvent débattue dans les forums consacrés au système d'exploitation Mac, et la réponse est sans hésiter : *peut-être, voire ça dépend*. (Je sais, cela ne vous aide pas beaucoup.)

Et voici pourquoi il est difficile de trancher. En théorie, la réinstallation de macOS ne devrait entraîner aucune perte de données, vous ne risquez donc rien à essayer cette solution. Mais dans la pratique, la réinstallation de Sierra n'est pas une panacée capable de résoudre toutes les erreurs logicielles, car le problème pourrait venir d'une application défaillante, d'un disque en fin de vie ou d'une carte graphique avec des modules de mémoire défectueux. Si le problème provient d'un dossier système corrompu, la réinstallation de Sierra peut résoudre le problème ou pas.

Dans ces conditions, le débat peut perdurer encore longtemps. Personnellement, je choisirais de suivre le protocole de dépannage du MacBook jusqu'au bout et, si nécessaire, je contacterais le service d'assistance d'Apple *via* son site Web avant de prendre la décision de réinstaller le système d'exploitation.

Mon protocole de dépannage du MacBook

Si le redémarrage de votre portable n'a pas résolu le problème, suivez les étapes de mon protocole dans l'ordre indiqué jusqu'à trouver la solution ou épuiser toutes les suggestions (dans ce cas, reportez-vous à la section suivante).

Étape 1 : Répertorier les derniers changements

La première étape est très simple et pourtant souvent négligée par les débutants. Tâchez de vous rappeler les changements que vous avez effectués récemment dans le système. Les causes probables les plus courantes sont :

- **Venez-vous d'installer une nouvelle application ?** Essayez de la désinstaller en supprimant le dossier de l'application et tous les fichiers qu'elle aurait pu ajouter au système. (N'oubliez pas d'actualiser vos applications avec les correctifs et mises à jour disponibles sur le site Web de l'éditeur.)

  Il arrive parfois que le fichier de préférences d'une application (fichier qui stocke vos paramètres personnalisés) se retrouve corrompu. Bien que l'application elle-même soit saine, elle risque de fonctionner bizarrement ou de refuser de démarrer. Pour rechercher des signes de corruption, essayez d'analyser vos applications avec Preferential Treatment, un utilitaire AppleScript gratuit de Jonathan Nathan, que vous trouverez sur les sites de téléchargement. (Preferential Treatment détecte les fichiers de préférences endommagés et les envoie à la corbeille.)

- **Venez-vous d'installer une mise à jour ou un correctif pour une application ?** Désinstallez l'application et réinstallez-la sans le correctif. Si le MacBook retrouve son fonctionnement normal, consultez le site Web de l'éditeur de l'application ou contactez son service d'assistance pour signaler l'anomalie.

- **Venez-vous d'installer une mise à jour de Sierra ?** La mise à jour est susceptible d'entraîner des dysfonctionnements dans les applications qui reposent sur des routines ou fichiers système particuliers. Contactez l'éditeur de l'application à la recherche de correctifs adaptés aux mises à jour de Sierra.

- **Venez-vous de changer des réglages dans les Préférences Système ?** Rétablissez les réglages précédents, puis consultez le Chapitre 6 pour vous documenter sur ce qui a pu dégénérer. Si le réglage en question n'est pas traité dans le Chapitre 6, cherchez une réponse dans le centre d'aide de Sierra ou dans la section Assistance du site Web d'Apple.

- **Venez-vous de connecter (ou déconnecter) un appareil externe ?** Débranchez cet appareil et redémarrez pour voir si les choses s'arrangent. N'oubliez pas que la plupart des périphériques ont besoin de pilotes pour communiquer avec le système d'exploitation ; sans cela, ils ne peuvent pas fonctionner normalement. Vérifiez le manuel de votre appareil ou consultez le site Web du fabricant à la recherche des pilotes qui vous manqueraient.

Si vous n'avez pas changé grand-chose dans votre système avant que le problème se manifeste, passez à l'étape suivante.

Étape 2 : Exploiter l'Utilitaire de disque

La deuxième étape consiste à lancer l'Utilitaire de disque. La note technique de la section « Réparer le disque », plus tôt dans ce chapitre, explique comment effectuer cette tâche sur le disque d'amorçage de Sierra.

Si vous rencontrez des problèmes avec votre disque dur, tentez de démarrer l'ordinateur à partir du fichier d'installation de macOS copié sur un support externe afin de lancer une vérification complète du volume d'amorçage avec la fonction de réparation de disque.

Étape 3 : Vérifier vos branchements

Il arrive que les câbles se détachent tout seuls. Examinez les câbles de tous vos appareils externes, assurez-vous qu'ils sont bien enclenchés et vérifiez que tout est raccordé et allumé. (N'oubliez pas de scruter les câbles sur toute leur longueur à la recherche d'accrocs ou de marques de dents si vous avez des animaux domestiques.)

Si un appareil relié par un câble FireWire, Thunderbolt ou USB fait des caprices, faites l'essai avec un autre câble pour voir si le premier n'est pas en cause. Rien de tel qu'un câble défectueux pour s'arracher les cheveux en vain.

Étape 4 : Vérifier la corbeille

Vérifiez le contenu de la corbeille pour voir si vous n'avez pas supprimé récemment des fichiers ou dossiers par mégarde. Cliquez sur l'icône de corbeille dans le Dock pour afficher son contenu. Si un élément important a été jeté par erreur, faites-le glisser pour le remettre à sa place et essayez de relancer l'application.

C'est du vécu. Parce que j'avais mal visé en sélectionnant des fichiers à supprimer, j'ai détraqué l'une de mes applications : elle se figeait juste après le lancement.

Étape 5 : Vérifier les connexions réseau et Internet

Habitué à votre accès Internet permanent avec le câble ou une box, vous risquez d'oublier une cause d'ennui évidente : votre portable n'a plus accès à Internet parce que le serveur de votre fournisseur d'accès est en panne ou que votre réseau est hors service.

Jetez un œil sur les voyants de votre box ou de votre modem câble pour voir si le problème vient de la ligne. (Au besoin, consultez la documentation de la box ou du modem pour comprendre la symbolique des différents voyants.) Si vous accédez à Internet par le biais d'un réseau d'entreprise où vous ne pouvez pas vérifier vous-même l'état du modem, vous testerez la connexion Internet en lançant une requête ping à l'adresse `www.apple.com` :

1. **Lancez l'utilitaire de réseau en tapant Utilitaire de réseau dans Spotlight.**
2. **Cliquez sur l'onglet Ping.**
3. **Tapez `www.apple.com` dans le champ de saisie.**
4. **Cliquez sur le bouton Ping.**

Si la connexion fonctionne, la requête devrait aboutir. Si la requête ping ne donne pas de réponse alors que vous parvenez à communiquer avec les ordinateurs du réseau, c'est preuve que le problème vient de votre fournisseur d'accès Internet ou du modem câble/ADSL. Si vous n'avez plus accès à votre réseau local, cherchez la solution du côté de la configuration ou de l'équipement matériel du réseau.

Étape 6 : Penser aux virus

Si vous êtes parvenu à ce stade du protocole de dépannage, il est temps de lancer une analyse complète à la recherche de virus. Assurez-vous, bien sûr, que votre antivirus est à jour. Pour ma part, je fais confiance à Mac Internet Security X9 d'Intego (`www.intego.com`). Si vous hésitez à investir, je vous recommande l'excellent antivirus gratuit ClamXav (`http://clamxav.com`).

Si votre antivirus détecte un virus sans pouvoir l'éliminer, mettez-le en *quarantaine*. La mise en quarantaine désactive l'application infectée et l'empêche de contaminer d'autres fichiers.

Étape 7 : Désactiver les ouvertures automatiques au démarrage

macOS Sierra pourrait avoir des problèmes à cause des applications que vous avez désignées dans les Préférences Système pour démarrer automatiquement à l'ouverture de session. Dans cette étape, je vous montre comment identifier et résoudre ce type de problème.

Voici l'occasion d'utiliser l'une des touches spéciales du Tableau 20.1. Maintenez enfoncée la touche Maj après avoir entendu la sonorité de démarrage.

La touche Maj a pour effet de désactiver les éléments qui démarrent lorsque vous ouvrez une session dans votre compte d'utilisateur. Si l'un de ces éléments est responsable des ennuis que rencontre votre MacBook, ces problèmes se reproduisent à chaque ouverture de session.

Si le MacBook retrouve un fonctionnement normal après désactivation des démarrages automatiques, répétez la procédure suivante pour chaque élément de la liste d'ouverture automatique :

1. **Ouvrez les Préférences Système, cliquez sur Utilisateurs et groupes puis sur l'onglet Ouverture.**
2. **Supprimez un élément de la liste.**

   Sélectionnez un élément et cliquez sur le bouton Supprimer, identifié par le signe moins.
3. **Redémarrez l'ordinateur comme à l'accoutumée.**
4. **Si le problème persiste, répétez les Étapes 2 et 3 pour désactiver un autre élément de la liste.**
5. **Quand le MacBook retrouve son bon fonctionnement alors qu'il reste des éléments dans la liste d'ouverture automatique, vous avez identifié le coupable. Vous aurez sans doute besoin de désinstaller et de réinstaller la dernière application éliminée de la liste. N'oubliez pas de remettre dans la liste d'ouverture automatique les éléments que vous avez supprimés pour effectuer le test.**

Étape 8 : Désactiver l'économiseur d'écran

Les chances que cette solution soit la bonne sont assez minces, mais ça vaut le coup d'essayer. Il est tout à fait possible qu'un économiseur d'écran mal programmé arrive à bloquer votre MacBook. (Si vous utilisez un économiseur d'écran qui ne vient pas de chez Apple et que l'ordinateur ne sort jamais de veille ou se fige pendant l'exécution de l'économiseur d'écran, ne cherchez pas plus loin.)

Redémarrez l'ordinateur si nécessaire, ouvrez les Préférences Système, cliquez sur Bureau et économiseur d'écran et cliquez sur l'onglet Économiseur d'écran. Enfin, effectuez l'une des opérations suivantes :

- Activez un économiseur d'écran d'Apple.
- Dans le menu Démarrer après, choisissez Jamais.

Étape 9 : Lancer Informations système

Déjà à l'Étape 9, et vous n'avez toujours pas identifié le coupable ? À ce stade, vous savez que l'affaire est grave : composant matériel en panne ou fichiers corrompus dans le dossier Système de macOS. Heureusement, Sierra est pourvu de l'utilitaire Informations système, qui affiche des renseignements en temps réels sur l'état du matériel. Pour lancer cet utilitaire, cliquez sur l'icône Launchpad dans le Dock, cliquez sur le dossier Utilitaires, puis cliquez sur l'icône Informations système. Autrement, ouvrez le menu Pomme (), choisissez À propos de ce Mac et cliquez sur le bouton Rapport système de l'onglet Aperçu. Cliquez tour à tour sur chacune des catégories de composants matériels et vérifiez qu'aucune anomalie n'est signalée.

Vous n'êtes pas obligé de comprendre tous les termes techniques. Si un composant matériel n'affiche pas la réponse que vous attendez ou présente un message d'erreur, c'est louche ! (Pour les catégories de matériel que votre MacBook ne possède pas, comme port FireWire ou carte PCI, vous ne verrez aucune information à leur sujet.)

Les diagnostics vous font savoir si le MacBook a réussi le test de conformité lors de l'amorçage (test POST pour les connaisseurs).

Que faire si le problème reste insoluble ?

Ne vous inquiétez pas, cher lecteur, le fait d'avoir épuisé toutes les suggestions de mon protocole de dépannage ne vous met pas dans une situation catastrophique. Dans les sections suivantes, je vous dirige vers l'aide disponible sur le MacBook et sur le site Web d'Apple, ainsi que vers un centre de services agréé Apple près de chez vous.

Trouver un centre de services Apple

Si vous avez besoin de faire réparer votre MacBook, vous irez dans un Apple Store ou un centre de services agréé Apple. Pour trouver le centre de services le plus proche, lancez Safari et rendez-vous sur `https://locate.apple.com/fr/fr/`, la page du site Web d'Apple qui permet de rechercher un magasin ou un centre de services Apple. Vous pouvez chercher d'après votre position actuelle, le nom d'une ville ou un code postal. Vous obtenez l'adresse postale d'un centre, son adresse Web, son numéro de téléphone et même sa position sur un plan.

Prenez la précaution d'appeler avant de vous déplacer avec votre MacBook sous le bras, même s'il est très léger. Prenez note du numéro de série du MacBook (disponible dans Informations système) et indiquez la version du système que vous utilisez.

Exploiter le centre d'aide de macOS

Les utilisateurs ont tendance à négliger l'utilité du centre d'aide de leur système d'exploitation. Et c'est une erreur. Prenez le temps de consulter l'aide de Sierra (cliquez sur Aide dans la barre de menus du Finder) pour voir si votre problème y est mentionné.

Chercher une solution dans l'assistance en ligne d'Apple

Si vous n'avez pas encore consulté les pages d'assistance d'Apple pour votre MacBook, rendez-vous vite sur `http://www.apple.com/fr/support/macbook/`, où vous trouverez :

- **les derniers correctifs, didacticiels et mises à jour** pour la gamme MacBook ;
- **des forums modérés par Apple, où l'on discute en anglais du système d'exploitation et des MacBook** ;
- **des outils** pour commander des pièces détachées, vérifier la validité de votre garantie et chercher de la documentation dans la base de connaissance d'Apple ;
- **des instructions** (fichiers PDF ou iBook) pour procéder vous-même à la réparation et à la mise à niveau de votre MacBook.

Chapitre 21

Ajout de composants matériels

DANS CE CHAPITRE :

- **Ajouter de la mémoire.**
- **Remplacer votre disque dur.**
- **Ajouter des appareils USB, Thunderbolt ou FireWire.**
- **Découvrir les périphériques disponibles pour votre MacBook.**

Aucun ordinateur portable ne fonctionne en totale autarcie.

Sans entrer dans un débat économique, ni reparler une fois de plus de l'omniprésence d'Internet, il faut reconnaître que le MacBook ne se suffit pas toujours à lui-même. Les utilisateurs de portables y ajoutent au moins un *périphérique* (appareil externe), tel qu'une imprimante, une manette de jeu, un iPod, un disque de sauvegarde ou un scanner. J'ai passé en revue les ports des MacBook au Chapitre 1. Ces connecteurs sur la tranche du boîtier ont une réelle utilité, comme nous le verrons dans ce chapitre.

Qu'en est-il des composants internes cachés dans le boîtier ? C'est là que les choses se corsent. Je décris dans ce chapitre ce que vous pouvez ajouter dans les entrailles de votre belle machine et comment y accéder si vous avez l'audace d'y mettre les mains.

Jamais trop de mémoire

Un surplus de mémoire serait bénéfique à tout ordinateur – et il n'y a pas de *mais* à la fin de cette phrase. J'ai le plaisir d'affirmer qu'il n'y a pas d'exception : cette règle est valable pour tous les ordinateurs. D'ailleurs, retenez cette maxime :

Plus de mémoire, c'est mieux.

Personne ne pourra me contredire. Quel que soit le type d'ordinateur, son âge et son système d'exploitation, l'ajout de mémoire (jusqu'au maximum autorisé) améliore considérablement les performances du système d'exploitation (et de presque toutes les applications).

La mémoire maximise la puissance de l'ordinateur. Quand il y a plus de mémoire disponible pour les traitements, le système a besoin d'entreposer provisoirement moins de données sur le disque interne. Sans entrer dans des détails hautement techniques à propos de mémoire virtuelle, retenez qu'un surplus de mémoire fournit de meilleures conditions de travail pour vos applications. Croyez-moi, macOS Sierra, comme Windows, exploite efficacement chaque kilooctet de mémoire dont il dispose.

Si votre MacBook est déjà équipé de la quantité maximale de mémoire qu'il peut accueillir, il est inutile de lire cette section.

Les propriétaires d'un MacBook récent n'ont pas non plus besoin de lire cette section, parce qu'ils ne peuvent pas ajouter de mémoire. Tous les modèles récents ont un boîtier scellé avec des modules de mémoire intégrés, que seul un technicien Apple peut remplacer en cas de dysfonctionnement. Même chose pour la batterie des nouveaux modèles de MacBook, il faut aller dans un centre de services agréé Apple pour la remplacer.

Si vous avez un ancien modèle de MacBook, les explications qui suivent sont pour vous.

Vérifier la quantité de mémoire installée

Pour voir combien de mémoire vous avez sur votre ordinateur, cliquez sur le menu Pomme () et choisissez À propos de ce Mac. Cliquez sur le bouton Rapport système. Dans la section Matériel, cliquez sur Mémoire.

Avant de quitter la boite de dialogue À propos de ce Mac, cliquez sur l'onglet Aperçu pour afficher la cadence du processeur et le nom de votre modèle dans la terminologie Apple. Notez les deux références de votre ordinateur car vous en aurez besoin pour commander vos modules de mémoire.

Les nouveaux MacBook Pro possèdent deux emplacements pour deux modules de mémoire SDRAM DDR3. (Ne vous inquiétez pas de savoir à quoi correspondent toutes ces initiales, sachez seulement que ce type de mémoire est très rapide.) Il est possible de configurer un MacBook Pro avec une capacité de 16 Go.

Vous choisirez de remplacer un ou deux modules selon la quantité de mémoire voulue au final. J'imagine que vous voudrez disposer de la quantité maximale. Aussi, si votre MacBook Pro de 8 Go utilise les deux modules de 4 Go fournis au départ par Apple, vous pouvez ajouter 8 Go de mémoire supplémentaire en remplaçant les deux modules par deux autres de 8 Go chacun.

Je tiens à préciser que 4 Go de mémoire sont suffisants pour faire tourner des applications de bureautique, ainsi que toutes les applications livrées avec Sierra. Cela dit, elles tourneront nettement plus vite avec 8 Go de mémoire.

Si vous utilisez surtout votre MacBook pour faire du montage vidéo, des jeux ou de la retouche photo, un surplus de mémoire sera le bienvenu.

Il est regrettable que les modules de mémoire d'Apple soient aussi chers. Je vous conseille donc de lancer une recherche depuis Google pour trouver des sites marchands qui proposent des modules de mémoire SDRAM DDR3 pour MacBook à des prix plus raisonnables.

Installer des modules de mémoire

Je vous rassure tout de suite : l'ajout de mémoire est l'une des interventions les plus simples que vous puissiez faire à l'intérieur de votre ordinateur. Vous aurez donc tout intérêt à vous en charger vous-même, sauf si vous craignez de faire des bêtises. Auquel cas, votre centre de services agréé Apple sera ravi d'installer vos nouveaux modules de RAM, moyennant finance.

Si l'un de vos proches s'y connaît assez en informatique pour vous aider à bricoler votre ordinateur, invitez-le à déjeuner et profitez de sa présence. Même si vous changez les modules vous-même, il est toujours rassurant d'être supervisé par quelqu'un de plus expérimenté.

Pour ajouter des modules de mémoire à un MacBook Pro pas très récent, suivez cette procédure :

1. **Préparez le terrain.**

   a. *Étalez un torchon propre sur un plan de travail stable, tel qu'une table de cuisine.*

      Le torchon sert à éviter les rayures sur le capot du portable.

   b. *Munissez-vous d'un petit tournevis cruciforme.*

INTERVENTIONS INTERNES

Cette section sur le remplacement des composants internes d'un portable est brève pour une bonne raison : les portables ne sont pas faits pour être démontés. Comme je l'ai déjà mentionné, les possibilités d'évolution des MacBook Pro sont très limitées. En gros, vous pouvez ajouter de la mémoire et changer le disque dur. Tandis qu'il est facile d'installer un module de mémoire, remplacer un disque dur est beaucoup plus délicat. Vous ne pourrez pas intervenir du tout dans les nouveaux modèles de MacBook puisque leur boîtier est scellé. (Le fait d'ouvrir un boîtier scellé rend la garantie caduque.)

Dans ces conditions, je ne peux que vous recommander de confier votre portable à des mains expertes et certifiées pour toute réparation. Par exemple, si l'écran LED du MacBook est fêlé ou cassé, *n'essayez pas* de le réparer vous-même. Certes, vous verrez des tas de dalles et panneaux LED d'occasion sur eBay, mais ces composants ne sont pas aussi faciles à remplacer que la carte graphique d'un ordinateur de bureau. De plus, si vous faites une erreur en mettant les mains à l'intérieur du portable, vous risquez de causer encore plus de dégâts.

Morale de l'histoire ? Laissez les techniciens d'un centre de services agréé se charger des opérations risquées et, si vous le jugez nécessaire, souscrivez à l'AppleCare Protection Plan pour bénéficier d'une assistance pendant trois ans.

Pour changer le disque dur, voyez les détails dans la section « Un disque interne sinon rien », plus loin dans ce chapitre.

c. Éteignez l'ordinateur et attendez au moins dix minutes qu'il refroidisse complètement.

d. Débranchez tous les câbles du portable.

2. **Fermez le capot du portable et retournez-le sur le torchon.**

3. **Touchez une surface métallique.**

   L'objectif est de vous débarrasser de l'électricité statique que vous portez. Lisez à ce sujet l'encadré intitulé « Tous à la masse ».

4. **Retirez les vis et le panneau arrière du boîtier.**

   Selon le modèle, vous pourriez avoir jusqu'à dix vis à retirer avant de pouvoir soulever le panneau arrière. Si certaines vis sont plus longues que les autres, il faudra les remettre au même emplacement. Mettez les vis à l'abri dans un récipient. Jusque-là, c'était plutôt facile, n'est-ce pas ? Vous avez maintenant la chance d'apercevoir ce que renferme votre MacBook chéri.

5. **Repérez les modules de mémoire à l'intérieur du boîtier du MacBook.**

6. **Pour remplacer un module de mémoire déjà en place, commencez par le retirer.**

   Pour retirer un module de mémoire, écartez délicatement les languettes aux deux extrémités du connecteur (voir Figure 21.1), puis soulevez le module et faites-le glisser hors de son emplacement.

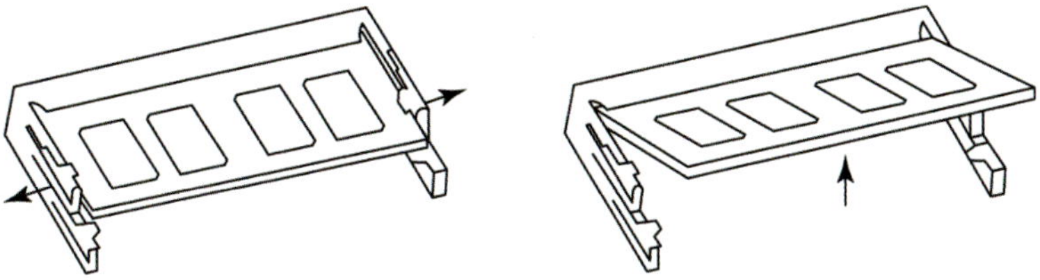

FIGURE 21.1 Retirez l'ancien module de RAM comme un pro.

Rangez le vieux module dans le sachet antistatique qui renfermait le nouveau module. Ainsi, votre ancienne RAM sera protégée de l'électricité statique (et vous pourrez la vendre d'occasion sur Le bon coin).

7. **Placez le nouveau module dans le connecteur.**

   a. Les connecteurs dorés du module étant dirigés vers l'emplacement, inclinez le module sur un angle de 25°.

   b. Alignez l'encoche du module avec celle de l'emplacement de mémoire inférieur.

Reportez-vous à la Figure 21.2.

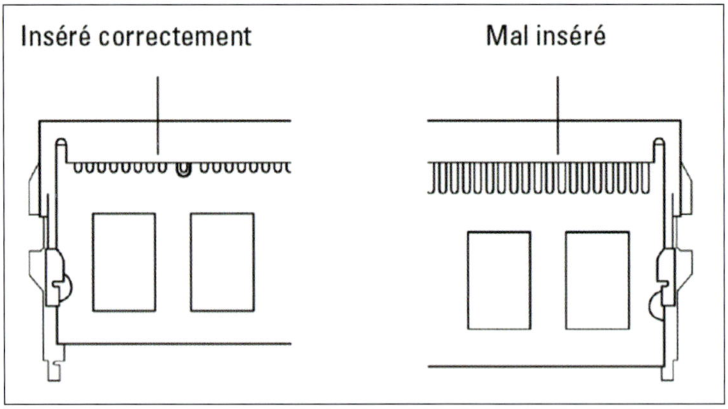

FIGURE 21.2 Préparez-vous à poser le nouveau module.

8. **Appuyez doucement mais fermement sur les deux bords du module jusqu'à ce qu'il s'enclenche sous les languettes de son emplacement.**

   La Figure 21.3 montre les directions dans lesquelles il faut appuyer.

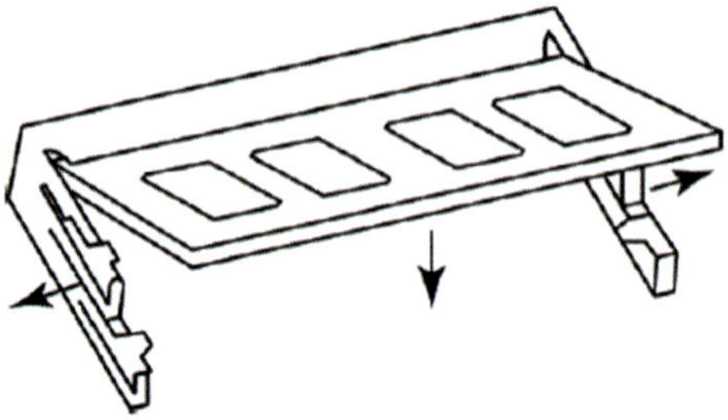

FIGURE 21.3 Poussez le module dans son emplacement jusqu'à ce que les languettes le retiennent.

9. **Remettez en place et revissez le panneau arrière du boîtier.**

   Pour refermer le boîtier, suivez en ordre inverse les premières étapes de cette liste d'instructions.

Bravo ! Vous voici maintenant expert en remplacement de mémoire dans un MacBook Pro ! Pour vérifier que tout va bien, allumez l'ordinateur, cliquez sur le menu Pomme et choisissez À propos de ce Mac. Vous devriez voir figurer la nouvelle quantité de mémoire disponible.

TOUS À LA MASSE !

Suivez une règle capitale lorsque l'intérieur d'un ordinateur est exposé : *débarrassez-vous au préalable de toute électricité statique* en touchant une surface métallique mise à la masse. L'électricité statique que vous portez sur vous est capable d'endommager les circuits imprimés et les puces au cœur de l'ordinateur, c'est pourquoi les conséquences seraient désastreuses si vous les touchiez sans précaution.

Il est facile d'éliminer l'électricité statique : touchez une surface métallique conductrice (de préférence en acier et non peinte) à proximité du plan de travail pendant quelques secondes avant de mettre les mains dans la machine. (Cette surface métallique ne doit surtout pas se trouver à l'intérieur du boîtier de l'ordinateur ouvert mais à l'extérieur.) Après l'élimination de l'électricité statique, vous pouvez toucher les composants internes du portable et les nouveaux composants à installer (modules de mémoire ou disque dur).

Si vous vous déplacez dans la pièce – à la recherche d'un tournevis, par exemple – vous devez impérativement recommencer la mise à la masse avant de retourner dans les entrailles du MacBook. Retenez que le simple fait de marcher suffit à accumuler de l'électricité statique sur le corps.

Envie d'un nouveau disque dur ?

Savoir s'il est pertinent de passer à un plus gros disque dur est une question délicate. La chose est possible, certes, mais avant de chercher sur Internet un énorme disque d'une capacité de 1 To, tenez compte de ces deux remarques :

- Ne changez pas le disque interne vous-même.
- Soyez sûr d'avoir *vraiment besoin* d'un plus gros disque.

Après tout, les MacBook récents ont un disque d'une belle capacité, de 128 Go à 1 To.

Pour un usage domestique, un disque de 250 ou 500 Go devrait suffire largement (même avec Windows installé sur une partition séparée, comme je l'indique au Chapitre 2), à moins que vous ne soyez un fervent adepte de :

- vidéo numérique ;
- jeux vidéo 3D ;
- musiques et photos (que vous accumulez sans réserve).

Si vous manquez d'espace, nettoyez votre disque dur en supprimant tous les vieux machins inutiles, tels que démos de jeux et d'applications, doublons de photos et documents, fichiers compressés téléchargés d'Internet, sans oublier le contenu de votre corbeille. Vous verrez comment faire au Chapitre 22.

Si vous décidez de changer le disque interne de votre MacBook, je vous conseille vivement de ne pas faire l'installation vous-même. Confiez cette tâche aux techniciens confirmés des centres de services agréés Apple.

Intérêt d'un disque externe

Si vous avez *réellement* besoin d'espace de stockage supplémentaire, je vous recommande l'emploi d'un disque externe ! Passez par un port haut débit Thunderbolt ou USB 3 pour raccorder un deuxième disque dur en toute simplicité. Si vous utilisez un disque externe FireWire alors que votre MacBook n'a pas de port FireWire, vous aurez recours à un adaptateur Thunderbolt/FireWire.

Avec les nouveaux périphériques, il n'est même plus nécessaire d'installer des pilotes comme autrefois. Il suffit de raccorder l'appareil sur un port Thunderbolt ou USB, et il fonctionne. De plus, votre disque externe peut se brancher tour à tour sur différents Mac sans souci. Et un disque externe USB 3 d'une capacité de 1 To coûte moins de 80 €.

Le disque externe peut faire tout ce que fait un disque interne. Vous pouvez amorcer depuis le disque externe, par exemple, ou y installer une autre version du système (ce qui est parfait pour essayer une version bêta).

Le module Time Capsule d'Apple est un disque dur externe *sans fil* qui stocke l'énorme volume de fichiers généré par les sauvegardes Time Machine de tous les Mac de votre réseau domestique. (D'ailleurs, si vous songez à ajouter une borne d'accès sans fil à votre réseau filaire, sachez que Time Capsule remplit la même fonction qu'une borne AirPort Extreme et possède un port USB pour le raccordement d'une imprimante USB.) Le module Time Capsule est disponible en 2 To (369 €) ou 3 To (399 €).

Le seul inconvénient des disques externes est que le transfert des données sur une connexion USB ou FireWire est plus lent qu'à partir d'un disque interne. Les disques externes Thunderbolt sont aussi rapides qu'un disque interne, mais ils restent beaucoup plus chers que les disques USB ou FireWire. De ce fait, on utilise généralement les disques externes pour le stockage des documents et applications qui servent moins souvent ou pour les sauvegardes de Time Machine. Les applications et documents d'emploi fréquent sont de préférence stockés sur le disque interne d'accès plus rapide.

Tout sur les ports

Un MacBook peut présenter jusqu'à trois sortes de ports haut débit, tous aptes à recevoir un appareil externe.

USB 2, USB 3 et USB-C

Le standard USB doit son succès au fait qu'il est aussi courant dans l'univers des PC que dans l'univers Mac. Les périphériques USB sont généralement conçus pour fonctionner aussi bien sur PC que sur Mac. Votre MacBook Air ou Pro présente deux ports USB 3 sur les tranches latérales du boîtier ; les MacBook plus anciens capables de tourner avec Sierra ont au moins un port USB 2. Quant au tout nouveau MacBook ultra mince, il est équipé d'un seul port, de type USB-C, sur lequel vous brancherez divers adaptateurs.

Puisqu'en USB 3 le transfert de données est plus rapide qu'avec l'ancien standard USB 2, si votre MacBook est équipé de ports USB 3, préférez acheter uniquement des disques externes, lecteurs CD/DVD et clés USB 3.

FireWire 800

Les anciens modèles de MacBook Pro présentaient un port FireWire 800 ou FireWire 400 (aussi appelé port IEEE 1394). Si vous avez un modèle récent et des

LA FENTE ÉNIGMATIQUE DU MACBOOK AIR

Si vous vous demandez à quoi sert la petite fente sur la tranche des MacBook Air, sachez que c'est l'entrée du lecteur de carte SDXC. Vous pouvez ainsi lire directement la carte mémoire d'un appareil photo ou d'un caméscope sans passer par un lecteur de carte externe ni raccorder l'appareil par USB.

Vos cartes mémoire SDXC peuvent vous servir à stocker des données, comme le fait une clé USB. Cette dernière a l'avantage d'offrir plus de capacité de stockage à moindre coût (et surtout d'être compatible avec tous les Mac et PC), mais si vous avez des cartes mémoire qui traînent au fond d'un tiroir, pourquoi ne pas les utiliser ainsi ?

périphériques FireWire, l'emploi d'un adaptateur Thunderbolt/FireWire vous permettra de connecter vos périphériques à votre MacBook Air ou Pro.

Thunderbolt

Vous aurez de bien meilleures performances en termes de vitesse d'accès avec un disque externe Thunderbolt qu'avec un disque externe FireWire 800 ou USB 3 ; et le prix des nouveaux disques Thunderbolt ne cesse de baisser.

Connecter un disque externe

Avec une connexion FireWire, Thunderbolt ou USB, vous pouvez installer un disque dur externe sans avoir à ouvrir le boîtier de votre portable. Le MacBook étant allumé, suivez cette procédure :

1. **Raccordez le disque externe à l'ordinateur au moyen d'un câble Thunderbolt, USB ou FireWire (par l'intermédiaire d'un adaptateur Thunderbolt/FireWire).**
2. **Si nécessaire, branchez le disque externe sur secteur (ou sur une multiprise parafoudre).**

   Certains disques externes sont dits autoalimentés, mais en réalité ils sont alimentés par l'ordinateur *via* le port et n'ont donc pas besoin d'être branchés sur secteur.
3. **Allumez le disque externe.**
4. **Si le disque n'est pas formaté (ou s'il est formaté pour Windows), définissez ses partitions et formatez-le.**

   Le disque est fourni avec des instructions ou un programme pour sa mise en route. (Ne vous inquiétez pas ; votre nouveau disque sortant d'usine entièrement vide, vous ne risquez pas de perdre quoi que ce soit en le formatant.) La définition de partitions sert à diviser le disque en un ou plusieurs volumes, qui seront affichés chacun par Sierra comme un disque dur à part.

   Si le disque est préformaté pour Windows, vous aurez intérêt à le reformater pour Sierra. Ainsi, il sera plus rapide et fera un meilleur usage de son espace de stockage.

Une fois formaté et partitionné, le disque externe apparaît sur le bureau. C'est magique !

Un disque interne sinon rien

Si vous décidez de remplacer votre disque dur interne pour une plus grande capacité – ou parce que le disque actuel a rendu l'âme – vous devriez sans hésiter apporter le MacBook dans un centre de services agréé Apple pour y acheter un nouveau disque et laisser les spécialistes se charger du remplacement. Voici quatre bonnes raisons d'agir ainsi :

- **Garantie :** vous risquez d'annuler la garantie du MacBook en tentant de remplacer le disque interne vous-même. Le boîtier des nouveaux modèles est scellé, justement pour éviter que l'utilisateur n'y mette les mains.
- **Sélection :** si vous hésitez dans le choix d'un disque, le technicien Apple saura prendre la décision pour vous.
- **Difficulté :** il est plus difficile d'installer un disque dur interne dans un MacBook Pro que de changer un module de mémoire.
- **Sauvegarde :** ce même technicien saura sauvegarder toutes les données de l'ancien disque, formater le nouveau disque et y transférer toutes vos données, si bien que vous ne perdrez aucun document. Vous gagnerez ainsi du temps et de la tranquillité d'esprit.

Si vous tenez absolument à changer vous-même le disque interne de votre MacBook, vous trouverez, j'en suis sûr, des articles de magazines ou des conseils sur le Web qui décrivent la manœuvre. Si mon opinion vous importe, j'estime que vous entrez en terrain miné en tentant de suivre de telles instructions. Si vous tentez néanmoins l'aventure, j'espère que vous savez ce que vous faites (et que vous avez une bonne sauvegarde).

Périphériques à ajouter à votre MacBook

Les petits appareils USB que je décris ici vont encombrer votre bureau et ajouter un ou deux câbles à votre portable, mais ils méritent l'investissement. Ils sont capables de révolutionner votre perception des loisirs numériques que sont la télévision, la musique et les jeux.

Manette de jeux

Si votre jeu préféré consiste à dégommer des ennemis, j'imagine que jouer avec le clavier et la souris ne vous donne pas entière satisfaction, surtout lorsqu'il faut trouver la bonne combinaison de touches au moment crucial où votre personnage risque sa peau. Munissez-vous plutôt d'un joystick USB (pour les simulateurs de vol) ou d'une manette (pour les jeux d'arcade ou de tir).

Manette de montage vidéo

L'emploi d'une manette de contrôle spécialisée facilite le montage vidéo sur ordinateur. La manette ShuttleXpress de Contour Design (disponible sur l'Apple Store) se compose d'un bouton rotatif et de cinq boutons configurables pour s'adapter à tous les logiciels de montage vidéo. Pour moins de 50 €, vous obtenez les mêmes outils de commande qu'une station de montage vidéo professionnelle qui coûte des milliers d'euros.

Matériel audio

Si vous voulez enregistrer une version personnelle de *Respect*, vous aurez besoin d'un clavier USB, et je recommande le modèle Keystation 49 MkII de M-Audio (`www.m-audio-france.com`) qui se vend sur le Web pour moins de 100 €. Ce clavier de 49 touches se connecte sur un port USB.

Chapitre 22

Les tâches ménagères

DANS CE CHAPITRE :

- **Éliminer les fichiers inutiles.**
- **Sauvegarder vos données avec Time Machine.**
- **Automatiser des tâches dans Sierra.**
- **Programmer la mise à jour automatique de macOS Sierra.**

Une machine bien huilée fonctionne toujours mieux, et il en va de même pour votre MacBook. (C'est une image bien sûr.) Avec un peu de maintenance du système d'exploitation, vous aurez la garantie que votre portable fonctionnera toujours avec le maximum d'efficacité (ce qui se traduit par une meilleure autonomie de la batterie).

Je vous montre dans ce chapitre comment exploiter au mieux l'espace de stockage fourni par le disque dur, comment sauvegarder et restaurer vos données à l'aide d'un disque dur externe et de Time Machine. Vous découvrirez l'application Automator de Sierra, un outil parfait pour les tâches répétitives. Il se chargera d'effectuer tout seul les tâches de maintenance que vous auriez dû faire vous-même. Je vous montre comment créer des processus Automator et programmer leur exécution automatique.

Il importe de ne pas oublier de mettre à jour le système d'exploitation. Et, là aussi, avec la fonction Mise à jour de logiciels configurée convenablement, vous n'avez pas à vous soucier de cette contrainte.

Nettoyer les résidus incongrus

Mais d'où vient tout ce bazar ? Soudain, votre énorme disque SDD de 512 Go n'a plus que 19 Go d'espace libre, et vous vous sentez à l'étroit.

Avant de songer à l'achat d'un nouveau disque interne ou externe (comme l'explique le Chapitre 21), faites du ménage : éliminez les applications et fichiers temporaires qui occupent de l'espace inutilement.

Nettoyage manuel

Si vous ne voyez pas d'inconvénient à mettre le nez dans vos données, vous n'aurez pas besoin d'acheter un utilitaire spécial pour faire le ménage sur votre disque dur. Tout ce qu'il vous faut, c'est la capacité à trancher en décidant d'éliminer certaines applications (ce qui demande un effort de volonté parfois).

Fichiers et dossiers inutiles

Faites la liste des éléments dont vous n'avez plus un réel besoin :

- Partagiciels et démos de jeux que vous n'utilisez plus.
- Bandes-annonces de films et autres vidéos QuickTime dont vous aviez oublié l'existence.
- Fichiers temporaires que vous avez créés et oubliés aussitôt.
- Fichiers de journaux qui enregistrent les erreurs et les installations d'applications.
- Fichiers zip que vous avez téléchargés et décompressés depuis longtemps.
- Fichiers de musique et de vidéo qui ne correspondent plus à vos goûts.

Est-il si difficile d'éliminer tout cela de votre disque dur ? Pas forcément !

- Il est facile de supprimer des fichiers.
- Vous déplacerez les fichiers et dossiers que vous utilisez peu sur un support de stockage externe (clés USB, disque dur externe ou DVD) pour libérer de l'espace sur le disque interne du MacBook.

» Vous pouvez désinstaller les applications achetées sur l'App Store en passant par le Launchpad. Dans l'écran du Launchpad, cliquez sur une icône et maintenez la pression jusqu'à la voir gigoter. Si un bouton X apparaît près de l'icône, cliquez sur ce bouton pour supprimer l'application du portable.

» Vous supprimerez une application en envoyant vers la corbeille le dossier créé pendant la procédure d'installation.

Lisez toujours le fichier LISEZMOI (ou README) et la documentation d'une application à la recherche d'instructions spéciales avant de supprimer son dossier manuellement. Si vous avez créé des documents dans ce dossier et voulez les conserver, n'oubliez pas de les déplacer avant de jeter le dossier et son contenu. De plus, certaines applications possèdent leur propre utilitaire de désinstallation, c'est pourquoi la lecture du fichier LISEZMOI pourrait vous informer et vous éviter une procédure inutile.

La suppression d'une application ou d'un fichier du disque dur se déroule généralement en deux étapes :

1. **Affichez le fichier ou le dossier de l'application dans une fenêtre du Finder.**
2. **Supprimez le fichier ou le dossier par l'une des actions suivantes :**
   - Faites glisser l'icône vers la corbeille.
   - Appuyez sur ⌘ + Suppr.
   - Cliquez droit sur l'icône et choisissez Placer dans la corbeille.
   - Sélectionnez l'icône et choisissez Placer dans la corbeille dans le menu d'action (icône de roue dentée dans la barre d'outils).

Vous voyez, ce n'est pas compliqué.

N'oubliez pas de vider la corbeille, autrement vous ne constaterez pas de gain d'espace sur le disque. (Sierra s'efforce de garder le contenu de la corbeille jusqu'à ce que vous choisissiez de le supprimer vous-même, juste au cas où vous changeriez d'avis.) Pour éliminer définitivement ce que contient la corbeille et récupérer ainsi l'espace occupé, procédez ainsi :

1. **Cliquez droit sur l'icône de la corbeille dans le Dock.**
2. **Choisissez Vider la corbeille.**

3. **Dans le message de confirmation, cliquez sur le bouton Vider la corbeille.**

Fichiers associés rangés dans d'autres dossiers

Certaines applications installent des fichiers en différents endroits sur le disque dur. (C'est le cas notamment de Microsoft Office et de Photoshop.) Comment vous débarrasser de ces fichiers orphelins après suppression du dossier de l'application ?

La procédure demande plus d'efforts que pour la suppression d'un dossier isolé, mais elle n'est pas trop complexe, comme le prouvent les instructions suivantes :

1. **Cliquez dans le champ de recherche d'une fenêtre du Finder.**

   Vous en saurez plus sur la fonction de recherche dans le Finder en lisant le Chapitre 7.

2. **Tapez le nom de l'application dans le champ de recherche.**

   La Figure 22.1 présente l'exemple d'une telle recherche. Je veux supprimer les fichiers orphelins associés à Photoshop : en lançant la recherche sur le terme Photoshop, j'ai trouvé divers types de fichiers à éliminer : applications, dossiers, images et document.

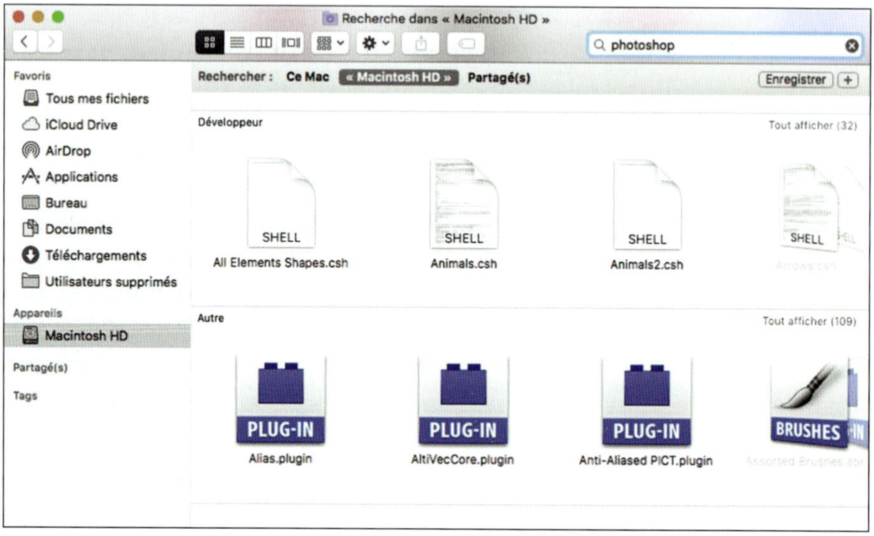

FIGURE 22.1 Fouillez le disque dur à la recherche de fichiers complémentaires à supprimer.

3. **Déterminez lesquels de ces fichiers appartiennent à l'application supprimée.**

   Assurez-vous que les fichiers que vous choisissez de supprimer font partie de l'application supprimée. Par exemple, une présentation Keynote avec le nom *Retouche photo avec Photoshop* ne fait pas forcément partie de l'application Photoshop.

   En général, les fichiers associés remplissent l'une des conditions suivantes :

   - Ils portent la même icône que l'application parente.
   - Ils se trouvent dans des dossiers Préférences, Caches ou Support Files.

4. **Dans la fenêtre des résultats de recherche, cliquez sur les fichiers associés que vous voulez supprimer et faites-les glisser vers la corbeille.**

   Ne videz pas tout de suite la corbeille après avoir supprimé ces fichiers. Attendez quelques heures ou le lendemain. Ainsi, si vous constatez que vous avez supprimé un fichier nécessaire ailleurs, vous pourrez le récupérer dans la corbeille.

Nettoyage avec un outil spécialisé

Si vous préférez recourir à l'assistance d'un utilitaire spécial pour nettoyer votre disque, vous en trouverez un certain nombre, mais la plupart sont des partagiciels dédiés à une tâche unique. À titre d'exemple, Tidy Up! 4 d'Hyperbolic Software (`www.hyperbolicsoftware.com/TidyUpF.html`) se limite à trouver les doublons de fichiers sur votre disque en fonction de critères tels que le nom de fichier, la taille, le contenu et l'extension. C'est un bon outil pour 30 €.

Pour éviter l'accumulation de déchets sur votre disque, je recommande CCleaner pour Mac de Piriform (`www.piriform.com/mac/ccleaner`). Cet excellent utilitaire, disponible pour 20 $, peut tout nettoyer, des déchets d'Internet (cookies et historique de navigation) aux caches système potentiellement énormes de macOS. De plus, son interface permet de régler précisément ce qui va disparaître. Si vous préférez un outil gratuit, adoptez OnyX de Titanium Software, illustré Figure 22.2. Prenez soin de faire une sauvegarde avant d'utiliser ce genre d'outils gratuits.

Si vous n'avez pas autorisé l'ouverture des applications téléchargées, macOS Sierra refusera d'installer les utilitaires tierce partie comme OnyX. Pour pallier ce problème, cliquez sur Préférences Système du Dock. Ensuite, optez pour Sécurité et confidentialité. Dans l'onglet Général, vous pouvez alors cliquer sur le bouton Ouvrir quand même. Pour autoriser l'ouverture de ces applications, cliquez sur

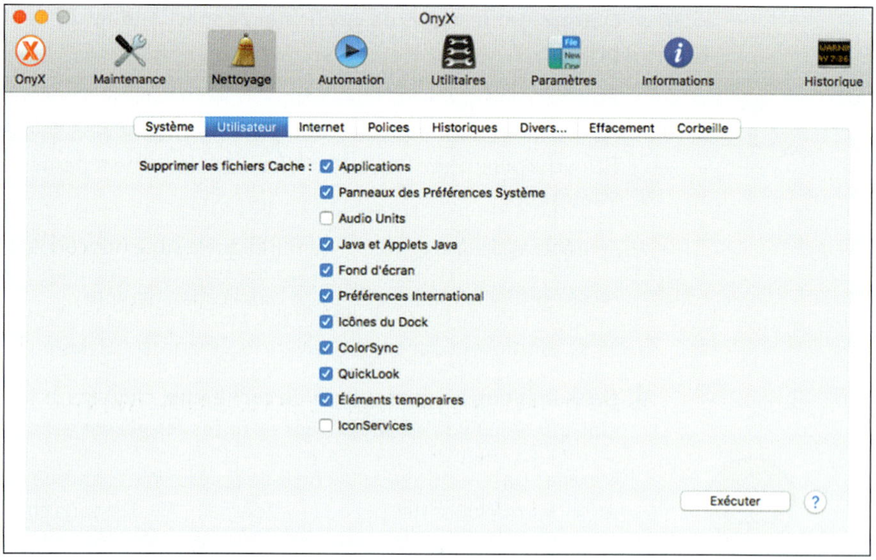

FIGURE 22.2 OnyX est un outil génial pour les tâches de maintenance de votre MacBook.

l'icône du cadenas et saisis votre mot de passe. Ensuite activez l'option App Store et développeurs identifiés de la section Autoriser les applications téléchargées de.

Sauvegarder vos trésors

Faites-le. Je ne vais pas répéter une fois de plus à quel point il est important de sauvegarder votre disque. Imaginez votre réaction si vous veniez à *tout* perdre – noms, numéros de téléphone, courriers, rapports, présentations, parties de jeu enregistrées, photos et musique. Demandez-vous maintenant si la protection de tous ces éléments irremplaçables ne mérite pas quelques heures d'attention tous les mois. Nous en venons à une maxime essentielle :

Sauvegarder régulièrement votre disque dur.

Vous sauvegarderez vos fichiers en les copiant sur un support externe ou avec l'aide de la fantastique fonction Time Machine de Sierra.

Copier les fichiers

La méthode la plus simple de sauvegarde des fichiers consiste à les copier sur un disque dur externe, une clé USB, un CD ou un DVD. Rien d'original dans cette méthode, mais c'est efficace.

Sauvegarder sur un disque externe ou une clé USB

Si un disque externe est raccordé au MacBook, il est facile d'y faire glisser les fichiers à sauvegarder depuis le disque interne. L'opération se déroule ainsi :

1. **Ouvrez deux fenêtres ou deux onglets du Finder pour**
    - le disque externe ;
    - le disque interne.
2. **Sélectionnez sur le disque interne les fichiers et dossiers à copier.**
3. **Faites glisser les fichiers sélectionnés vers la fenêtre ou l'onglet du disque externe.**

Sauvegarder sur CD ou DVD

En raccordant au MacBook un graveur externe, vous pouvez graver des CD ou DVD avec une copie de sauvegarde de vos fichiers.

Graver une sauvegarde depuis le Finder

La fonction de gravure du Finder s'emploie de la manière suivante :

1. **Insérez un disque vierge dans le lecteur optique raccordé au MacBook.**

    Si vous avez conservé les réglages par défaut dans le volet CD et DVD des Préférences Système, il vous est demandé d'attribuer un nom au disque.

2. **Faites glisser les fichiers et dossiers à sauvegarder vers la fenêtre Finder du CD ou DVD.**

    Vous choisirez la hiérarchie des dossiers sur le disque à votre convenance. Retenez que le poids total des fichiers ne doit pas excéder 700 Mo sur un CD. La capacité est de 4 Go pour un DVD standard et de 8 Go pour un DVD double couche. L'espace libre encore disponible s'affiche au bas de la fenêtre Finder du disque.

3. **Cliquez sur Fichier et choisissez Graver le disque dans le menu.**

   Vous disposez aussi du bouton Graver dans la barre DVD enregistrable, qui apparaît en haut de la fenêtre du disque.

4. **Choisissez la vitesse de gravure la plus élevée.**

5. **Cliquez sur Graver.**

Copier des sauvegardes depuis d'autres applications de gravure

Si vous avez investi dans Toast Titanium de Roxio (`http://roxio.com`) ou une autre application de gravure de CD/DVD, vous pouvez définir une configuration de disque pour regraver ultérieurement les mêmes fichiers sur vos disques de sauvegarde. (Cette fonction vous évite d'avoir à sélectionner chaque fois les fichiers à graver.)

Sauvegarder en bonne et due forme avec Time Machine

Si vous avez activé les sauvegardes avec la fonction Time Machine de Sierra, vous pouvez littéralement voyager dans le temps à travers l'historique du contenu du disque de votre MacBook pour sélectionner et restaurer toutes sortes de données. Avec cette fonction, retrouver d'anciennes versions de vos fichiers et dossiers est d'une simplicité enfantine. Vous verrez, c'est nettement plus facile que *toutes* les opérations de restauration que vous avez pu connaître jusqu'ici, et ce, quel que soit le système d'exploitation ou le programme de sauvegarde. Time Machine peut même récupérer des éléments supprimés, comme des fiches de contacts ou des photos envoyées à la corbeille depuis Photos !

Le module Time Capsule d'Apple est un disque dur sans fil destiné à recevoir vos fichiers de sauvegarde Time Machine. Si vous voulez centraliser les sauvegardes de tous vos Mac en un seul emplacement, le module Time Capsule est l'outil idéal pour votre réseau domestique ou d'entreprise. Sachez, toutefois, que le disque Time Capsule n'est pas conçu pour la mobilité, alors il vous faudra un disque externe pour protéger vos données pendant vos déplacements.

Pour utiliser Time Machine, il faut d'abord l'activer dans le volet Time Machine des Préférences Système. Pour découvrir les options de configuration de Time Machine, reportez-vous au Chapitre 6.

Voici comment revenir en arrière pour restaurer un fichier que vous avez supprimé ou remplacé dans un dossier :

1. **Dans une fenêtre du Finder, ouvrez le dossier qui contient le fichier à restaurer.**
2. **Cliquez sur l'icône Time Machine depuis le dossier Applications.**

   Le bel écran de Time Machine apparaît derrière le dossier, avec une série de boutons en bas (voir Figure 22.3). Vous avez à droite une barre chronologique qui correspond aux différents mois et jours inclus dans les sauvegardes faites par Sierra.

FIGURE 22.3 Voilà à quoi ressemble la machine à remonter le temps.

3. **Cliquez dans la barre chronologique pour atteindre une date et afficher le contenu du dossier à cette date.**

   Autrement, servez-vous des flèches Précédent et Suivant, à droite, pour défiler entre les différentes versions du dossier. (Voilà une fonction magique qu'on ne trouve pas sur Windows.)

   La date de sauvegarde des éléments affichés est indiquée dans la barre de boutons au bas de l'écran.

4. **Après avoir repéré le fichier que vous voulez restaurer, cliquez dessus pour le sélectionner.**
5. **Cliquez sur le bouton Restaurer.**

Time Machine vous ramène au Finder, avec le fichier restauré désormais disponible dans son dossier. *Impressionnant !*

Pour récupérer des données dans vos contacts ou des images de Photos, commencez par ouvrir l'application concernée, puis lancez Time Machine. Au lieu de défiler dans le temps à partir d'une fenêtre du Finder, vous avez accès aux différentes versions temporelles de la fenêtre de l'application.

Vous constatez que Time Machine est équipé comme il faut pour protéger et restituer vos données. Alors, tenez compte de mon conseil :

Connectez un disque dur externe et activez Time Machine *sans tarder*. N'attendez pas d'avoir à regretter votre négligence !

Automatiser les tâches répétitives

La fonction Automator de Sierra, illustrée Figure 22.4, vous évitera de passer des heures sur le clavier. Elle sert à créer de petites applications AppleScript qui agissent en réponse à certains événements. (*AppleScript* est le langage de programmation qui sert à automatiser des tâches dans macOS.)

Je comprendrais que la perspective de programmer vous effraie, mais avec Automator, c'est facile comme tout. Et vous pourriez même y prendre *plaisir* !

Vous pouvez définir des *processus d'automatisation*, qui sont une suite d'actions ordonnées à effectuer sur les fichiers ou données, et votre applet Automator se charge ensuite de lancer les applications nécessaires pour effectuer les tâches programmées.

Prenons un exemple représentatif : vous travaillez avec un prestataire de service qui vous envoie toutes les semaines un CD avec de nouvelles photos de produits destinées au service marketing de votre entreprise. Malheureusement, ces images sont gigantesques, prises avec un appareil de 12 mégapixels, et toujours mal orientées. Avant de les mettre dans le dossier Marketing sur le serveur, vous devez passer du temps à les ouvrir pour les redimensionner et les faire pivoter, puis enregistrer la version réduite.

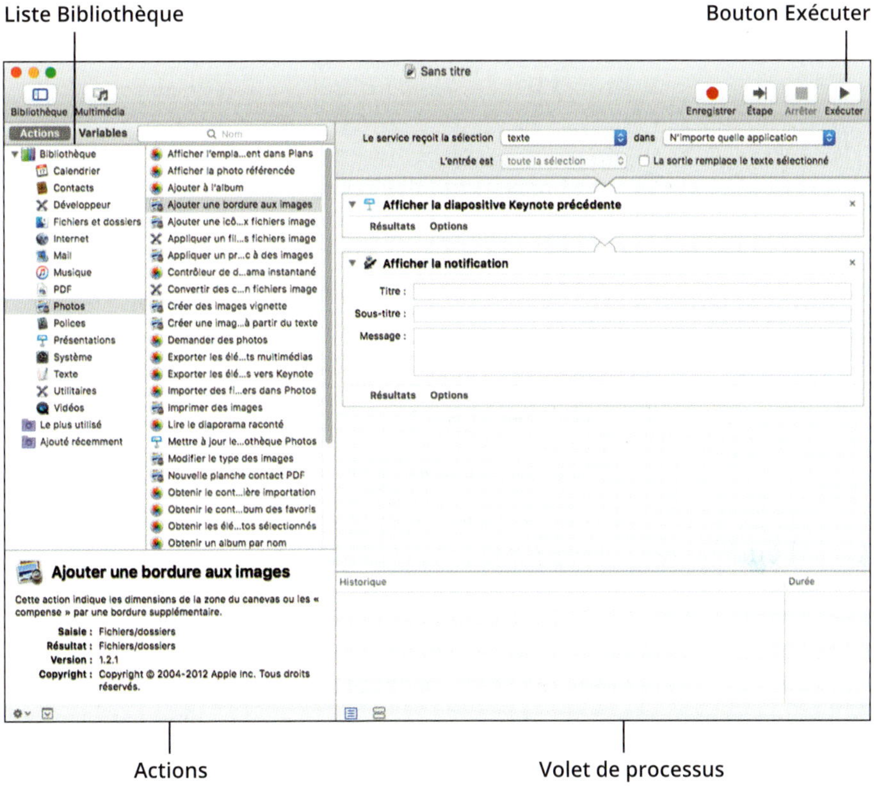

FIGURE 22.4
Automator est l'outil rêvé pour ceux qui détestent les tâches répétitives.

Grâce à Automator, vous pouvez définir une applet qui lit automatiquement chaque image dans le dossier, la redimensionne, lui applique une rotation, voire génère une miniature et imprime l'image avant de transférer tout le lot dans le dossier que vous aurez choisi. Sans automatisation, vous auriez dû lancer Aperçu manuellement pour agir sur les images, puis passer par une fenêtre du Finder pour les déplacer au bon endroit. Avec Automator, il suffit d'un double-clic sur l'icône de l'applet d'automatisation.

Automator se trouve dans le Launchpad (et dans le dossier Applications du Finder). À l'heure actuelle, Automator est capable de gérer des tâches précises dans plus de 80 applications (y compris le Finder), mais Apple et des éditeurs tiers peuvent ajouter la prise en charge de nouvelles applications.

Pour définir une applet élémentaire avec Automator, lancez l'utilitaire et suivez mes instructions :

1. **Dans la boîte de dialogue qui apparaît, choisissez Nouveau document en bas à gauche.**
2. **Dans la boîte de dialogue qui apparaît choisissez Application, et cliquez sur Choisir.**
3. **Sélectionnez une applet dans la liste Bibliothèque.**

   Automator affiche les actions disponibles pour cette applet.
4. **Faites glisser l'action choisie du volet Bibliothèque vers le volet de processus.**
5. **Modifiez éventuellement certains réglages de l'action choisie.**
6. **Répétez les Étapes 3 à 5 pour compléter le processus.**
7. **Cliquez sur Exécuter (dans l'angle supérieur droit) pour tester le script.**

   Utilisez des doublons ou des fichiers sans valeur pour tester le processus, afin d'éviter d'endommager par accident un fichier irremplaçable.
8. **Lorsque l'applet fonctionne comme prévu, appuyez sur ⌘ + S pour l'enregistrer.**
9. **Dans la zone de dialogue Enregistrer, tapez un nom pour l'applet.**
10. **Cliquez sur le menu Emplacement pour choisir où enregistrer le fichier du script.**

    Le script Automator peut s'enregistrer sur iCloud pour être utilisé sur vos autres Mac.
11. **Cliquez sur le menu Format de fichier et choisissez Application.**
12. **Cliquez sur Enregistrer.**

    L'icône de votre nouvelle applet a l'image d'un robot debout sur une page. Et vous voici devenu un véritable programmeur (ou presque). Si vous prévoyez d'utiliser souvent votre nouvelle applet Automator, pensez à la rendre facile d'accès en la plaçant sur le bureau ou dans le Dock.

Pour trouver toutes les actions d'un certain type dans la liste Bibliothèque, cliquez dans le champ de recherche au-dessus de la liste d'actions et tapez un terme, tel que *enregistrer* ou *graver*.

Si vous voulez lancer votre applet à chaque ouverture de session, pour une applet qui compte le temps passé sur un projet par exemple, suivez ces instructions pour l'ajouter à la liste des éléments d'ouverture automatique :

1. **Ouvrez les Préférences Système.**
2. **Affichez le volet Utilisateurs et groupes.**
3. **Cliquez sur le bouton Ouverture.**
4. **Cliquez sur le bouton plus, sous la liste.**
5. **Déplacez-vous jusqu'à l'emplacement de votre applet Automator.**
6. **Cliquez sur Ajouter.**

Votre applet est désormais *entièrement* automatique. N'est-ce point prodigieux de regarder l'ordinateur travailler tout seul sans même avoir à toucher le clavier ? (Si vous avez mis l'icône de l'applet dans le Dock, vous pouvez cliquer dessus du bouton droit et choisir Options/Ouvrir avec la session. Par l'une ou l'autre méthode, Sierra obéit à vos ordres.)

Mettre macOS Sierra à jour automatiquement

J'aime bien que mon MacBook s'occupe de nettoyer derrière lui tout seul et j'apprécie aussi que Sierra soit capable de se mettre à jour automatiquement. La mise à jour du système d'exploitation s'effectue dans l'App Store, mais la procédure de mise à jour automatique se configure dans les Préférences Système.

La fonction Mise à jour de logiciels passe par Internet, il vous faut donc une connexion Internet pour accéder au serveur Apple et télécharger les mises à jour.

La fonction Mise à jour de logiciels se définit dans l'onglet App Store des Préférences systèmes. Pour configurer l'installation automatique des mises à jour de sécurité et du système :

1. **Cochez l'option Recherche des mises à jour automatique.**
2. **Cochez l'option Installer les fichiers de données système et les mises à jour de sécurité.**

Vous pouvez même rechercher des mises à jour directement depuis les Préférences Système en cliquant sur le bouton Rechercher. Cette action ouvre l'App Store. Encore une preuve qu'Apple a pensé à tout.

Lorsque l'option de téléchargement automatique est désactivée, macOS ouvre l'onglet Mises à jour de l'application App Store et affiche les éventuelles mises à jour disponibles avec une brève description. Il vous suffit de cliquer sur le bouton Mettre à jour en regard des mises à jour que vous voulez installer.

Si vous utilisez le même identifiant Apple sur plusieurs Mac, les applications achetées *via* l'App Store sur un autre Mac peuvent aussi se télécharger automatiquement sur votre MacBook ! Dans les préférences, cochez l'option Télécharger automatiquement les apps achetées à partir d'autres Mac, et laissez faire.

VII

Les dix commandements

Chapitre 23

Les dix règles de bonne conduite vis-à-vis d'un ordinateur portable

DANS CE CHAPITRE :

- **Protéger votre portable pendant vos déplacements.**
- **Ajouter le maximum de RAM.**
- **Géolocaliser votre MacBook.**
- **Chiffrer le disque dur du MacBook.**
- **Prolonger l'autonomie en désactivant les cartes sans fil.**
- **Utiliser une prise parafoudre.**
- **Sauvegarder votre portable.**

Quelle belle vie ont les ordinateurs de bureau ! Ils restent là, sagement posés sur une table, comme un champignon sur une souche. Tout ce qu'ils demandent, c'est une alimentation secteur ininterrompue, et les voilà satisfaits.

Mais vous, cher lecteur, êtes *mobile* ! Que vous assistiez à un cours magistral en fac ou à une conférence professionnelle, votre MacBook vous suit partout et se trouve ainsi exposé à divers dangers. Dans ce chapitre, je récapitule les dix règles les plus importantes que tout propriétaire d'un ordinateur portable se doit de suivre pour protéger sa machine lors de ses déplacements.

Transporter le MacBook dans un sac

Il semble évident que l'emploi d'un sac d'ordinateur est indispensable, mais les MacBook sont si esthétiques que leurs propriétaires hésitent à les cacher et les promènent parfois sans aucune protection. Connaissant la solidité légendaire du boîtier monobloc et du disque SSD, ces personnes s'imaginent que leur portable peut se transporter sans protection entre leurs bureaux, chantiers et chambres d'hôtel.

C'est vrai, en partie. Les portables Mac sont les plus solides au monde, mais ils ne sont pas à l'abri des chocs, rayures et chutes. Conclusion ? Si vous transportez votre MacBook d'un endroit à un autre sans le protéger, vous allez l'abîmer.

Si comme moi, vous voulez que votre MacBook reste comme neuf, il faut utiliser un sac de transport rembourré qui se porte avec une poignée ou une sangle. (Mon sac d'ordinateur peut se convertir en sac à dos et offre suffisamment de contenance pour tous les accessoires dont j'ai besoin en déplacement.) Votre MacBook à 1500 € mérite bien un sac à 30 € pour lui éviter les désagréments des transports.

Il est vrai qu'un sac d'ordinateur qui ressemble trop à un sac d'ordinateur risque d'attirer l'attention des voleurs. D'ailleurs, plus personne ne se promène avec une sacoche de 15 pouces sur 7 avec le logo d'un fabricant d'ordinateur. Une solution pratique consiste à protéger le portable par une coque ou une housse rembourrée que vous glisserez dans votre sac à main ou sac de voyage. Bien évidemment, le MacBook sera toujours placé au-dessus des livres et objets lourds. Choisissez une housse suffisamment épaisse pour vraiment protéger le portable contre les chocs.

Personnellement je glisse le portable dans sa sacoche puis la sacoche dans un sac pour produits surgelés émanant d'une grande marque spécialisée en la matière. Ni vu, ni connu.

Maximiser la RAM

Comme tous les ordinateurs, qu'ils tournent sous Windows ou macOS, votre MacBook saura exploiter toute la mémoire RAM que vous mettrez à sa disposition. (Le Chapitre 21 explique les avantages d'un surplus de RAM et l'installation de nouveaux modules de mémoire.) L'ajout de mémoire est encore *plus* efficace sur un portable avec un disque dur magnétique (tel que les anciens modèles de MacBook Pro), parce que le disque de votre portable tourne plus lentement que son équivalent sur un Mac de bureau. De ce fait, la mémoire virtuelle intégrée de Sierra (également évoquée au Chapitre 21) est aussi plus lente sur un MacBook Pro avec un disque magnétique, ce qui réduit les performances durant les tâches gourmandes en mémoire, comme le montage vidéo et la retouche photo.

L'un des points forts de Sierra est la compression de mémoire qui met davantage de mémoire vive à disposition de vos applications.

Avec le maximum de mémoire possible, les performances de votre portable pourront rivaliser avec celles d'un ordinateur de bureau doté du même processeur, mais vous aurez la liberté de voyager avec.

Les MacBook actuels peuvent se commander auprès d'Apple avec 8 à 16 Go de RAM, selon le modèle. Pour ajouter de la mémoire ensuite, il faut passer par un centre de services agréé puisque le boîtier des nouveaux modèles est scellé. Si vous avez un ancien MacBook Pro, vous pourrez ajouter des modules de RAM vous-même selon les instructions du Chapitre 21.

Installer une application de traquage

Catastrophe, on a volé votre portable pendant que vous étiez en déplacement professionnel ou en vacances, et vous savez que les chances de le retrouver sont nulles. Vous voici résigné à le remplacer (ainsi que toutes vos données), mais attendez ! Savez-vous qu'il vous est possible de recevoir un message électronique qui indique l'adresse IP du voleur et peut-être même le numéro de téléphone qu'il utilise pour accéder à Internet ?

Si ce scénario vous semble tout droit sorti d'un film de James Bond, vous serez surpris d'apprendre qu'il existe plusieurs applications de traquage disponibles pour Sierra et capables de s'exécuter de manière invisible sur votre MacBook. Grâce à l'application de traquage, votre MacBook émet sa position et toutes les données Internet auxquelles il a accès, ce qui vous permet d'alerter la police et d'appréhender le voleur.

La fonction Localiser mon Mac agit comme un traqueur. (Vous devez au préalable configurer votre compte iCloud dans le volet iCloud des Préférences Système pour activer la fonction Localiser mon Mac, comme je le décris au Chapitre 6.) Si votre MacBook disparaît, rendez-vous sur `www.icloud.com`, ouvrez une session avec le même identifiant Apple, et cliquez sur l'icône Localiser. Si nécessaire, déroulez la liste Tous mes appareils et sélectionnez le nom de votre ordinateur. Vous aurez alors la possibilité de verrouiller le MacBook ou d'effacer son disque dur.

Si vous préférez une solution du commerce, jetez un coup d'œil à LoJack for Laptops d'Absolute Software (`http://lojack.absolute.com/fr-fr/products/absolute-lojack`), qui envoie discrètement un signal au centre de sécurité de la société chaque fois que le portable se connecte à Internet. L'abonnement coûte 45 € par an, ce qui n'est rien comparé à la valeur d'un ordinateur professionnel rempli de données irremplaçables.

Chiffrer le disque dur

Nous avons vu plusieurs volets des Préférences Système au Chapitre 6. Le volet Sécurité est particulièrement important pour les portables, parce qu'il vous permet de chiffrer le disque dur. Le chiffrement empêche quiconque de voir et d'ouvrir les fichiers stockés sur le MacBook. Le système de chiffrement de Sierra est suffisamment solide pour résister aux pirates, hormis les spécialistes du FBI.

Dans les Préférences Système, cliquez sur Sécurité et confidentialité, ouvrez l'onglet FileVault, puis cliquez sur Activer FileVault. Sierra vous fournit alors une clé de secours qui servira à déverrouiller le disque du MacBook en cas de besoin.

Si le bouton Activer FileVault est grisé, c'est-à-dire que vous ne pouvez pas cliquer dessus, commencez par cliquer sur l'icône du cadenas en bas à gauche des Préférences Système. Indiquez votre mot de passe, et cliquez sur Déverrouiller.

Pour être efficacement protégé par le chiffrement du disque, vous devez adopter le mode d'ouverture de session le plus sûr (voir Chapitre 11). Songez à cette faille de sécurité : dans le volet Utilisateurs et groupes, vous avez peut-être activé l'ouverture de session automatique à chaque démarrage du MacBook. Dans ce cas, vous n'êtes pas protégé puisque votre compte s'ouvre sans mot de passe, ce qui annule l'effet du chiffrement. En conclusion, configurez les préférences de macOS Sierra de sorte que vous soyez obligé de fournir votre mot de passe pour accéder à votre compte. Pour des instructions détaillées, reportez-vous au Chapitre 11.

Identifier votre MacBook

Marquez votre ordinateur en y mettant vos coordonnées. Faites-les graver directement sous le boîtier ou apposez une plaque gravée, et votre portable sera ainsi identifiable. Après tout, il y a aussi des personnes honnêtes, prêtes à vous rendre l'ordinateur que vous auriez oublié quelque part. (N'oubliez pas d'offrir une récompense !)

Certains voudront mettre leurs coordonnées complètes sur le boîtier de leur portable, tandis que d'autres se contenteront d'indiquer leur nom et adresse e-mail. Que l'identification soit minimale ou complète, sachez qu'elle est aussi importante que la sauvegarde régulière.

Désactiver vos cartes sans fil

Nous n'y pensons jamais, mais les communications sans fil consomment de l'énergie, et celle-ci provient tout droit de la batterie du portable. Comme votre MacBook contient une carte Wi-Fi et une carte Bluetooth, il émet en permanence des signaux pour *tenter* de communiquer avec d'autres appareils.

Et voilà où le bât blesse : si vous n'êtes *connecté* à aucun réseau Wi-Fi ni appareil Bluetooth, vous gaspillez les réserves de la batterie. C'est pour cette raison que Sierra vous permet de désactiver vos cartes Wi-Fi et Bluetooth afin d'économiser l'énergie. Justement, quand vous êtes loin d'une prise secteur et d'un réseau sans fil, dans le train ou au milieu d'un amphithéâtre par exemple, la quantité d'énergie économisée en désactivant les cartes sans fil est non négligeable.

Il est *obligatoire* de désactiver la connectivité sans fil dans les lieux où les téléphones portables sont interdits, comme dans les avions et certaines zones des hôpitaux. Comme la sécurité est une préoccupation majeure pour moi, je désactive systématiquement ma carte Wi-Fi dès que je ne l'utilise plus (même si je reste à portée d'un réseau sans fil). Considérez-moi comme paranoïaque si vous voulez, mais aucun de mes fichiers partagés n'a jamais été extrait de mon MacBook à mon insu.

Pour désactiver la carte Wi-Fi depuis la barre de menus de Sierra, cliquez sur l'icône Wi-Fi. Dans le menu local qui apparait, choisissez Désactiver le Wi-Fi. Même chose pour la carte Bluetooth : cliquez sur l'icône Bluetooth dans la barre de menus et choisissez Désactiver Bluetooth.

Emporter une prise parafoudre

Pour tout dire, d'ordinaire je ne suis pas fana des prises parasurtenseur parce que je trouve qu'elles ne font que la moitié du travail. Ce travail devrait être de protéger à la fois le matériel *et* les données. Or, comme vous le savez peut-être, contrairement à un système d'alimentation sans interruption (ASI), une prise parafoudre cesse d'alimenter vos appareils en cas de surtension ou coupure de courant.

Si vous voyagez dans le monde, vous pourriez vous trouver dans des régions où le réseau électrique est loin d'être parfait, ce qui se traduit par de brusques coupures de courant – qui arrivent toujours au mauvais moment. Contrairement à un ordinateur de bureau, votre portable peut basculer immédiatement de l'alimentation secteur à la batterie en cas de coupure (comme si une ASI prenait le relais). Dans ces conditions, pourquoi irais-je vous conseiller d'emporter une prise parafoudre pour votre portable, surtout vu l'encombrement et le poids supplémentaire que cela implique ?

- **Le risque d'une surtension :** une prise parafoudre est une bonne protection contre une forte surtension, comme celles que produit la foudre.
- **Prises électriques supplémentaires :** n'oubliez pas que vous pourriez avoir besoin de plusieurs prises électriques pour vos périphériques (disque externe, projecteur ou imprimante portable). Une multiprise parafoudre est alors l'accessoire idéal quand vous partez à l'aventure.

Si vous partez dans un pays où les prises de courant sont différentes (broches plates ou disposées différemment), munissez-vous d'un adaptateur de prise adéquat pour le pays visité.

Utiliser l'économiseur d'énergie

Apple vous offre un contrôle très précis sur la mise en veille des différents composants de votre MacBook, ce qui est bien utile pour préserver son autonomie. Dans les Préférences Système, cliquez sur Économiseur d'énergie pour afficher le volet Économiseur d'énergie.

Si vous travaillez sur batterie et avez besoin de faire durer la réserve d'énergie, cliquez sur l'onglet Batterie et positionnez les curseurs, Ordinateur en veille après et Écran en veille après, à une durée de cinq minutes au maximum. (Si vous avez un disque dur magnétique, vous aurez intérêt à cocher l'option Suspendre dès que possible l'activité des disques durs.) Avec ces réglages, l'essentiel de votre réserve d'énergie sera exploité utilement par votre travail sur l'ordinateur.

Si vous travaillez sur secteur, cliquez sur l'onglet Adaptateur secteur – même si vous n'avez pas de réserve d'énergie à gérer en étant sur secteur, je ne vous conseille pas de régler la mise en veille de l'ordinateur et de l'écran sur la position Jamais. (La mise en veille éteint l'écran pour prolonger sa durée de vie et l'ordinateur en veille cesse de dégager de la chaleur.) Vous pouvez choisir ici un délai plus long avant la mise en veille de l'écran et de l'ordinateur ; chez moi, l'écran s'éteint après trente minutes d'inactivité.

Les options peuvent varier entre les MacBook, MacBook Air, et MacBook Pro.

Utiliser un clavier externe et une souris

Si votre portable reste très longtemps au même endroit, je vous recommande d'acheter un clavier externe et une souris pour deux bonnes raisons que voici :

- Avec une souris et un clavier externe, le pavé tactile et le clavier du MacBook s'useront moins vite.
- Une souris et un clavier externe sont plus pratiques et plus confortables, surtout pour les jeux.

Si le prix n'est pas un obstacle, préférez un clavier et une souris sans fil pour la liberté de mouvement qu'ils offrent. Mais sachez qu'un clavier et une souris USB ordinaires conviennent parfaitement et sont nettement moins chers.

Vous pourriez même avoir deux claviers : l'un pour utiliser le portable sous macOS Sierra (avec toutes les touches des claviers Apple) et l'autre pour faire tourner Windows sous Boot Camp (avec les touches particulières à Windows).

Sauvegarder

Bien entendu, la sauvegarde fait partie des dix règles de bonne conduite. J'ai suffisamment d'expérience pour vous dire que si vous jugez inutile de sauvegarder vos données régulièrement, *un jour vous finirez par tout perdre*. C'est juste une question de temps. Même si la chance vous sourit et que vous ne commettez aucune action regrettable dans le Finder, votre MacBook n'est qu'une machine et elle n'est pas éternelle. (Machine d'autant plus fragile que vous l'aurez trimballée partout.) D'ailleurs, si les fabricants de disques durs indiquent le temps moyen entre deux défaillances dans les caractéristiques techniques de leurs disques, c'est bien la preuve que les disques ont une durée de vie limitée.

Il est simple et rapide d'effectuer la sauvegarde d'un disque, alors vous n'avez pas d'excuse. Le Chapitre 22 explique tout ce qu'il y a à savoir sur le sujet. Allez, un tout petit effort, et vous gagnerez en tranquillité d'esprit.

Chapitre 24

Les dix erreurs à éviter

DANS CE CHAPITRE :

- **Éviter les supports de stockage USB 1.1.**
- **Résister aux tentatives d'hameçonnage.**
- **Éviter les CD de format bizarre.**
- **Garder les liquides à distance.**
- **Jeter les utilitaires de disques obsolètes.**
- **Renoncer aux logiciels piratés.**
- **N'approcher pas du compte racine/Administrateur système.**
- **Se méfier des réseaux sans fil publics non sécurisés.**
- **Ne pas acheter de matériel reconditionné.**
- **Chasser les poussières.**

Je termine toujours mes manuels par la liste des dix erreurs à éviter comme la peste. Je n'aime pas voir mes congénères victimes d'une maladresse. Certaines erreurs sont mineures et d'autres sont carrément catastrophiques (comme fournir des informations personnelles à un inconnu sur Internet).

Toutes ces erreurs potentielles ont un point commun : elles sont faciles à éviter avec un peu de bon sens – du moment que vous en avez conscience. Et mon rôle est de vous alerter. Dans ce chapitre, je vous informe sur tout ce qu'il faut savoir. En lisant ces dernières pages, vous gagnerez en expérience, sans effort et sans risque.

Supports de stockage USB 1.1

Sans rire, je ne connais rien de plus lent qu'un support de stockage USB 1.1. Seul un périphérique USB 1.1, tel qu'un disque externe, une multiprise USB ou un lecteur CD-ROM, peut se montrer aussi lent qu'une limace sous tranquillisant.

Malheureusement, on trouve encore quantité de périphériques USB 1.1 sur eBay et vos proches ont toujours un vieux graveur de CD 4x à vous refiler gracieusement. (N'hésitez pas à refuser poliment ce cadeau empoisonné.) Ces appareils étaient parfaits au siècle dernier, du temps où USB était une toute nouvelle technologie. Mais de nos jours, un disque externe USB 1.1 est aussi gênant qu'un tracteur sur l'autoroute, surtout s'il se trouve branché sur le pétillant port USB 3 de votre nouveau MacBook.

Je reconnais que nombre des périphériques USB 1.1 encore en service (joysticks, clavier, souris et imprimantes) fonctionnent très bien, mais juste un peu lentement. Le gros souci est avec les périphériques dont la fonction est de stocker ou de transférer des données rapidement : disques durs, connexions réseau, multiprises USB, lecteurs CD-ROM et clés USB. Oubliez ces antiquités et achetez-vous du matériel USB 2, USB 3 ou Thunderbolt.

Fraudes par usurpation

Une fraude très en vogue sur Internet est l'hameçonnage. L'objectif des truands est d'obtenir illégalement vos informations personnelles, ce qui s'apparente à un vol d'identité. Des milliers de sites Web frauduleux ont trompé des individus comme vous et moi pour arnaquer les banques de millions d'euros. Cette activité se développe à vitesse grand V, abusant chaque jour toujours plus d'internautes naïfs.

Le système d'arnaque est le suivant : vous recevez un message électronique qui semble venir d'un organisme public, d'une banque ou d'une société renommée, comme Engie, les impôts, ou La Poste. Le message a l'air authentique, avec l'en-tête et le logo officiel. Il vous avertit que vous devez vous connecter sur le site de la société pour actualiser votre compte ou régler une facture et fournit un lien qui conduit vers une page Web qui a l'air, elle aussi, très officielle. Ne doutant de rien, vous entrez toutes les informations qu'on vous demande, et elles sont aussitôt détournées par les usurpateurs qui sauront quoi en faire.

Retenez cette vérité :

Aucun organisme d'état ni entreprise légitime ne vous demandera vos données personnelles par courrier électronique. Jamais.

Ne répondez jamais à ces messages. Si vous avez un doute, ouvrez votre navigateur Web pour consulter directement le vrai site de la société. Puis, contactez son service client pour les prévenir et leur fournir les adresses e-mail et Web utilisées dans cette tentative de fraude.

À propos, il est déconseillé d'envoyer des coordonnées bancaires dans un message électronique non chiffré, même à un destinataire de confiance. Ces messages pourraient être interceptés sur le serveur qui entrepose votre courrier.

Disques optiques de format insolite

Votre lecteur SuperDrive est une merveille de précision, qui démarre au quart de tour. Il n'a pas de tiroir coulissant : vous vous contentez d'introduire le CD ou DVD dans la fente, et le lecteur l'avale sans rechigner. Pour le faire ressortir, vous appuyez sur la touche d'éjection, cliquez droit sur l'icône du disque sur le bureau et choisissez Éjecter ou faites glisser son icône vers la corbeille. Franchement, il est difficile de faire plus simple !

Votre lecteur optique vous donnera entière satisfaction à condition que vous y chargiez un CD ou DVD de format standard : disque rond de 1,2 mm d'épaisseur et 120 mm de diamètre. Cette description n'inclut pas les formats suivants :

- **Minidisque de 80 mm :** ils sont tout mignons ces petits disques et toutes sortes d'appareils les utilisent de nos jours, y compris les caméscopes numériques. Mais, les lecteurs de CD n'en veulent pas en général, c'est pourquoi le risque est grand que le minidisque reste coincé dans votre SuperDrive.
- **Disque triangulaire ou rectangulaire :** ces formats exotiques attirent l'œil, c'est pourquoi on les distribue à la pelle dans des opérations de marketing. Les disques carrés peuvent aller dans les lecteurs CD à tiroir, mais un lecteur à fente aurait du mal à digérer ce format et refuserait certainement de l'éjecter.

» **Disque plus épais :** un lecteur DVD à tiroir n'aurait aucun mal à lire un disque avec une étiquette un peu épaisse, mais s'il fait plus de 1,5 mm d'épaisseur, le disque risque d'endommager le lecteur à fente SuperDrive.

Ces trois types de disques ont pour point commun que *les dégâts que vous pourriez causer en tentant d'en insérer un dans votre SuperDrive ne sont pas couverts par la garantie Apple*. Voilà de quoi réfléchir !

Si vous avez absolument besoin de lire ou de graver un disque d'un format inhabituel, procurez-vous un lecteur externe USB à tiroir coulissant.

Clavier arrosé

Tenez-vous vraiment à arroser votre clavier ? Votre réponse devrait être « Non, bien sûr ! » C'est pour cette raison que les personnes sensées gardent toutes les boissons à une distance raisonnable des claviers, pavés tactiles et périphériques, tels qu'enceintes et souris – surtout s'il y a un bambin ou un chat dans les parages.

Si vous veniez à renverser une boisson sucrée sur votre MacBook, vous pourriez avoir quelques soucis avec le clavier (ou dans le pire des cas avec la carte mère). Vous l'avez compris, trente centimètres de distance suffissent à faire la différence entre un coup d'éponge sans conséquence et une réparation ruineuse.

Utilitaires périmés

La course au progrès veut que tout évolue et se périme. Si vous utilisez macOS Sierra, vous devez mettre à niveau vos vieux utilitaires, tels qu'une ancienne version de TechTool Pro de Micromat (`www.micromat.com`) qui ne prend pas en charge la dernière version du système. Même si vous les avez payés cher, vos vieux utilitaires de disques feront plus de mal que de bien à un disque dur sous Sierra.

Toutes sortes de changements interviennent quand Apple passe à une nouvelle version de son système d'exploitation, y compris de petits changements dans les formats de disque, la gestion de la mémoire par les applications et la prise en charge offertes pour différents types de disques durs et lecteurs optiques. En exécutant un utilitaire prévu pour une version précédente d'OS X, vous risquez de vous retrouver avec des données corrompues, ce qui peut vous obliger à réinstaller entièrement macOS Sierra. (D'ailleurs, la plupart des utilitaires refusent de s'exécuter sous une version du système d'exploitation qu'ils ne reconnaissent pas.)

Puisque votre ordinateur tourne avec Sierra, prenez soin de diagnostiquer et réparer les erreurs de fichiers et de disque avec un utilitaire spécialement mis au point pour la version 10.12 d'OS X, c'est-à-dire macOS Sierra. Le disque dur de votre MacBook vous en sera reconnaissant.

Logiciels piratés

Pourquoi éviter les logiciels piratés ? Tout simplement pour ne pas cautionner le piratage. Je vous rappelle que sur le marché informatique mondial la part de marché global d'Apple est d'environ 15 %. Les développeurs de logiciels le savent et attendent une rétribution de leurs efforts, autrement ils se tourneront vers des activités plus lucratives. En tant qu'auteur de partagiciels, je sais de quoi je parle.

Les logiciels piratés sont tentants – surtout pour le prix plus que modique – mais en installant une application sans l'acheter, vous faites du tort au développeur, qui finira par renoncer à programmer pour Mac. Or, le MacBook a beau être une superbe machine et Sierra un système d'exploitation génial, le plus élégant des portables et les appareils les plus sophistiqués ne peuvent pas compenser l'absence de bonnes applications.

Payez ce que vous utilisez, et tout le monde sera gagnant.

Le compte interdit

Vous n'avez sans doute jamais eu affaire au compte *racine*, ou *administrateur système*, dans macOS Sierra – et c'est une bonne chose. Il ne s'agit pas ici du compte administrateur classique. Chaque Mac a besoin d'au moins un compte administrateur (qui est peut-être le seul compte visible chez vous) et tous les comptes standard peuvent être convertis en compte administrateur sans souci.

Le compte racine, quant à lui, est une autre histoire, c'est pourquoi il est désactivé par défaut. Tous les systèmes Unix ont un compte racine. Et comme macOS Sierra repose sur une base Unix, il en a un aussi. Toute personne qui ouvre une session avec le compte racine a *tous les droits* pour agir dans le système, y compris supprimer ou modifier des fichiers du dossier Système (qui est inaccessible aux autres comptes d'utilisateurs). Croyez-moi, si Apple vous tient à distance de ce dossier, c'est pour une bonne raison : les dégâts pourraient être énormes si vous y supprimiez des fichiers.

Par mesure de sécurité, personne ne peut accéder au compte racine/administrateur système par accident. Pour activer le compte racine (aussi appelé *root*), il faut passer par le volet Utilisateurs et groupes des Préférences Système : cliquez sur Options sous la liste des comptes et sur le bouton Rejoindre. Dans le panneau qui apparaît, cliquez sur Ouvrir Utilitaire d'annuaire. La commande Activer l'utilisateur root se trouve dans le menu Édition de l'Utilitaire d'annuaire. Pour rappel, vous activerez ce compte uniquement si vous avez une bonne raison de le faire et que vous savez exactement ce que vous faites.

Connexions Wi-Fi non sécurisées

Tout le monde apprécie les accès Internet gratuits, c'est pratique et on en trouve un peu partout en ville.

Mais attention, car gratuité ne va pas de pair avec sécurité, surtout en ce qui concerne les réseaux sans fil. En effet, les accès Internet publics et gratuits que vous allez trouver seront le plus souvent non sécurisés. N'importe qui peut s'y connecter et les informations que vous envoyez et recevez peuvent être interceptées par n'importe quel pirate digne de ce nom. Comme les réseaux publics n'utilisent pas de clé WEP ou WPA, vous n'avez aucune garantie que vos courriers privés ou vos fichiers confidentiels ne sont pas interceptés pendant qu'ils transitent sur les ondes du réseau Wi-Fi.

Si vous êtes *contraint* d'utiliser votre portable sur un réseau public non sécurisé, vérifiez bien que la connexion elle-même est sécurisée. Par exemple, n'allez pas chercher vos messages sur le serveur de courrier avec un navigateur Web à moins que votre fournisseur d'accès Internet n'offre une connexion SSL chiffrée. (Dans le champ d'adresse de Safari, cherchez la petite icône de cadenas dont je parle au Chapitre 9 ; elle ne sert pas que sur les sites marchands.) Si vous avez besoin d'établir une connexion sécurisée avec votre réseau d'entreprise ou domestique, utilisez un client de réseau virtuel privé VPN SSL pour pouvoir transférer des fichiers ou contrôler un ordinateur à distance en toute sécurité. Sierra fournit un client VPN basique : ouvrez les Préférences Système, cliquez sur l'icône Réseau, puis cliquez sur le bouton Ajouter (signe plus). Cliquez sur le menu local Interface, choisissez VPN, puis choisissez le bon type de VPN et cliquez sur Créer.

Matériel reconditionné

Bon sang, comme je déteste le matériel reconditionné ! Ma mission sur Terre est d'ouvrir les yeux des consommateurs, leur faire comprendre enfin qu'on ne fait pas une bonne affaire en achetant du matériel reconditionné. Comme on dit souvent, « si c'est trop beau pour être vrai, c'est louche ».

Voyez ce que vous obtenez en achetant un disque dur externe reconditionné. Il est probable que le disque a été retourné au magasin à cause d'un défaut, évidemment, puis renvoyé chez le fabricant. Ce dernier a dû se contenter d'effectuer les réparations les plus sommaires avant de reconditionner l'appareil. Les détaillants n'ont pas le droit de revendre ce disque comme un article neuf, ce qui les oblige à proposer un prix suffisamment bas pour vous motiver à prendre le risque.

Avant de dépenser le moindre sou pour une prétendue bonne affaire, vérifiez la durée de garantie qui s'appliquc à l'article reconditionné. Songez qu'il a dû faire des allers-retours par la poste et subir quelques chocs au passage. De plus, vous ne savez pas avec quel sérieux il a été testé après les réparations.

Je n'achète jamais d'ordinateur ni aucun appareil reconditionné et toutes les personnes que je connais qui l'ont fait, s'en sont mordu les doigts. La seule exception est la boutique en ligne d'Apple où l'on peut trouver un Mac reconditionné avec une garantie complète.

Portables crasseux

Nettoyez votre machine. Tous les ordinateurs (et leurs périphériques) apprécient un dépoussiérage hebdomadaire.

Le jour où vous ouvrirez le capot de votre vieux MacBook pour changer les modules de mémoire, profitez-en pour passer un petit coup de bombe à air comprimé.

Vous devriez nettoyer l'écran du MacBook deux fois par semaine si vous ne voulez pas le voir maculé de traces de doigts et résidus douteux. Ne projetez jamais un produit nettoyant directement sur l'écran ou le boîtier du MacBook. L'idéal est d'utiliser des lingettes spéciales pour portables et écrans LCD.

Le boîtier n'a pas besoin d'un produit nettoyant spécial ; d'ailleurs, vous éviterez tous les détergents et vous vous contenterez de l'essuyer avec un chiffon doux.

Index

A

B

C

D

E

F

G

H

I

J

K

L

M

N

O

P

Q

R

S

T

U

V

W

Y

Z

Notes

Notes

Notes

Notes